大いなる聖戦

THE GREAT CRUSADE

A NEW COMPLETE HISTORY OF THE SECOND WORLD W

第二次世界大戦全史

上

H・P・ウィルモット

等松春夫＝監訳

国書刊行会

日本語版へのまえがき

サンドハーストの英国陸軍士官学校に奉職して十五年ほどがたった一九八七年、筆者は第二次世界大戦の通史を書かないかとの誘いを出版社からいただいた。ヨーロッパにおける第二次世界大戦勃発五十周年にあたる一九八九年に合わせて刊行したいというのである。いまだ研究・執筆経験が浅かったにもかかわらず、筆者はこの誘いに応じてしまった。その後多少は経験を積んで、通史を書くことの恐ろしさと難しさを実感するようになった現在の筆者ならば、一九三七年に始まった日中戦争についての通史を執筆せよと言われたら、刊行は戦争勃発九十周年の二〇二七年まで待ってほしいと答えるであろう。

当時の防衛庁戦史室が編纂した事実上の日本の公刊戦史（戦史叢書）が第二次世界大戦の始まりを一九三一年の満洲事変に置いていることからも、筆者は第二次世界大戦を一九三一年から一九四五年までと定義し、それが一九三一年から一九七五年まで続いた「諸帝国と諸主権国家の戦争」（Wars of empires and sovereign states）のもっとも激烈で決定的な期間であったと考えている。

思えば十九世紀までの世界は「帝国の時代」であった。中国、インド、中東に存在した古い帝国の没落と入れ替わりに英国、フランス、ロシア、ドイツ（そして本質的な点では米国も）といった西洋文明に属する諸帝国が地表を覆い尽くした。一八九〇年代以降、近代化政策に邁進する新興国日本も、遅ればせながらこの流れに参入して大日本帝国となっていった。

しかしながら、これらの帝国主義国家は互いに競合し合ったことと、自らが有する内的な諸問題により解体を始める。第一次世界大戦という衝撃を契機に本格化したこれらの帝国の解体は、第二次世界大戦を経ていっきに加速する。いわゆる「非植民地化」である。この流れは、一九七五年四月に南ヴェトナムが滅亡し、同年十月にアンゴラがポルトガルから独立するまで続いた。それ以降は東ヨーロッパのソヴィエト連邦の衛星国家群と香港やマカオといった一部の小領域を除けば、地表の全領域が初めて主権国民国家の管轄下に置かれたのである。したがって、本書は「諸帝国と諸主権国家の戦争」の前半部分の総合的記述をめざしたものと日本の読者に考えていただいても良い。

本書ではまずヨーロッパと日本に関わる戦争の記述をめぐる比率を、ついでヨーロッパの東部戦線とその他の戦線におけるドイツに対する戦争の記述の間の比率を正しくとることに心を砕いた。だいたいにおいてヨーロッパ二に対して日本一、そしてソ連とナチス・ドイツの戦い二に対して西北ヨーロッパ、イタリア、北アフリカその他の領域や海や空における戦いを一という比率で記述した。また、東部戦線における戦いの展開にバランスのとれた客観的な分析を提供することに努めた。本書の初版を執筆していた一九八〇年代半ば過ぎの当時、西側世界の資本主義諸国では独ソ戦に関する研究蓄積が十分にはなかった。一九八九年に冷戦が終結して以降、独ソ戦に関する研究は増えたが、筆者が見るところ米国や英国における標準的な研究は、第二次世界大戦全体に関して、とりわけ独ソの東部戦線とアジア・太平洋戦線に関する分析や評価にさして貢献していない。本書の目的は少しでもその不均衡を正すことにあった。

ところで、日本の読者の方々は本書の原題である「偉大な十字軍」（The Great Crusade）という言葉に複雑な思いを持たれるかもしれない。筆者の幼少年期に西洋世界では「十字軍」といえば、異教徒から聖地エルサレムを奪還する崇高で英雄的な物語と相場が決まっていた。しかし、今では傲慢で野蛮なヨーロッパのキリスト教徒どもが、高い文明を誇るイスラーム世界へ乱入して狼藉の限りを尽くした末に撃退された、というのが標準的な理解となっているようである。それでも西洋世界に「十字軍＝崇高な大義のための戦い」という通念がいまだに強く残っていることは、西北ヨーロッパにおけるナチス・ドイツ打倒の戦いで連合軍を指揮したアイゼンハワー元帥の第二次世界大戦回顧録のタイトルが『ヨーロッパ十字軍』Dwight D. Eisenhower, *Crusade in Europe*（New York: Doubleday, 1948）であることにも象徴的に表れている。

筆者は、さきの大戦で枢軸国側のみならず連合国側にも多くの違法で残虐な行為があったことを周知している。英米の戦略空軍は敗北必至のドイツに対して執拗に無差別爆撃を加えて多くの非戦闘員を殺傷した。ソ連軍は大戦末期にドイツの民間人に対して身の毛のよだつような蛮行を加えたうえ、「解放」した東欧に「共産主義」の美名のもと新たな圧政を敷いた。米軍による都市無差別爆撃と原爆投下、ソ連軍による満洲における民間人への略奪暴行虐殺と、降伏した数十万の日本軍兵士のシベリアへの違法抑留を経験した日本では、戦争の大義などいかようにでも立てられると考えられているのかもしれない。とりわけ、東南アジアにおける戦いが、日本の一部では「欧米植民地支配からのアジア諸民族の解放」という論調でいまだに語られる傾向が残っていることも筆者は理解している。また、戦時下のインドでは英国の失政から二百万を越える餓死者が発生した。その点で筆者の母国である英国が「傲慢な帝国主義国家」の筆頭であったことにも疑いの余地がない。

しかし、筆者は枢軸国と連合国の掲げた戦争目的を較べた時に、どちらにより普遍性があったかという点を重視する。とりわけ露骨な人種差別と自民族中心主義に基づく「劣等民族」の排除と殲滅を公言するナチス・ドイツが枢軸諸国の中核であったことを知れば、道徳的な優劣はおのずから明らかであろう。一九一九年のパリ講和会議の場で世界に先駆けて「人種平等」を唱えた誇り高い日本が、このような邪悪な勢力と結託したことは、平時では想像できないような合従連衡と権謀術数が横行した第二次世界大戦期にあっても、自殺的な矛盾であったと言わざるを得ない。その先に待っていたものは日本にとって惨憺たる結末であった。

しかし、日本は確実に敗北から貴重な教訓を学んだ。一九二〇年代から三〇年代にかけての日本の対外進出は独自の論理と勢いを帯びて全面戦争へと突入していった。しかし、敗戦を経た日本とドイツははるかに穏健で抑制された国家となり、それは以前とは劇的なまでに対照的で、このような慎重さは歓迎すべきものである。

本書の初版が刊行されてから三十年近くがたち、この間に筆者を教え導き、研究の上でもより広い活動の中でも助けてくれた人々の多くが幽明境を異にした。そのような中でこの二十年筆者の近くにあった等松春夫博士の学識と心遣いに筆者は大いに支えられた。一九九七年三月、オックスフォードにおける学業を終えて帰国を間近に控えた若い日本人研究者が、サンドハーストの戦争史セミナーで発表をした時から、われわれの交流が始まった。等松博士との共同作業は『真珠湾』（二〇〇一年、未訳）、『アジア・太平洋における戦争の起源』（二〇〇四年、未訳）、『レイテ沖海戦――最後の艦隊戦闘』（二〇〇六年、未訳）といった一連の著作となって結実した。これ以外でも筆者は、とりわけアジア・太平洋における戦争とそれに付随する諸問題に関する最新の研究成果と知見を等松博士からご教示いただいてきた。これは欧米のすべての研究者が得られるとはいえない、非常な特権であると痛感している。このたびこの必ずしも取り組みやすいとはいえない英文を素晴らしい日本語に翻訳してくださった等松博士と、世界的な出版不況にもかかわらず本書のような「重厚長大」な作品の刊行を引き受けてくださった勇気ある国書刊行会に深甚なる感謝を捧げたい。

二〇一八年七月
イングルフィールド・グリーンにて
ヘドリー・P・ウィルモット

目次

第2章　征服戦争の階梯

ドイツ国防軍の軍備／ポーランド軍と独軍の戦闘序列／北ポーランドにおける戦い／南ポーランドにおける戦い／ワルシャワ攻防戦／ソ連の介入／ポーランドの解体／ドイツの海洋戦略／ドイツの通商破壊戦／連合軍輸送船団とUボートの戦い／スカンディナヴィアの戦い：冬戦争／ソ連のフィンランド攻撃計画／ソ連軍の敗北と立ち直り／スカンディナヴィアにおける英仏の思惑／英仏の計画／独軍の計画／独軍の南ノルウェー占領／英仏軍の北ノルウェー撤退／西ヨーロッパにおける作戦／独軍の戦闘序列／英仏軍の計画／優劣の比較／仏軍の士気／開戦劈頭の動向／独軍のムーズ川渡河／セダンにおける仏軍の敗北／連合軍内部の軋轢／北仏戦線の崩壊／マジノ線突破／フランスの休戦協定受諾／ヨーロッパ列強の没落／錯綜するバルカン情勢／英本土航空決戦／屈せざるも無力な英国／選択に苦しむドイツ／伊軍のギリシャ侵攻／北アフリカの戦い／脆弱なイタリア／ドイツの介入／バルカンの戦い／ユーゴスラヴィア降伏／ギリシャにおける連合軍の敗北／クレタ島をめぐる戦い／大西洋の戦い／膠着した海洋戦／バルバロッサ作戦／独軍の作戦をめぐる問題／独軍の戦闘序列／独軍の無敵神話／ソ連とソ連軍の状況／準備不足のソ連／ソ連軍の戦闘序列／独ソ戦の開始／北部・中部戦線における作戦／南部戦線における作戦／ウクライナにおける独軍の攻勢／ソ連軍の抵抗／モスクワ攻略「台風」作戦／ソ連軍の反撃

第3章　世界戦争への拡大

中国戦線で日本が直面する難問／日本の政策決定へのヨーロッパ情勢の影響／日本の機会と選択肢／米国の建艦計画とその影響／米国の対日経済制裁と誤算／真珠湾攻撃／日本軍の東南アジア侵攻／フィリピンの戦い／オランダ領東インドにおける戦い／マラヤとスマトラの戦い／ビルマの戦い／日本の作戦計画修正／珊瑚海とミッドウェーの戦い／ドイツの対米宣戦／北大西洋の戦い：一九四一年～四二年／連合国の苦境：一九四二年／連合軍の戦力増強／地中海戦線／地中海戦線：一九四〇年～四二年／枢軸諸国が直面する諸問題／米軍の中東戦線への介入／エル・アラメインの戦いへ向けて／パプア・ニューギニアの戦い／ガダルカナルをめぐる攻防／ソロモン海域における海戦：一九四二年十一月／東部戦線：一九四二年／ソ連軍の成功の限界／ハリコフ攻勢／ドイツの戦略判断：一九四二年／独空軍の実態／独陸軍の実態／ドイツの同盟諸国の実態／枢軸軍占領地域の状況／独軍の作戦計画の弱点：一九四二年／独軍の夏季攻勢／独軍の作戦の欠陥／スターリングラードの戦い／エル・アラメインの戦いと「トーチ」上陸作戦／チュニジアの戦い／ソ連軍の冬季攻勢／土星および小土星作戦／伊第八軍の壊滅／スタフカの南方攻勢計画／ギャロップおよび星作戦／独軍の戦線建て直し／ハリコフ攻勢再考

地図

下巻目次

第6章　決着の時

下巻地図

前言および謝辞

『米国史評論』（*Reviews in American History*）の一九八五年九月号に掲載された批判的論調に終始した論評には、「自分が長年堅持して来た見方では、一巻で完結する書物で対日戦を正当に論述することなど不可能である」という内容の評者の見解が盛り込まれている。* この論理に従えば、第二次世界大戦という、それよりもはるかに大きな主題に一巻で完結する書物で取り組むことなど到底できないこととなる。ところが、一九八七年の三月に、そのような形で第二次世界大戦の通史を書かないかとの依頼を出版社から受けた筆者は若干躊躇し、二十万語余りという制約の下で、これまでなされてきたような研究成果しか提示できなければ、上述の批判を浴びることとなることを承

＊　この評者とは、本書の著者ウィルモット自身である。『米国史評論』の一九八五年九月号においてウィルモットは、米国の歴史学者ロナルド・H・スペクター著の太平洋戦争を扱った『鷲と太陽――太平洋戦争　勝利と敗北の全貌』（*Eagle Against The Sun : The American War With Japan*）（邦訳は、一九八五年TBSブリタニカ刊）の書評をToo Narrow a Perspectiveという題で寄稿しており、これは、その書評の中の一文である。なお、当訳本は上下二巻だが、原書は一巻で完結している。

知しつつも、引き受けることとした。

その理由は二つある。まず、筆者が研究と教育に携わってきた二十年余りの期間に出された第二次世界大戦関連の出版物は汗牛充棟の観を呈しているが、その価値・論調に疑義を呈せざるを得ないものが少なからずある。筆者が思い至ったのは、このような実情のため、この分野に新たに取り組もうとする者は、たとえ大戦について実務上の知識を相当程度有していたとしても、見ただけで気が滅入るような膨大な史料の山を目のあたりにし、日時・地名・出来事といった瑣末な事項をめぐっても著しく多様な見方が存在し、深刻な混乱や不確定要素が見られるといった実態に直面しているということである。これに加えて、筆者が教壇で得た経験から痛感したのは、戦後の第二・第三世代の学生たちは第二次大戦に馴染みが薄くなってきており、その見方もまともな教育で得られたものではない断片的なもので、自らが属する国家や民族集団を視座の中心に据えたものとなっていることである。言うまでもないことだが、英国では、映画館のスクリーンで枢軸国征伐のシーンを見ることなしにはクリスマスも復活祭も祝えず、テレビ業界では各局が、英雄が確かに英雄として扱われていた時代を扱った番組を放映し続けて、自国の偉大さを視聴者に印象付けることにしのぎを削っている。

実際に起きた出来事について知らず、そのために、それらを論ずる際の根拠もあやふやなものとなるといったこのような実情を是正するため、本書は以下の二点において参考にすべき書として著したものである。第一に、大戦についての基本的な参考・指南書となり、大戦を構成し、同時進行していた時期もある二つの戦争をバランスよく一巻にまとめて記述し、その際にも、二つの戦争の各々を構成する部分部分を相互にバランスよく提示するようにしたこと。第二に、時系列順での「そして次に……」といった記述方式を避け、いつ・どこで・何が起きたかという記述の形よりは、出来事が実際にそのように起きた要因の追究を重視し、説明に際しては地域毎にではなく起きた時期に焦点を当て、どのように出来事が展開していったのかを明確にするようにしたこと。

本書をこのような形にするにあたって筆者がさらに自らに課したことがある。上述のようなバランスを取ることができる唯一の手段として、戦争ではなく国家間の抗争といった文脈の中で国家権力と軍との関係に焦点を当てたこと、そして、当然のことながら紙数の制約上、軍事上の出来事を全て網羅して論ずることは最初から断念したことである。また、主要国の戦時経済について分析を試みる必要性は認めたものの、軍事史研究に携わる者がそのような難解な事項を手掛けると、一般の読者を統計の数値で倦ませてしまう恐れがある。また、東部戦線で一九四三年七月から翌一九四四年三月まで連続して戦われた主要な作戦について詳細に検討しようとしたならば、叙述が完結するはるか以前に読者が音を上げかねないといった点にも留意した。詰まるところ、特定戦域で無数の町や村が帰属先を変えていった経緯・経過を詳述するといったことは、そのようなことを意図した史書が扱うのが至当であり、通史的著述にはそぐわないものである。本書は、軍事上の出来事を概観しようとするものであるが、その過程で余り知られていない出来事ではあるものの、詳細な検討を要することが妥当と判断されるような作戦行動を、ついでといった感じで論ずることもあるが、そのような箇所は、上述の制約の下での便宜的措置であることを了解願いたい。さらに、このように出来事を通観していく際に、「英雄・悪玉史観」を意図的に排することにした。英米の歴史叙述方法がトマス・カーライルの伝統から脱却することは決してなかったが、本書は、国家・民族的視座を中心に置いて出来事を解釈することを排するので、西側世界の歴史を蝕《むしば》んできた、国民的な英雄が主役となるような出来事の論述法を採用することはしない*。実際、米国の学校などでまかり通っている俗説とは異なって、ダグラス・マッカーサーはアジア・太平洋戦争で勝利を収めてはいないし、一九四二年秋のエル・アラメインの戦いはバーナード・モントゴメリーとエルヴィン・ロンメルとの一騎打ちではない。「歴史とは人物を扱うものである」との見方とは裏腹に、現代の戦争は社会集団・組織機構間で戦われるものであり、本書で記す第二次世界大戦史においても、一つの例外を除いて、個々人を考察したり論評したりすることはほとんどない。個々の政治家・指揮官や、それらの人物が下す決断が重要なものであることは明白であるし、それは軍全体や個々人の士気といった問題や、銃砲火をものともせずに将兵が敵陣に向かって突進できるかどうかといったことに絡んでくることに鑑《かんが》みれば、戦闘の帰趨を決定する上で重大な要因ではある。しかし、本書では、それに関する論述が盛り込まれるのが不可避であるという点は認めつつも、出来事の展開を追う際には、組織機構上の問題や歴史の深層に底流する動きの一環として捉えるようにする。

　第二次世界大戦史の中で定番となっている一側面は何かと問われれば、筆者は、世間で受け入れられている悪しき神話とでも言うべき独軍の優秀性であると、侮蔑の念を込めて言わざるを得ない。この面に関して本書は、百害あって一利なき神話と呼ぶべきものとして、ありのままに論述する。第二次世界大戦当時の独軍の戦績を無批判に評価する傾向が一九四五年以来西側社会全般で容易に受け入れられてきたことを、筆者は驚きと苛立ちの念を以て受け止めてきた。そのような念を抱いた理由は明白である。常識的見地から見て、独軍が優秀であったと判断できるならば、なぜ戦争そのものに敗北したのかという問いを発せざるを得ないし、敗戦という事実は、オスカー・ワイルドの有名な言葉をもじった「一つの大戦で敗れるのは不運のなせる業かもしれないが、二つの大戦で敗れるのは不用意のなせる業に思える」との格言を証明するものと思われるからである。本書の各所で説かれるのは、独軍の軍事上の天凜が発揮されたのは戦闘においてであって戦争においてではなかったという見方であり、ドイツは、同盟国日本と並んで、大国の中では戦争の本質を理解していなかった国家であったということである。作戦の実施を超えた戦争の遂行という点や、社会の戦争への動員という点で、ドイツは連合国と比較して救いようがないほど後塵を拝していたのであり、枢軸国が征服した領域の規模に焦点を当てて、その軍事上の優秀性を説く論者は、枢軸国が敗戦国となり、国家としてのドイツは軍事上の成功にもかかわらず粉砕されたという事実を見落としている。逆説的に言えば、枢軸国が成し遂げた征服の規模は、枢軸国の軍事力が効果的なものであったことを証明するものではなく、枢軸国が戦争というものの本質を根底から見誤り、第二次世界大戦を普通の戦争と区別したり戦争と戦闘とを区別することが出来なかったことを証明しているのである。

　他に本書で心掛けた二つのこととして付け加えるのは、第一に、特定の国家を視座の中心に据え

＊　トマス・カーライル（Thomas Carlyle）（一七九五―一八八一）は、スコットランド出身の歴史家で、『英雄崇拝論』（*Hero Worship*）などの著者として知られる。

た見方に付随する呪縛を排して、バランスのとれた叙述をすることである。第二に、他称・自称を問わず、歴史家と名の付く者が往々にして混同する戦争における三つの次元を明確に区別すること。戦争を遂行するのは国家で、戦闘を行うのは軍隊、そして戦いに直面するのが個々の人間である。本書は、この三つの次元を明確に区別することを試みるが、焦点を当てるのは最初の二つであり、末端での戦いや個々人を対象とするものではない。そして、改訂版である本書は、組織行為としての戦争の全体像を扱うもので、具体的には、国家の戦争遂行の形態や、軍隊という組織が作戦を計画・実行して敵軍と雌雄を決した際の基礎となったものが何であったかといった事項を対象とする。

本書では、十年以上にわたる期間の出来事をバランスの取れた形で論述し、それらの出来事の原因を狭義の軍事史で扱う範囲を超えて探求することを試みた。その試みの中で最も気を配ったのが、ヨーロッパの戦争と東アジア・西太平洋の戦争とに分類できる第二次世界大戦を構成する二つの戦争、及び、各々の戦争を構成する諸々の要素をバランスよく提示することである。ヨーロッパの戦争の場合、バランスを取るべき点として最も明白なのは、独ソが戦った東部戦線と陸海を問わぬ他の戦線との間においてであり、日本の戦争の場合は、アジア大陸での戦いと西太平洋での戦い、さらに後者では島嶼をめぐる戦いと日本の海上交通に対する作戦との間においてである。このようなバランスを追求する過程で、ナチス・ドイツの打倒におけるソ連の貢献の大きさを評価することは正当なことであるが、ソ連が政治・経済・軍事面ではむしろ敗戦国としての側面も有していたことも認識することとなろう。

単一の国家が戦争の勝者になるということはないし、ましてや単一の指揮官によって勝利がもたらされるなどということはなく、第二次世界大戦もその例に漏れない。無論、米ソが各々対日戦と対独戦で果たした役割に見られるように、特定の国家が勝利に決定的な役割を果たしたことが明らかな場合もあるが、本書は、戦争がそれら二大国に及ぼした影響をも考察しようとするもので、さらには、日本の戦争が突きつける計り知れない意味合いをも探ろうと試みるものである。そもそも、日本海軍の空母機動部隊が真珠湾の米太平洋艦隊を攻撃した時点で日本の敗北が必然的なものだったとするならば、どのような意味で必然的だったのであろうか？　日本の敗戦が不可避であったならば、その後の太平洋における数々の戦いの中で決定的となり得たものなど一つもなかったはずである。しかしながら、たとえ対米開戦の時期から日本が敗れることが決まっていたという見方を否定するとしても、この戦争で最大の海上作戦であるレイテ沖海戦が展開されたのが戦争の帰趨が決した後であったという逆説的事実は残るのである。このように考察すると、ミッドウェー海戦が戦争の折り返し点であったといった本筋とは関係のない論議には触れないこととなるが、その理由は明白である。折り返し点というからにはそれは一つしか有り得ないが、この戦争においては、勝利の女神が微笑む先が変わって勝利を約束される側が所を変えることになった単一の戦いなどなかったのであり、歴史上でもそのような事例は稀であったからである。詰まるところ、筆者は、自身が力点を置く論点をめぐって、ある種の固定観念を持っていることは認める。しかし、戦争の帰趨を決するのは不特定多数要因の集合体であり、その一つ一つが戦争の展開と結果に何らかの形で影響を及ぼしているという単純明快な基本的立場は維持している。そのような要因の中で最重要なのが軍事上のものであることは間違いないが、政治・経済的要因や時間・空間・戦略といった他の諸側面も全て作用しており、相互に関連し合っているのである。それでも、この戦争の特定の時期を扱う際にも、概括的論述をなす際にも、特定要因が突出した重要性を帯びてくることはある。

本書の内容は、これまで長年の間、もしくは特に本書を著す過程で、事実関係をめぐる知見を以て著者の考えや観点を補強し、著者の思い違いや表現力不足を正したり補ったりしてくれた多くの人々の助けの賜物《たまもの》である。謝辞というものは往々にして、錚々たる人士の名前を連ねて、胡散臭いとも取られかねない内容の書物に箔をつけるために利用される嫌いがあるようだが、本書についてはその限りではないことを断言する。その点はさておき、真実というものが純粋なものであることは稀にしかなく、単純であることなど絶対にないということを自分の肝に長年にわたって銘じさせてくれた以下の人々に謝意を表するものである：マイケル・バレット、ティモシー・ビーン、マシュー・ベネット、パトリック・バークス、ローソン・クレア、アンソニー・クレイトン、マイケル・コールズ、マルティーヌ及びニゲル・ド・リー、クリストファー・ダフィー、デヴィッド・エヴァンズ、ジェームズ・ゲンシュ、ポール・ゴドウィン、アンソニー・ゴースト、パディー・グリフィス、ポール・ハリス、アンソニー・ヒースコート、アンドルー・ヘリテージ、アンドレア及びスペンサー・ジョンソン、小林剛、クリフォード・クリーガー、アダム・リンデ、エドワード・ミラー、ジョン・アンドレアス及びタイン・オルセン、マーク・ピーティー、ジョージ・ラーチ、デニス・ショーウォルター、レイモンド・シボード、カイル・シニシ、ジャック及びジー・スウィートマン、等松春夫、スペンサー・タッカー、ジョン・ヴォタウ、ラッセル・ウィーグリー、サリー及びスティーヴン・ワインガートナー。これらの人々による忍耐強い助言がなければ、本書は事実関係をめぐる誤認や解釈上の誤謬に満ちたものとなったであろう。仮に、正されていなかった誤認・誤謬があったとしたら、それは著者一人の責に帰すべきものである。

以上に加えて、いくつかの図書館とその司書にお世話になったことに謝意を表することとし、特に、アンドルー・オージル、ジョン・ピアース、ケネス・フランクリンの名を挙げたい。そして、妻ポーリーン、我が子ゲイナー、スティーヴン、ショーン、及び妹のヴィヴィアン・キューにも謝辞を捧げる。これら家族の面々は、決定版とも言える本書が、払った努力と苦悩に値するものであることを認めてくれると自分は信じている。そして、最後に謝辞を捧げるのは、常のごとく、自分を精神面で支えてくれた愛犬たちである。長年にわたり、毎日のように自分の方が首輪を掛けられて引っ張られるような感じで散歩に出たものであるが、時には自分の心の中でも引っ張られるような感慨に浸り、それによって近年の艱難辛苦の数々が和《やわ》らげられたものである。それには代償も払わねばならなかったが、甘受できる代償であった。エヴァートン、シェリー、コンドル、ジェイミー、スーキーが、その短い生涯の間に、筆者の心を喜びと幸福感で満たしてくれたことに謝意を表し、筆者が彼らに寄せた愛情の印としたい。幽明境を異にしている彼らが共に安らかに眠っていることを信じて止まない。そして、現在共に暮らしているランカスター、ミシュカ、キャシー、ジュニアに愛を込めて謝意を表する。彼らが現世を既に後にした愛犬たちの仲間入りをするまでは、まだ相当時間があると信じて。

二〇〇六年十二月
イングランド　サリー州エッガム郡
イングルフィールド・グリーンにて
H・P・ウィルモット

第1章

新しい世界と新しい戦争

一九一九年のヴェルサイユ条約に対する歴史の審判は芳《かんば》しいものではない。条約締結に至るまでの連合国間の確執や、戦勝国中の最有力国である米国が調印しなかったため、実体の伴わない停戦をもたらしたに過ぎなかったと酷評する見方が広くある。しかしながら、ヨーロッパの国境線を一九一九年と一九八九年とで大雑把にでも較べてみれば、第一次世界大戦の終戦処理が、至らぬ点は多々あったにしても、現代の国境線と著しく近似した国境線をヨーロッパで画定することになったことは、たとえ現代の国境線が、第一次ではなく第二次大戦によってもたらされた勢力範囲の再編によるものであったにせよ、明らかである。

それでも、第一次大戦の終戦処理の実態が少なくとも二つの点で欠陥を有していたことは疑いない。まず、ドイツが一九一九年以降もヨーロッパでは潜在的にせよ最強の国家であり続けたと同時に、自らの敗北を受け入れようとしなかったこと。ドイツは戦間期を通じてヴェルサイユ条約に対する反感を顕わにし続けていたが、反感の源となったのは同条約の諸条項そのものではなく、敗戦が突きつけた現実であり、これこそが、戦間期にドイツが一貫して受け入れようとしなかったもの

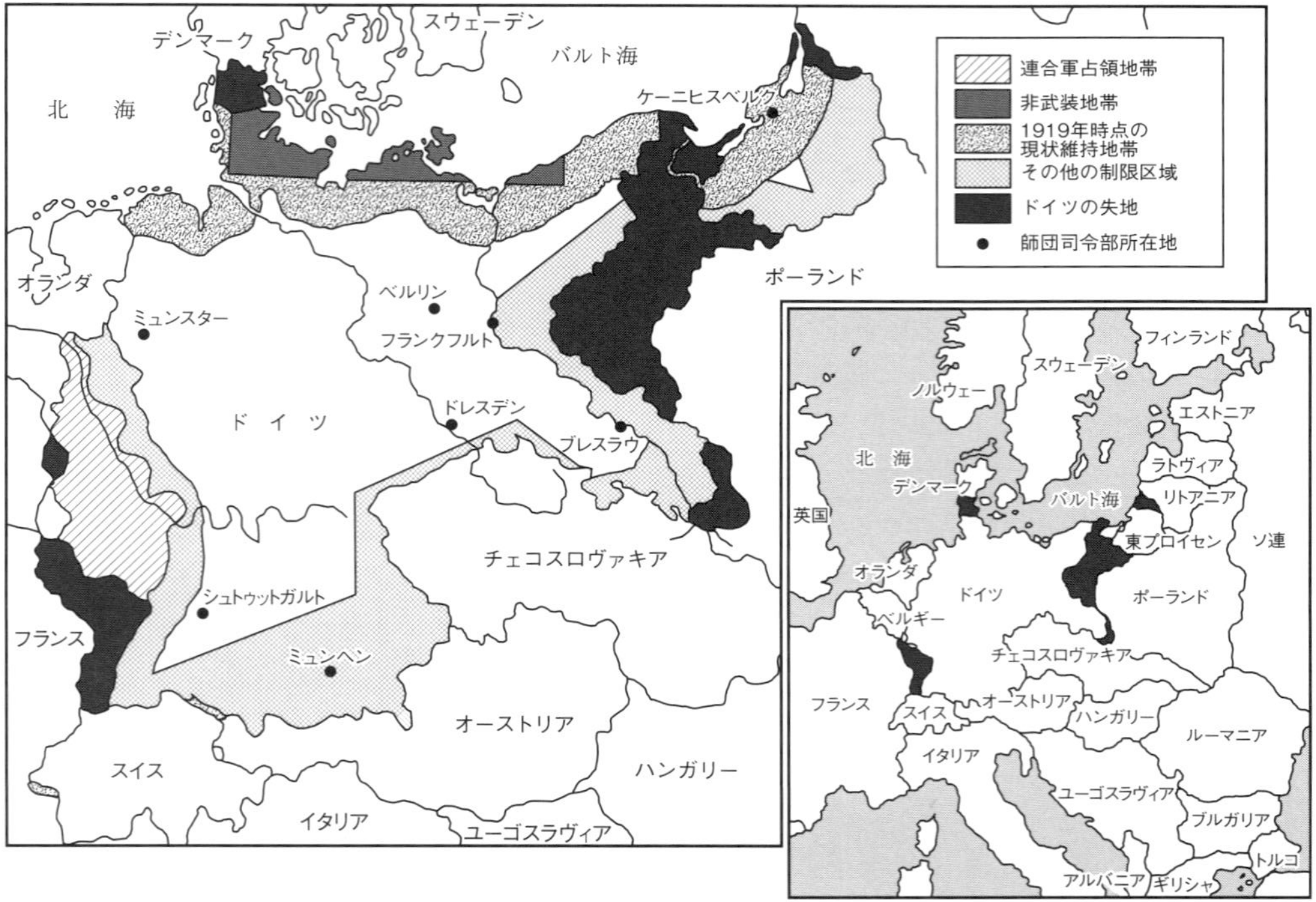

ヴェルサイユ条約が画定したヨーロッパの国境

である。ちなみに、ヴェルサイユ条約そのものは一九三九年頃までには概《おお》ね骨抜きにされており、その内容も極めて穏当なもので、殊にドイツが戦勝国として一九一八年にロシア（ブレスト・リトフスク）とルーマニア（ブカレスト）に無理強いして結ばせた諸条約と較べてみれば、その穏当さは際立っていた。さらに言えることは、ヨーロッパの国境線を画定し直し、一九一四年以前の経済体制への復旧を試みるという第一次大戦処理の主要課題は、英仏両国が平和を維持する力を有していることを前提として達成可能となるものであった。しかし、両国間の相克や、第一次大戦の最中・直後に起きた変動に鑑みれば、英仏がそのような力を維持することは望むべくもなかった。

平和の問題

第一次大戦の結末は別として、プロイセン軍がケーニヒグレーツでオーストリア軍に勝利を収めた一八六六年七月から、連合軍がノルマンディーに上陸する直前の一九四四年五月までは、ドイツがヨーロッパで優越的地位を誇っていた時代であった。ヨーロッパにおける勢力均衡と西欧諸国による外部世界の支配という、この時期以前の国際秩序の構図の中で生きていた二つの要素が失われ、ヨーロッパはもはや、外部世界の出来事の帰趨を決定し得ず、ヨーロッパ内部では、ドイツの力が他の諸国によって制御し得ないほど強くなっていったのである。戦間期を彩った難問・難関の多くは、この現実に由来するものだが、加えて第一次大戦の結末に決定的役割を果たした二大強国がこの時代の外交舞台の蚊帳《かや》の外に概ね置かれていたということも、大きく作用していた。米国、そして帝政ロシアの後継者としてのソ連が、各々自らの意思と他国の意思によって、外交舞台では傍観者でいたために、一九一九年以降のヨーロッパの秩序再編の担い手は必然的に英仏となった。ところが、英仏は、秩序の再編をいかにして成し遂げるか、第一次大戦後の諸条約の内容をそのまま実施すべきか修正を加えるべきかといった重大な問題をめぐり意見を異にしていた。自国の安全に対する英米の保障がない以上、フランスはヨーロッパ秩序の再編を自国が敗戦国にならぬための手段として捉え、自国のドイツに対する軍事上の優位を保証してくれる戦後体制を維持することを追求した。そして、その体制を支えるため、一九二〇年から一九二七年にかけてベルギー、ポーランド、チェコスロヴァキア、ルーマニア、ユーゴスラヴィアと同盟関係に入った。これに対して、植民地政策と海軍力維持が主要な関心事である英国は、自国の国防上の安全保障を戦争抑止の観点から捉え、ヨーロッパにおいては、ヴェルサイユ条約を改訂し、ドイツを域内の国家共同体の一員である強国として復活させることを目論んだのである。

以上のような理由で、一九二五年〜三〇年の独仏融和の期間を除いては、戦間期の大部分において英仏がヨーロッパの諸問題に対処するに当たって歩調を揃えることはほとんどなく、その独仏融和の期間の英仏の動きさえも、フランス・ベルギー両国がヴェルサイユ条約履行を迫るために行いながらも竜頭蛇尾に終わった一九二三年一月から一九二五年八月までのルール占領の尻拭いのように一貫性を欠き、不確定要素の多いものであった。この時期の始まりを画する一連の条約は、一括してロカルノ条約と呼ばれるが、主要な取り決めは以下の四つである。（一）ベルギー及び独仏間の国境線の現状維持を定め、紛争解決のための特定調停手続の遵守を締約国が誓約した条約、（二）

ドイツ・ポーランド・チェコスロヴァキア間の同様な条約、（三）チェコスロヴァキア及びポーランドの国境線維持を保障するフランスの取り決め、（四）英伊による（一）に対する保障条約（但し、具体的な取り決めはなし）。

当時、ロカルノ体制は、これらの諸条約に調印した国々の要求を満たすものと思われていた。また、ドイツにとっては、締結に至るまでの交渉の数々は国際社会への復帰を画する第一歩となり、一九二六年九月の国際連盟加入へと繋がっていった。チェコスロヴァキアとポーランドは、その国境・国防上の安全に対するフランスの保障を新たに得ることとなり、そのフランスはベルギーと共に、ヨーロッパ西部地域における領土拡大を追求しないというドイツからの自発的な意思表明を得た。そして、英伊は独仏の立場を公平な立場で保障できる国家として、ヨーロッパの平和を確保する役割を担ったのである。しかしながら、これらの諸条約も、根本的な問題を解決することにはならなかった。ドイツがフランスに対して劣位に置かれるという構図は残り、チェコスロヴァキア及びポーランドとの国境問題に関してドイツは未解決であるとの立場を取る旨の通告をした。そして、ドイツがフランスに対して行ったのが自発的な譲歩であったという現実を前にしては、それまでフランスがその同盟諸国に表明してきた保障が信頼に値するものであるかについて、大きな疑問符が付いた。また、英伊による保障も、独仏間に戦争が起きる危険性がない限り有効であるという意味で、現実的にはほとんど価値のないものだったのである。それでも、ロカルノ体制下で横溢していた融和の精神と将来への期待感の前には、それらの欠陥は比較的瑣末な事と当時は考えられており、条約はその点で重要な意味を持つものであった。要するに一九二五年の時点では、ロカルノ体制は、ヨーロッパの諸問題を平和的に解決する道筋を開くものと考えられていたのである。

しかし、その後の事態の展開は、ヨーロッパのすべての諸問題が話し合いで解決できるわけではなかったことを示すこととなった。外交交渉を通じてドイツが不満であったヴェルサイユ条約は一九三九年までに死文化されたが、それでも戦争の勃発を防ぐことは出来なかった。しかしながら、外交には限界があること、そして、武力が紛争解決手段として引き続き行使され得ることを実地に示した出来事は、一九二〇年代にヨーロッパの外部でまず起きることとなった。戦間期と第二次世界大戦を語る上で、ヨーロッパを主要舞台とするのはやむを得ないことである。その時代に一世を風靡したのはアドルフ・ヒトラーという一個人であり、その治績は、国際情勢においてヨーロッパが主要な役割を果たしていたことを改めて思い知らせた。しかし、第二次世界大戦が現実には、ヨーロッパ戦争とアジア・太平洋戦争という、同時進行していた時期もある二つの戦争によって構成されるものであり、戦間期のヴェルサイユ体制と平和的な交渉を通じての現状変更という原則を否定しようという動きが東アジアとヨーロッパ双方で起きていたという事実が厳然として存在する。そして、そのような動きが最初に顕在化したのは東アジアにおいてであり、その引き金となったのは、第一次大戦の連合国の中で一九一九年の時点ではヴェルサイユ条約への調印を拒否したある一国の国内での事態の展開であった。その一国とは中国である。

中国に対する日本の野心

一九二〇年代の中国における事態の展開が国際的規模で重要性を帯びてきたのは、勃興してきた中国のナショナリズムが、それまでの八十年間に列強が同国で築いてきた特権的地位を脅かし始めたことに端を発する。中国からもぎ取った権益を列強が行使することは、列強諸国間での勢力均衡が維持され、中国国内での中央政府の威勢が強からず弱からずという形で、微妙なバランスが保たれていることによって可能であった。すなわち、中国政府は、列強に挑戦できるほど強力であってはならないが、列強が中国での特権を行使できる程度には秩序を維持できる力を持つ必要があり、一方、列強諸国の側は、中国における活動に際して、それら諸国間である程度の自制を働かせることを余儀なくされていたのである。

しかしながら、このような均衡状態は、一九一一年の辛亥革命と、それが引き金となった翌年の中華民国の成立、そして第一次世界大戦を経た中国においては持続するべくもないものであった。中国の政治・経済・社会の再編を画する辛亥革命が同国に存在する外国の既得権益との衝突を引き起こすことは不可避の情勢であり、欧米諸国にヨーロッパでの事態への対処を優先させることを余儀なくさせた第一次世界大戦は、東アジアでの欧米諸国の立場を弱め、日本の立場を強化することとなったからである。事実、日本は早くも一九一五年に、悪名高い「二十一カ条要求」で、中国大陸への野望を明らかにした。二十一カ条要求は、事実上中国を日本の属国・保護領にすることを企図したものだが、これが引き起こした国際社会からの反発に直面した日本は、要求の中でも特に苛酷な条項を撤回し、中国側がそれ以外の大多数を受諾して、その他の条項については立場を留保するといった形で事態を収拾した。それと同時に日本は、中国でドイツが保有していた諸権益を接収し、法律上では中国に返還されるものであったにもかかわらず、それら諸権益への日本の権利を中国と米国に認めさせることに成功した。そして、それらの諸権益を日本が接収することをヴェルサイユ会議で戦勝国が容認したために、中国政府はヴェルサイユ条約の調印を拒否し、中国全土では排外運動が荒れ狂い、特に排日活動が盛んになった。中国の情勢は流動的かつ極めて不安定で、この中国の不安定性こそが、戦間期における日本の対中政策を形成する決定的な要因となったのである。

一九一九年までに日本が中国で獲得した権益は広範囲にわたっており、満洲においては、その南部地域の鉄道路線を支配下に置くことによって、中国で最も豊かなこの地域の経済を掌中に収め、支配的かつきわめて排他的な権益を確立したのである。日本の対中投資・交易が日本の輸入政策を金融面で支える上で決定的な重要性を有するものであるのは否めなかったが、一方、日本の対外政策が一九一九年までに他国の対外政策とは極めて異なった性質を帯びるようになっていたのも事実である。異なっていたのは、まず、その政策が一地域に限定して指向されたもので、政治・文化・民族的伝承を共有し経済上でも類似した体制を有する諸国家を踏み台とする形で行われたという点である。さらなる相違は、その政策が安全保障上の観点から推進されたという点においてであったが、この安全保障上の考慮が及ぶところは限度を知らず、終局的には、より優勢な軍事力によってしか掣肘《せいちゅう》し得ないものであった。このような形で朝鮮や満洲南部に日本が進出することとなったのは不自然な成り行きではなかったが、両地域を一九〇五年以降勢力下に置くこととなった日本は、両地域の安全を確固たるものにするため、内蒙・華北情勢への関与を深めていった。政治・経済上の特定要因が重要な契機となって日本の対中政策が決定されることが折に触れてあったとはいえ、日本の大陸政策の底流に一貫していた動機と動因は、領域を確保することへの執着、そして、国益を確保・増進するための中国に対する絶え間ない蚕食的侵略への衝動であった。

それでも、アジア・太平洋版ロカルノ体制とでも言うべきものはあり、ワシントン条約として知られる七つの条約群は、時期的には本家のロカルノ条約成立以前に締結されたものである。その七つの内、特に重要な意味を持っていたのは、四カ国条約（一九二一年十二月十三日）、九カ国条約及び日華条約（一九二二年二月四日）、海軍軍縮条約（同年二月六日）の四つである。海軍軍縮条約は、米英日仏伊という五大海軍国の主力艦保有比率を五：五：三：一・六七：一・六七として、主力艦と空母の排水量と搭載兵器の上限を定め、英米日が各々シンガポール、ハワイ・アリューシャン、日本本土以外に海軍基地を建設することを禁止した。四カ国条約は、その英米日にフランスを加えた四カ国が太平洋上で各々が有する権益・領域を相互に尊重し、将来紛争が生起した場合には外交交渉によって解決することを義務付けた。九カ国条約と日華条約は、共に中国の主権及びその領土保全の原則を確認し、前者はさらに、中国市場での機会均等の原則を改めて謳い、将来中国が関税自主権など各種の権限を回復するための取り決めを規定した。そして日華条約は、日本が山東半島から撤兵し、同地域における相当程度の経済権益の保障と引き換えに、中国側の主張をある程度認めることに同意するという内容であった。

この海軍軍縮条約によって日本は、財政上耐えられないほどの米国との軍拡競争をしなくて済むようになり、米国の建艦量と野望にも歯止めがかかったので、西太平洋において、何人も否定し得ないほどの優越的地位を占めることとなった。このようにしてワシントン条約体制下の日本は、米国との無制限の建艦競争をしていたら得られなかったであろう国防上の安全保障を享受することとなった。このことは一九二二年当時に日本の要路で政策決定に携わった人々には理解されていたが、日英同盟が廃棄されて、米英間の共謀や人種差別の存在を疑う声が高まる中、欧米諸国の横槍で国益が犠牲にされたとの思いこみが、その後日本で幅を利かせてしまった。山東半島の問題をめぐっても、表面には出ないまでも、同じような不満の念が底流にあった。これが表面化しなかったのは、労多くして実りのないシベリア出兵（一九一八年〜二二年）の結果、一九二二年頃の日本社会には、中国大陸における紛争に引きこまれることに拒否反応を示す傾向があったからである。しかしながら、ワシントンで締結された中国関連の条約の数々が、中国が安定しており、その権益を回復する際には必要な政治・行政上の義務を中国が履行することを前提としていたものであったのに対し、現実の中国がますます混沌とした状態に陥っていったため、日本はこの混沌に否が応でも引き込まれていくこととなったのである。

日本と満洲

一九一六年から一九二六年にかけての中国は「軍閥混戦時代」ともいうべき最悪の時期を迎えた。無数の勢力が権力闘争と離合集散に明け暮れたために、秩序立った統一政府など存在しないも同然であった。そして、この時期の日本は、北京で現に権力の座にある政権を支援するかその足を引っ張るか、地方の党派勢力の中のいずれをいかなる目的で支援するか、既得権益の維持に専念するか中国の弱さに付け込んで新たな権益獲得に走るか、という難しい選択を迫られていた。同時に、日本の指導者たちは、自国が中国に有する国益の本質を明確に定義しておらず、現地の出先機関に対する統制力が余り強くない中で、現地にあった数多くの既得権益に由来する圧力に曝されるという、苦しい立場に立たされていた。日本の指導者たちは、中国のナショナリズムが自国の権益を脅かすものであり、それ故に中国の世論を、日本の権益を受け入れさせる方向に誘導することが不可能なことを忘れていなかった。中国の軍閥勢力と同様に、日本は中国民衆の支持を取り付ける方策を欠いており、草の根レベルでの情感に根ざした運動を利用するのは、終局的にはそれが自身に刃向かってきかねないと危惧して、躊躇することとなったのである。

一九二六年以降、中国における日本の立場は益々危ういものとなっていった。それまで日本は、満洲軍閥の張作霖と緊密な関係を保っており、張への日本の支持のあり方に一貫性を欠く嫌いもあったが、全体としては支援する姿勢を維持しており、張の長城以南での謀略活動に対しても、満洲全土の治安が保たれている限りは容認する姿勢であった。ところが、一九二六年を過ぎた頃から、張の統治は一貫性を欠き、その無能・腐敗ぶりが際立ってきたのに加えて、満洲における反日運動を取り締まる意思や能力もないことが明らかとなってきた。このために、一九二六年以降の満洲情勢は、日本の直接行動を誘発しかねない様相を呈していたのである。そして、この時期までに、十年余りにわたる内戦状態の末に、中国の混沌状態に終止符を打つ力量を備えていると目される一勢力が台頭していた。この勢力とは権力基盤を広東に置く国民党で、実態は、複数の政党や関連する利益集団の緩やかな結合体であった。蔣介石が指導する国民革命軍は、一九二六年十月には揚子江中流域に地歩を築き、翌一九二七年四月までに南京と上海を手中に収めると、華北に作戦行動を展開する構えを見せていた。

このような中国を再統一する力量を有すると同時に急進的なナショナリズムを標榜する勢力が台頭してきたことは、日本の権益にとって明白な脅威となっていたが、国民革命軍が揚子江流域に達して南京に国民政府を樹立し、チベット・新疆・満洲を除く中国全土に形式的ながらも主権の行使を宣言するまでには、なお二年を要した。そして、現実には、国民政府の威勢が及ぶ範囲は揚子江下流域の一握りの省に限定され、形式的な国家の統一なるものも、地方軍閥が蔣介石に適当な形で忠誠を誓う代わりに、蔣がそれら軍閥が有している地位を再確認するといった取り引きによって達成されたものであった。つまり、蔣介石は、その国家指導者としての地位や中国で最も豊かな地域の一部への支配を、良質な軍隊・統治機構を保持しつつ、権力というものの実態を抜かりなく把握することによって維持していた一軍閥指導者に過ぎなかった。そして、蔣による権力の把握には、日本が有している実力と、中国本土と満洲との繫がりを断ち切りたいという日本の意向を認識することも含まれており、一九二八年一月に蔣は国土の再統一の範囲から満洲を除外することを暗黙裡に認めたのである。* この点をめぐる疑念を完全に払拭するために日本は、国民革命軍に敗退した張作霖軍を支援するために一九二八年四月に山東出兵を断行し、さらに同年六月には、満洲を中国の内戦の局外に置くために、関東軍内の過激分子が奉天郊外で張作霖を爆殺したのである。

ところが、この暗殺事件は、かえってそれによって未然に防ごうとした事態を招来することとなり、張作霖の長男で後継者である張学良は、同年十二月に南京の国民政府に帰順することを明らかにしたのである。しかし、張学良の帰順表明は、日本の影響力が突出して大きかった満洲内部では現実の上では何等の影響を及ぼすものではなく、日本側は事態の推移を見守る構えであった。そして、一九二九年十一月に張学良がソ連と事を構えて、ソ連軍が満洲北西部をいとも簡単に席巻したことに注目し、それが原因で生じた危機的状態に欧米諸国が中国支持の動きを見せなかったことを記憶に留める。日本は、表面的には統一されたかに見える中国に実は弱点が潜んでいることを認識し、一九三〇年〜三一年にかけて華北・華南地域がどちらも反乱や内戦の再燃に見舞われるに及んで、在満の日本軍は、満洲を他者が介在する余地がないほどの支配下に置くための作戦準備を進めていった。この作戦を実行に移すことによって、日本の軍部は第一次大戦後の国際秩序と自国の議会政体に打撃を与え、その結果、どちらも、この打撃から立ち直ることはなかった。

日本による満洲征服を引き起こした要因は数多く存在したが、なぜこの時期に起きたのかという点のみに着目するならば、決定的に重要なものとして二つが挙げられる。第一に、日本を急速かつ急激に襲った大恐慌である。不況に直面する中で、日本にとっての中国・満洲市場の重要性は以前にも増して高まり、日本の経済問題を解決する鍵は満洲占領にありとの考えが日本全般で幅広く受け入れられるまで、さほど時間はかからなかった。第二に挙げるべきは、中国の内政に干渉し続けてきたために、日本陸軍に上層部の認可も行政府の掣肘も受けずに行動を起こしてしまう体質が根

＊　この時期、蔣介石は北伐で中国統一をほぼ完成したが、満洲を支配する軍閥、張学良が一九二八年十二月に帰順（易幟）した際、満洲へ国民革命軍を進駐させず、事実上張政権の存続を認めた。

付いてしまったことであった。一九三〇年以降になると、軍部の動きを制することに手腕を発揮していた民政党の濱口雄幸内閣の打倒をめざし、陸軍の一部が満洲で事を起こすことを欲するほどになっていた。濱口内閣は軍縮を断行し、海軍軍令部の反対を押し切って一九三〇年にロンドン海軍軍縮条約を締結して、議会・内閣優位の政治体制を改めて確立することを目指していた。軍部内の一部勢力は、この趨勢を挽回する手段として、満洲における独断行動を目論んでいたが、現実において日本の議会政治体制を突き崩すのにより有効であったのは、このような軍部の動きではなく、大恐慌であった。政党を基盤とする政府は、その政党が財界の有力筋と密接なつながりを有していたために、日本が直面していた経済問題をめぐって必然的に非難の的となり、そのために濱口首相は一九三〇年十一月に右翼の狂信的活動家に狙撃されて重傷を負った。*濱口は一時は快方に向かったものの、一九三一年四月に辞任を余儀なくされ、同年八月に死亡した。その後を継いだ若槻礼次郎は、満洲事変が始まると、軍部を統制する力を欠いていることが明らかとなった。詰まるところ、一九三一年九月に始まる日本の満洲征服の動きは、日本が事実上独占できる市場を確保して経済上の自給自足態勢を求める動きと、軍部が文民政府に対して抱いていた不満・不安の相乗作用により引き起こされたものであった。

日本の関東軍は満洲の四つの省の内、三つを迅速かつ容易に制圧したが、「征服は容易《たやす》く、占領は難し」というクラウゼヴィッツの至言が未だにその有用性を失っていないことを思い知らされることとなった。満洲は、その広大な面積のため都市の数は少なく、その大多数が遼寧（奉天）省に集中しており、事変開始時点で日本が支配下に置く鉄道（南満洲鉄道）で相互に結ばれていた。満洲事変における関東軍の作戦行動を規定したのはこの鉄道網の存在であり、関東軍は作戦発起時期を決めた上で、九月に南満洲鉄道の旅順～長春間の地域から張学良軍を駆逐し、十月には吉林及び奉天～吉林間の地域を確保したのである。本格的抵抗と呼べるものに遭遇したのは、四平・チチハル地域においてのみであったが、それでもチチハルを十一月に占領した。それ以降は、奉天・吉林の周辺地域の掃討に若干の部隊を振り向けた上で、関東軍は張学良軍の残存勢力を長城以南に追い払うため、南西方面に進軍した。満洲を根城としていた張学良軍は、一九三二年一月の最初の週には満洲から撤退し、二月五日の関東軍によるハルビン占領によって、満洲における主要な作戦行動は事実上終了したのである。

満洲事変への反響

日本陸軍が満洲に投入した兵力は一個軍団〈約二個師団〉規模のものに過ぎなかったが、満洲事変は、その戦いの規模や継続した期間が示唆する以上の意味を持つものであった。若槻内閣は、事変解決の途を模索すると同時に、増援兵力を満洲に送ることを余儀なくされ、これによって内閣の立

＊　実際は、狙撃した佐郷屋留雄は、逮捕された際、ロンドン海軍軍縮条約でのいわゆる「統帥権干犯」を襲撃の理由として挙げていた。もっとも、警察官から「統帥権干犯」の意味を問われた時の佐郷屋の返答は不得要領であったと伝えられており、本当の動機は特定し難い。

場は致命的なまでに脆弱になった。出先で何を行っても、東京からその行動が否認されることはないと関東軍が高をくくるようになったためである。若槻内閣は一九三一年十二月に退陣して、政友会の犬養毅が後継首班となったが、その犬養は翌一九三二年五月十五日に暗殺される。満洲事変を終結させようと欲したのが命取りとなり、犬養の死によって日本の政党政治もまた終焉を迎えた。大日本帝国憲法では、陸海軍各々が大臣を内閣に送ることとなっていたが、一九三二年以降、陸軍は拒否権に等しい権限を行使して、文民政府の死命を制することとなる。具体的には、陸相の辞任や指名拒否によって内閣を総辞職に追い込んだり流産させ、その過程で、陸軍の意に沿う内閣を成立させたり、自らが願う政策を押し通したりできるようにしていったのである。

満洲の喪失は、同地域が一九一六年以降実質的に中国の一部とはいえない状態となっていたために、蔣介石にとって直ちに重大な問題とはならなかった。この段階では武力で日本に抵抗することなど考えるも愚かと悟っていた蔣は、日本に立ち向かう前に自身の指導力の下で中国を統一することをめざしていた。外部からの侵略者と干戈《かんか》を交える前に、共産党を筆頭とする国内の敵を打倒するという方針である。この方針は、正しいと言えないこともなかったが、現実には火を見るよりも明らかな三つの危険を内包するものであり、事実、その後十年間の内に、それらの危険全てが現実のものとなったのである。まず、国民党が社会を抜本的に改革するための真剣味のある政策綱領を欠いている状態では、国民党こそが中国のナショナリズムを唯一代弁する主体であるという、蔣が中国の統治者であることを標榜する際の最も強力な主張が色褪せてしまうこと。第二に、このような方針は、日本が満洲で実力を行使しているという現実と背中合わせになることを余儀なくされている華北の各省の地方政権にとっては、何の意味も持たないということ。そして第三に、この方針が、中国の統一が完成するまで日本が新たな動きに出ないことを前提要件として成り立つものであったことである。しかしながら、満洲事変の最中に上海・青島・福州で日本が行った策動に鑑みれば、日本の野望が満洲に限定されないことは明らかであった。

満洲事変勃発から僅か六日後の一九三一年九月二十四日に、早くも奉天には日本の主導下で傀儡行政機構が打ち立てられ、翌年三月一日には日本の息がかかった東北行政委員会が満洲国の独立を宣言した。注目すべきは、この宣言によれば新国家の領域は遼寧・吉林・黒竜江・熱河の東北四省となっていたことで、この内熱河省は、まだ日本が制圧していない地域であった。一九三二年に始まった日本の熱河省への侵犯行為は、翌年一月〜二月の同省への本格的侵攻・占領へと発展し、満洲国がその政体を帝政に改めた一九三四年三月一日に、満洲国の一部に組み入れられたのである。熱河作戦は、華北各省で日本の活動を活発化させる契機ともなった。東京の意向などほとんど顧みることなく、満洲国や華北に駐留する日本軍は、頻発する事件の数々を奇貨として中国側から譲歩を勝ち取っていき、その侵略行為は加速するばかりであった。この結果、中国側は一九三五年六月に河北省から、翌月にはチャハル省から、駐留する守備軍を撤退させることを余儀なくされた。このように華北で中国側が段階的に屈服していくのが常態となっていく中、これ以降、チャハルや綏遠では、モンゴル人の王族が日本軍の策動に呼応していくようになっていくのである。

以上のように、満洲事変は日中両国のその後に大きな影響を与えるものであったが、同時に、国際社会全般にも計り知れないほど重大な意味を有するものであった。日本が満洲で執った行動は、一九一九年以来同国が進めてきた種々の施策を公然と踏みにじるもので、国際社会の目は、個別の外交関係においても国際連盟の場においても列強諸国の意思を無視するものと映り、それまで十年にわたって根付いてきた集団的安全保障の原則や、紛争解決に際しての武力行使放棄の理念を否定するものと見なされた。そして、日本の侵略行為に積極的に立ち向かう国家がなかったために、国際連盟は平和の守護者としての自らに突きつけられた最初の試練を乗り越えることができなかったのである。また、満洲事変が始まったのは、他の諸国が自国にとってより深刻な事態に直面していた時期でもあった。一九三一年の夏には、ドイツとオーストリアの主要な銀行がいくつか破綻し、英国は国を二分する熾烈な選挙戦の真っ只中にあった。米国は一九二九年の大恐慌に端を発する政治・社会・経済上の危機から抜け出せない状態にあった上に、ソ連と同様、国際連盟の加盟国ではなかったため、満洲事変をめぐって他の諸国と連携することはなかった。米国の対応は、侵略行為に由来する既成事実を承認しないという趣旨のスティムソン・ドクトリンを一九三二年一月に発出することに留まった。そのような原則を明らかにしたところで、行動を伴わない道徳的ジェスチャーに過ぎず、日本はそれに対して、反感や侮蔑の念を顕わにするだけであった。また、ソ連の対応は、中東鉄道（東清鉄道）に代表される在満資産を売却し始めるという、より現実的なものであった。

米ソ両国が国際連盟に加わっていなかったことは、国際秩序全体を包括するとの表看板にもかかわらず、連盟がヨーロッパに中心を置く組織であり、東アジアでの事態に関してはその帰趨を決定し得る力を有していなかったという事実を反映していた。大国の指導力が発揮されない中で連盟は、満洲での敵対行為の停止と日本軍の原駐地への撤収を呼びかける決議を可決する以上のことはできず、日本がその決議を一顧だにしないことが明らかとなった際には、東アジア地域に英国のリットン卿を団長とする調査団を派遣することで事足れりとした。リットン調査団の報告が提出されたのは一九三二年十月で、何等かの形で実効性のある対応措置を打ち出すには遅すぎる時期ではあったが、報告書自体は、その慎重な言い回しにもかかわらず、日本に侵略国の烙印を捺すものであった。連盟が一九三三年二月二十四日に同報告書を採択したのを受けて、日本は国際連盟に脱退を通告した。これに対応する動きが連盟からも個々の国家からもなかったので、集団的安全保障の原則が破綻するほどの痛手を受けたことを、関係諸国・諸機関が暗黙裡に認める形となった。満洲事変を通じて日本が示したのは、侵略行為を掣肘し得る術はなく、連盟及び英仏をはじめとする諸国は、一九一九年以降に打ち立てられた体制を維持する手段も意思も欠いているということで、ドイツで政権の座に着いた新しい指導者たちが、この前例を見逃すはずはなかった。

ナチ・イデオロギー

満洲事変の原因の一端を大恐慌に帰することができるのと同様に、一九三一年までは国籍も持っていなかった国家で、また選挙で直接指導者に選出されたわけでもなかったのに、アドルフ・ヒトラーが最高権力者の地位に登りつめることができた理由の一端も大恐慌に求められる。一九二八年五月の選挙でヒトラー率いるナチ党は、ライヒスターク〔ドイツ議会〕で十三議席を獲得できたに過ぎず、得票率で三％にも満たない第八番目の政党であった。それが、一九三〇年九月の選挙では、社会民主党に次ぐ二番目の政党となり、失業者数が五百万人の大台を突破した一九三二年七月の選挙では、最大勢力を誇る単一政党に躍進したのである。一九一八年の敗戦と戦後の経済破綻の責を負わされた議会制度が、大恐慌によってその評価をさらに落とし、それによってヒトラーが権力を掌握する機会を得たことは確かである。しかし、ヒトラーとナチズムの台頭は、失業と国辱への反発だけが引き金となったものではない。ヒトラーの強みは、彼が目を背けたくなるような精神異常者であるどころか、ドイツの伝統・文化・政治理念に深く根ざしたある種の価値観・信念を体現した存在であったことにあった。自由主義に根ざした民主政治を否定し、合意よりも強権、理性よりも意志、個人よりも民族・社会、謙虚さよりも力を重んじるというような、現実離れしたドイツの価値観の集合体を代弁する者こそがヒトラーだったのである。一九三三年の時点では、ヒトラーを政権の座につかせることに手を貸した者の中でさえも、ヒトラーの言説を額面通りに受け取る者はほとんどいなかった。ヒトラーは過激な人物と目されてはいたものの、公職に就けば、それに付随する義務を遂行するために常識的になると思われていた。一九二五年に出版された『我が闘争』という自伝的な政治公約で明らかにした理念・政策を真に受ける者などごく僅かだった。しかし、ヒトラーがその後に実行したことは、『我が闘争』の内容に忠実に沿ったもので、それは瞠目すべき一貫性で実行に移されたのである。大規模な強制移住や特定民族の絶滅政策などの洗礼をいまだ受けていない世界にとって、学歴の程も怪しい一オーストリア人の取りとめもない偏見の数々が将来何をもたらそうとするのかなど、想像の域を超えたものであった。

それでも、本質的な部分で、ヒトラーの思想は単純そのものであった。その内容は、生存権とは民族間の闘争によって獲得するもので、この闘争は大地と血をめぐる領土上の争いであり、ゲルマン民族は東欧の劣等なスラヴ諸民族を絶滅させるまで続く闘争を戦うことによって生き残る権利を得るというものであった。ヒトラーにとってのドイツとは、国歌の歌詞「マース川からメーメル川まで、エチュ川からベルト海峡まで」(*Von der Maas bis an die Memel, Von der Etsch bis an den Belt*) という範囲に留まるべきものではなく、北海からウラルに至るまでの地域で文字通り「全てに超越する」(*über alles*) 存在となるべきものであった。そのようなドイツになってこそ、ドイツはその「生存圏」を確保し、「千年帝国」を支え続けるのに必要な資源を獲得できるというのである。そのために必要なものは戦争を通じてのみ賄《まかな》えるのである。また、戦争は社会的浄化作用を果たすもので、民族が団結するための最大の試練であり、民族の意志の強靭さを苛烈な形で試す場であるとされた。ヒトラーにとって、戦争の軍事的側面は、生き残って征服に乗り出すための意志を反映するものに過ぎず、そのイデオロギーは道徳律を欠いた暴力を体現化したもので、説明する術などなく、その正当性は、勝利の暁にはその勝利自体によって、敗北した場合には自滅することによって示されることとなる。このような虚無的な思想で理論武装し、ヨーロッパの潜在的最強国の先頭に立ったヒトラーは、ドイツの首相となった一九三三年一月三十日から、十二年後に米ソの軍事力が突き付ける現実の前に、国際社会で武力が果たす役割や世界全体の中でのドイツの国力の限界を思い知らされるまで、ヨーロッパにおける出来事に支配的影響力を行使し続けていくのである。一九三四年から一九四一年にかけては、目標実現に邁進するヒトラーの一貫性には何者も抗うことはできず、洗練された二枚舌外交を得意とするフランス外務省と有言不実行の辛辣さを旨とする英国外務省が束になってかかっても無駄であった。その間、ヒトラーは自身がなした誓約・恫喝通りに自らの意思を全ヨーロッパに強制していき、その過程で、ドイツの不敗神話と呼ぶべきものを生み出す戦いを引き起こしていくのである。

ヒトラーと軍縮

この時期に際立っていたのは、ヨーロッパにおいてドイツがその実力と発言力を増していったことである。当初は、ヒトラーがドイツ国内における自らの権力基盤を固め、近隣諸国が予防的行動に訴えることを未然に防ごうと努めていたため、幕開けは静かなものであった。まず、ヒトラーが国内での基盤固めをする際に難渋することはほとんどなく、ドイツ国会は一九三三年三月二十三日に、四年間にわたって憲法の条項と関わりなくヒトラーが統治・立法・改憲をできる権限を付与した。この全権委任法によってヒトラーは一気に大統領府を迂回して独裁権力を振るえるようになり、翌年八月二日にヒンデンブルク大統領が死去すると、大統領府と首相府とを自分の名の下に統合したのである。警察国家としての機構がドイツに十分に根付くまでの二十カ月の間、ヒトラーの執った行動はほとんどの場合用意周到なもので、ナチ政権の暴虐ぶりは、この段階では白日の下に曝《さら》されることはなく、表面に出ない形で発揮された。このように威嚇的要素が徐々に顕わになっていくというパターンは、ヒトラーの対外政策においても、少なくとも一九三六年三月までは踏襲されていくことになる。

一九三三年一月から一九三六年三月までの対外政策において、ヒトラーは概ね受身の姿勢に徹し、事態の展開を利用して潜在的敵国を攪乱することに努めていた。主権の回復というドイツの正当な要求に関連付けることによって、ヒトラーは、ヨーロッパ諸国が軍縮と安全保障の課題に対処するに際して表出してくる問題を一筋縄では解決できないものにすることができたのである。一例としては、国際連盟の加盟国すべてに対して保有軍備制限を課そうとする提案が一九三三年二月に出された際、ヒトラーが対案として、ヴェルサイユ条約が掲げた目標である軍備の全廃を現実のものとするか、ドイツが自国の軍備の規模を決定する権利を認めるか、いずれかを受けいれるよう提案したことが挙げられる。この二者択一提案は、ドイツの隣邦諸国の平和志向の逆手を取ってそれら諸国に気の進まない選択を迫るものであったが、同年の春になって、イタリアで一九二四年以来独裁的指導者となっていたベニート・ムッソリーニが、英仏独伊四カ国がヨーロッパの再編と平和の維持に任ずべきであるとする提言をしてきたことによって、事態はさらに複雑化していった。結局は、フランスがこれを換骨奪胎したことにより、一九三三年六月の四カ国間の協定は、ヴェルサイユ体制の内容は改訂の必要無きにしも非ずであるが、改変は関係諸国が合意する手順に従って連盟主導の下でなされるべきことを認めるに留まった。だが、ヒトラーが十月十四日に軍縮交渉が不調に終わったことを理由に連盟からの脱退を宣言した時、フランスとその同盟国は何等の対応策も打ち出さなかった。実際、六月の協定によって、既にフランスとその同盟国との関係は悪化していた。それは、協定が示唆したようなヴェルサイユ体制の改訂や、有力諸国によってヨーロッパの秩序を維持するような体制の復活といったことは、いかなる形のものであろうと、フランスと同盟関係を結んだ東欧諸国を犠牲にしない限り実現不可能だったからである。このような事態を危惧したポーランドは、ナチ政権を崩壊させるための先制攻撃提案をフランスに持ちかけて拒否されたのを受け、一九三四年一月二十六日にドイツと有効期間が十年の不可侵条約を締結したのである。

このドイツ・ポーランド協定によってフランスとポーランドとの同盟関係の内部事情が暴露されることになるのを、フランスは一九三四年を通じて思い知ることになるが、一九三五年にザールラントがドイツに復帰した機会を捉えてヒトラーが、ヴェルサイユ条約で禁止されていた空軍戦力を保持していることを公表した際にも、フランスは何等の動きも見せなかった。この直後、ヒトラーは徴兵制度の復活を公式に表明したが、同時にフランスに対しては何も求めないことを確約した上で、徴兵制復活を正当化する根拠として英仏の形ばかりの再軍備計画を挙げ、問題の争点をぼかそうとしたのである。さすがに、この事態に対しては、一致した対応策を決定すべく英仏伊三カ国代表が北イタリアのストレーザで会談したが、事案を連盟に諮《はか》るという、無気力極まりなく意味のない意思表示をすることや、ドイツへの抗議の申し入れ以上のことはしなかった。そして、その後の事態の展開は、それら三カ国が対独方針をめぐっては何等共通の利害を有していなかったことを白日の下にさらけ出した。破廉恥とも言うべき性急さで英国はドイツと海軍軍縮条約（英独海軍協定）を締結したが、これは、ドイツによるヴェルサイユ条約違反を連合国が黙認した最初の事例となった。さらに、一九三五年には、ヒトラーが直接関わってはいなかったものの、国際連盟を破壊するのに効果を発揮した危機的事態が、より重要な出来事として生起する。一九三五年十月から翌年五月にかけてのアビシニア（エチオピア）危機である。

アビシニア危機の要点は、簡潔に以下のようにまとめることができる。イタリアは、アフリカ東部に食指を伸ばすこと久しかったが、同地で支配下に置いていたのは、エリトリアとソマリランドの一部に過ぎず、一九二八年にはアビシニアと友好・調停条約を締結していた。一九三四年十二月に、双方の国境線が不明確な遠隔地で衝突が発生した際、イタリアは一九二八年の条約に基づく調停を拒否した。それを受けてアビシニアは、一九三五年三月十七日に事件を国際連盟に付託したが、それは、ドイツが再軍備を公表したのと同時期であった。連盟は事態の解決を英仏伊に押しつけた。アビシニアをイタリアの保護領同然にしてしまうような案を英仏が提示したにもかかわらず、イタリアは十月三日に戦端を開く。当初は作戦上の齟齬を来たして国際社会からの嘲りと冷笑に曝されたものの、イタリアは七カ月でアビシニアを征服し、一九三六年五月九日にヴィットリオ・エマヌエーレ国王を同地の皇帝としたのである。

イタリアが一九三五年一月以降アビシニア問題を武力行使以外の方法で解決することを拒んだ理由の一端は、実際は誤解であったにせよ、アビシニアをイタリアが自由に処分することをその月にフランスが認めたとイタリアが本当に思い込んだことにある。それでも、一九三五年が進むにつれ、イタリアに友好的姿勢を見せながらフランスが見せる曖昧な態度と、英国が示す敵対的態度との折り合いをつける必要のあることが明らかとなった。フランスにとって、ドイツの無軌道ぶりが不穏な様相を呈している時期に、アビシニア問題でイタリアの不興を買うなど、あってはならないことであった。実際、オーストリアでナチ勢力によるクーデターが不発に終わった際に、同国が独立国であり続けるよう一九三四年七月に軍を動かしたのはフランスではなくイタリアであったし、翌一九三五年三月の危機の折にも、イタリアは英仏に与《くみ》したのである。フランスは、アビシニア問題で妥協点を見つけることができればヨーロッパ政局においてイタリアからは引き続き協力を得られると判断した。しかし、英国がこの問題をめぐってにわかに連盟による解決の利点や集団的安全保障の原則を唱導し始めたために、フランスは当惑と焦燥の念に駆られることとなった。英国の立場は倫理規範に則したものではあったものの、アビシニアを分割してその三分の二をイタリアに譲るという内容の悪名高いホーア・ラヴァル協定を一九三五年十二月に成立させたムッソリーニを精神面でも行動面でも掣肘することはできず、国際社会での英国の信用を失墜させることとなる。このような倫理規範を犠牲にしての実利優先に輪をかけたのが、十月に連盟がイタリアを侵略国として非難した折に、イタリアからスエズ運河の通行権を剝奪したり同国に制裁措置を課したりするのを拒否したことであった。英国は詰まるところ、ムッソリーニとの正面衝突に繫がりかねないような行動を控えはしたものの、実際に執った行動はイタリアの不興を買い、それによって、ヨーロッパの問題に対処するに当たってイタリアの協力姿勢を確保しようというフランスの試みにマイナスの影響を与えたのである。このような状況において唯一利益を得たのはヒトラーであった。他の諸国がアビシニア情勢に気を取られているのに乗じて、ラインラントの再武装を一九三六年三月七日に断行したのである。

アビシニア危機に際してのフランスの対伊政策は倫理規範に悖《もと》るものではあったが、イタリアの友誼と協力を確保しようとする点で一貫性を持っていたことは確かである。それは、ドイツがポーランドと協定を結んだことと連盟から脱退したことに対するフランスの二段構えの対応の一つを構成するもので、今一つは、一九三二年にフランスがソ連との間に結んだ不可侵条約を一九三五年の春に改訂したことであった。この条約は他方の締約国に対抗して第三国の間で作られた同盟関係に加わらないことを締約国に義務付けるものであった。一九三五年五月二日に調印された改訂条約では、いずれかの締約国が脅威を受けた場合には両国が協議に入ること、ヨーロッパにおいていずれかの締約国が該締約国による挑発行為に因らない攻撃を受けた場合には他の締約国が直ちに軍事上の援助を行うことを規定していた。それらの条項の趣旨は明白であったが、ドイツによる侵略行為が生起した場合の上記条項の発動要件は、ロカルノ条約の履行を保証する立場にある英伊が規定する侵略行為の概念に従ってなされるという条項によって、ある程度骨抜きにされていた。

仏ソ同盟は（フランスが行動を起こすことを条件にソ連がチェコスロヴァキアに安全保障上の誓約をしたソ連・チェコ条約と同様に）以下のようないくつかの重要な意味を持つものであった。一八九二年から一九一六年までの期間フランスが自国の安全保障と独立の要としてきた同盟関係を復活させたこと、合力すればヨーロッパの中では唯一ドイツに対抗する潜在力を備えている二カ国を軍事同盟の形で結び付けたこと、それまでヨーロッパ諸国の中で村八分扱いされていたソ連が完全に国際社会への復帰を果たすようになったことである。しかし、この条約は同時に、フランスで共産主義が勢いを伸ばしていることをヒトラーが喧伝する格好の材料となり、この点は国際社会全般はもとより、分裂の度合を強めているフランス社会でも強調されたのである。ヒトラーは激烈な反共姿勢を示すことで多くの国々で右翼勢力の賞賛の的となり、さらに、共産主義の脅威から西洋文明を守護することを標榜したことは、ドイツが強国として復活することを恐れるにもかかわらず、ソ連と手を組んでドイツと対抗することを躊躇する勢力に強く働きかける効果があり、そのような勢力を混乱させることにもなった。

ラインラント進駐

一九三四年の軍縮交渉の際にヒトラーが採った二本立ての政策は、ラインラント進駐の折にも行使された。具体的には、仏ソ条約がロカルノ条約を有名無実にしたとしてロカルノ条約を否認する傍ら、ベルギーとフランスに対して期間二十五年の不可侵条約締結を持ちかけたり、ドイツ・ポーランド間の条約に倣った諸条約をドイツの隣国を対象として締結することを提案したりしたのである。このようなドイツの申入れは、ラインラントでの事態への対抗措置に出るか、一九一九年以来ヨーロッパで保ってきた優越的地位を放棄するかという課題に直面しているフランスをさらに惑わせるものであった。自国の国防と自国が同盟国に対して約束した保障措置に重きを置くならば、フランスとしては条約を踏みにじるドイツの行動に立ち向かう必要があったが、そうしなかったがために、ヨーロッパ内部の勢力分布の構図が著しく変わることとなった。この一事を以てヒトラーはフランスの軍事力が有する意義を減殺し、同盟国としての同国の信頼性を失墜させたのである。一九二〇年の同盟関係から離脱することを模索したベルギーはそれを正式なものとし、ラインラント再武装から三年間はポーランドがドイツと良好な関係を維持することに努めたために、フランスとポーランドの間の同盟関係は死文化したも同然であった。そして、フランスには気を休める暇などなかった。独仏国境線に独軍が配備されるのとほぼ時を同じくして、今一つの危機が現出し、それをヒトラーが利用したために、フランスの影響力はさらに削がれ、その立場を弱めることとなったからである。その危機とはスペイン内戦であった。

ピレネー山脈の反対側にあったスペインとポルトガルは、ヨーロッパの主要な事件の局外に立つこと久しかったが、一九三六年にスペインで行われた総選挙が、その風向きを変えることとなった。選挙では左派勢力が決定的勝利を収めたものの、選挙戦の成り行きそのものや投票動向は、スペイン国内の左右対立が深刻で対抗勢力同士がほぼ拮抗している分裂を浮き彫りにするものであった。選挙後、右派勢力が戦いの場を街頭に移し、左派が同様に応酬したため、スペインが無秩序状態に陥るまでさほど時間はかからなかった。混乱状態が深まる中、植民地モロッコに駐留するフランシス・フランコ将軍指揮下のスペイン軍が一九三六年七月十六日に反乱を起こし、翌日にはスペイン全土の部隊がそれに合流した。フランコ軍はものの数週間の内にスペインの半分を制圧することができたが、民衆のかなりの部分が共和政権支持に回ったため、いずれの側も優位に立つことができず、一九三九年三月にフランコ派がマドリードとバレンシアを最終的に手中に収めるまで、戦慄すべき内戦が続けられたのである。

当初、英仏は内戦をスペイン国内に局限して国際社会に波及させないように努め、事態への不干渉方針を提議して実行することに主導的役割を果たしていたが、内戦にイタリアとドイツが相次いで介入してきたことにより、この方針はたちまち惰弱な様相を呈することとなった。イタリアは、フランコ派による反乱を当初から支持しており、反乱の準備段階でも関わっていた可能性がある。

ドイツは介入の時期と規模ではイタリアの後塵を拝していたが、それでもフランコ派が最終的な勝利を収める上で重要な因子となった。ソ連の共和国側への肩入れ同様、独伊の介入が内政不干渉の原則を蔑《ないがし》ろにするものであると同時に、一九三九年にヨーロッパで始まる全面戦争への序章としてのスペイン内戦は、スペインの国家主義勢力をめぐって独伊が初めて利害を共有したという点で重要な意義を持つものである。イタリアがフランコ派の勝利そのものを追求していたのに対し、ドイツの目的はイタリアを英仏から引き離してその関心を他に向けさせることにあった。このように独伊が異なった思惑を持っていたことも明らかではあるが、独伊は内政不干渉の原則を無にすることでは利害を一致させることとなったのである。このような経緯で独伊は、少なくとも指導者間の高次の次元では総統《フューラー》と統領《ドゥーチェ》が相互に接近していった。そして、両国がその友好・協調関係を深めるための弾みとなったのは、それまでに各々が民主主義国家を出しぬいてきた事例の数々であった。結果として両国はブルゴスに作られたフランコ政権を承認すること、及びヨーロッパを両国の勢力圏に分割することについて一九三六年十月二十四日に合意し、十一月一日にムッソリーニはミラノでの演説で、いみじくも「ローマ・ベルリン枢軸」という言葉を用いたのであった。この言葉は、ヨーロッパの将来が独伊によって決定されることを予言したという意味で正鵠を射たものであったが、両国が基本的に対等な立場に立つことを内意したという点では誤っていた。

それでも、イタリアの方針転換が重要な意味を持つことは明らかであった。イタリアは、ドイツの三月のラインラント進駐の際には実効性を伴わない英仏の抗議に加わっており、歴史上同盟関係にあった両国を見捨てて、再び力をつけてきたドイツに与する理由はなかった。ムッソリーニが狭猾に見抜いていたように、イタリアが事態を自国の有利に進展させることができるか否かは、フランスを支配的地位に留めてそれに従属することでも、ましてやドイツに屈することでもなく、独仏両国間の力の均衡を図ることにあった。それに、一九三四年七月に起きた出来事が示すように、独伊の利害はオーストリアをめぐって衝突していたのであり、同様な衝突はムッソリーニが自国の勢力圏とみなしたがっていたハンガリーをめぐっても起きていたのである。しかしながら、一九三六年十月以降、イタリアのドイツへの接近は不可逆的なものになり、それと共に独伊によるスペインのフランコ派への支援が深まるにつれて、ヨーロッパにおける勢力再編も決定的なものとなっていくのである。両国は一九三六年十一月十八日にフランコのブルゴス政権を承認し、以後両国のスペインへの介入は露骨となっていく。翌一九三七年四月二十七日に独空軍はバスクの都市ゲルニカを無差別爆撃し、五月三十一日には独海軍の艦艇がアルメリア港を艦砲射撃した。それから六週間も経たぬ内に、法律上とは言わないまでも実質上の第二次世界大戦の幕開けを告げる出来事に国際社会は直面する。

日中戦争の起源

河北省及びチャハル省からの中国軍の撤収を確約させる塘沽《タンクー》停戦協定を取り付けてから一九三七年七月に中国における全面戦争が開始されるまでの二年間、日本は政治・経済上の施策と時宜に適った軍事行動を組み合わせて、長城の北側の地域を概ね支配下に収めていた。同じ時期、日本国内では、陸軍内部で、日中関係の打開、殊に武力による打開を主張する声が高くなっていった。

一九三一年当時と同様、一九三七年に日本が執った行動は、日中それぞれの国内及び国際社会の状況が複合的に作用した結果によるものであり、中国国内に関して言えば、それらは、日本の行動の原因と言うよりは、誘因と言うべきものである。日本が南京の蔣介石政権との相克に決着を付けようと決心するに至った主な要因は日本側に由来し、満洲を首尾よく手中に収めたことと、それに対する国際社会からの非難に触発されて、日本国内で国粋主義的な情念が荒々しいまでの高まりを見せてきたことに端を発していた。このような反作用的な反応が日本を四面楚歌の感覚に陥らせた度合が大きかったにしても、愛国心の高揚というものは日本の専売特許ではないし、一九三二年以前の日本で見られなかった現象でもない。しかし、満洲事変後の日本のナショナリズムは、既存の国際秩序への不満の高まりと、東アジアの指導者としての自国に対する自信を反映したものという点で、新たな側面を得ることとなった。そして、このような変化と並行して、日本社会における国民生活への統制の度合と陸軍の政治への影響力が不可避的に増大していったのである。

一九三〇年代の日本のナショナリズムの高まりを後押しした最も強力な要因は大恐慌と自給自足体制の確立を求める動きではあったが、経済ナショナリズムと並んで発揚されていたのは、他国とは異なる神国としての日本の特質と、欧米諸国の影響力と支配を排したアジアの盟主として君臨する権利と義務を強調する、ある種の価値観であった。一九三〇年代には、国家神道の教義の国民への押し付けが益々あからさまとなったのと同時に、陸軍内部では中国の征服を目論む統制派が台頭してきた。大恐慌に打ちのめされた上に軍を維持するために相当の犠牲を強いられた社会にとって、経済問題を解決するために武力を行使し、国家的な使命を、たとえそれが自らが課したものであったにしても、遂行することは、当然であり、かつ正当化し得ることであった。一九三四年十二月二十九日に日本が以後無制限に建艦計画を進めるとの決定が公表されたことは、このような趨勢を反映すると同時に、それをさらに助長するものであった。この制限の撤廃は、一九一九年のパリ講和会議以来人種平等の原則を日本に対して否認してきた欧米諸国に対する自国の権利主張の顕われであり、強烈な愛国心を涵養する源泉ともなった。裏を返せば、米国が日本との関係において軍備を制限されなくなる危うさを内包していた。同時に、このような措置によって日本はそれまでの四十年の間にはなかったような孤立状態に陥ることとなった。

以上のように、一九三七年七月以降の日本の中国侵略を推し進める主要な原動力となったのは、いよいよその勢いを増してきたナショナリズムのうねりであり、それは、軍事力の限界以外には制約されない程にまで強力なものとなっていた。そして、中国での戦いは、日本国内での意思決定過程において陸軍が支配的地位を占めるための総仕上げの段階を画するものでもあった。一九三二年に崩壊した犬養内閣の後、五年間に内閣の交代は四回あったが、軍の一部によるクーデター・暗殺計画がすべて成功裏に実行されていたとしたら、内閣の交替はもっと多かったであろう。一九三一年から三七年までの短い期間は、「暗殺政治」の時期とも呼ばれることがある。陸軍が勢力を強め、その内部では少壮将校が上層部を操る「下剋上」現象が横行して軍紀が崩壊していった時期としても知られ、議会が独立性を最後に示したところで終わりを告げることとなった。林銑十郎内閣が一九三七年四月の総選挙で苦杯を喫し、それまで国民の政党政治に対する信頼を大いに失墜させてきた民政党と政友会が手を組んで林内閣を退陣に追い込んだが、陸軍はその動きに対して六月四日に発足した後継内閣を軍の眼鏡に適う顔ぶれにすることで対抗し、その首班は、穏健派との評判とは裏腹に軍が追求する路線や利害に理解を示すことで知られる近衛文麿公爵となった。

中国の情勢

日本が中国の泥沼に一九三七年に引き込まれて行く前段となったのは、国際社会での二つの出来事であった。一つ目は、一九三六年十一月二十五日に成立した日独防共協定で、それが目的としたのはヨーロッパと極東の双方からソ連を牽制してその力を分散させることであった。日本にとって本当に重要な意味合いを有していたのは、協定締結に至る交渉を主導したのが外務省ではなく陸軍であり、協定の成立が陸軍内での統制派の勝利を画するものだったという事実である。統制派にはソ連と戦端を開く意思は毛頭なく、モスクワとは、友好的とは言わないまでも適切な関係を保つことを策していた。この協定はソ連の動きに箍《たが》を嵌めるのを目的とするものであった。これによって日本は、自国が当然の権益を有して勢力を拡大できる場と見なす中国で、自由自在に事を進められることとなったのである。詰まるところ、防共協定とは、日本国内での陸軍の実権と、陸軍内部での統制派の実力を誇示するものであると同時に、中国との全面戦争が起きた暁には、陸軍がその側面と背後を固めるための手段でもあった。

二つ目は、一九三七年の初めに至って、中国が日本の華北へのさらなる侵略に対抗すべく、延々と続いた内戦状態に終止符を打つ気配を見せていることを日本の指導層が悟らざるを得なくなったことであり、そこから中国側の態勢が整う前に先制攻撃をしようという考えが台頭して来る。引き金となったのは、中国の国内情勢の変化によって蔣介石が方針転換を強いられたことである。蔣は、日本が何を目論んでいるかについて希望的観測を戒めつつ、一九三一年から一九三六年十一月までの間に自らが直接支配する地域を倍以上に拡大し、共産党の勢力を壊滅寸前にまで追い込んでいた。五度に及ぶ剿共《そうきょう》作戦で揚子江以南の共産党の根拠地を壊滅させることに成功したのである。殊に、一九三四年十月から翌年十月までの第五次剿共作戦では、江西と福建の共産勢力を中国北西部に追いやり、共産党は史上「長征」として知られる退却行を余儀なくされた。陝西省に逃げ込む過程で共産党は壊滅は免れたものの、甚だしく弱体化し、到着した中国北西部の新たな根拠地延安では、標榜する政治・社会改革路線が受け入れられる余地が極めて限定的なものであることを思い知らされることとなる。一九三六年十一月は蔣が第六次剿共作戦を発動する直前の段階で、これが最後の剿共作戦になるというのが衆目の一致するところであった。

張学良の満洲軍がこの剿共作戦の先鋒となるはずであったが、この軍が十二月十二日に西安で蔣介石の身柄を拘束して、蔣に剿共作戦の実施か自らの生命か、いずれかを選択するように迫った。蔣が後者を選んだのは驚くに値しないことで、釈放の代償として蔣は共産党との抗日共同戦線を結成することに同意させられる。十二月二十五日に蔣が釈放されてから翌年初旬にかけて蔣政権と共産党との間での協議が続き、それが日本側の危機感を高めたことは明らかである。実際、西安での合意内容がほとんど明かされていない十二月二十八日の段階で、陸軍は早くも、蔣介石が容共抗日政策に走るならば、「東亜全体の平和維持のために必要と認める方策はいかなるものであろうと講じる」との明確な声明を発したのである。そのような方策の一部は既に一九三七年七月までに講じられていたが、それらが本当に東アジア全体の平和を保つことになるかは、全く別問題であった。

盧溝橋事件

「日華事変」は、一九三七年七月七日に北京郊外の宛平における日中両軍部隊間の小規模な衝突に端を発したものである。盧溝橋（マルコ・ポーロ橋）事件として知られるこの衝突は、一九三二年以来発生していた多くの小競り合いの一つに過ぎず、これまで日本側はこのような事件を中国の地方政権を恫喝するために利用してきたので、お馴染みのパターンが繰り返されると当初は思われていた。事件の発生には日本側にも責任があることは明らかであったが、中国側は日本側の要求に応じる用意があることを伝え、東京では、政府・参謀本部いずれにおいても、事件を現地で解決することに前向きであった。また、華北駐留の日本軍でさえも、作戦に使用可能な兵力が僅少であることを自覚していたために、事件を拡大することには消極的であった。しかしながら、三つの出来事が重なって、盧溝橋事件は、その及ぶ範囲・規模の両面で局地化が不可能なものとなっていく。その三つの出来事とは、満洲の関東軍が内蒙問題の強行解決を図ったこと、通州で七月下旬に日本の軍民数百人が虐殺されたこと、そして八月十三日に上海に戦火が飛び火したことである。日本には、いかなる口実であろうと中国との「事変」を始めたがっていた者にこと欠かなかったのが実情では

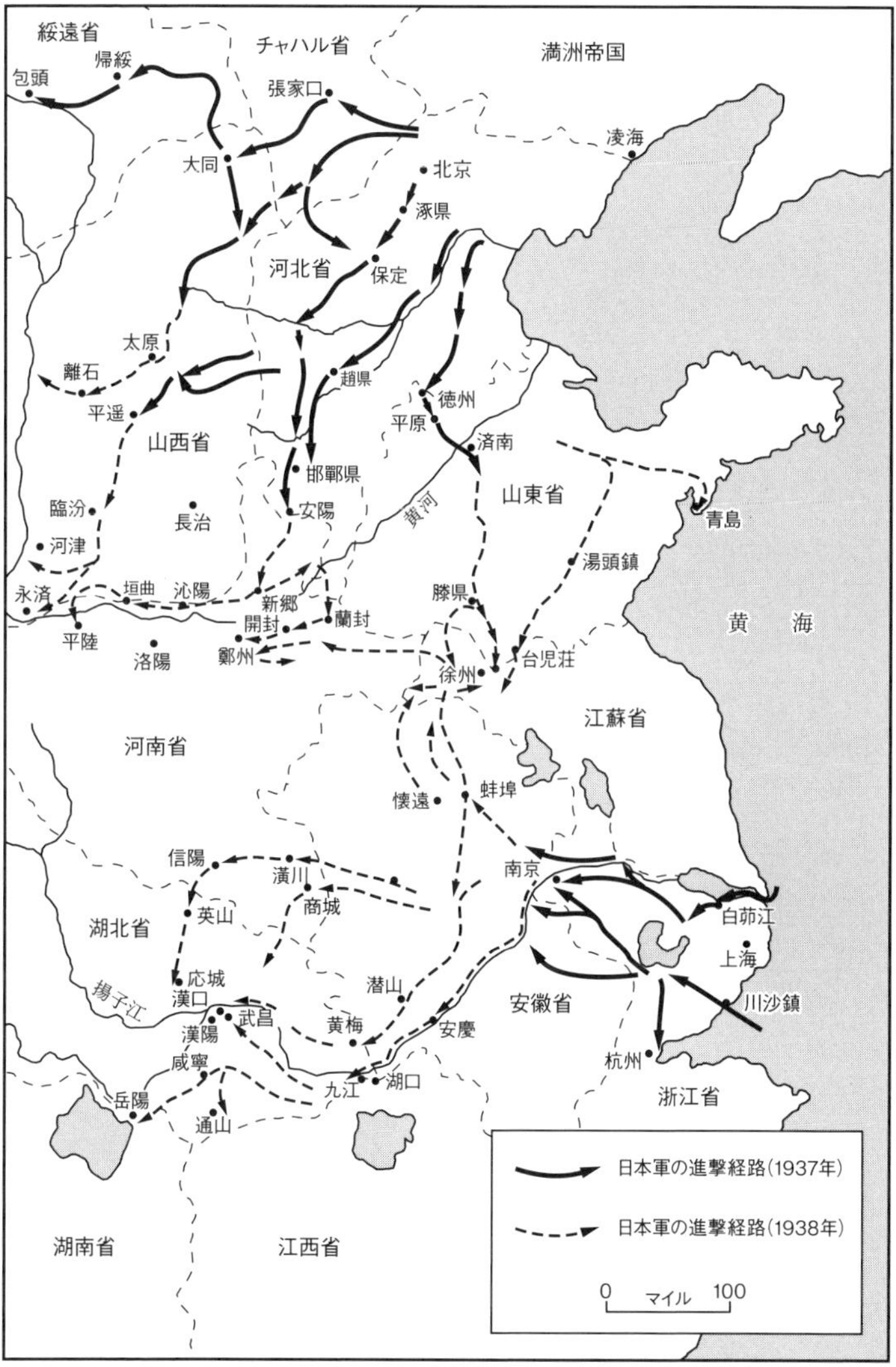

日本の中国での「事変」(1937年〜38年)

あったが、盧溝橋での衝突から五週間、七月三十日と八月八日に天津と北京を占領したとはいえ、綏遠・北京・凌海を結ぶ線を越えての部隊の動員も出動も行われなかった。動員が発令されたのは、主に上海において所在の中国軍と租界警備の日本海軍陸戦隊の衝突が契機となって戦闘が開始された後の八月十七日になってからで、この上海戦こそが、日本を中国との全面戦争に引きこむ決定的要因となったのである。上海戦への取り組みが深刻化すると同時に日華事変も本格的となり、九月下旬までに華北と華中に派遣された日本軍兵力は十五個師団にも達した。

このように、日本にとって有利に見える幕開けとなった戦争は、いくつかの段階を経て八年間も続くこととなるが、この戦争で日本軍が占領した地域の大半は、一九三七年七月から翌一九三八年十月までの最初の段階で獲得したものである。この最初の段階はさらに二つの段階に画然と分けられ、一九三八年五月に江蘇省北西部にある徐州が陥落した時点をその二段階の分割若しくは結節点である。その理由は、一九三八年五月までの日本軍の作戦行動は、山西・河北・山東の北部諸省と揚子江下流域との二地域で実質上別個に展開されており、それら二地域の日本軍が徐州で合流した後に初めて二つの地域の占領地を繫げて、北京~上海間を結ぶ陸上交通路を確保することができたことにある。その後日本軍は揚子江上流域と太行山系に戦線を伸ばし、十月に杭州を、十一月には岳陽と通山を手中に収める。一九三八年十月以降も日本の支配地域拡大の勢いは弱まりながらも続き、一九三九年一月に海南島を、一九四一年に広西・広東省の沿岸諸都市を陥とすといった種々の作戦を展開してはいったものの、中国における日本軍の作戦行動の根幹とも言うべき時期は、一九三八年秋の武漢三鎮攻略を以て終わりを告げている。

中国戦線：一九三七年

戦争の初期の段階で日本軍が華北諸省に展開していた兵力は軍団規模〔約二個師団〕に過ぎなかったが、同地域に中国軍の正規軍部隊が存在しなかったために、日本軍は北京〜天津を結ぶ交通線を容易に確保し、北京に無血入城を果たした。この時点で参謀本部にはチャハルに進攻する計画はなく、綏遠などは優先度がさらに低いといった見方をしていた。保定〜独流鎮の線を、外部事情からでなく自主的に制限線として定めていたのは、そのような抑制的態度の顕われであった。

しかしながら、満洲国に根拠地を置き、日本陸軍の中でも最重要部隊とされ、いつものことながら独断専行に最も走り易い関東軍は、盧溝橋に始まった事変の様相が上海戦によって変容する以前からチャハル〜綏遠地域への野心を顕わにしていた。そして、チャハル方面での初動作戦は東京からの明確な指示に反して行われたのであった。それでも関東軍は、一九三一年当時と同様に、既に遂行した作戦が否認されることはなく事後承認を受けるとの前提の下に作戦を展開し、事実その通りになる。関東軍は東條英機参謀長が指揮する部隊を承徳からチャハル西部のドロンと張北に進出させ、南口の確保を命じられた後に、外長城線内での作戦を開始した。これによって、張家口は八月二十七日に、山西省への入口にあたる大同は九月十三日に陥落した。これらの作戦に満洲国軍と興安軍〔満洲国内のモンゴル人部隊〕が随伴していたことが示すのは、関東軍が狙いをつけていたのが山西ではなくて綏遠であったということである。戦域が急速に拡大するにつれて、この集成部隊は北京〜綏遠鉄道に沿って前進し、平地泉を九月二十三日に、帰綏を十月十三日に、包頭を同月十六日に攻略した。そして、関東軍は十月二十三日に、出自のはっきりしない帰綏市民が臨席した上での「ジンギスカン七百三十二周年」祭典で綏遠の自立を宣言し、早くも内蒙への野心を顕わにしたのである。十二月には蒙疆連合自治委員会が帰綏に樹立され、これによって、日本が満洲・内モンゴルと連携するという、少なくとも一九一二年にまでその起源を辿ることができる理念が、この場合のモンゴルが内モンゴル東部だけであったにせよ、現実のものとなったのである。

華北では日本軍の指揮系統が強化・再編され、八月三十一日に第一軍と第二軍を傘下に置く北支那方面軍が寺内寿一大将を司令官として発足した。第一軍が、その右側面で関東軍の部隊の援護を受けつつ、北京から保定に至る主要交通路に沿う攻勢を命じられる一方、第二軍は独流鎮を攻略した。四十万近くの中国軍が第一軍の動きを阻止するため涿県近辺に展開していたのをものともせず、両軍とも参謀本部が認可した範囲をはるかに超えた地点を指向した。第一軍は石家荘を目指し、第二軍は恰州〜徳州を結ぶ線を見据えるといったように、作戦規模を拡大しようとしていた。その後、「拡大された占領地域を日本の勢力圏の一部とし、中国の黄河以北が編入されなければ軍の行動は報われるものではない」といった論理を寺内が展開して、「下剋上」が横行していくにつれ、陸軍は九月末には大規模な作戦を遂行していることを公言せざるを得なくなったのである。

しかし、陸軍は同時に戦争を短期間で終わらせることをも公言していた。中国が抗戦を長引かせたり効果的な抵抗をしたりすることはできず、蔣介石傘下の軍閥勢力のそれまでの慣行に倣って蔣介石も間もなく膝を屈することになるというのが軍の見通しであったからである。少なくとも、最初の見通しは正しく、第一軍の進撃に押されて涿県近辺の中国軍は崩壊し、保定は九月二十四日に、石家荘は十月十日に陥落した。石家荘の失陥によって山西の防衛は不可能となり、内長城線を越えた北からの歩兵第五師団の攻勢と、東からの歩兵第二十師団の攻勢が合流した結果、山西の省都太原は十一月八日に陥ち、それ以降同省の日本軍は防衛態勢に移行した。一方、河北では、石家荘攻略後も第一軍は南下を続け、十月三十一日には安陽を占領する。しかし、その東方での第二軍の作戦行動は、陸軍中央の決定によって掣肘を受けていた。具体的には、涿県近辺の第一軍と合流すべく、その一部が子牙河を遡上して行った際に、隷下の歩兵第十師団が山東に入って州境近くの徳州を制圧した後の十月五日に、進撃停止を命じられたのである。第二軍は、実際には平原と禹城まで前進して、平原は十月三十一日に攻略することとなったが、省都の済南への進出はしないよう厳命を受けた。

山東での作戦が掣肘を受けたのには、上海派遣軍を増強するとの決定が下されたことが作用していた模様である。上海派遣軍は、人口稠密《ちゅうみつ》で水路が錯綜しているために機動戦に適していない上海地域で極めて強大な中国軍と対峙していたのに加えて、八月に二個師団、翌月に三個師団といった形で兵力を逐次投入していったために、数的に優勢な敵に主導権を握られて対応策が後手後手に回らざるを得なくなっていた。その結果、山東での作戦を一時休止させて上海での戦局打開を図る決定が下され、白茆江と川沙鎮とに上陸作戦を敢行して上海周辺の中国軍陣地の側面を突くことが計画されたのである。

二カ所での上陸作戦に四個師団を投入するという上述の決定は、揚子江下流域での作戦目的を上海から中国軍を撃退することに限定するとの前提で下され、その目的は達成されたので、作戦自体が有効であったことが証明されることとなった。第十軍の杭州湾への上陸作戦は十一月五日に行われ、十一日に白鶴鎮を陥として上海の中国軍の背後を脅かす態勢を取ったのを受け、中国軍は上海から退却し始めていた。ちなみに、この退却が開始されたのは、第二軍から分派された歩兵第十六師団が白茆江に上陸する二日前のことであった。しかし、参謀本部上層部の知らぬ間に、上海派遣軍の松井石根司令官と参謀本部の一部が、上海攻略後に中国のさらに奥地に軍を進めることで密かに合意していたのである。上海派遣軍を中支那方面軍と改称したのは、揚子江地域で日本側が追求する対象が拡大したことを象徴的に示していると同時に、下剋上が依然として重要な因子として作用していることを示す出来事でもあった。この内陸進攻戦略への同意を部下や現地軍から迫られた参謀本部の首脳部は、その実行に必要な許可を粛々と下すこととなる。南京を失えば蔣介石は講和を申し出てくると踏んだためだが、事変が一度の会戦や一都市の陥落で終結しないという気配は、上海が陥落する十一月中旬頃までに既に顕われていた。

戦争の泥沼化

上海防衛戦における中国軍の死傷者は推計二十七万人にのぼり、中でも、失った下級将校の数は、補充に四年間も要する規模に上っていた。この敗北によって南京が容易に攻略されかねない態勢となったにもかかわらず、蔣は日本側の和平攻勢に応える姿勢を見せず、ドイツのオスカー・トラウトマン駐華大使の調停案にも耳を貸さなかった。南京は十二月十三日に殺戮・暴行・強姦・掠奪が大々的に展開される中で陥落し、この南京での出来事は、その後五年間にわたる日本陸軍の行動様式を象徴するものとして記憶されるようになる。日本軍は南京占領後の七週間に推計で二十万もの中国人を虐殺したと言われるが、*蔣介石は十二月二十六日に、日本との交渉による事変解決の可能性がないことを事細かな理由と共に公に宣言した。それに先立って日本側は、十二月十四日に北京に臨時政府を樹立した。日本は、華北に傀儡政権をいくつか樹立することとなるが、これがその最初のものであった。日本は、交渉を拒否する蔣の強硬な態度を驚きの念を持って受け止めたが、一九三八年一月十六日には政府が「以後蔣政権を対手とせず、中国における禍根を一挙に断つ」との声明を発する。しかし、この時期の出来事の中で唯一驚くに値するのは、華北・内蒙の傀儡政権の承認、華北・華中での日本の駐兵権、日満中の経済的統合、中国による戦費の賠償といった日本側提示の和平条件が蔣介石にとって受諾可能だと日本側が考えていたことであろう。現実には、日本側の強硬な態度にもかかわらず、蔣の和平拒否によって日本はいくつかの難題に直面することとな

＊　南京における日本軍による中国軍民への虐殺行為の規模と性質についてはさまざまな論議がある点については秦郁彦『南京事件　増補版――「虐殺」の構造』(中公新書、二〇〇七年) に詳しい。国民政府のプロパガンダによる捏造 (まぼろし派) からホロコーストにも比肩すべき計画的大虐殺 (大虐殺派) まで多様な主張があり、犠牲者数もゼロから三十万人以上と幅がある。しかし、多分に偶発的要素が強い事件であり、捕虜および民間人の犠牲者数は二万から四万と推定される。ナチスが行ったホロコーストの根拠であったような明確な人種差別理論はないが、当時の日本人にあった中国人全般に対する蔑視意識が違法殺害の心理的なハードルを低めたというのが真相に近いと考えられる。

り、それは、軍閥割拠の時代に日本が直面したものと似ていなくもなかった。即ち、日本の指導部は政府・軍部共に実際問題として中国で何を達成すべきなのかについて明確な考えを有しておらず、蔣政権の処遇に関しては、その打倒を策するべきなのか、それとも唯一和平交渉の相手となり得る政権として存続させておくべきなのか、国民党政権に対抗し得る新政権樹立をめぐっては、国民党政権が和平交渉に応じるよう圧力をかけるための手段とするのか、蔣政権に本当に取って代われるような政権とするよう策するのか、といった問題への解答を見出せないでいたのである。

今一押しして決定的な勝利を収めれば中国側は抵抗を止めるであろうという希望的観測が、このような難題をさらに複雑なものにしており、一九三八年末当時の中国で日本が置かれていた立場は、それまで経験したことがないものとなった。日本が取り引きができる相手を見付けることは可能で、その中には国政レベルで影響力を行使し得る人物もいた。しかし、抗戦継続に向けた動員態勢にある中国においては最終的には蔣介石を交渉相手とする必要があり、蔣が日本との交渉を拒むことによって、日本は政治的手段により事変を終結させる方策を断たれることとなったのである。その結果、日本としては戦場で決定的勝利を収めることを模索する以外に選択肢がなくなり、その際に、事態を複雑化させる三つの要因に直面することとなる。第一に、日本の中国での征服の速さと規模が瞠目に値するものであったことに疑いはないが、その華北での支配は都市部とそれらを結ぶ交通線に及ぶだけで、名目的に日本の支配下にあった地域でも一九三八年初頭までには、抗日ゲリラ勢力が根付き始めていたこと。第二に、一九三七年に行われた華北での作戦のために在満の日本軍兵力が削減され、日本の傀儡国家である満洲では、全土において匪賊・ゲリラ勢力の活動が再び活発化したこと。そして第三に、中国で日本軍が直面する軍事上の問題は、すべてその裏で対外関係との繋がりを持っていたということ。特に対ソ関係ではそれが顕著であり、蔣が日本との妥協を拒否したのも、これが大きな要因となっていたのである。戦争が長引き、その過程で日本を敗北させられるような第三国が介入することになりさえすれば、戦争は日本の敗北に終わると蔣は真剣に信じていたのであり、一九三七年十二月に日本の陸海軍の部隊が南京の上流で英艦船五隻と米艦船四隻を砲爆撃した時（レディバード号事件とパナイ号事件）には、それが現実のものとなる公算が高いように思われた。ロンドンとワシントンの海軍関係者の間には軍事介入を主張する動きもあったが、この時点では英米いずれも単独で行動に出られる態勢にはなく、ロンドンで両国の合同幕僚会議が開かれた時点までに、日本側は謝罪と賠償を申し出て事態を沈静化させていた。

　このようにして事件が収拾されたために、蔣は一九三七年八月七日に自らが表明した持久消耗戦略に立ち戻ることを余儀なくされた。しかしながら、日本に対して現実上の問題を執拗に突きつけてきたのはソ連であった。国境線が不明確なソ満国境地帯の張鼓峰では国境紛争が頻発しており、ソ連は一九三七年八月の時点で既に日独防共協定に動じない旨の明確な意思表示として中国と不可侵条約を締結し、その後新疆を占領して同地域を通るかつてのシルクロードを利用して、弱体化が顕著となっていった重慶の国民党政権に軍需機材・物資・顧問などを送って梃入《てこい》れをしていたのである。そして、ソ連は、新疆と外蒙を占領することによって日本の綏遠西部への進出を掣肘する姿勢を見せ、一九三八年には日ソ間で容易ならざる衝突が生起することが不可避な情勢となった。これによって、満洲国の安全を確保するために中国での作戦行動を制限するか、ソ連との軍事衝突の可能性を顧みずに対中作戦を展開するかという、一九三七年七月以来日本が直面してきた問題がより先鋭的な形で突きつけられることとなったのである。

中国戦線：一九三八年

それでも、当面の間は日本を取り巻く現実上の要請のため、中国における作戦が続けられることとなり、一九三八年の第一・四半期に日本は山西省を完全に掌握し、山東省の北部と中部をほぼ席巻した。安徽省では懐遠と蚌埠を確保して徐州作戦への準備を整えていた。山西省では、既に日本軍は太原と安陽を占領していたが、歩兵第百九師団が太原から西進して二月二十四日に離石を占拠した。一方、歩兵第二十師団は南進して十三日に平遥県を、二十六日に臨汾を陥とし、そこで、邯鄲県から進撃して長治を二月二十日に制圧していた歩兵第百六師団の一部と合流する。時を同じくして、歩兵第十四師団は鉄道沿いに南下して十七日に信陽に入ると、進路を西方に転じて黄河の北岸沿いに進み、二月二十一日に沁陽、その六日後に垣曲、三月九日に平陸を攻略した。平陸付近で第十四師団は、臨汾を制圧した後に安義を陥として三月六日に永済に入った第二十師団と合流した。河津も三月六日に陥ちて、このような日本軍の多方面での進攻の結果、黄河の交通路は確保され、山西省の平定が完了したのである。

山東省の平定は、このように容易ではなかった。済南を十二月二十六日に攻略した第二軍は南進を続けて一月五日に斉寧を制圧した。一方、海軍の部隊は、前述の歩兵第五師団の支援を受けて十日に青島を確保した。この時点までの山東省の中国側の防衛措置は同地の軍閥、韓復榘の指導の下で整えられたものであったが、日本側に内通しているのではないかとの非難が浴びせられるほど手緩いものだったので、韓は蒋介石の命令によって逮捕・処刑された。それ以降、第二軍は手強い抵抗に直面することとなる。日本軍は三月五日に湯頭鎮を攻略し、二十四日に徐州への進撃を開始するが、四月の最初の週に第五師団は台児荘近辺で大損害を被って退却を余儀なくされ、第二軍による主攻勢においても、滕県の攻略は五月初旬までできなかったのである。それでも、その時までに中支那派遣軍の三個師団が南方から徐州への攻勢を開始し、歩兵第十三師団が五月十八日に運城を攻略して、翌日第二軍と合流する。徐州失陥後、中国側が包囲・殲滅を避けることに意を注いだために、その抵抗は弱まっていったが、日本軍の兵力が中国軍の大部分を捕捉するには薄く広く展開され過ぎたために、中国軍の多くは西方もしくは沿岸地帯に脱出していった。このようにして、日本軍による山東省全般の平定は、一時的にではあるにせよ、九月までに完了した。

徐州作戦と機を一にして第一軍の蘭封に対する作戦が行われたが、鉄道線に沿って開封と鄭州方向への本格的な進攻が行われたのは、徐州陥落後に第二軍の一部が西方に向けられてからであった。開封は六月六日に陥ち、その三日後に鄭州も陥落する。それ以降の日本軍の攻勢については、西方の洛陽・潼関・西安に向けるか、南方の武漢三鎮に指向するかの選択肢があった。兵力が分散していて、いずれの方面に攻勢を受けても戦線を支えきれない中国軍は、黄河の堤防を決壊させて、その流れを変え、数百マイル南方の蚌埠上流の花園口に流れこむようにした。これによって同地域の農村地帯は壊滅的打撃を受けて無数の死者を出すこととなったが、このために日本軍による鄭州・

杭州鉄道方向への攻勢は一九四四年まで行われることがなかった。*

　この中国軍による黄河の堤防破壊措置を受け、第二軍は隷下の部隊を再集結させ、中支那派遣軍が五月十四日に制圧していた安徽省中部の合肥に進出した。そこから、大別山系の山麓もしくは山中を進んで、河南・湖北省境地帯の鄭州・杭州鉄道を跨ぐようにして作戦行動を進める準備を行った。第二軍の攻勢は、八月二十八日の六安攻略に始まり、それ以降、進軍は二方向に分かれてなされ、九月十六日に商城を、翌日に望直港を制圧した。以後続けられた包囲戦の結果、十月十二日に信陽を確保して鉄道線に到達する。日本軍は鉄道線を離れ、武勝関を通ることなく、徳安と応城を各々十月二十六日と三十日に占領した。一方、宋埠が陥ちたのは十月二十六日になってからであった。だが、同じ日に、武昌と漢陽は、揚子江の上流域に進攻してきた日本軍の手中に帰し、前日には、既に六月の段階で臨時首都としての地位を失っていた漢口も陥落していたのである。

　武漢三鎮への主攻勢が開始されたのは一九三八年六月初旬で、揚子江右岸で主作戦が展開されたのと同時に、それとは別個に歩兵第六師団が北方から作戦行動を取り、六月十三日に潜山を、八月二日に黄梅を占領した。揚子江沿いを進む主作戦では、日本軍が安慶を六月十二日に陥とすと、中国軍は入念に防禦陣地を構築していた馬壋の要衝を保持する構えも見せずに七月二日に放棄した。日本軍は、同月四日に湖口を、二十六日に九江を占領すると、八月にはその九江付近で部隊を再編成して、武漢三鎮への進撃の最終段階の準備に入った。第六師団が揚子江北岸に留まる一方、第十一軍は傘下の四個歩兵師団の内二個師団を南方の側面防禦に充て、主力は二方向に分かれて進撃し、武昌と漢陽を十月二十六日に、咸寧を三十一日に占領した。それに先立って、第六師団は二十五日に杭州を占領していたが、これは一連の作戦で最も際立った一つの様相を如実に示す出来事であった。即ち、日本軍が武漢三鎮を戦闘によってではなく、進攻によって占領したということである。実際問題として、十月十二日に第二十一軍がバイアス湾に上陸した時点で中国側は揚子江中流域を放棄したも同然であった。国民党にとっての武漢三鎮の価値は、広東との交通及び外国交易との繋がりがある限りにおいて存在するものであり、広東省の中国軍が広東を確保できないことが明らかとなり、二十一日に失陥したことを受けて、蔣政権は武漢三鎮を放棄して四川省の山間部に後退することとなったのである。蔣介石がこのような決断を下し、依然として日本との交渉を拒んでいたために、日本側は政治的手段を通じても軍事的手段に訴えても、事変を解決することができないままでいた。現実問題として、蔣政権が重慶に立て籠もったことにより、戦争の先行きが見通せない状況となったことは明らかであった。このことは、一九三七年七月以来日本軍が軍事的に制圧してきた地域の中で、この時点で実効支配していたのが恐らくその十分の一にも満たなかったことによっても明白であった。

しかしながら、一九三八年十月までに中国情勢はヨーロッパにおける事態が急展開する中で注目を集めなくなる。武漢三鎮の陥落からの二年間はヨーロッパでの出来事が国際政治の舞台の中心と

＊　一九三八年の蔣介石による黄河決壊作戦はこの時の直接被害のみならず、広範囲で生態系を狂わせ、一九四二年から四三年にかけての河南省における旱魃やイナゴの大量発生を引き起こし、三百万人以上の農民が餓死する大飢饉を誘発させたと考えられている。劉震雲（劉燕子訳）『人間の条件１９４２――誰が中国の飢餓難民を救ったか』（集広舎、二〇一六年）も参照。

なったため、東アジア情勢の重要性は副次的なものと見られた。

オーストリア併合とミュンヘン会談

日本軍が武漢三鎮に迫っていたのは、戦間期ヨーロッパにおける最大の危機が発生していた時期と重なっていた。その危機に冠せられた名称は、ヨーロッパ政局におけるドイツの主導権回復と、その過程での英仏によるあからさまな迎合的態度の代名詞として現在でも通用している。一九三八年九月のミュンヘン危機は、一九三三年にムッソリーニが提唱した方針に沿ったヨーロッパ協調の理念への回帰を画するものであったが、ヨーロッパの問題が米ソの介入なしで処理された最後の事例であった点で、ヨーロッパの終幕とも言うべきものであった。しかしながら、この危機は、その処理・解決のあり方によって、八十年以上経った今世紀でも論争の種や感情的な対立の元になっている。そのようになった理由は、危機を通じてヨーロッパの平和を保つことができなかったからではなく、英仏が、自身が執った行動・意思決定が道義に基づくものであったと主張することがまったくできなくなったことにある。

ミュンヘン危機は、ヨーロッパの政局に突発的に生起したものではなかったという点で、一九三九年に勃発した大戦に繋がる他の出来事とは性質を異にする。一九三八年九月の危機は予見可能なもので、ミュンヘンでの英仏の宥和政策に浴びせられる道義上の非難も、内容が予見できずともドイツが何か要求を突きつけてくることを見越した上で、英仏が一九三八年三月以降チェコスロヴァキアに譲歩を強いる動きを示していたという事実にかなりの程度由来する。原則論としては英仏の宥和政策は理に適っていなかったわけではない。しかし、実際面では、失われることが決定付けられた平和を維持するために第三国、それもライン川以東ではオランダとスカンディナヴィア諸国を除けば唯一の民主国家を犠牲にした上での譲歩であった点で妥当性を欠くものであった。この宥和政策が失敗に終わったことが明らかになった際に、ミュンヘン協定によって英仏は再軍備を推し進めるための一年間の猶予を得たとか、ヨーロッパの平和を長期的に維持できる術がないことは一九三八年九月の段階では明らかではなかったといった弁解を英国はしてきたが、その種の論議は、よく言っても的はずれで、酷評すれば、真相を知りつつもそれを捻じ曲げている不誠実極まりないものである。再軍備の面では、ドイツと比較した英仏の状況はミュンヘン合意から翌一九三九年九月までの間に悪化していたし、戦略情勢は、同盟国としてのチェコスロヴァキア、そしてソ連を実質的に失ったことで英仏にとって著しく不利なものとなっていた。さらに言えば、仮に英国が一九三八年九月の時点でヒトラーとナチズムの本質やその長期的目標を見抜いていなかったとするならば、そのような幻想を抱いていたのは英国だけであった。

ヨーロッパで二つもの危機が起きることとなる一九三八年は静かに幕を開けたが、その時点で既にヒトラーはドイツの拡張政策の実行を早める決意を固め、開戦時期を一九四三年から前倒しすることを考えていた。ヒトラーにはヨーロッパで全面戦争を引き起こす意図はまだなかったものの、オーストリアとチェコスロヴァキアをめぐる野望を押し進める中で、オーストリア国内の事態の展開に乗じて同国を併合する機会を得る。ヒトラーがドイツで挙げた成果はオーストリア国内でも相当に強い印象を与えており、一九三七年を通じて同地のナチ勢力によるテロ行為が増加していた。これは、ドイツが介入する口実に使えるような措置をクルト・フォン・シュシュニック首相の政権が執るよう仕向けるための挑発行為であった。一九三八年一月時点でのオーストリア国内の情勢がこのようになっていたため、シュシュニックは、オーストリアのナチ勢力の動きを抑制するようヒトラー自身に要請したが、その際に明らかとなったのは、ヒトラーが欲していたのが、独立国としてのオーストリアを粉砕すること以外の何物でもないということであった。二月十二日の両者の会談の場でヒトラーは、オーストリア・ナチスの活動が法的に許容され、その指導者であるアルトゥール・ザイス＝インクヴァルトが内相に任命されなければ、オーストリアを「第二のスペイン」にすると脅迫する。オーストリア国内での内戦やドイツとの戦争を欲しないシュシュニックは要求を呑んだが、これによって同国ではナチ勢力がさらに勢い付いて来たために、シュシュニックは三月九日になって、オーストリアが独立国家として存続することを欲するか否かを問う国民投票を十三日に実施することを発表した。しかし、独墺国境が十一日に閉鎖され、独軍兵力がオーストリアに隣接するバイエルン地方に集結したのを受け、シュシュニック内閣のナチス系閣僚は首相に対し、国民投票を中止することを求めるヒトラーの要求を伝え、これが受け入れられた後に、直ちに首相の罷免要求が出された。ザイス＝インクヴァルトの首相就任と共に、ドイツのオーストリアへの介入は当然の成り行きとなり、一日だけの首相となったザイス＝インクヴァルトがオーストリアのドイツへの併合を発表した。こうして十三世紀から続いたオーストリアの独自性と独立に終止符が打たれ、十二日に独軍は国境を越えた。

ヒトラーは、シュシュニックとの会談の折に、ドイツがオーストリアを併呑することに英仏は反対しないと警告しており、当時の出来事にありがちなことであったが、その後の事態の進展は、ヒトラーの判断が正しかったことを示していた。英仏は、このドイツによる最新の国際条約侵犯行為を形の上だけでも非難するために国際連盟で審議することさえ求めなかったのである。当時、フランスは政権交代の時期にあり、英国は事態がヴェルサイユで確立された民族自決原則に則《のっと》ったドイツの国内問題に過ぎないとの見方を採っていた。その英国でさえも、ドイツのオーストリア併合によってヨーロッパ中部の戦略的地勢関係が大きく変容した事実を看過することはできなかった。にもかかわらずネヴィル・チェンバレン英首相は、三月十四日と二十八日に発した声明で、チェコスロヴァキアそのものに対する保障も、フランスが自国の条約上の義務に従ってチェコスロヴァキアを支援する際の保障も、英国が明確に与えることは差し控えたのである。加えて、その二十八日にチェンバレンは、ドイツの侵略行為に対する協調行動について協議しようとのソ連の要請を却下している。このようにしてチェンバレンは、英国にはチェコスロヴァキアをめぐって戦争を始める準備はなく、抑止による平和維持を企図した集団的安全保障措置にはいかなるものであろうと加わる意思がないことを示した。対独政策をめぐってフランスが英国に対し従属的立場にあったことに鑑みれば、このようなチェンバレンの姿勢は、チェコスロヴァキアが自国の独立と安全保障のために依存していた同盟関係が死に体も同然であり、英仏はドイツの要求に抗うことなくチェコスロヴァキアを見殺しにすると宣告したに等しかった。

同じ二十八日にヒトラーはズデーテン地方のナチ指導者コンラート・ヘンラインに「こちらの欲

求を満たすことは不可能だと思わせるほどに常に要求しまくれ」との指示を出し、この日以降、三大強国は、この同じ日に各国で明らかにされた論理に則って行動していくのである。ヒトラーは、チェコスロヴァキアの独立と領土保全の問題を同国内で抑圧されているドイツ系少数民族と強権的なチェコ政権との対立問題にすり替え、それに対する介入は、挑発行為を受けなかったのにドイツが隣国を侵略したといった類のものではないと主張した。その上で、ヒトラーはチェコスロヴァキアへの侵略の準備を一九三八年四月二十一日に開始させ、五月二十四日には軍の指導部に対し、同国を「近い将来に軍事行動によって」粉砕する決意を明らかにしている。四月になって英仏の指導者は、ナチ党の年次党大会が開催される九月までにチェコスロヴァキア問題が表面化してくるのは必至と見て、それに対する協調措置を決定するための会合を開き、次いで両国はチェコ問題を解決する意思がある旨の確固たる意志を個別にドイツに伝えた。その際に英国は、ヘンラインの行動にブレーキをかけるようドイツに要請する傍ら、ドイツ側の要求に応じるようチェコスロヴァキアに働きかけることまでしたのである。

一九三八年の夏の間ヒトラーは、英国がヒトラーの意に沿うような形でチェコスロヴァキアを弱体化させる中、事態が勢いの赴くままに進展するのに任せていた。ヒトラーが気にかけていたのは、自身にとっての潜在的敵国が利害を共有して対抗する意思を持つようになることであり、具体的には、フランスとソ連とチェコスロヴァキアが相互の様々な同盟関係を額面通りに発動させることであった。ヒトラーがソ連に対して有していた敵意に鑑みれば、ソ連を外交的に中立化させる手段などはなかったが、ドイツの近隣諸国は、それら諸国間に存在する対立要因によって効果的に力を合わせることができないであろうというヒトラーの判断は、正しかったことがやがて明らかとなる。まず、チェコスロヴァキアと直接国境を接していないソ連による同国への支援は、ソ連軍がポーランドとルーマニアの領内を通過する権利が認められることによってのみ可能となるが、両国にとってそれはソ連による直接侵略と紙一重であった。そして、ポーランドとハンガリーはチェコスロヴァキアとの領土紛争を抱えており、両国はこの点でドイツから暗黙の支持を受けた。このようにして、過去二十年間にわたってヨーロッパをソ連から隔ててきた東欧の小国家群は、一九三八年の時点では、ソ連がチェコスロヴァキアを支援できなくするよう後者を孤立化させる方向に動いていた。もっとも、このような動きがなかったとしても、英仏がチェコスロヴァキアをめぐってソ連と結び付くことはないとヒトラーは確信を抱いていた。フランスは六月にソ連との接近を図ったが、この動きは英国によって掣肘されていた。そして、ソ連に対する極端な不信感で凝り固まったチェンバレン英首相は、九月二十三日に至るまでソ連に接近することを頑なに拒み、この意向にフランスも追随せざるを得なかった。英国は、フランスの大国としての地位を保つことが自国の安全保障に資するとの立場を採っていたにもかかわらず、フランスの安全保障の基盤となるべき同盟関係の構築や同国のソ連との合意形成のいずれをも容認する姿勢を示さず、そのため、戦争を避けようとすれば、チェコスロヴァキアに譲歩を迫る以外に選択肢がなかったのである。

英仏の圧力を受けたチェコスロヴァキアは、九月四日にナチス・ドイツの要求を実質的に呑むこととなるが、いつものごとくドイツ側は新たな難題を突きつけ、武力行使も辞さないことをあからさまに仄《ほの》めかす形で、チェコスロヴァキアが譲歩した上で出した回答を拒否した。その翌日、ズデーテンラントでの蜂起をチェコスロヴァキア軍が難なく鎮圧すると、チェンバレンは益々深刻化する危機状態を打開するために、ドイツに飛んでヒトラーと会談することを提案した。チェンバレンは九月十五日と二十二日の二度にわたってドイツを訪れてヒトラーと会談し、その度にドイツ側の要求がエスカレートしていくのに直面する。二度目の会談でチェンバレンは、ズデーテンラントを割譲した後のチェコスロヴァキア国境が最終的なものと考える必要はないとの見方を明らかにし、ドイツがズデーテンラントを直ちに占領することに同意するのは自分の権限外とした。ところが、帰国したチェンバレンは、ドイツが新たな要求を突きつけてきたことを受けて英国の世論が硬化しているのを目の当たりにし、フランスがチェコスロヴァキアへの支援を表明した場合には英国はフランスを支持する旨の声明を九月二十六日に発することを余儀なくされる。同時に英国政府は、チェコスロヴァキアをめぐって全面戦争が勃発することを避けるためムッソリーニの助力を仰ぎ、それを受けたムッソリーニは二十八日になって、ズデーテン問題を解決するための四カ国会談開催にヒトラーが同意したことをチェンバレンに伝達した。こうして英仏独伊の首脳は九月二十九日にミュンヘンで一堂に会し、翌日の早朝には協定が締結され、ヒトラーの要求は、チェコスロヴァキアを武力で粉砕すること以外はすべて容れられることとなった。チェコスロヴァキア政府に同国の命運の行末を告げる役割は英仏に委ねられ、それから二カ月も経たぬ内にチェコスロヴァキアは四分五裂同然の状態となる。十月にポーランドがテッシェン地方を要求して占領し、翌月には独伊の調停の結果ハンガリーがチェコスロヴァキア南部の係争地を獲得する。さらに同じ月に、プラハの中央政府はスロヴァキアとルテニアの自治を容認したのであった。

ミュンヘン会談の影響

当時、英仏はミュンヘン協定が屈服を意味するものとは受け止めていなかった。当時両国で横溢していたのは、戦争が回避されたとの安堵感と、チェンバレンが言っていたような「我が世の平和」が訪れるとの見方であった。しかし、このような幻想は、半年も経たない内に、ドイツの二つの行動によって打ち砕かれることとなる。まず、ドイツは一九三九年三月十四日にチェコスロヴァキアを占領し、翌日、ボヘミア・モラヴィア地区をドイツの保護領とすることを宣言し、名目上の独立を保っていたスロヴァキアは、二十三日にドイツと同盟条約を締結する。次に、三月二十日にドイツはリトアニアに対し、一九二三年に同国に割譲したメーメル地方の返還を要求し、二十六日に返還は現実のものとなった。

ドイツがプラハを制圧したことに対する英国政府の当初の反応は、極めて抑制的なものであった。チェンバレンの見解は、チェコスロヴァキアの終焉は不可避と言うべきで、遺憾としたり、余り深刻な事態と捉えるべきではないというものだった。しかし、このような無頓着な姿勢は、事態の展開に対する世論の激昂を目の当たりにして変わっていく。英国の世論に影響を与えたのは、二つの点をめぐってであった。まず、ミュンヘン協定には、新たに画定されたチェコスロヴァキアの国境線を英仏が保障する旨の内容が含まれていたこと、次に、協定の一部として英独間の友好関係を確認した上で両国間で了解した事項として、チェコスロヴァキアにさらなる要求は突きつけず同国民をドイツ領内に組み入れる意思は毛頭ないことをヒトラーが強調したことである。字義通りに解釈するならば、ヒトラーはいずれの誓約も破ってはいないが、現実には、一九三九年三月の時点でチェコスロヴァキアを極めて周到な形で解体することとなった。英国の世論がこの点を見逃すことはなく、ミュンヘンでの欺瞞工作に乗せられたことに目覚め、「足ることを知らぬ者の欲望を掻き立てようとするのは、自殺行為にも等しい愚行に過ぎない」と悟ることとなる。独軍がプラハを占領したのを受け、英国では、遅まきながらも、ヒトラーがドイツに君臨している限りヨーロッパに平和がもたらされることはないと認識されるようになった三月の末日になってチェンバレンは、ポーランドの独立・主権・領土保全を保障する旨の誓約をみずから草したのである。さらにチェンバレンは、この誓約にフランスをも当事者として書き加えていたが、同国のエドゥアール・ダラディエ政権と事前に協議することはなかった。

この保障は、ほとんど無造作に、そして、それがもたらしかねない余波がどのようなものとなるかを自覚することなく与えられたもので、これが戦争の直接の引き金となったり、戦争が不可避となったりするとチェンバレンが予見していなかったのは、ほぼ確実である。保障の発出は、ドイツがプラハとメーメル地方を占領したことへの反作用に過ぎず、英仏が決意の程を示せば、ヒトラーは、チェコスロヴァキア問題をめぐっては見せることがなかった温和な姿勢をとるであろうとの希望的観測から生まれたものであり、同時に、この時点でドイツとの駆け引きで決定的な段階を迎えていたポーランドに改めて何等かの保障措置を施すことを試みるものでもあった。ポーランドがチェコスロヴァキアからテッシェン地方を手中に収めた直後の一九三八年十月二十四日の時点で、既にドイツは、国際連盟管理下の自由都市ダンツィヒの将来の地位、及び、二つに分かれたドイツ領を結ぶポーゼン～シレジア間のポーランド廻廊通行権の問題を提起していた。長年ダンツィヒへのドイツ側の対応をドイツが自国に対していかなる意図を有しているかを測るための試金石としてきたポーランドは、ドイツとの対ソ同盟関係の樹立と東方で代替地を得ることと引き換えにダンツィヒをドイツに返還するという魅力的に見える提案を退け、返還交渉に応じることはなかった。戦間期にドイツが主張していた権利回復に向けた主張の中で最も理があるものとして、英国政府もダンツィヒ問題をめぐってはドイツ側に同情的な立場を示していた。にもかかわらず、直近の問題として一九三九年三月三十一日にポーランドに無条件の保障を約束したことによって、それら二つの問題をめぐってポーランドに対して影響力を行使する術を英国政府は失うこととなったのである。ポーランドは自らを、独ソという自国を窃取しようとする二強国によって磔刑《たっけい》にされる定めを背負ったヨーロッパの殉教者と見なしており、歴史上ポーランドの保全・保持に意を払うことがまったくなかった隣国のどちらかと結ぶような選択をする意思は毛頭なかった。ドイツもソ連も共にポーランドの国家としての自意識を抹殺して、その領土を併呑することを図ったのであり、ドイツによる対ソ同盟締結の提案が魅力的なものであったにせよ、それを受諾することによって最終的にはドイツに隷属させられることになることをポーランドは知っていたのである。

英ソの不信

ドイツの動きを掣肘することを図った英国のポーランドに対する保障措置には、二国のみでヒトラーの動きを抑止できない場合、ソ連が何らかの形でそれに関わらない限り効果を発揮し得ないという弱点があった。ポーランドに対する保障は、ドイツとの西部国境を保全することを約束するものであると同時に、ソ連との東部国境をも対象とするものであった。しかし、ポーランドには、ドイツと対決する際にソ連の支援を仰ぐ意思がまったくなかったのである。にもかかわらず、一九三九年の初春の段階で、このことはチェンバレンにとっては重大な関心事とはなっておらず、英国政府は、対独措置としてのソ連の支援は「欲すれば」得られると踏んでいた。しかしながら、英国は、ソ連が英仏側の意向に沿って戦ってくれることに腐心していた反面、ソ連の援助を受け入れるようポーランドを説得する手段は有しておらず、ましてやソ連が独自の事情でドイツとの戦争に突入した場合にソ連を支援する準備がなかったのは確かである。したがって英ソ交渉が四月に開始されて以降、英国が求めているのがソ連にとって片務的な取り決めであることがソ連側には十分感得できており、西欧諸国の中には独ソが衝突してお互いを消耗させるような戦争に突入することを真剣に期待する向きがあるという事実も、ソ連には同じくらい明らかとなっていた。そのため、相互主義に立脚した自動的に発動される取り決めでなければ、ソ連としては前向きになれなかったのであり、一九三九年に英仏ソ間で協定を締結しようとする試みは、二つの理由で失敗に終わる運命にあった。

まず、当初から英ソが相互に受諾不可能な取り決めを模索していたこと、そして、突き詰めれば、同盟関係の軍事関連条項を発動する際の決定権をソ連側に委ねるような形式が英国にとっては問題外だったことである。

そして、二つの出来事が英ソ交渉に緊迫感をもたらすこととなる。第一に、一九三九年四月二十八日にヒトラーがポーランドとの不可侵条約と英国との英独海軍協定を破棄したこと。ヒトラーはポーランドに対して具体的な要求は何も突きつけず、両国間の外交上の接触は皆無であったが、この時から八月三十一日まで、ミュンヘン会談前のドイツの行動様式がポーランドをめぐって繰り返されることとなる。第二に、ミュンヘン会談によって弱まった自らのバルカンでの地位を回復するため、イタリアが一九三九年四月七日に突如アルバニアを占領したこと。しかしながら、枢軸国間の力関係の均衡を回復しようとするムッソリーニの意図は、英国によって掣肘される。英国は四月十三日にギリシャとルーマニアに保障措置提案を持ちかけ、五月十二日にはトルコと相互援助条約を結ぶ。英国の動きは地中海情勢の安定化を試みるものであったが、反面、イタリアとドイツの結び付きを決定的にすることにもなった。ドイツの動向に不信感を抱いていたムッソリーニではあったが、五月二十二日にイタリアは、締約国の一方が戦争に巻き込まれた場合に「全面的軍事援助」を約する条約をドイツと締結したのである。ムッソリーニが一九四三年以前に戦争に訴えることを想定していなかったのに対し、一九三八年十月の時点でドイツが翌年秋に開戦する可能性を考慮していた事実に鑑みれば、この鋼鉄同盟を結んだことは、イタリアにとっては愚行であった。一九三九年四月三日に暫定指令を発して以来、ポーランドと九月一日に戦端を開く準備を進めていたヒトラーは、鋼鉄同盟が締結された翌五月二十三日には、その開戦の決定を確定したのである。

独ソ不可侵条約

このような事態の展開のため、西欧民主国家とソ連とが同盟関係を樹立しようとする動きが現実性を帯びるようになったとしても、事態が切迫していると実感していたのはソ連だけであった。一九三九年の夏の間、英国が交渉を長引かせていたのに対してソ連は交渉を促進しようとし、英国の煮え切らない態度に直面したソ連は、交渉に臨む際に英国が拠って立つ基本的立場には自国にとって受け入れ難いものがあるとの結論に達した。英国が対独関係をめぐって融和か敵対かの選択肢を有していたのと同様に、ソ連も一九三九年の時点では英仏と手を組むか、ドイツとの戦争を回避もしくは先延ばしすることを願って英仏と距離を置くかの選択肢を有していたのである。ソ連は既に四月十七日の時点でドイツに対し、往時の対立関係や現に存在するイデオロギー上の相違が両国間の関係を将来にわたって改善することを妨げる謂《いわ》れはないとの見解を示す。五月から六月にかけて独ソは、両国に対して極めて異なった対応をする英国の硬直的態度に直面することとなり、そのような状況でヒトラーとスターリンは、遅々とした歩みであったにせよ、通常であれば夢想だにできなかった結末に向かって動いていた。即ち、ヨーロッパにおける不倶戴天の敵同士が、各々の隣国を犠牲にするような不可侵条約を締結するという結末である。

それでも、長年相互非難の応酬を続けていた勢いは容易に止められず、独ソ両国は共に協定締結への動きには不承不承取り組んでいた。最初に働きかけたのはソ連であったが、ドイツとの取り決めの可能性を探ることはほとんどせず、その方向に本格的に動き始めたのは、英国には相互主義に基づく同盟関係をソ連と樹立する意向がまったくないことが八月十四日に明らかになってからであった。同様にヒトラーも、独ソ間で了解を遂げることへの嫌悪とそれがもたらす利益への誘惑の狭間で数週間迷い続けた末に、同じ十四日にスターリンと手を組むことに決したのである。最終的にヒトラーがモスクワと協定を締結することを求めたのは、それによって英仏のポーランド支援を抑止して戦争を局地戦に留めることができるという離れ業を外交的な手段で達成できるという見通しがあったからである。こうしてヒトラーは、八月十八日に事前に独ソ両国の勢力範囲を画定することを協定締結の条件としたソ連側の要求を呑む。八月二十日にヒトラーは、リッベントロップ外相をモスクワで二十三日に接受するようスターリンに要請し、スターリンがこの要請に二十一日に同意したことによって、ソ連はドイツとの協定締結を最終的なものとする。そして、両国は一九三九年八月二十四日に、爾後十年間にわたって両国が相互にいかなる形での敵対行為にも出ず、紛争は調停を通じて解決することを謳った条約を締結したのであった。その秘密議定書では、フィンランドとエストニアとラトヴィアをソ連の勢力圏内とする一方、リトアニアをドイツの勢力圏に含めることを定め、ルーマニア北部のベッサラビアにおけるソ連の優越的権益を認め、ポーランドについては、ナルー、ヴィッスラ、サン川の線で分割することが規定された。

ヒトラーは、この不可侵条約締結によって英仏がポーランドを支援することを断念することを期待していたが、八月二十四日にチェンバレンは、英国がポーランドに対する保障をまっとうする意思があることを表明した。つまり、独ソ不可侵条約は英国に何の影響も及ぼさなかったとも言え、実際には、英国の立場を明確にする効果をもたらした。ポーランドが欲せず、チェンバレンが熱意を示していなかった同盟関係を模索する煩わしさから英国は解放され、戦争の勃発が不可避であるならば、それは近い将来にポーランドが対象となるものであるがために、ポーランドが攻撃対象になることは確実であるという事実のみを理由として同国への保障をまっとうすることとなったからである。それでも、一九三九年にソ連との同盟関係を構築できなかったことは、英国の外交政策史上アメリカ植民地喪失以来最大の失態と形容されることもある。それは英仏にとって、そして議論の余地はあるもののポーランドにとって、さらにソ連にとってさえも災厄と言えるものであった。同盟関係の構築が不首尾に終わったのは、英国政府がソ連のみならず集団的安全保障の原則にも不信感を抱いていたことに直接由来する。前者に対する不信感には無理からぬものがあるものの、後者に対する不信感は、当時の情勢に鑑みれば、理解に苦しむ。そして、同盟関係の樹立が失敗に終わったのは、一九三九年の時点でソ連と同盟関係に入らなければ、残された道はドイツによって各個撃破され、ベネルクス三国とフランス北部が占領されることに他ならなかったことをヨーロッパ諸国が悟らなかったための当然の帰結であった。

ヨーロッパ戦の勃発

開戦に先立つ最後の週には、大国の指導者に対する戦争回避のための様々な訴えかけがなされ、ヒトラーは英仏をポーランド問題の蚊帳《かや》の外に置こうと努めたが、いずれも成果を上げなかった。ドイツは英国に対して、ポーランドを意のままにするのを英国が認めるのと引き換えに英本国と大英帝国全体の安全をドイツが保障するとの提案をしたが、それに対する英国の対応措置は、ポーランドに働きかけてドイツとの交渉を開始させたことであった。ポーランドは八月二十八日にそれに応じたが、ドイツ側の要求を呑む意図は毛頭なく、そしてこのことは、ワルシャワと在ベルリン・ポーランド大使館との間に交わされた電文を傍受していたドイツには筒抜けであった。それでも、ポーランドが交渉に身を入れてきたという事実は、ドイツをかなり当惑させることとなった。ヒトラーが協定ではなく戦争を欲しており、懸案解決のための条件など持ち合わせていなかった折に、初めてドイツがそのような条件を明確にすることを余儀なくされたからである。八月三十一日にポーランド代表の要請に応じてベルリンのドイツ外務省で意味のない会談が開かれ、同じ日にムッソリーニは、五月に締結された条約を反故《ほご》にする形でポーランド問題を解決するための主要国会議の開催を提議したが、その時までに戦争か平和かの問題にはすでに答えが出されていた。九月一日早暁、独軍は事前の宣戦布告通知もないままにポーランド領への侵攻を開始し、三日には一連の見苦しい遅延劇の後に英仏はドイツに宣戦布告したのである。

　この日に英国王ジョージ六世は、英本国と大英帝国全体に向けた演説の中で、ドイツに対する戦争を文明と正義と人道のためのものとして捉え、最終的勝利が得られるまでには犠牲と蹉跌が付きまとうことを表明した。これに対してチェンバレンの国民向けの声明は、内容・論調共に国王のものとは著しく異なっており、ヨーロッパを戦火に巻き込んだ力学の実態への理解を欠いていること

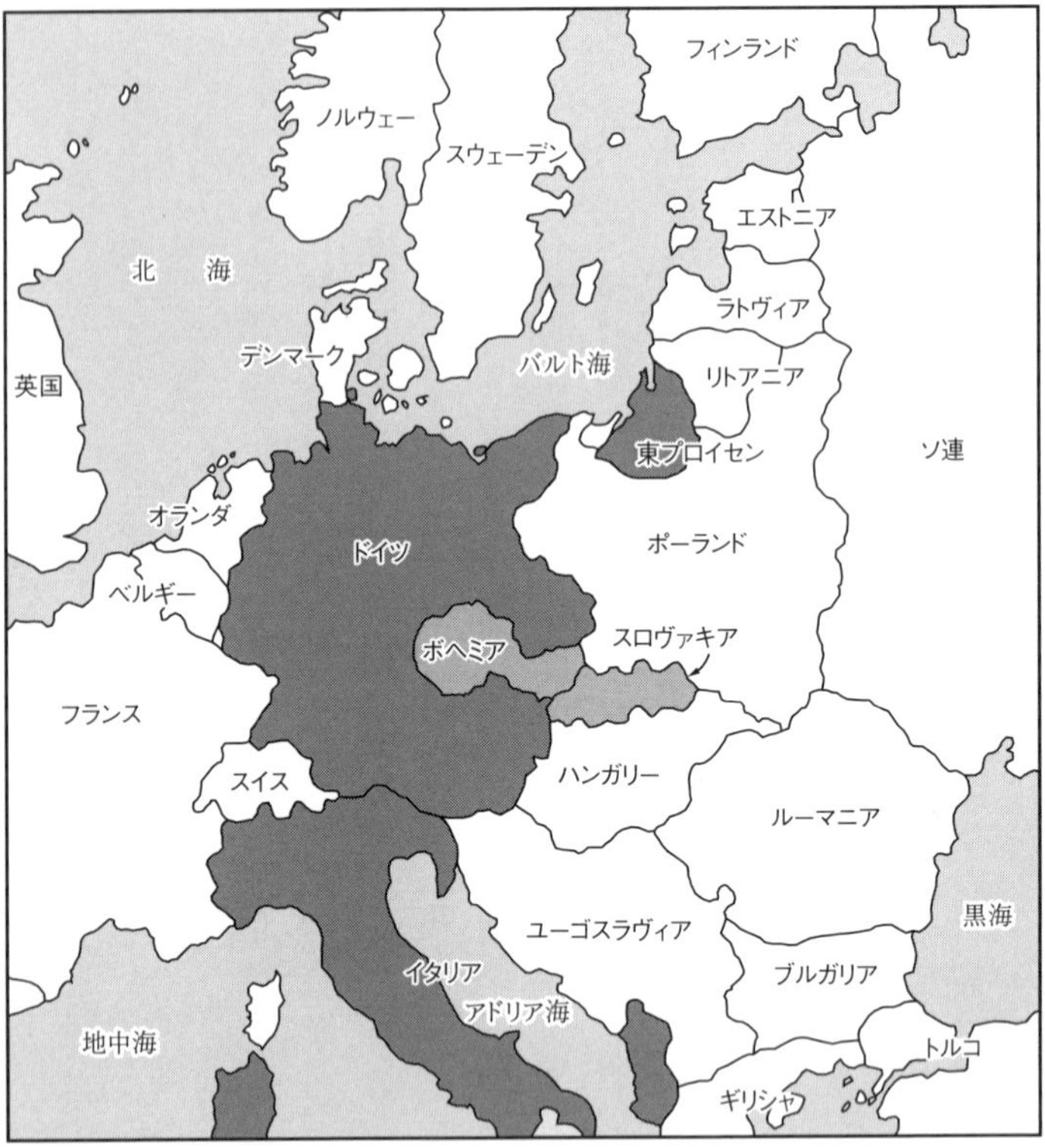

1939年6月当時のヨーロッパ

を如実に示すものであった。英独間に戦争状態が存在することを発表した後でチェンバレンは、「平和を勝ち取ろうとした自分の長期間にわたる奮闘と努力がすべて無に帰したことでいかに自分が打ちのめされているか、思い描くこともできないであろう。それでも、自分がなしたこと以上に……できることがあったとは思えない」と述べた。このように、戦争の勃発に際して自身が味わった失望と焦燥の念を伝えた上でチェンバレンはさらに、「我が国を含む諸国が果たすべき役割を遂行することを可能にすべく、政府は計画を立案している。……それを実行するためには国民諸氏の協力が必要である。軍民いずれかの部署に配属されている者もいるであろう。そのような諸君は……指示された通りに出頭すること。その職務は、戦争遂行上必要不可欠なものであったり、工場・交通・公共インフラ事業といった国民の生活上欠かせないものの供給に必要な事業であったりするであろうから、自らの職務を果たすことが死活的重要性を帯びてくる。……諸君がみな冷静沈着に、そして勇気を持って職務に邁進することを自分は信じている」との言葉を続けたのである。

戦争の初期の段階で英国政府は、「諸君の奮闘が我らに勝利をもたらす」という標語のポスターを回収することとなった。標語が無意識に暗示する「諸君と我ら」という観念は、指導層が音頭を取る階級制度の産物であることが明らかだったからである。チェンバレンが支配層と被支配層との間に区別を設けたのは、あたかも英国民は従僕であり、唯一付与されている権利は己のなすべきことを知ることであると言っているに等しく、そのような区別をすることはヒトラーでさえもできなかったであろう。さらに言えば、戦争の遂行が国家の運営と一線を画するものであると窺われるチェンバレンの発言は、英国が引き込まれた戦争においては、これまで見られなかったような力の発動と暴虐の猛威が、戦争を遂行する際の暴力と破壊に新たな一面を付け加えることを当人が把握していなかったことを示している。この日発せられた英国の対独宣戦布告とチェンバレンの演説に、この事実を認める言葉は見当たらず、実際問題として宣戦布告は敵対関係の開始を発表しただけで、英国が戦争を開始することを告げたものではない。英国が本当の意味で宣戦布告をしたのは、下院での重大な意味を持つ審議が終わった翌一九四〇年五月八日であり、その審議の過程でチェンバレンの死命は制せられることになる。ともあれ、一九三九年九月一日は新しい戦争と新しい世界の始まりを告げた日であり、そのいずれにも終止符が打たれるまで六年と一日を要することとなる。人的・物的損失の面で史上最大の規模となる戦いは、ごく少数の例外を除き一九三九年九月三日にチェンバレンの演説を耳にした誰にとっても夢想だにしなかった形で終結するが、そのような終結の仕方を予見していた者でさえも、その間に猛威を振るった信じ難いほどの恐怖と暴虐の一端なりとも予見することはできなかったであろう。

第2章

征服戦争の階梯

クラウゼヴィッツが述べたように「政治家が下すべき判断の中で何事にも優先すべきであり、かつ最も決定的影響力を及ぼすのは、遂行している戦争（の本質）を正しく見極めることであって、その戦争を現実には有り得ないような他のものと混同したり、得られないような何事かをその戦争から得ようと欲することではない」のであれば、ヒトラーが大戦の最初の二年間に発揮した政治家としての力量は、第一級、最大級のものと言えよう。一九三九年九月三日に始まった戦争はヒトラーが欲したものではなかったものの、一カ月もたたない内に、その規模とかたちは、ヒトラーの信条と意図に沿うような形に収斂していったのである。それから一九四一年の秋までは、ヒトラーが戦争の進行に支配的影響力を行使していたが、そこには逆説的な現象も見られた。一九三九年から四一年の期間に収めた成果にもかかわらず、ヒトラーは自らが火蓋を切った戦争の本質を見抜くことは決してなく、その戦争を、現実の実態とはかけ離れ、現実にはなり得ないような形にしようと意図していくようになったということである。

ヒトラーは国家の最高戦争指導者と自任していたが、実態は異なっていた。自身の権力基盤を確固たるものにしようとして国家機構に意図的に組み込んだ脆弱性のためにヒトラーは効果的に戦争を遂行できず、このことは時間の経過と共に明らかとなっていく。ヒトラーがその才能を発揮したのが、個々の作戦を指導し、それらの作戦行動が時間・空間的に相互に隔離されて展開し得るような政治状況を現出させる点にあったことは疑いない。実際、一九三九年九月から一九四一年九月までのヨーロッパにおける戦いは、戦争と言うよりも、英独間の恒常的対立抗争を軸として別個の作戦が連なったものと考えた方がわかりやすい。それでも、ヒトラーの戦争観のために、ドイツが容易に圧倒的勝利を収めていたこの時期においてさえも、ドイツが最終的に敗北する因子は存在していたのである。ヒトラーにとって国家とは戦争を遂行するために存在するものであり、これはクラウゼヴィッツの教理を狂気じみた形で逆転させたものであった。しかし、何よりも、ナチズムの基盤となっていた民族闘争の概念が占領下の民衆に死と隷従以外の何物をももたらさなかったために、ドイツは軍事上の勝利を永続化させる手段を欠き、その戦いは際限のないものとなっていった。ヨーロッパ戦の最初の二年間に独軍の士気を向上させ、その実力を発揮させるのに大いに役立った人種差別の理念は、議論の余地はあるものの、ナチスが最終的に敗れることとなった最も重要な因子なのである。

ライヴァルを各個撃破して征服していく才能に勝るとも劣らぬほど威力を発揮したのは、自国に有利に働くよう魔術師のように現出させた政治状況を効果的に活用して、他国を征服するための手段を編み出していくヒトラーの才能であった。軍隊の組織・戦術上の理論の面ではヒトラーは独創性を発揮しなかったが、達成すべきことが何かを把握していたヒトラーは、勝利を迅速にもたらすことができるような個人や理念を特定してそれらを支持したり推進したりするのに必要な洞察力を備えていたのである。

ヒトラーの下で登場し、ポーランドを数カ月ではなく数週間で打ち破るのに役立った電撃戦は、当時独軍内部では「明日なき戦い」（*Schlacht ohne Morgen*）といった言葉で形容されていたものだが、敵の戦線の一点に対して機動力を駆使して圧倒的に優勢な火力を集中し、第一次世界大戦の西部戦線では顕著なまでには見られなかった運動性を戦場に取り戻すことを狙いとしたものであった。その実際は、攻撃用の工兵・歩兵・砲兵の活用とそれらに対する緊密な航空兵力による支援といったように、関与するすべての兵種間の緊密な協働によって得られる機動性に富む火力を活用して敵の戦線に穴を穿《うが》ち、そこを機甲・機動力を有する支援兵力が通過できるようにして、戦闘を敵の後背地域へ展開していくというものである。歩兵と対戦車部隊は敵の戦線の穿孔点及びその周辺に残存する敵の抵抗拠点を掃討して、その側面からの反撃に備え、交通線に狙いを定める「航空阻止作戦」においては、爆撃機が敵の指揮系統を破壊すると共に、その増援兵力を断ち、それによって敵地上兵力を麻痺させて各個撃破するのである。

戦車や航空機は、いずれも一九三〇年代には、敵の背後奥深くに突進して行けるだけの信頼性・航続距離・速度を備えていたが、電撃戦が進化する上で技術上の鍵となったのはそれらの兵器ではなく、無線機器を小型化したことであった。前進する部隊の先頭に立つ車輌に搭載された無線機によって、敵との接触地点からの正確かつ時宜を得た情報や、後方からの効果的な指揮・統制が可能となったのである。装甲師団の創設が軍の機構・組織面で鍵となったのは確かだが、一九三九年の時点で作戦可能な独軍の戦車の三分の一は装甲師団以外に配備されていたこと、及び、その後の戦争期間中の大半の時期においてもその割合が五分の一を下ることがなかったことには留意すべきであろう。

それでも、戦車の開発を偵察用の軽戦車に絞ったり、戦闘用の戦車を歩兵支援用に分散させたりした他の国々の陸軍と比較して、独陸軍が戦車の集中と衝撃力を最大限に高めるような形で装甲師団を創設したのは事実である。各師団は二百四十輌の戦車を保有し、戦車部隊は自動車化歩兵・通常の歩兵・攻撃用工兵といった均整の取れた兵種で構成された部隊に支援されていた。そして、人的側面で鍵となったのが装甲部隊構成員の猛訓練で、これは、卓越した指導力・技能・主導力を発揮して、潜在敵国に対するドイツの数的・質的劣勢を補うべく、意識的に行われたものであった。

このような兵力構成を持った軍を上述のような革新的な戦争様式と組み合わせることにより、ヒトラーは二つの目標を視野に入れて対ポーランド戦を開始しようとしていた。それは、第一に、秋雨前線の到来によってポーランドの前近代的道路の多くが軍の通行に適さなくなる十月中旬までにポーランド軍を撃破することであり、第二に、戦争の出鼻で英仏に既成事実を突き付けることであった。歴史から学ぶ際には選り好みをしていたヒトラーであったが、長期にわたる二正面作戦を避けるのが第一次大戦でドイツが得た教訓であることは認識しており、ポーランドを迅速に屈伏させれば英仏の継戦意欲を削《そ》ぐことになるとの信念と願望を有していた。ドイツは開戦以前に西欧民主主義国家に対して、ダンツィヒ問題は戦争によって解決するに値しないものであるとの宣伝工作を行っており、その論理の延長線上でヒトラーは、ポーランド戦を早期に終結することによって、戦争を継続することが無意味であると英仏が判断することを願ったのである。

ドイツ国防軍の軍備

最初の作戦行動に臨む独軍の航空・地上兵力は、通常の歩兵師団と騎兵旅団を基幹とした予備兵力の動員に依存していたポーランド軍と比較して、機構・戦術面では潜在的に決定的に優位な立場にあった。戦間期の大半を通じてポーランドの防衛計画は、東部の湿地帯における対ソ作戦を想定していたので、ポーランド軍は騎兵に重点を置いていた。また、国家としてのポーランドは産業基盤を欠いており、一九三七年になって初めて脅威として台頭してきた独軍に対抗できるような機甲・機械化部隊を整える時間もなかった。このようなドイツ側の優勢は、量的優位によってさらに強められていた。九月に行われた作戦において、数字の上ではポーランド軍の四十個師団に対して、独軍は七十個師団相当の兵力を展開していたが、現実にはこの両者の懸隔は、単なる双方の戦闘序列の比較が示すものよりも大きかったのである。

開戦時に独軍が指揮下に置いていた野戦用師団は六十六個を数え、これに加えて二十三個師団が編成中または二線級師団として待機していた。東部に展開されていたのは五十九個師団で、内訳は装甲師団七個、軽装備師団四個、自動車化師団四個、山岳師団二個、歩兵師団三十七個で、残りの五個は編成途上の歩兵師団であった。対するポーランド軍は、山岳師団二個、歩兵師団三十八個に加えて、騎兵旅団十一個、機械化旅団二個、山岳旅団三個を数えたが、八月三十日以前に兵力の動員が完了しなかったために、開戦時に戦闘態勢にあったのはその四割足らずであり、戦端が開かれてからの独軍のポーランドへの進撃が急速だったため、八個師団は編成が完了しないままに終わったのである。加えて、ポーランド軍の歩兵師団は人員と小銃の数では独軍の歩兵師団と概ね肩を並べていたが、火力・兵站・機動力・通信能力といった総合的能力の面では、恐らく独軍の歩兵師団の半分にも満たなかったと推定される。このような理由から、独軍はポーランド軍に対して数字の上で圧倒的優位を誇り、さらに、地の利をも得ていた。独軍は自らが選択した進撃路に兵力を集中できたのに対し、ポーランド軍は、三方を囲むように九百三十マイルにわたって続くドイツとの国境線全域に、防禦のための兵力を釘付けにするような態勢を取らざるを得なかったからである。

ポーランド軍と独軍の戦闘序列

エドヴァルト・リッツ＝シミグウィ元帥率いるポーランド軍の大部分は、各々が配置されていた地の名前を冠された七個の軍に編成されていた。東プロイセンの南部国境地帯と、同地域で要塞化された数少ない地点に配されていたのはモドリン軍で、兵力は歩兵師団と騎兵旅団が各々二個ずつであった。その西部のポーランド廻廊には、歩兵師団五個と騎兵旅団一個で構成されるポモージェ軍があり、その南方には、歩兵師団四個と騎兵旅団二個を指揮下に置くポズナン軍が置かれていた。シレジア及びスロヴァキアとの国境地帯には三個軍が展開した。まず、下シレジア地方に相対してウッチ市に拠点を置いていたウッチ軍が戦闘序列に含めていた兵力は、山岳師団一個と歩兵師団五個に加え、山岳旅団三個となっており、次に、上シレジア地方とスロヴァキア国境地帯では山岳師団一個と歩兵師団六個に騎兵・機械化・山岳旅団一個ずつを数えるクラクフ軍が睨みを利かせ、最後に、カルパチ軍が歩兵師団二個と機械化旅団一個及び山岳旅団二個を以て東部スロヴァキア国境を守備していたのである。今一つのプルシ軍は、予備兵力として歩兵師団八個と騎兵旅団一個とで構成されることとなっていたもので、ワルシャワ前面のピョートルクフ付近で、首都とチェンストホヴァを結ぶ幹線道路地帯に展開していた。これらに属さないポーランド軍のその他の師団は、様々な形で独立部隊として配備されていた。独軍の攻撃を迎え撃つためにポーランド軍が保有していた兵器は、戦車が四百七十五輌、対戦車砲七百七十四門、野砲二千六十五門で、支援する航空兵力は戦闘用が三百十五機、補助用が百三十機となっていたが、その大部分は旧式機であった。東部地域にほとんど部隊が配置されていなかったこと以外に、ポーランド軍の展開の形には、二つの特色が際立っていた。第一に、最高司令部と現地軍との間にあるべき中間の司令部機構を欠いていて、指揮系統が中央集権化され過ぎていたこと、第二に、モドリン軍を除くいずれのポーランド軍と較べても、東プロイセン駐留の独軍がワルシャワに近い場所に位置していたことである。

　このようなポーランド軍と対峙する独軍は、統帥系統の上では独陸軍の最高指揮官である陸軍最高司令部（ＯＫＨ）長官フォン・ブラウヒッチュ上級大将の指揮下にある北方軍集団（フォン・ボック大将）と南方軍集団（フォン・ルントシュテット大将）に分かれていた。ボックの北方軍集団は第三軍と第四軍に加えて、一個装甲師団と三個歩兵師団からなる予備軍で構成され、東プロイセンの第三軍は装甲師団一個と歩兵師団七個を、ポメラニアの第四軍は装甲師団と自動車化師団一個ずつと歩兵師団六個を有していた。このように北方軍集団の総兵力は装甲師団四個と歩兵師団十六個であった。南方軍集団の戦闘序列には軍が三つと予備として歩兵師団十一個が配されていた。その中で、下シレジアの第八軍を構成していたのは歩兵師団四個のみで、ルントシュテットが指揮するこの軍集団の中では最小の規模であった。チェンストホヴァの正面に展開していた第十軍は装甲師団二個と軽装備師団三個、及び自動車化師団二個と歩兵師団六個を有し、その南方のスロヴァキアでは、第十四軍が装甲師団二個と軽装備師団と自動車化師団一個ずつに加えて、山岳師団二個と歩兵師団五個を指揮下に置いていた。総計では、ポーランド軍と対峙する独軍は戦車二千五百十一輛、対戦車砲四千十九門と野砲五千八百五門を保有し、支援する航空兵力は戦闘用の航空機が千三百九十三機に上っていた。空軍最高司令部（ＯＫＬ）長官のヘルマン・ゲーリング元帥が展開したこれらの航空機の内訳は、スツーカ急降下爆撃機二百十九機、軽爆撃機及び中型爆撃機六百四十八機、戦闘機四百二十六機で、他に補助用航空機が七百六十二機を数えた。独軍の戦闘序列において最も際立っていた二つの特色は、第一に、機動力を有する部隊が南方軍集団に重点的に配備されていたこと、そして第二に、機甲的要素を有する兵器・資材の大部が装甲師団に集約されていたのと同時に、装甲師団自体は各方面の軍や予備部隊に分散されていたという事実である。

ポーランド戦に投入された装甲師団の中で、同一の軍に属して行動を共にしたのは装甲第一師団と装甲第四師団の二つだけであり、それも通常の歩兵師団二個に随伴してのことであった。また、参加した合計十五個の装甲・軽装甲・自動車化師団は、予備部隊一つと七つの軍団の間に分散されて使用され、その七つの軍団の中で機動性のある師団のみで構成されていたのは二つだけであった。

このような部隊の展開状況が示しているのは、ポーランド戦が、一九四二年までに電撃戦として理解されるようになるものとは異なっていたものであったということである。* 機動性を有する部隊の最初の実地検証を行うに際し、独軍統帥部は、装甲部隊が他の部隊と離れた状態で独自に敵の後背地域の奥深くに突進していくことを許可せず、ポーランド軍をヴィスワ川の線で包囲することで事足れりとし、全般的には装甲部隊を軍（歩兵部隊）の戦闘力を高める手段として活用したのである。電撃戦が未だ揺籃期にあったこの時期において、作戦地域となったヴィスワ川西岸地域が狭隘で、独軍が数的・位置的及び機動上の優位を発揮できたことも相俟って、慎重で正統派とも言うべき通念に凝り固まったＯＫＨは、極めて常識的な兵力展開と計画で作戦を進めることができたのである。独軍の作戦計画は、ポーランド廻廊の占領と、東プロイセンとシレジアからのワルシャワに向けての進撃、さらには、クラクフの確保とデブリン～ルブリン～ヘウムを結ぶ線への進出というシナリオを描いていた。ポーランド戦の最初の週で勝敗の大方の決着がついたために、独軍統帥部はブク川の線に達する以前にポーランド軍を包囲することをめざすこととなったが、独軍が有していた優位が圧倒的であっただけに、現実には、戦端が開かれる前に既に決着がついたも同然となっていたのである。

*　電撃戦をめぐる最新の論議については、カール＝ハインツ・フリーザー（大木毅・安藤公一訳）『電撃戦という幻』（中央公論新社、二〇〇三年）を参照。

北ポーランドにおける戦い

第二次大戦における俗信の一つに、ポーランド戦の幕を開けたのは戦艦シュレスヴィヒ・ホルシュタインによるダンツィヒのヴェスタープラッテ基地への砲撃であったというものがある。しかし、実際には、その数分前に独空軍のスツーカ爆撃機がヴィスワ川下流にかかるチュー橋に予定よりも早くに投弾して火蓋が切られた。ともあれ、ポーランドとドイツ及びスロヴァキアの国境全線における作戦行動は九月一日午前四時四十五分に開始され、その際、独軍がまずポーランド上空の制空権を確保することに努めたのは明らかである。

ただし、ポーランド戦の最初の日に行われた独空軍の作戦が目ざましい成果を挙げたとは言い難い。ポーランド軍の航空基地の大半は早朝の時間帯は霧に覆われ、ポーランド軍航空部隊を地上で捕捉できたのはクラクフとプクにおいてだけであった。それでも、開戦当初から空軍戦略の論理は容赦なく戦場で発揮されることとなる。最初の一週間でポーランドの戦闘機部隊は、六十七機を失いながらも空中戦において百五機の独軍機を撃墜したが、兵力比から見た相対的損失の程度はポーランド側にとって甚大なものであり、独軍地上部隊がポーランド軍の航空基地を占領していったことと相俟って、ポーランド軍の航空兵力は、最初の一週間の内に事実上壊滅したのである。九月六日にはポーランド軍の残存航空兵力の大部分はルブリン地域に後退し、その後の戦闘の帰趨に与えた影響はほぼ皆無であった。こうして、独空軍はポーランド戦の第一日目から圧倒的優位に立ち、爆撃機は戦場の上空を我がもの顔に飛び回っていた。しかし、この短い作戦期間中に相手にしたのが強力とは言えない敵であったということに鑑みれば、独空軍は極めて甚大な損害を被っている。被撃墜機二百八十五機に加え、二百七十九機が損傷もしくは使用不能となり、作戦期間中の独空軍の損失は、全保有戦力の四分の一を上回ることとなったからである。それでも、地上軍への緊密な支援態勢を効果的に維持できた点は特筆すべきものであり、ポーランド戦で尖兵的な役割を果たしたのは地上の装甲部隊ではなく航空兵力であった。その絶え間ない攻撃こそが、ポーランド地上軍の組織としての一体性を喪失させる単一かつ最も重要な要因だった。

北方でボック隷下の二つの軍が第一日目に挙げた戦果は、成否相半ばするものとなる。第三軍が要塞化されたムワバの陣地に手こずったのに対し、その西方では第四軍が機械化部隊と共に鬱蒼とした森林地帯を前進して防備が手薄なブルダの線を突破し、その際ポーランド軍の歩兵第九師団に大損害を与える。この北部戦線では、ポーランド戦を通じてあらゆる戦線で繰り返し現出することとなる交戦のパターンが当初から顕在化していた。ポーランド側の抵抗が局地的には有効であったとしても、兵力・機動力の面で優れる独軍はそのような抵抗拠点を弱体化させたり迂回したりすることができ、その結果、機動力を欠いたポーランド軍は分断されて粉砕されるか、より短い防衛線を布くことができる地点まで後退することを余儀なくされ、ついには側面から包囲される羽目に陥ったのである。第三軍は二日までにムワバの防衛拠点を破ると同時に迂回もして、ポーランドのモドリン軍がワルシャワ郊外の主防衛線で態勢を立て直すために国境線地帯から撤退することを余儀なくさせた。五日にはその戦線を広げ、ロザンを確保してプウトゥスクを窺い、北東方面のポーランド軍を分断したので、ＯＫＨは装甲部隊によるブレストへの進出によってポーランド軍をさらに奥地で包囲することを試みる機会を得る。その西方では第四軍が廻廊地域で天に見放されたポーランド軍を痛撃し続け、五日までにブィドゴシュチュを占領したことにより、同地域での作戦に終止符を打ち、東プロイセンとポメラニアの間の陸上交通路を確保した。その上で、ボックの予備兵力から引き抜かれた第一装甲師団と第四装甲軍の一部である第十四自動車化軍団が東プロイセンと第三軍の左翼に進出して、ブレストに向けて進撃する態勢を整えた。

南方では、ルントシュテット隷下の軍が初日に各所で進撃していたが、有効な戦果を収めたのは二つの地域においてのみであった。ポーランド軍は国境線の大部分でその直近地帯を守ろうとはせず、国境線の背後十五マイル以内にある強固な戦術防衛拠点を見つけて踏みとどまることで事足れりとしていた。結局、これが祟って、ポーランド軍はノヴィ・タルクにおいて、無防備な林道を一晩で五十マイル走破した独第二装甲師団に追い越されて後方に回られることとなる。さらに、チェンストホヴァ北方の天然の要害であるモクラの防衛拠点では、クラクフ軍が独第十六装甲軍団の二個の装甲師団によって撃破される。クラクフ軍とウッチ軍との作戦範囲の境界線に付け込み、その南方に攻勢をかけた独第十軍は、作戦発起後二日間でモクラの防衛拠点を突破して左翼の歩兵第七師団に大打撃を与え、圧倒的攻撃力により既述の二つの軍を分断すると、第十六装甲軍団がピョートルクフに至る道路を掌握した。二日にはクラクフ軍がその右翼の部隊を後退させることを余儀なくされたために、ウッチ軍との間隔は益々開いたが、独第十四軍がこの動きを注視していたにもかかわらず、クラクフ軍は比較的秩序を保ってクラクフ方面に退却しつつ、カルパチ軍との接触も維

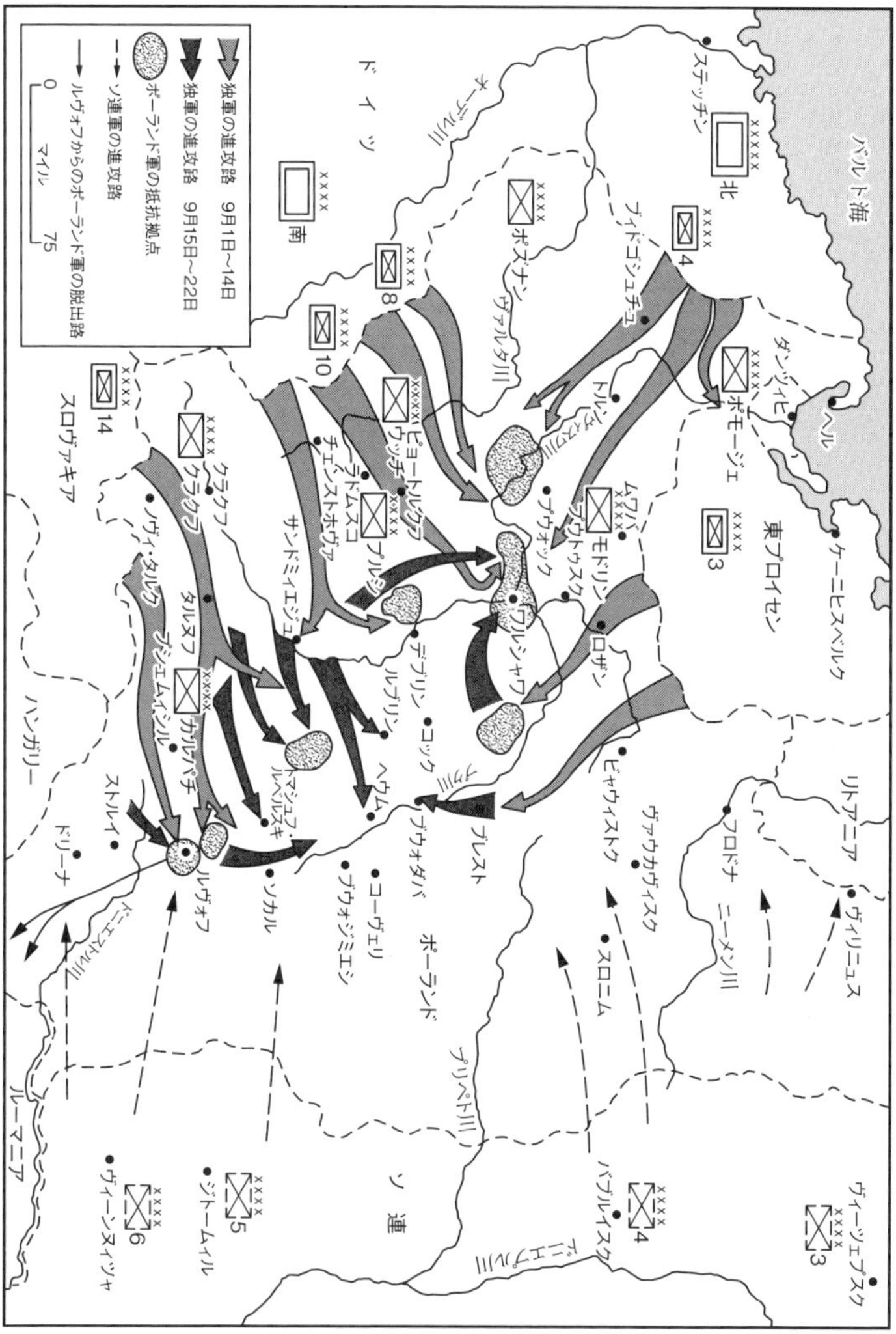

独軍のポーランド侵攻（一九三九年九月）

持していた。それでも、開戦後二日も経たない内に北部地域のポーランド軍の前途は暗澹たるものとなっていた。独軍の進撃が急速であったため、予備兵力の動員が戦況の悪化を押し留める程には進捗せず、機動力に優る独軍に迂回されたポーランド軍部隊は、無力化されたも同然となったからである。五日にはポーランド軍の状況が悪化して、中央の軍司令部がチェンストホヴァとプトルコウとを結ぶ線で戦況を安定化させる必要があると認める程であったが、この折にポーランド軍が企図した機甲部隊による反撃は、独軍がそれまで収めた戦果をさらに拡大していったことで挫折することとなる。ポーランド軍は、反撃どころか、独軍の動きに対応するのに精一杯で、それに使用した機甲兵力も弱小に過ぎ、かつ、広範囲に分散され過ぎていたために、独軍の進撃を一時的に止める以上の効果を挙げることはできなかった。五日に企図したこの反撃が蹉跌したのを受け、ポーランド軍司令部は隷下の軍に対しヴィスワ川東岸への全面的退却を命じた。

しかし、このような命令が発せられるも時既に遅しで、プトルコウ周辺に集結して北方からワルシャワを窺う勢いを見せる独軍は、既にポーランド側の三つの軍全部と、二つの軍の一部を包囲しようとしていた。さらに、クラクフを六日に、タルヌフを七日に制圧した独第十四軍は、クラクフ軍の背後に回りこんでカルパチ軍から分断したのみならず、ヴィスワ川上流にまで至った。七日には、現地軍との接触を維持することを目的として、ポーランド軍の中央司令部はブレストに移動する決定を下し、事態をさらに混乱させる。独第十六装甲軍団がワルシャワ郊外に迫っていた折、この決定は首肯し得るものではあったが、司令部が現地の部隊を再編することもなく、また、移動の際に命令系統が錯綜して混乱を来たしたことにより、ポーランド軍は、それまで維持することに努めていた意思疎通機能を喪失することとなる。この結果として九月七日以降、ポーランドの各軍は中央司令部や他の軍の意向に意を払うことなく、生き残りのために独自に戦うことを余儀なくされていき、ポーランド軍の統帥機能は徐々に崩壊していった。

南ポーランドにおける戦い

開戦後の一週間、本格的戦闘に巻き込まれなかったのはポズナン軍だけであった。北方のポモージェ軍同様、独軍の主攻勢が南北に指向される中、ポズナン軍は廻廊地域で保持することが困難な地区に展開していて、戦闘は概ね同軍の周辺で起きていたからである。無論、その週の終わる頃には、ポモージェ軍が崩壊し、ウッチ軍が退却を余儀なくされて、ポズナン軍が両翼に脅威を受けることとなったため、同軍も隣接する軍と動きを合わせるより他になくなる。そのような経緯で、ポズナン軍がウッチとラドムを結ぶ幹線道路に沿って南東方向に移動を始めた時、同軍はほぼ無傷で、統制もよく取れていたが、トルンを攻略して北方から迫ってきた独第四軍の圧迫をその背後に受けていくこととなる。

ポズナン軍がブズラに後退していった時、その先では独軍の第十四軍がラドム～サンドミィエジュ～レゾウ～サノクを結ぶ線にまで前進しており、第十軍はヴィスワ川に沿ってワルシャワとデブリンの間の複数の地点で拠点を確立していた。そして、ポズナン軍がブズラに到達した時点では、独第四装甲師団の装甲連隊が砲兵・歩兵の支援を待たずにワルシャワを性急に攻略しようとしたが、ワルシャワに後退してきた多くの部隊によって同市の防備が強化されつつあったため、八日から九日にかけて行われたこの攻勢は、攻撃側が大損害を被った末に撃退された。この結果、独南方軍集団の北部の作戦担当地域では、装甲部隊がヴィスワ川の線で停止する一方、第十軍とそれに続く第八軍の歩兵部隊が広範囲にわたって伸びきって進軍する状態になり、これによってポズナン軍は、ポーランド戦でも稀に見る機会を得ることとなる。ブズラに接近するにつれて同軍が包囲される危険に曝されていたのは明らかであったが、広範囲に展開されていた独軍の一部に対して圧倒的優位に立つ機会を手にしてもいた。九日になってポズナン軍は、独第八軍の第二十四歩兵及び第三十師団に襲いかかり、両師団に大損害を与えてヴィスワ川の南岸にまで撃退した。この時点でポズナン軍は、包囲の輪から逃れようとウッチの方向に進軍することを意図しており、これによってポモージェ軍がワルシャワに到達できることをも願っていたのであった。しかし、独南方軍集団が危殆に瀕した師団を支援するのではなくポズナン軍の無防備な左翼を迂回するような態勢を取るように部隊の配置を再編するにつれ、ドイツ側がその卓越した戦術・機動力を発揮して両軍をたちまち捕捉することとなる。

ブズラ南方におけるポーランド軍の進撃は十二日までには停止し、プウォック～ソチャシュー～レシカに囲まれた三角地帯で捕捉されたポーランド軍諸師団の背後に独第四軍が迫るに至って、ポズナン軍は南方への脱出企図を放棄し、ソチャシュー経由でワルシャワに向かい東方に撃って出ることとした。しかしながら、その進軍の最中の十四日に、ポズナン軍は独第四装甲師団と衝突した。同地域の平原地帯は、第四装甲師団にとってはワルシャワ郊外より作戦行動に適したもので、さらに、ポズナン軍の西側と背後に独軍の予備師団が投入されたことにより、独軍は、ポーランド側の四つの軍から寄せ集められた九個師団に対する包囲を十六日に完成する。地上での四方からの攻撃に加え、空からも絶え間ない攻撃に曝されたブズラ地区のポーランド軍の組織的抵抗は十八日には止み、独軍は同地区の掃討作戦を九月二十一日に完了する。

ブズラでの反撃は、ポーランド軍による大規模な反攻作戦としてはポーランド戦を通じて唯一のものであったが、ポーランド軍が総兵力の四分の一を失って終結し、その結果、南部地域のポーランド軍兵力は事実上崩壊することとなった。その南方地域では、独第十四軍が十二日にラドム付近でポーランド軍の三個師団を粉砕してレゾウとサノクを占領すると、兵力を分割して、一隊は第十八軍団と共にザモス方面に、他の一隊は第一山岳師団と共にルヴォフ（リヴィウ）方面に進軍し、クラクフ軍及びカルパチ軍の残存兵力を包囲しようとしていた。十五日までに三方を囲まれたクラクフ軍は、十八日になって、包囲網を突き破るため、機甲部隊を伴ってトマシュフ・ルベルスキの方向に最後の死にもの狂いの進撃を開始したが、ルヴォフに達しようとするこの動きは、独第二装甲師団によって阻止される。この過程で、二十日には、ポーランド戦を通じて最大規模の機甲部隊同士の衝突が起きたが、その日の終わりまでにクラクフは開城することを余儀なくされる。その南方では、プレミル付近で激戦に巻き込まれたカルパチ軍が、十六日から二十日にかけてルヴォフに逃れようとして追いつ追われつの戦いを繰り返す中で、支援のために東方から駆けつけた諸部隊と一網打尽に壊滅させせられた。

南方地域のポーランド諸軍が壊滅した後も、敗残の部隊や本隊から分かれた支隊といった諸種の集団が抗戦を続けていたが、それらの諸部隊は概ね敵との接触を避けて中立国であるルーマニア領内に逃げ込むことをめざして行動していた。そして、ポーランド軍の組織的抵抗は十月六日になって止むこととなる。この日、戦端が開かれた後でポーランド東部で編成された部隊の一つであるポレシー軍集団の一万六千名余りがルブリン北方のコック付近で独第十四自動車化師団に投降したのである。しかしながら、南方地域での主要な抗戦が終了した後も、ヘラ半島では十月二日まで戦闘が続いており、ポーランド戦中最大規模の戦いはワルシャワをめぐって同市とその近辺で展開された。予測されたことながら、この戦いの終了と共に、ポーランド軍、そして国家としてのポーランドそのものも粉砕されることとなった。

ワルシャワ攻防戦

ブズラでのポーランド軍の反撃とそれに続く独軍の包囲戦によって、九月九日の時点で首都に向けて進軍していた独第十軍の動きが掣肘されたため、ワルシャワにとっての試練ともいうべき同市への直接攻撃は、二週間先延ばしとなった。ブズラの包囲戦に投入された独軍兵力は最終的には十九個師団にも上り、これだけの兵力がワルシャワには振り向けられなかったために、二十三日に開始されたワルシャワへの攻勢は、独軍の二つの軍集団の各々から抽出された部隊が共に担うこととなった。

ムワバとナルー川下流地帯を制圧した独第三軍のワルシャワへの進軍速度は遅々としていた。西方からワルシャワに入ってきた部隊の支援を得たモドリン軍が、首都への最短進撃路であることが明らかな同軍の進撃ルートに立ちはだかってその動きを遅滞させることができたためだが、そのモドリン軍も、独軍が有する兵力上の優位と制空権のため、進撃路のいずれでもその動きを止めることはかなわなかった。そして、ナルー川下流地帯を奪回できなかったために、九月九日に独軍が長駆ブレストを突くために開始した側面攻撃にその左翼を曝すこととなった。この独軍の攻勢では、第十装甲師団を尖兵とする第十九自動車化軍団がナルー川を上流で渡渉して十一日にビャウィストクを攻撃する姿勢を見せると、同市の攻略を追従する第二線部隊に任せ（陥落は十六日）、その上で十五日にブレスト市を制圧したが、同市の要塞はその時点では陥落しなかった。続いて、支隊がブク川沿いに南下してブウォダバで第十四軍の部隊と合流することにより、相対するポーランド軍に対する縦深的包囲網を完成した。一方、その十五日には、第三軍が東方からワルシャワに迫り、それから二日間にわたってプラガをめぐっての熾烈な争奪戦を展開した。この独軍の攻勢は頓挫したものの、モドリンとパルミリに位置していた兵力との接触をこの時までに断たれていたワルシャワの守備兵力を相当程度減殺することとなった。

これに加えて、この時期のみならず開戦当初から、ワルシャワは、住民の恐怖感を煽ることを目的とした独空軍の無差別爆撃に曝されていた。ワルシャワが無防備都市宣言をしようがすまいが同市を爆撃する意図をドイツ側が明らかにしたのは九月十三日のことで、同時にヒトラーは、市からの難民の流出を妨げるよう命令した。いずれの決定も、空爆によってポーランドを早期に屈服させることができるとの目算から下されたもので、ワルシャワへの大規模な爆撃が開始されてから二日の間に飛来した独空軍機の延べ機数は千百五十余りに上った。このような質量共に熾烈な攻撃にな す術がなくなったワルシャワの守備軍は九月二十七日に降伏し、十五万余りの将兵が捕虜となる。二十九日には、二万五千人が守備していたモドリンの拠点も投降したが、ワルシャワの場合と同様、人道上の要請に突き動かされた結果であった。ポーランド戦の開始当初からドイツ側の各軍毎に保安警察特殊部隊（*Einsatzgrüppe der Sicherheitspolizei*）が配されていたことは、対ポーランド人政策や通常の戦時交戦規則の適用といった問題で、ドイツ側がこれ以降どのような対応をしていくかを暗示するものであった。ポーランド軍の諸部隊が各個に撃破されていくにつれ、ドイツが支配する地域では、民間人や捕虜を対象として散発的に発生していた殺害行為が組織的な大量処刑・移送へと変容していく。その対象外となったポーランド東部は、九月十七日以降のソ連軍の作戦行動と二十八日に結ばれた独ソ協定の結果ソ連軍が占領し、十一月一日から二日にかけてソ連領に編入されることとなる。

ソ連の介入

一九三九年八月二十三日に独ソ不可侵条約が締結され、九月十一日にはソ連軍が動員を開始していたにもかかわらず、ポーランド軍中央にとってソ連の介入は衝撃的なものであった。ワルシャワの政府当局はこのような動きを予測しておらず、ポーランド東部にあった諸部隊は当初、進軍してきたソ連軍はポーランドを支援するためにやってきたものだと考えていたほどであった。現実には、このソ連の介入は八月に結ばれた独ソ不可侵条約が直接の誘因となったもので、同条約はポーランドと戦端を開くことをソ連に義務付けるものではなかったものの、ソ連としては、この新たなポーランド分割による自国の取り分であるポーランド東部の七万五千平方マイルの土地と千二百万の人口を、ドイツの好意の結果としてではなく、自らの手で確保するという形にすることを至当としたのである。

軍事的観点から言えば、ソ連の介入はポーランド戦の帰趨には何の影響も与えなかった。ポーランド軍の敗北は十七日までにほぼ決定的となっており、東方に配備されていたポーランド軍は僅少で、軍事的に何の意味も持たなかったからである。戦略上の観点から見れば、ソ連によるポーランド東部への侵入は、非現実的ながらもポーランドが想定していた最後の望みが断ち切られたという点においてのみ意義を有していた。ポーランドは、ルヴォフ地域に「ルーマニア橋頭堡」を築いて、フランスがポーランド支援のために開始する対独攻勢を待つという構想を持っており、そのような攻勢は、仏軍の動員が完結する三週間後に行われると見込まれていた。つまり、戦前のポーランド側の計画は、ポーランドが生き残れる唯一の望みはフランスがラインラントで攻勢に出て独軍兵力の大部分を引き付けることにあると考え、野戦兵力を温存するための方策として、南東方向への撤退を想定していたのである。だが、このための全面的退却指令は九月十一日になるまで出されず、ソ連軍のポーランド東部への進出によって、自国領内でポーランド軍が交戦を継続するという一縷の望みも潰えたのである。

一九三九年九月に行われたソ連軍のポーランド東部への作戦に投入されたのは七個軍で、ベロルシア正面軍とウクライナ正面軍とに分けられていたが、ソ連の軍事史がこの作戦行動について触れないようにしていたのは明白で、その兵力や戦闘序列の全体像はソ連側の史料からは容易には窺えない。少なくとも狙撃二十五個師団と騎兵十六個師団がポーランド戦に投入されており、それらはベロルシア正面軍の二個軍と機動軍団三個、及び、ウクライナ正面軍の二個軍と少なくとも二個の機動軍団もしくは独立軍団に配属されていたようである。プリピャチ沼沢地の北方ではベロルシア正面軍が隷下の前線部隊としてヴィーツェプスクに第三軍を、バブルイスクに第四軍を配していた。第三軍の任務はヴィリニュスを制圧することで、スベンチアニ・ミハリシュキ及びウシュミヤニ・フロドナを結ぶ幹線道路に沿った線で作戦行動を発起していた複数の軍団の支援を受けていたようである。ビャウィストクとブレストの双方を占領する任務を帯びていたのは第四軍で、その中の一団はスロニムとウォルコウイスクを結ぶ幹線道路を前進した。プリピャチ沼沢地の南側ではウクライナ正面軍がジトームィルに根拠地を置く第五軍にルブリン制圧の任務を与え、ヴィーンヌィツャを本拠とする第六軍にはルヴォフの占領を下令した。第十二軍から引き抜かれたと思われる機動軍団が同正面軍の尖兵部隊として行動し、その他は、主攻勢を担う第五軍と第六軍の前進ルートの間の幅広い間隙地帯における作戦を担っていたようである。そして、ポーランド・ルーマニア国境の封鎖と、ドネストルとカルパチア北部の掃討作戦のためにも一つもしくはそれ以上の部隊が充てられていた。

ポーランドの解体

ソ連軍のポーランド東部への進出は極めて迅速に行われ、ブレストを九月十八日に手中に収めると、十九日にはヴィリニュスを、二十日にはフロドナを占領した。二十一日には、独軍がビアリストクから撤退したのを受けて同地を占領し、さらにラトヴィア国境に近いトゥルモントを二十三日に確保したことで、ソ連軍によるポーランド北東地域の占領は完了した。プリピャチ沼沢地の南方では第六軍が十九日にルヴォフに到達して、二十一日にはコーヴェリ～ブウォジミエシ～ソカルを結ぶ線までを制圧したが、ブク川を渡ることはなかった。ルヴォフ南方での国境地帯の占領は遅々として進まず、ポーランド軍将兵が三々五々国境線を越えてルーマニア領に入っていくのをかなり許すこととなったが、二十三日までにストルイとドリーナを占領して、ポーランド東部でソ連軍が実施した作戦行動の主要段階に終止符が打たれた。孤立したポーランド軍兵力との散発的な衝突は同月末まで続いたが、ソ連軍の作戦は概ね抵抗を受けずに進捗し、獲得したポーランド軍の捕虜は二十万に達した。

独ソ両軍の衝突は、多くの地点でかろうじて避けられたというのが実情で、不測の事態を防ぐため両軍の最高司令部は、ナルー、ヴィスワ及びサン川を両軍の作戦境界線とすることで合意した。しかし、その七日後の九月二十八日に独ソ間で正式なポーランド分割協定が結ばれた結果、政治上の境界線はそれよりも東側のピッサ～ナルー～ブク～ヴィスワ～サン川を結ぶ線に設定され、ソ連側が確保したのは全ポーランド領の半分をやや下回る範囲となったが、ガリシアとポーランドのウクライナ地域は確保できた。このような経緯で、ほんの短期間ではあるにせよ、ソ連はポーランド戦における真の勝者としての地位を占め、その直後には、自らの地歩をさらに固める動きに出て、エストニアには九月二十八日に、ラトヴィアには十月五日に、リトアニアには同月十日に相互援助条約を結ぶことを強要したのである。ソ連軍が十月中旬以降バルト三国に根拠地を置くことにより、八月に独ソ間で合意された両国の勢力圏は現実味を帯びたものとなり、この過程でソ連がリトアニアにヴィリニュスを割譲したのは、名を捨てて実を取った動き以外の何物でもない。

ドイツにとって、リトアニアをソ連の勢力圏に移譲すること、及び、ソ連がポーランド東部を自領に編入したことは、八月に締結した不可侵条約の帰結として払うこととなった代償と言えたが、同時に結んだソ連との通商協定は、ドイツがソ連の天然資源を獲得することを可能にして連合国側の海上封鎖の効果を無にすることとなり、払った代償を補って余りあるものであった。戦争の舞台が西方に移ることとなったこの段階で、ドイツは東方では強いて自らの権益を主張しようとせず、旧ポーランド領の一部でのポーランド国家再建の問題をめぐってもソ連側の意向に抗うことはなかった。この問題は、八月の段階では独ソいずれも触れることはなかったが、ポーランドの敗北と共に決定が下されるべき課題として浮上してきたものである。ヒトラーは、傀儡としてのポーランド国家を樹立すれば、その存在自体が敵側を混乱・分断させることができるとの思惑から、創設することに吝《やぶさ》かではなかったが、ソ連はポーランドの国家としての再建にはいかなる形であろうとも反対する姿勢を貫いていた。このような経緯から、ヒトラーは、十月六日に英仏向けの和平打診が不調に終わった後、十月八日になってから、アウグストゥの三角地帯と廻廊部分及びテッシェンを含む三万五千平方マイルのポーランド領をドイツ領に編入することを布告し、続いて十二日に（有用性に欠けるとしてスロヴァキアに割譲した部分を除いた）残りのポーランド領を総督府という名の文民政権が統治することを発表したのである。この政権は十月二十六日に発足し、ポーランドにおけるナチスの恐怖政治と蛮行の主な担い手となる。このような措置によって、九月に行われた戦いで二十万名の死傷者と六十万名の捕虜を出したポーランド軍同様、ポーランド国家は解体されたも同然となった。しかしながら、数世紀にわたる外国勢力による占領と圧政の中で培われたポーランド人の民族意識は容易には潰えず、九月が終わる以前に既にドイツの占領地ではレジスタンス運動が組織されつつあった。加えて、ポーランド政府が九月十八日にルーマニアに移動したのを始めとして、国境が封鎖される前に八万余りのポーランド軍将兵が同国に逃れ、始まったばかりの戦いを続ける目的で、その後英国やフランスに移ることができたのである。

英仏の対独宣戦布告を除けば、ポーランド戦の過程で生じた事態の中で最も重要な事件は九月十七日のソ連による介入であったが、ポーランド戦の終わりの始まりを告げたこの出来事と時を同じくして、ある戦闘行為によってもう一つの戦いが幕を開け、独自の勢いと重要性を帯びようとしていた。それは、海の戦いであり、ヨーロッパ戦域における単一の戦線における戦いとしては最も長期に及ぶものとなる。その緒戦で英艦隊は、大戦を通じて初めて敵側の作戦行動による艦艇の喪失をこうむることとなった。具体的にはアイルランド南西方面の海域を行動中のドイツ潜水艦U－29が英空母カレイジャスを撃沈したのである。ソ連軍のポーランドへの介入と空母カレイジャスの損失という同日に起きた二つの出来事は、一つは歴史の一頁として記憶の片隅に押しやられることとなる戦線を、もう一つは、未だ小競り合いの段階ではあったものの一九四〇年六月以降に本格的に戦われることとなる戦線を、対蹠的に象徴するものとなったのである。

ドイツの海洋戦略

大戦が勃発した時点で英仏は、ドイツに対する海洋作戦を展開する上で、潜在的には決定的に優位な立場にあった。両国は、ヨーロッパ以遠へのドイツの通商ルートに立ち塞がるような場所に位置していたのに加え、両国が全世界に海外植民地を有していたために優位がさらに高められていたことは、ドイツの通商活動を海洋から駆逐する上で、実際の武力行使よりも重要な要因となったからである。さらに、戦闘可能な艦艇の数に着目すれば、独海軍が保有していた戦艦四隻、装甲艦三隻、重巡一隻、軽巡三隻、駆逐艦及び魚雷艇三十四隻、潜水艦五十七隻に対し、仏海軍は質量の面で、英海軍の支援なしでも独海軍にひけをとるものではなかった。そして、その英海軍の戦力は戦艦十五隻、空母六隻、巡洋艦五十八隻、駆逐艦及び護衛艦二百一隻、潜水艦六十九隻にも達していた。それでも、自らが作戦遂行上負うことを余儀なくされた不利をものともせずに独海軍は積極的な行動に打って出る途を選ぶことに決し、一九一九年以来進めてきた戦略・戦術教義の見直しによる成果もあり、海洋での戦いに勝利を収める術があることに自信を持っていたのである。

海洋戦の帰趨は、多くの因子が組み合わさって決まったもので、多くの紐が糾《あざな》われてできた縄のように、ドイツが最終的に敗北を喫したのは、数多くの要因が長期間にわたって絡まり合った結果である。それでも、それらの要因の中で特に重要なものをいくつか挙げるとすれば四つの点を指摘できる。それらはすべて独海軍自体が有していた戦略発想・構造・技術上の弱点に関わるものである。前述のような自信を持っていたにもかかわらず独海軍が一九三九年以降、敵の後塵を拝するような不毛な戦いを強いられる羽目になったのは何故だったのかという疑問を解明する上で、当然のことながら、それらの諸点が真剣に考察されるべきである。非常に単純化して事態の真相を記述すれば、独海軍は大戦勃発時には均整の取れた艦隊を保有していたが、戦略上目に見える成果を挙げたり、ましてや英国という世界一の海軍・海洋国家を破るには、その戦力は小さ過ぎたのである。そして、勝利を得られる見込みが現実的なものとなるために必要な程度にまで艦隊戦力が増強された時には、その均整が取れた状態は既に失われ、海洋作戦の中軸を担うこととなったのは海軍の一部門のみとなった。しかし、それのみでは連合国の海軍力を前にしては、勝利を得るどころか、自身の存在を維持することさえもできないというのが実情であった。率直に言えば、大戦の全期間を通じて独海軍は、自身が勝利を得るための工程表と比較して二年遅れで事を進めていたということであり、そのような結末は主に、自らの方針の実施時期を誤ったことや戦略発想上の欠陥が重なって作り出されたものだったのである。

独海軍が開戦時に有していた戦略構想は、第一次大戦当時に帝政時代の先人たちに苦杯をなめさせることとなった戦略方針を再検討することに鋭意努めた結果として出来上がって来たものである。しかし、実際には、一九一七年に破綻したのみならず一九一八年のドイツの敗戦を決定付けることとなった付け焼刃的な理念を焼き直したものに過ぎなかった。戦間期における独海軍の戦略発想は、戦力はあったとしても戦略上達成すべき目標や能力もない海上警備隊に等しかった第一次世界大戦当時の同海軍が陥った悲運を避け得るような理論武装を試みた末の成果であった。にもかかわらず、極めて不可思議な経緯を辿って堂々巡りをして元に戻ってしまったのである。巨視的に見れば、独海軍が戦間期に行った戦略上の議論をめぐる混乱は、水上艦による戦闘にこだわる従来の体質からは脱却できたものの、ドイツの海上交通路を確保しつつ敵側の海上交通路を寸断することができるような方策を見出すことができなかったことに由来する。ある意味で、そのような混乱が起きるのは必然であった。独海軍自身が置かれていた地理上及び量的に劣勢な条件の下で戦う限り、直面する問題への解決策を見出すことなどできなかったのである。それでも、デンマークとノルウェーを制圧して英国の海上封鎖に対する巻き返しを図ったり、フランス北部の港湾を確保して英国に対する逆封鎖を行うといった計画が具体化したのが戦間期であったことも事実である。

海洋戦略の理論は、その現実性を欠く性質に由来する欠陥を内包するもので、ドイツの海洋戦略においても、内包する問題に対する現実的解決策を提示する過程で、戦略上の劣勢を補うために戦争の一側面（例えば地理的位置）を強調して、制海権とは一方が全面的に掌握し得るものではなく、一定地域に局限させることが可能であるといった考えが受け入れられたりした。そして、このような論議が、海洋戦とはその本質上、経済に関わるものであるという並行して提示された論理と組み合わされることにより、戦間期の独海軍は、他にも様々な論理を編み出していく。曰く、制海権とは海上交通路のみに関わる問題として定義することが可能である、曰く、最重要課題である通商破壊作戦遂行のための戦力を他目的に転用することとなるから、海上での決戦は避けるべきである、曰く、敵と比較しての地理的及び量的劣勢を以てしても、ドイツは「船腹量をめぐる戦い」を進めることによって戦争に勝つことが可能である。そして決定的に重要な論点として主張されたのが、敵の制海権を一定の海域と一定の時期であれ奪うことは、ドイツが制海権を掌握することと同じ程度に効果的であるというものである。このような種々の論理は、制海権を掌握するための作戦行動と獲得した制海権を行使することを混同するという、独海軍内での論議を通じて一貫して見られる傾向のため極めて分かり難いものとなった嫌いがあった。そして制海権掌握を指向する敵を海洋におけるゲリラ戦を主作戦として展開することによって破った前例などなかったという歴史上の教訓を真っ向から否認するものであった。さらに言えば、「船腹量をめぐる戦い」の前提となる、毎月七十五万トン相当の英国船舶を一年間にわたって沈め続けることができれば英国を屈服させることは可能であるという主張には一理あったかもしれないが、継続的に損害を与えれば敵を破ることができるという発想は、直面するそのような危機に対して相手が時間上の余裕を持って対処できる場合には、一九一七年の実例が示すように、実効性が疑わしいものである。

このように、第二次世界大戦中の独海軍の作戦行動様式は、その発想の核心において根本的弱点を有しており、その弱点に関わる独海軍の諸問題の多くに輪をかけていたのが、開戦時期が海軍が想定したよりも少なくとも五年早かったという事実である。そして、それらの諸要因は、独海軍の劣弱性を生み出す源泉となった他の三つの点にも関わっていたもので、その中で第一のそして最も重要なのは、ドイツの軍事機構の序列の中で海軍が下位に置かれていたことである。海軍は、最高司令官であるエーリッヒ・レーダー元帥が意識してナチスの政治的影響力の外に置いていたので、資材・物資の獲得競争では不利な立場に置かれていた。皮肉なめぐり合わせで、現実的に見て戦争に勝利する見込みがあった時期にはその建艦計画に優先順位が与えられることがなく、むしろそのような見込みがなくなった時になって初めて優先的扱いを受けることとなった。第二に、海軍が独自の航空兵力を組織しておらず、同時に、独空軍との関係が常時険悪であったことが挙げられる。空軍との関係が険悪であったのは、ゲーリング空軍元帥が海軍とレーダー元帥に対して偏見を抱いていたことや、海軍が何を必要としているのかについて空軍が無知であったことに加え、空軍がその機構・技術上の理由から海洋作戦を展開するのに不向きであったことに由来する。空母を建造する計画が一九四〇年四月に事実上放棄されたことにより、独海軍は艦載機の支援を得られず、沿岸地域に根拠地を置く陸上機による支援も限定的にしか受けられないままで戦うこととなり、その傾向は一九四一年六月以降特に顕著となる。第三に、通商破壊戦の主役である潜水艦による作戦は開戦後三年間は大きな威力を発揮したが、それを同じ期間における対潜水艦戦分野での進歩に歩調を合わせて進化させられなかったこと、[1]一九四二年に連合国が大損害を被ったために、この現実は見えにくかったが、連合軍の護衛艦隊と独潜水艦戦隊との優劣が逆転し始めていたことは、一九四一年の第四・四半期には明らかな趨勢として顕われており、このことは独海軍軍令部も翌一九四二年三月には認識していたのである。そうではあったにせよ、独海軍のUボートは「船腹量をめぐる戦い」の論理が正当であることを証明しているかのような戦果をしばしば挙げていたのであり、その背景としては、英海軍の対応策に統一がとれていなかったことや、対潜水艦作戦に充てられる資材・物資が乏しかったこと、さらには、最初の三年間は潜水艦が護衛艦隊に対して戦術面で一定程度の優位を保っていたことなどが挙げられる。

ドイツの通商破壊戦

英国が対独宣戦布告をした日にＵ－30は客船アセニア号を雷撃して沈めたが、それに較べてドイツは同じ日に、外国の港湾や公海上にあった四百隻余りの商船の四分の三を失うこととなる。それから数カ月の間、緯度が高い北部大西洋海域では、夜間が長いことを巧みに利用して英国側の監視を振り切ってドイツに帰還した商船は七十六隻を数え、総トン数では四十六万三千百二十二トンとなったが、その過程で拿捕された独商船も二十二隻に上った。それ以外の独商船の大部分は、戦争が短期間で終わると考えて中立国の港に退避したが、その予測が裏切られたために、ドイツの通商活動は戦争の初期の段階から連合国によって海洋から締め出されることになる。さらに、それから数週間、連合国は第一次大戦の前例を踏襲し、中立国がドイツ発の貨物を輸送することを禁じたり、ドイツからの中立国への輸入量を戦前のレベルに留めるという割り当て制度を実施したりして、中立国経由のドイツの通商を妨げようとしていた。対するドイツも前の大戦の前例を踏襲することとなる。Ｕボートの作戦行動を甚だしく制限することになるにもかかわらず、開戦当初の独海軍は、

原註１　付論Ａ参照。

一九三六年に定められた艦を浮上させてから商船を臨検することを義務付けた規則を遵守することを宣言した。しかし、英仏が和平に応じないことが明らかになるや、そのような制限措置を撤廃した。そして、一九三九年以降独海軍は潜水艦による無制限の通商破壊作戦を開始する。但し、大西洋東部海域で連合国の海運と中立国のそれとを区別しないことをドイツが公式の方針とするのは一九四〇年八月になってからである。

開戦直後の段階で独海軍は、連合国の通商活動への攻撃を、海上戦、機雷戦、潜水艦戦という三つの方法で展開する。一番目の海上戦は、連合国の耳目を引くことが最も大きかったにしても短期間で終わり、その実態は誇張されている傾向がある。戦端が開かれる前に、装甲艦ドイッチュラントとアドミラール・グラーフ・シュペーは、連合国商船を狙って、各々北大西洋と南大西洋に出撃していたが、ドイッチュラントが本国に帰還するまでに仕留めた商船はわずか二隻で、船腹量にして七千トンに過ぎなかった。アドミラール・グラーフ・シュペーの戦果は商船九隻で船腹量では五万トンに及んだが、一九三九年十二月十三日に南米のラプラタ川河口の沖合いで英海軍の巡洋艦三隻と砲火を交えて損害を被った後にウルグアイのモンテビデオ港に逃げ込むこととなる。アドミラール・グラーフ・シュペーは、中立国のウルグアイに停泊し続けることが許されなくなったため、河口付近で待ち受けている敵と戦うことなく、十七日に自沈した。この後、ドイツの水上艦艇が同様な通商破壊を目的として出撃するのは十カ月後となる。それまでは仮装巡洋艦六隻が海上での通商破壊戦を担ったが、月毎の戦果で見れば、七月に至るまで合計の戦果が十隻を上回る月はなかった。これは、連合国側の商船が通商破壊活動に対してほとんど丸裸であった時期に独海軍がなすべきことをなさなかったという意味で、「船腹量をめぐる戦い」がより明白な形で失敗に終わったことを示していた。それでも一九四〇年と四一年に独海軍が海上の通商破壊戦で沈めた船舶の総トン数は八十九万千九百八十トンに達した。しかし、単独で航海する商船はほとんどなくなり、連合国側の対抗策が効を奏して来る中では遅きに失した戦果とも言うべきもので、効果も限定的であった。

戦果が先細りとなっていった点では機雷戦も、海上の通商破壊戦と同様であったが、最大の戦果を挙げた時期が早くにやって来たとはいえ、一九四五年四月まで連合国側の海運活動を妨害し続けていたという点が異なっている。戦争の全期間を通じての機雷戦による戦果は、艦艇七十九隻と商船五百三十四隻で、トン数に換算すると百四十万六千八十七トンに上る。しかし、時期的に連合国の通商にとって機雷戦が重大な脅威となったのは、総計した船腹量で四十二万九千八百九十九トンの商船百二十八隻が沈められた一九三九年九月から翌年四月にかけての時期だけであり、それ以降機雷戦が効果を発揮したのは、船舶を沈めることによってではなく、海運活動を阻害して割に合わない数量の艦艇を対機雷防禦のために割くことを連合国に強いたことによってである。具体的実態を示せば、一九四一年十二月以降戦争が終わるまでに機雷によって沈められた船腹量は、戦争の最初の七カ月間に沈められた船腹量を下回っていたのであるが、一九四五年五月の段階で対機雷戦に動員されていた連合軍の艦艇は合計七百十七隻にも及んでいた。

開戦直後の時期に独海軍がおさめた目覚しい戦果によって、ロンドンの港は封鎖されたも同然となり、英国東岸の通商活動は大々的に阻害されたが、これは、その戦法の意外性と英国の対応策が整っていなかったためであった。この意外性は戦術と技術の両面で見られ、その最たるものが磁気を利用した感応機雷で、当面の間、有効な対応策はみつけられなかった。機雷による脅威が最高潮に達した一九三九年十一月に沈められた船舶は二十七隻で、船腹量では十二万九百五十八トンに達し、損傷を受けた船舶の数量はそれを上回ったが、十一月二十三日に無傷の磁気機雷を回収できたことにより、それがもたらす脅威に対抗する道が開けていった。* それ以降、連合国が機雷によって被った損害は、連合国側にとっては若干気にかかるといった程度にまで減少し、独海軍が一九四〇年秋から音響機雷を使用したり、遠いインド洋や豪州・アジア方面にまで敷設範囲を広げたりしたことによって、局地的には見るべき戦果を挙げたものの、そのような戦果も、当初の意外性による優位が消えていくにつれて減少していったのである。

連合軍輸送船団とUボートの戦い

潜水艦戦争は長期間に及ぶ追いつ追われつの戦いとなったが、始まった当初、英海軍は効果的に対応ができる自信を持っていた。実際、一九三七年の時点で英海軍本部は、一九一七年当時に英国があと六週間で屈服させられる程の危機に見舞われたような脅威を今回も独潜水艦がもたらすことは絶対にないとの判断を下しており、そのような自信の源は、水中聴診儀アスディックと爆雷に信頼を置いていたことにあった。どちらも第一次大戦中に開発され、護送船団の編成と共に、一九一七年から一八年にかけて行われたドイツの無制限潜水艦戦争の効果を減殺することに貢献したのである。

しかしながら、何にもまして一九三九年から四〇年にかけて潜水艦戦争の脅威を限定的なものにしたのは、独海軍の潜水艦保有量が少なかったことである。潜水艦戦争の現実の展開で注目すべきことはいくつかある。アスディックの有効性が誇張されていたことや、独海軍が就役させた新世代のUボートに対処するため新しい型の爆雷を開発したり、新たな投射パターンを編み出したりする必要があったこと、さらには、開戦当初の段階では護衛艦に守られた船団がほとんどなかったということが挙げられる。一九三九年九月の時点で、英国が就航させていた外洋・沿岸航路の船舶は四千隻に及んでいたが、英海軍が保有していた護衛用の艦艇は四十三隻に過ぎず、その内、西側航路に配されていたのは僅か二十六隻であった。九月二日には英国から最初の護送船団が出航し、同月十四日には英国向けの護送船団の第一号が西アフリカのフリータウンから到着したものの、それらを始めとする船団に配された護衛艦隊は、フランス向けの兵員の護送や対潜警戒部隊の編成を優先したことが影響して、当然のことながら規模の小さいものであった。このような経緯で、英陸軍部隊五十万がフランスに無傷で渡航し、対潜警戒部隊が仕留めた潜水艦が二隻に留まっていた開戦当初の数カ月間は、大西洋の英国通商航路の船舶は丸裸も同前で、英国発の船団に随伴した最小限の規模ともいうべき護衛艦隊も、艦隊の作戦行動範囲の限界点であるアイルランド西方六百マイルで

＊　磁気機雷は艦艇という巨大な鉄の塊に反応して爆発する。第二次世界大戦初期に登場したこの新兵器に各国の海軍は対抗策を迫られた。船体の周囲にコイルを巻いて電流を通して消磁する「舷外電路」の装備がもっとも一般的であった。

護衛を打ち切っていたのである。

一九三九年にUボートが沈めた商船は百十四隻を数えたが、その内の百二隻は船団を組まずに単独で航海していた商船である。その代償として九隻のUボートが失われており、内三隻は十月中旬以降にドーヴァー海峡を封鎖するために敷設された機雷源に入り触雷したために沈んだものであった。それから一九四〇年三月末までに、Uボートは八隻を失ったのと引き換えにさらに百八隻を沈めたが、この時既に、潜水艦戦争の明らかな弱点が表出した周期的に反復する傾向が定着していた。潜水艦による連合国船舶の損失数は一九三九年九月から十月にかけての時期と較べて同年十一月から十二月の間は減少し、翌年一月から二月までの二カ月間に上昇に転じた後、三月に再び下落している。これは、一九三九年九月に作戦可能な潜水艦を最大限可能な範囲で戦場に投入したことが直後の期間に波及効果をもたらした当然の結果である。独潜水艦の中で外洋作戦が可能な二十七隻中十七隻が九月一日の時点で出撃準備態勢に入ったが、作戦行動を周期的に行う必要性、船体の修理、訓練目的での部隊の帰還、作戦行動範囲の拡大といった理由で、この水準を維持することは不可能であった。独海軍が開戦当初に保有していたUボートの総数は四十九隻であったが、一度に作戦行動に出撃したUボートの数がこの規模を上回ったのは一九四一年第二・四半期になってからである。したがって海洋戦を戦う上で独海軍が十分な数の潜水艦を保有していなかったことこそが、大戦勃発から十八カ月の期間に英国が生き残れた決定的要因であり、それは、この期間に船腹の喪失量が五十万を超えた月が一九四〇年六月のみであったことにも示されている。

英独共に開戦直後の鍔迫《つばぜ》り合いから戦術上の教訓を学んだが、双方とも通商破壊戦の帰趨を決める上で決定的となった四つの実情に気を止めることはほとんどなかった。第一に、英国の民間船舶の建造能力が、海軍艦艇の建造と修理に向けられただけ減殺されて年間二百万トンに満たなかったにもかかわらず、損失を相当程度補塡し得たこと。第二に、「船腹量をめぐる戦い」での損失には追いつかなかったものの、一九三九年の段階で英国は、前年に六千万トンに及んだ食糧・天然資源・完成品の輸入需要を満たすに足る二千百万トンの船腹量を有していたこと。さらに、周到な需給調整と厳格な配給制度の実施により、英国は一九四四年までには、二千七百万トンの輸入によって命脈を保ちつつ戦争を継続することができる態勢になっていたこと。このように輸入必要量を半減させたことは、大雑把に言えば、海洋の戦いで沈められた英国商船が二隻あったとしても、本当の意味での損失はその内の一隻だけということを意味していた。第三に指摘できるのは、「船腹量をめぐる戦い」を進めるためには船を沈めればよいと考える余り、独海軍は英国行きの船舶と英国発の船舶とを区別することがなかったが、その性質上英国行きの船舶の方が重要性を帯びるものだったということである。現実では、広漠な大洋上で目標を発見することがいかに困難であったかを考えれば、潜水艦にはそのような目標の選別をしている暇などはなかったのであるが、貨物を満載して英国に向かう商船にUボートが攻撃を集中していたならば、実際に行われていた目標の選り好みを余りしない攻撃方式によって挙げられた戦果よりもはるかに壊滅的な打撃を与えられたであろう。関連する事項としてさらに、海戦を避けるべきことを強調する「船腹量をめぐる戦い」の理念は、護衛艦への攻撃を控えるという拡大解釈を生むこととなったことが指摘できる。戦争の最初の七カ月間にUボートが沈めた護衛艦艇は皆無で駆逐艦は二隻だけであり、戦争全体を通じても失われた護衛艦艇は三十七隻、駆逐艦は三十四隻であった。米海軍の潜水艦が太平洋で行ったように、商船団を無防備にするためにUボートがまず護衛艦隊に矛先を向けるような戦術を意図的に採用していたならば、長期的には連合国側の通商活動が息の根を止められていた可能性は十分にある。これらの要因に加え、第四に、通商破壊に専念するために海戦を避けようとした方針にもかかわらず、Uボートが戦闘艦艇を対象とする作戦行動に従事することが不可避であったことが指摘できる。そのような事例の中で戦争の初期段階における最も顕著なものとしては、一九三九年十月十四日にU－47がスコットランド北端のオークニー諸島にあるスカパ・フロー泊地で戦艦ロイヤル・オークを撃沈するに至った周到に準備された作戦を挙げることができる。そして、一九四〇年三月の段階で北大西洋を遊弋するUボートの数が減少したのは作戦行動周期の影響のためだけではなく、潜水艦を特定の作戦行動を支援するために振り向けた結果でもあり、この場合には、デンマークとノルウェーの占領作戦がそれに該当する。

スカンディナヴィアの戦い：冬戦争

Uボートが北大西洋から引き揚げられる理由となった作戦とは、大戦初期の九カ月間にスカンディナヴィアを舞台として戦われた二つの戦いの内の二つ目のものであり、それに先立つ一つ目はソ・フィン戦争、別名冬戦争である。二つの戦いは時期的に懸隔しており、関わった当事国も全く異なっていたにもかかわらず、一つ目が起きなければ二つ目も起きなかったという点では相互に連関していた。この二つの戦いの結果として、三つの大国が屈辱に塗れ、三つの国の政府が崩壊し、スカンディナヴィア地域の王族三家の内一つは亡命して他の一つは自国の首都で軟禁状態となった。これら以外の結末としては、多くの言語においてクヴィスリング*が「裏切り者」の代名詞として使われるようになったこと、そして軍事上の観点からは二つの戦いによって塗り替えられた勢力分布図において当初ドイツが有利な立場を占めたものの、長期的にはその立場を強めるよりは弱めることとなった点が挙げられる。このような様々な結末をもたらした戦いではあったが、一九三九年当時ヒトラーが、これらの地域を戦争の裏舞台で中立のままにしておくことが望ましいと考えていたことに鑑みれば、それら地域の諸国にとんだとばっちりを及ぼしたということの他に、ヒトラーの当初の目論見通りに事が運ばなかったという事実は、ヒトラーの意思決定の力が及ぶ範囲の限界を知る上で意義深い。具体的に言えば、英仏と雌雄を決しようとヒトラーが決心した時には時期的要因故に行動を控えざるを得なくなった一方、戦争の局外に置かれることのみを願っていた国々が他の諸国の意思決定・行動によって戦争に巻き込まれることになったということである。

　スカンディナヴィアにおける最初の戦いはソ・フィン戦争で、冬戦争とも呼ばれており、一九三九年十一月三十日から翌一九四〇年三月十三日までの百五日間にわたって戦われた。この戦いは、

＊　ヴィドクン・クヴィスリング（Vidkun Quisling, 一八八七～一九四五）はノルウェーの軍人・政治家。強力な反共意識を有し、ナチス・ドイツのノルウェー占領に積極的に協力して傀儡政権の首相となった。戦後は反逆者として処刑された。ここから「クヴィスリング」という語は欧米では「裏切り者」の代名詞となっている。

大国がその意思を弱小な隣国に押し付けようとしたこと以外には起きた理由が見出せないが、同時に、一九三九年八月二十三日と九月二十八日の独ソ合意によって、ドイツがバルト地域で伝統的に担っていたロシアへの対抗勢力という役割が一時的に消滅した結果でもあった。第一次大戦中にドイツが帝政ロシアに勝利したことで、バルト三国とフィンランドは戦後に独立を勝ち取るための礎《いしずえ》を得ることとなったが、そのドイツは一九三九年に、それら旧帝政ロシア領に位置している国々をソ連の勢力圏として認め、その結果ソ連は、このドイツとの取り引きで勝ち取った成果をフィンランドに呑ませようとして背伸びをし過ぎ、図らずも冬戦争に突入していったのである。

一九三九年十月十二日に開始した交渉によってソ連がフィンランドから勝ち取ろうと目論んでいたのは、相互援助条約の締結、レニングラードへの海上交通路の安全を確保するための一部のフィンランド領の割譲、カレリア地峡での国境線を一七二一年当時のものに再画定することである。その代償としてソ連が提案したのは東部カレリア地方を譲渡することで、面積ではソ連が要求したフィンランド領の二倍に相当した。現実政治の観点からは、ソ連の要求は理不尽なものではなかったが、フィンランドは自国の判断を下す際にポーランドやバルト諸国におけるソ連の行状を熟知していたため、ソ連の安全保障と領土上の要求が、共産主義イデオロギーと汎スラヴ主義に根差したものので、フィンランドを赤化してソ連に完全に服従させるのを目的としていることを正確に見抜いていた。フィンランドには一定程度の譲歩をする意思はあったが、相互援助条約を締結することや、ハンコ半島やオーランド諸島の基地群を譲渡することには同意しかねたのである。

フィンランドが中立国としての立場を崩さないことを明白にしたため両国間の交渉は十一月十三

日に決裂し、ソ連当局はこの結末をフィンランド側の不当なまでに硬直な姿勢によるものと憤懣を込めて断ずるしかなかった。その結果ソ連は二つの過ちを犯し、冬戦争の第二段階における作戦行動がソ連軍にとって惨憺たる戦いとなることが確実となったのである。まず、ポーランド東部を死傷者二千六百人足らずで容易に占領し、それに続いてバルト諸国から譲歩をも勝ち取ることができたことで、ソ連は、国家としてのフィンランドの抗戦意思と、その軍事上の実力を過小評価していたと思われること。次に挙げられるのは、ソ連が十月三十一日の段階でフィンランドに対する要求内容を公表していたため、外交交渉を通じて成果を挙げられなかった以上、武力に訴える以外に選択肢がほとんどなくなり、しかも迅速に行う必要があったが、タイミングとしては、戦場となるカレリア地方での作戦行動が一番困難になる時期となっていたこと。即ち、十一月から十二月にかけての同地方は、空には暗雲が立ち込め、湿地が多い不連続的地勢となっている地表や河川・湖沼・海上は、機甲・機械化部隊が進撃できる程には十分に凍結していないという状態だったのである。帝政ロシアがこの地で一八〇九年に戦った際に明らかであったように、カレリア地方で作戦行動を起こすのに最適な時期は二月であったが、一九三九年当時の事態の推移により、フィンランドと事を起こすのをソ連が三カ月待つことなどできないのは明らかであった。そのためにソ連は、多くの場所が通行不能な時期に戦端を開くことを余儀なくされ、このような初歩的錯誤に輪をかける悲運がさらに襲うこととなる。ソ連軍の攻勢が頓挫すると同時に、一八二八年以来最強の冬将軍が訪れ、冬戦争の後半期にソ連軍が味わう壊乱状態を益々悲惨なものとしたのである。

ソ連のフィンランド攻撃計画

ソ連軍がフィンランド侵攻のために展開した兵力は四個軍に分けられ、兵員数は推計六十万にも上った。重要度の高いカレリア地峡では第七軍が狙撃師団十二個、機械化軍団一個と戦車旅団三個を展開していたが、狙撃師団の内三個は十一月三十日の段階では編成途上にあった。ラドガ湖北方の第八軍は狙撃師団六個と戦車旅団二個を指揮下に置き、その右翼ではフィンランドの狭まった地域に相対して第九軍の五個師団が占位した。そして、北極圏地方では、第十四軍の三個師団がペツァモと対峙する位置にあった。ソ連軍が企図していたのは、カレリア地峡に主攻勢を指向してフィンランド第二の都市で首都ヘルシンキへの玄関口ともいうべきヴィボルグを占領することであった。具体的には、ペトロザヴォーツク地域から進撃する第八軍がラドガ湖の北岸に沿ってヴィボルグ正面を守備するフィンランド軍部隊の背後を衝《つ》き、その北方では第九軍が三つの懸隔した進撃路に分かれてボスニア湾に向かって進み、フィンランドとスウェーデンの間の連絡路を断つと共にフィンランドを二分する。そして、そのはるか北方では、第十四軍がペツァモ及び同地から海に至る交通路を制圧した後に南方に方向を転じ、第九軍と合流することになっていた。戦車千輛とそれに倍する航空機が投入されたと推定されるこの作戦は、想像力と柔軟性に富んではいたものの、戦場となる地域の実情をまったく無視したものであった。

北方地域では、遠方のムルマンスク鉄道に依存する細々とした交通・通信手段は、第九軍の作戦行動を支えるにはまったく不十分であり、同時に第九軍と第十四軍は、林道を外れて兵力を展開できないことが桎梏となっていた。その南方では、不連続的地勢が同様に多方面への進撃に掣肘を加え、カレリア地峡地帯ではヴオクシ川が凍結していなかったために、第七軍の攻撃正面の範囲が極めて狭くなることとなった。しかしながら、ソ連軍の作戦計画が内包していた明らかな欠陥は、フィンランド軍が効果的な抵抗を持続させることはできないという誤った判断を下していたことにあった。その他にも至らぬ点はあったにせよ、十日も経たずに勝利を得られて十二月二十一日にはフィンランドをスターリンへの誕生日のプレゼントとして献上できるといった過信に較べれば、何程のものでもなかった。これ以外にも、比較的表面化していないソ連側の作戦準備段階における大きな欠陥として、作戦全般の指揮を委ねられたのがレニングラード軍管区と第七軍の司令官を兼ねていたキリル・メレツコフ中将だったということが挙げられる。このように一個人に多様な任務を担わせたという事実も、ソ連側が戦争を短期間で難なく終わらせられると信じ込んでいたがためということ以外に説明がつかない。

それでも、作戦開始から十日間にソ連軍が記録した進撃速度は、そのような自信が根拠のないものではなかったことを示唆するものであった。北方では、ペツァモを陥としたソ連軍が「北極ハイウェー」という仰々しい名前が冠された道路を通って南下を開始する。第九軍の戦線では、第百三十二狙撃師団がケミヤルビを、第百六十三及び第四十四狙撃師団がスオムッサルミを、第五十四狙撃師団がクフモを、それぞれ攻略すべく前進していた。しかしながら、ラドガ湖の北岸では、第八軍が進撃を阻まれ、フィンランド軍の拠点を迂回して側面を突こうとする度重なる試みも、コッラとタルバヤルビとイロマンツィで食い止められていた。それでも、この攻勢で第八軍が地峡付近のフィンランド軍の背後に進出することができなかったとしても、この地域のフィンランド軍が他方面に転用されることを防ぐのには効を奏した。これによってフィンランド軍はその第四軍団の二個師団を支援するために予備部隊の投入を余儀なくされた。地峡そのものにおいては、作戦開始当初の段階ではソ連軍は抵抗も受けずに前進したものの、第七軍がマンネルヘイム*防衛線上のフィンランド軍主要抵抗拠点に到達したのは十二月五日であった。フィンランド軍は、同拠点の右翼を第二軍団の三個師団が、左翼を第三軍団の二個師団が固めており、ソ・フィン交渉決裂後の数週間の内に強化されていたものの、要塞と言うよりは野戦陣地のつながりに過ぎないような状態のままであった。にもかかわらず、ソ連軍は偵察と本格的攻撃の準備に十日間を費やしながらも、攻撃が開始されると北方では第九軍が潰走し、第七軍の攻撃自体も惨憺たる失敗に終わる。それでも、この攻勢が中止されたのは十二月二十六日になってからで、理由として挙げられたのは、この時までに天候が悪化していたことと、北西方面に展開する部隊を再編するための措置の一環というものであった。

　開戦当初にフィンランド軍が有していた十個師団の内、七個師団は三つの軍団に配備され、一個師団は地峡地域での予備部隊となり、その他はヴィボルグとオウルに戦略予備として置かれていた。従って、北部方面を守備していたのは小規模な支隊だけであったが、林道を塞ぐという単純な措置によって各所でソ連軍の進撃を食い止めていた。林道上でソ連軍部隊が数マイルにわたり伸び切った状態で動けなくなっているところを小単位に分断して、フィンランド軍の予備部隊が側面と背後に襲いかかって各個撃破したのである。この戦術はモッティと呼ばれた。** このようにして十二月二十七日から翌年一月六日にかけてスオムッサルミ付近でソ連軍第百六十三及び第四十四狙撃師団が全滅し、その南方では既に十二月十五日にタルバヤルビで第百三十九狙撃師団が壊滅させられていた。そして第十八狙撃師団も、必死の脱出を図った果てに二月二十九日までにはラドガ湖北岸のピトゥカランタ付近で同様に粉砕されたのである。

ソ連軍の敗北と立ち直り

このような壊滅的敗北と、マンネルヘイム防衛線への主攻勢が頓挫したことが重なって、ソ連軍が戦闘組織としては無能であるという見解が、冬戦争に端を発して根強く残っていくが、他方では、ケティラの第百六十八狙撃師団やクフモの第五十四狙撃師団、アィトヨキの第七十七狙撃師団といった部隊が、それらの戦略上の要点を一様に確保していた事実もある。ソ連軍部隊は地歩を得た上

＊　カール・グスタフ・エミール・マンネルヘイム（Carl Gustaf Emil Mannerheim, 一八六七〜一九五一）はフィンランドの軍人・政治家・大統領。冬戦争を指導し、フィンランドの独立を維持した。彼の名前は、冬戦争当時のフィンランド軍の防衛線の名称になっている。

＊＊　モッティ（*motti*）とはフィンランド語で、木材を伐採して運び出す際に倒した木々を細かく分断した個々の単体を指す言葉で、森林地帯の通路で伸び切ったソ連軍の縦隊を分断して各個撃破していったフィンランド軍の戦術を比喩的に記述したものである。

で空中からの補給を受けられていた場所では持ち堪えることができていたのであり、フィンランド側が文句なしの勝利を収めて予備部隊を原駐地に戻すことができたのはスオムッサルミ地域においてのみであった。その他の戦線では、フィンランド軍は、敵を包囲したものの機甲装備や重砲が不足していたために止めを刺すことができないでいた。さらに、フィンランド軍は兵力が僅少であったためにカレリア地峡での防勢作戦で収めた戦果を拡大することができず、結果としてソ連軍に再編・再装備・再訓練の後に攻勢を再開する時間的余裕を与えてしまった。ソ連軍が二度目の大規模攻勢を開始するまでに五週間あったが、その間に新編の第十三軍が東部地区に進出すると共に、一回目の攻勢で使用された軽戦車に代わって中型戦車が配備される。加えて、機甲・歩兵・砲兵部隊間の連携を密にすることに相当な注意が払われることとなった。これは、戦端を開いた直後に機甲部隊が容易にフィンランド軍の防衛線を突破できたために歩兵部隊を後方に置いたまま前進し続け、その結果両者が分断されて各個撃破されたという一回目の攻勢作戦の折に顕著となった戦訓をくんだものである。このような十二月二十六日以降に実施された様々な改変措置は、一九四〇年二月十一日にソ連軍が二度目の大攻勢に出た直後から成果を発揮し始め、前年の十二月とはまったく違う敵と相対しているとフィンランド側が感じるほどであった。ソ連側の不手際を強調する視点が横行する中で、ソ・フィン戦争に絡んで見落とされたり見逃されたりしているソ連軍の実像とも言えるものが三つある。その内の一つがこれであり、二つ目は、ソ連軍が攻勢・防勢いずれの局面にあっても積極性と決然たる態度を示しており、ソ連軍の士気が当時取り沙汰されていたほどにはスターリンの粛清の影響を受けて低下していなかったということである。

三つ目の実像とは、敗北で被った損害がいかに甚大であろうと、ソ連は、その損失を補塡する手段と戦争を継続する意思を有していたということである。実際、緒戦の段階における敗北のため、ソ連は国家としての威信をかけて、その敗北がもたらした結果を帳消しにするまで戦争を継続することを不動の方針としたのである。これに対し、フィンランドが長期戦を戦うことは不可能であった。開戦当初のフィンランドの勝利がいかに目覚しいものであったにせよ、フィンランドが最終的には屈服を余儀なくされることは確実であり、このことをじわじわと思い知らされてきたフィンランド政府は、戦場での戦果を活用して、それがなければ直面していたであろう完璧な敗戦と苛酷な講和という結末を、少しでも自国に有利なものに変えることを模索し始める。そのようにして一九四〇年一月二十九日に密かにソ連との交渉を開始したところ、戦場で軍が収めた勝利は直ちにその効果を発揮し、ソ連は講和条項の一つとして、一九三九年十二月一日にテリヨキに樹立して翌日に正式な同盟条約を結んだ傀儡政権を解消することを表明したのである。こうしてフィンランドの独立が維持されることは確実となったが、冬戦争の勝者として見なされるのはソ連でなければならず、フィンランドは、敵対行為が現実に終結するまで、敗戦の一歩手前まで追い詰められていたことを思い知らされることとなる。

ソ・フィン交渉の第一幕目は二月九日まで続いたが、その時までにカレリア地峡での戦いが再開されていた。二月一日から、ソ連第七軍及び第十三軍が、狙撃二十一個師団と、それらの師団相互の間隙部分に配された戦車旅団十個を投入してフィンランド軍を消耗戦で疲弊させることを企て、三次にわたる本格的な攻勢を開始した。第一次は一日から三日、第二次は五日から八日にかけて行われ、十一日からの第三次攻勢が始まるや、すぐにフィンランド軍の防衛線の最強拠点であるスンマを陥とし、十三日までには防衛線に穴が開けられたことが明らかとなっていた。それでも、第七軍は極めて遅い速度で慎重に前進するという方針を崩さなかったため、フィンランド軍は第二の防衛線に十七日までに後退することができ、そこで同じ戦闘パターンが繰り返される。フィンランド軍は、その防衛線も二十五日には放棄することを余儀なくされてヴィボルグ正面の最後の防衛線に移ることとなったが、この時までにフィンランド軍の兵力は一九三九年十一月当初の十五万から八万にまで減っており、疲れ切った残存部隊は効果的な砲兵の支援も受けられないまま、凍結した海上を渡っての側面攻撃を受けかねない陣地を守備していたのである。三月二日に開始されたソ連軍の最後の攻勢作戦の結末は、始まる前から決まっていたも同然であった。モスクワ条約の調印によって冬戦争は一九四〇年三月十三日に終結したが、その時までにソ連第十三軍はヴオクシを攻略し、第七軍はヴィボルグの中心部にまで進出していた。ヴィボルグの大半はまだフィンランド軍が確保していたものの、恐らくあと数時間で全面的崩壊に瀕するような状態であった。

モスクワ条約でソ連がフィンランドから奪った領土は、一九三九年十月から十一月にかけての交渉の過程で要求したものよりも大きかった。ソ連は、カレリア地峡地域での国境線を一七二一年当時のものに戻させたのに加え、フィンランド湾上の諸島、サッラ付近一帯、そして北方のルイバチ－半島を割譲させ、さらに、ハンコ半島を軍事目的で租借した上、経済面でも種々の譲歩を勝ち取ったのである。しかしながら、一九四〇年春から夏に移る頃になってフィンランドに明らかになったのは、ソ連がその野望を打ち止めにするどころか、三月に締結した条約を中間点としか見なしておらず、戦争で得られなかったものを脅迫と圧力で得ようと目論んでいるということであった。ソ連が三月の段階で比較的穏健な姿勢を見せたのは、仮にフィンランドを征服・占領するとしたら、それによって払うであろう代償が、ソ連が他の方面で払っている代償と較べて余りにも大き過ぎると踏んだためであった。その後一九四〇年にソ連が見せた様々な動きは、どのように考えても、後に自らに最悪の結末を招来することを保証するようなものであった。結果として獲得した領土は微々たるもので、それも、推計六十万の死傷者と、一九三九年以前はソ連に対して微塵も敵対的意思を有していなかった隣国を敵にまわしてしまうという二つの代償を払った上でのものだったからである。さらに、一九四〇年三月以降、ソ連は、それ以前は何等の脅威も存在していなかった八百マイルに及ぶ国境線に少なくとも十五個師団の兵力を張り付けることを余儀なくされたのである。そして、一九四一年の夏になって、ソ連は遅まきながらも自身の行いの報いを思い知らされることとなる。フィンランドは、機会をとらえて冬戦争で下された審判を覆そうと、ドイツに接近していたのである。そして、そのドイツは、その時までにヨーロッパ西部では最早大きな戦いに巻き込まれる心配はなくなり、デンマークとノルウェーを手中に収めていた。

スカンディナヴィアにおける英仏の思惑

ソ連が一九四〇年三月にフィンランド問題を外交交渉で決着するのに前向きであったのは、英仏がフィンランド、ひいてはスカンディナヴィア全体に対して含むところがあり、その出方によっては同地域の情勢が不安定なものになることを認識していたためでもあった。ドイツも同様な認識であり、そのために四月九日に対デンマーク・ノルウェー戦を開始する必要性に駆られることとなった。

スカンディナヴィアをめぐり連合国が有していた意図は、冬戦争の結果顕在化した複数の思惑が相互に絡み合って生み出されたもので、この地域で英国が行動を起こすこととなった誘因自体は、ヨーロッパ北西部で英国が戦略的守勢を維持する方針を固守した結果として生まれてきた政治上の要請であった。一九三九年九月の時点における英国の計画では、本国軍の師団三十二個と自治領や植民地の英連邦軍師団二十三個の計五十五個師団を編成する予定で、翌一九四〇年九月までに、その内の三十九個師団をフランスに派遣することとなっていた。しかし、五十五個師団という予定総数は一九四〇年二月には三十六個にまで縮減されていた。開戦当初の段階における英国の方針は、大規模な作戦を展開するような事態を惹起することなく兵力の増強を図り、一九四一年まで守勢に立つというものであった。このような企図の弱みは、ドイツ側に主導権を委ねてしまうという点にあり、一九四一年までは英国が兵力・機動力・航空戦力に優る敵の攻撃を待ち受けるという不利な立場に立つということは英仏もよく認識していた。このように受身の態勢では、ドイツ側が選択するタイミングで攻撃されることが確実な情勢になる。そのため、英仏はどこかで決然とした行動に出ることを強く促されるような衝動に突き動かされることとなり、その場所こそがスカンディナヴィアだったのである。

英仏がスカンディナヴィアに注目したのは、当該地域の諸国が中立のままでいることによってドイツが利を得ていると考えたからであった。たしかに、ドイツの外洋航行船舶はノルウェー海域での英国の監視の目を逃れるためにノルウェーの領海内を航行していた。それに加え、一九三八年にドイツの総輸入量の十九・六％、船舶による総輸入量の三十七・九％を占めていたスウェーデンの鉄鉱石が冬の訪れと共にノルウェーの不凍港であるナルヴィクを経由してドイツに運ばれるようになるに及んで、英国の苛立ちは、この通商路を断ち切る決意へと変わっていく。そして、ナルヴィク、及びボーデンとオウルに至るラプランド鉄道はフィンランドへの交通路にもなっていたので、一九三九年十二月十四日にソ連が国際連盟を除名されてからは、スカンディナヴィアをめぐる英仏の種々の思惑が一つに収斂していった。英仏は、それまでの両国の国際社会での行動に照らして見れば恥ずべき程の熱意を以て、フィンランド情勢への対応措置として集団的安全保障の理念を再び蘇らせようとし、被侵略国の支援に赴く国家に通行権を付与することを義務付ける連盟規約第十六条の発動を求めたのである。

つまり、フィンランド支援という旗印を掲げることによってドイツと手を組んでいるソ連に一撃を加えてドイツに打撃を与えるという大義名分が可能となり、その旗印は、ナルヴィク及びキルナとイエリヴァーレの鉱床地帯や鉄道を手中に収めるという戦略上の作戦目的を達成する際の隠れ蓑にもなると判断していたのである。当初は守勢方針を採っていたが、スカンディナヴィアで作戦行動を起こすのは、少ない投資で大きな成果が得られると見込まれるものだったので、戦争の主導権を掌握したいと考えていた英仏にとっては抗し難い誘惑となった。殊にフランスは、英国が海軍力を投入するのと同時に自国で再編されたポーランド軍部隊と外国人傭兵部隊を派遣するこの作戦を、ドイツの関心をフランス本国方面から逸らすための一方策と考えていた。

英仏の計画

スカンディナヴィアでの作戦の立案にあたって英仏が直面した不確定要因は多々あったが、その中で最も重要だったのは、英仏の動きにノルウェーとスウェーデンがどのような反応を示すかという点であった。一九三五年から三八年にかけて両国が、国際連盟への加盟によって自国に不利益をもたらすような連盟規約中の諸条項を否認していたため、名目上フィンランド支援のためとしている動きに両国が反発するのか同調するのか、一九四〇年冬の段階で英仏には知る術がなかったのである。フィンランドはと言えば、英仏の主要紙でフィンランド支援の利点や問題点が論じられる中で、英仏の支援の約束が欺瞞に満ちたものであるか、実際に支援が行われたとしても内容が妥当なものとはならないかの、いずれかであろうとの正鵠を射た判断に、徐々にではあるが傾きつつあった。フィンランドの抗戦意思を高めるため、漠然とではあるが相当程度の支援を約束していた英仏が当時立てていた作戦計画では、ナルヴィクを二個連隊で攻略し、ナムソスとトロンヘイムとベルゲンを同じく二個連隊で制圧した上で、一個連隊をフィンランドに送り込み、それと同時にドイツ側の反撃に対応するためにノルウェー中部に進撃できるよう二個師団を待機させておくことになっていた。ところが、最終的に纏まった計画案では、占領するのはナルヴィクだけで、ノルウェー中部の港湾については、ドイツが介入してきて適当な口実が得られた場合にのみ占領するというよう

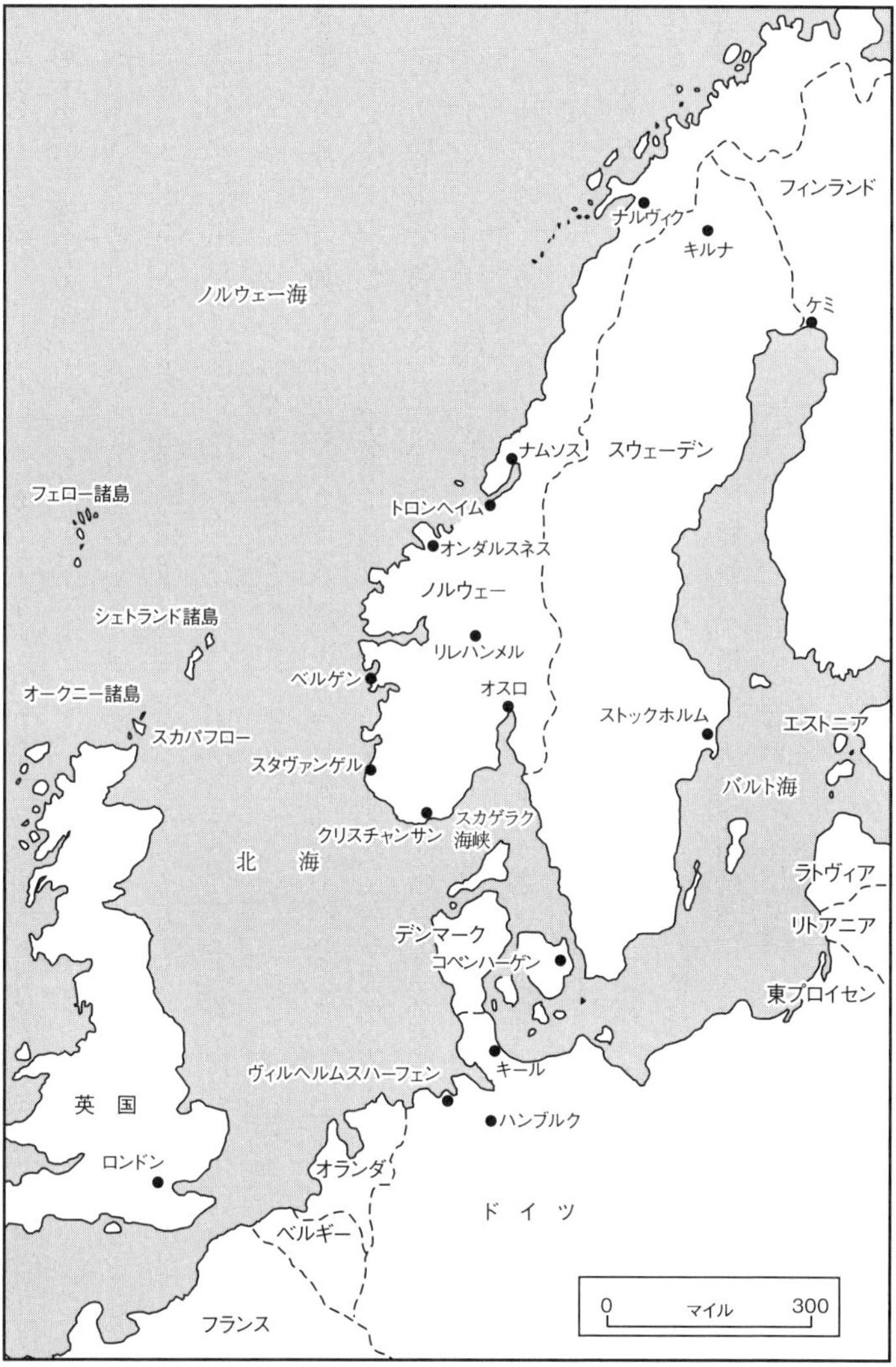
フィンランド
ナルヴィク
キルナ
ケミ
ノルウェー海
ナムソス
スウェーデン
フェロー諸島
トロンヘイム
オンダルスネス
ノルウェー
シェトランド諸島
リレハンメル
ベルゲン
オスロ
オークニー諸島
ストックホルム
エストニア
スカパフロー
スタヴァンゲル
バルト海
クリスチャンサン
スカゲラク
海峡
北　海
ラトヴィア
デンマーク
リトアニア
コペンハーゲン
東プロイセン
キール
ヴィルヘルムスハーフェン
英　国
ハンブルク
ロンドン
オランダ
ド　イ　ツ
ベルギー
0
マイル
300
フランス

スカンディナヴィア

に改められていた。フィンランドが連合国側の慫慂《しょうよう》工作に乗らないままに、英仏だけが自らの約束に踊っていた感がある。

死に体同然となっていたフランスのダラディエ政権は、画餅に帰すこととなったフィンランド支援構想が僅かながらも実現する可能性を一九四〇年が明けるまで相当程度担保していたが、構想が実現しなかったことで退陣を余儀なくされた。冬戦争の終結によって英仏は同地域に介入する口実を失い、スウェーデンに進攻する構想は完全に立ち消えとなる。しかし、既に同地域での作戦展開構想に余りに深く肩入れしていたために後戻りができなくなり、逆説的にではあるが、同地域のドイツ側の権益に対して何らかの形で積極的行動に出よとの圧力は弱まるよりは、むしろ強くなっていた。その結果、英仏は三月二十八日に、それまでよりは規模を縮小した作戦計画を決定した。まず、ノルウェー水域に機雷を敷設し、これに独軍が反応して何等かの行動に出た暁には、一個連隊でナルヴィクを、五個大隊でトロンヘイムとベルゲンとスタヴァンゲルを占領することとしたのである。ナルヴィクに通じる水路とスタッド半島の突端海域への機雷敷設作業は一九四〇年の四月七日から八日にかけての夜間に行われたが、七日の朝に独海軍の水上戦隊が北海を遊弋《ゆうよく》しているのが目撃されたために、陸上部隊は待機状態に置かれ、同時に英本国艦隊は独艦艇が北大西洋に出撃するのを阻止するために出動する。実際には、それらの独軍の艦船はナルヴィクとトロンヘイムを目指していたもので、デンマークとノルウェーを占領するために展開された十二の水上戦隊の内の二つであった。

独軍の計画

ドイツのノルウェーに対する企図は、詳細な実施時期に至るまでほぼ英国側の企図と一致するものであったが、スカンディナヴィア地域への侵攻を確定した三月二十六日の最終決定は、英仏側の企図を知ったことが直接の誘因となって下された。戦間期の戦略構想を忠実に踏襲していた独海軍は、大戦勃発当初からデンマークとノルウェーを占領することへの承認をヒトラーに求めていた。ヒトラーは海軍の主張に理解を示さないでもなかったが、ポーランド戦終了後は、対仏陸上戦と対英海上戦のどちらを優先するかを決めかねている状態であった。最終的にヒトラーが敵の中の弱い方ではなく強い方と向き合うことを選択したのは不自然なことではなかったが、その決断を下したのは十二月十四日になってからで、この日、ヒトラーは直属の参謀本部とでも言うべき国防軍最高司令部（ＯＫＷ）に、ノルウェー攻略の方策について検討するよう命じたのである。この作業は、英仏側が一九四〇年一月にノルウェーとスウェーデンに接近してきたことで切迫性と現実味を帯びることとなり、二月十七日に英海軍の駆逐艦がノルウェー水域で独軍の補助艦艇を拿捕《だほ》したことで決定的重要性を帯びるものとなった。十九日にヒトラーはノルウェーを占領する決定を下し、二十九日にはノルウェー作戦用の指揮統制系統と割当兵力を対仏作戦用のものから切り離すという決定的な措置に踏み切った。このようにして、対仏戦を五月に予定している中でヒトラーは、西部戦線で戦端を開くのに先立って北方に作戦展開できるだけの兵員・資材を確保する。そして、冬戦争の終結に伴って連合国側がスカンディナヴィアにそれまで向けていた関心をなくすのではないかとの期待から足踏みはしたものの、三月二十六日にはヴェーザー演習作戦を正式に認可し、四月二日には発動時期を四月九日に決定する。

この作戦に独海軍が投入したのは巡洋艦三隻を除く水上艦艇の全てと潜水艦二十八隻とほぼ同数の輸送船、軍用機五百機余り、そして、英軍がノルウェー北部及び中部で展開することを計画していた大隊の数と同数の師団（八個）であった。作戦は二正面に分けられ、デンマークを対象としたヴェーザー演習・南作戦では、歩兵第百七十師団がユトランド半島攻略に任じ、その右翼ではエスビャーとチボロンに上陸する海軍の部隊が、左翼では自動車化旅団一個が各々支援にあたり、同時に第百九十八歩兵師団がミゼルファート、ニュボー、コアセー、ゲーザー、ヴォルディンボー、コペンハーゲンといった諸地点に上陸してデンマーク島を占領することになっていた。対ノルウェー作戦であるヴェーザー演習・北作戦は、三個師団から抽出された八千八百名余りの兵力による上陸作戦によって火蓋が切られる。第三山岳師団は二個連隊を各々ナルヴィクとトロンヘイムに振り分け、トロムソからハーシュタにかけての地域を占領し、第六十九歩兵師団はベルゲンに上陸してスタヴァンゲルを制圧、そして、第百六十三歩兵師団がオスロとアーレンダールとクリスチャンサンの攻略にあたることとなっていた。次いで、第二波となる三個師団が四月十一、十五、十七日に相次いでノルウェーに進出して同国の中部・南部の占領を完了し、当初投入された三個師団の任務を承継するという計画であった。兵力規模では、当初のオスロ上陸に使用される二千名に始まり、最初の一週間に海と空から同方面に投入される予定の兵力は二万四千七百名に上り、それ以降も四万余りの派兵が見込まれていた。

　ヴェーザー演習作戦には特筆すべき特色が何点かあるが、いくつかの前例を確立する重要な嚆矢《こうし》となったという事実は特に注目すべきである。まず、この作戦は、ドイツ軍事史上初めての陸海空三軍の統合作戦であり、ＯＫＨとＯＫＷが既存の作戦立案機構抜きで策定した初めての作戦でもあった。この作戦をめぐってＯＫＨとＯＫＬが諮問されたのは三月一日になってからであり、陸軍参謀総長とゲーリング空軍最高司令官は各々三月二日と五日に至るまでヒトラーの決定を知らされておらず、外務省に至っては四月三日まで蚊帳の外に置かれていた。このようにして、ヴェーザー演習作戦は、本来軍の専門職が管掌すべき分野に「総統主導」の原則に基づく容喙《ようかい》が行われる先例となり、ドイツの戦争遂行に長期的に重大な意味合いを持つこととなったのである。この作戦は、パラシュート部隊やグライダー部隊が使用されたという点でも、冬戦争でソ連軍が後方攪乱のために小規模な部隊を派遣したことを除けば、最初のものであった。デンマークのオールボーとヴォルディンボー、ノルウェーのオスロとスタヴァンゲルは、空軍の第二十二歩兵師団から抽出された空挺部隊や他の諸師団から引き抜かれたグライダー部隊による攻撃にさらされ、これらの部隊はすべてこの作戦で初陣を飾ることとなった。

　ヴェーザー演習作戦で最も注目すべきは、長大な距離で隔てられた複数の目標地点に上陸作戦を行うといった、広範な地域にわたる複合作戦であったという点である。最も遠隔の地にあった上陸地点は独軍の海軍基地群から千二百マイルも離れていた。各地での上陸作戦を同時に行うことを企図した理由は二つあった。まず、ノルウェー軍がその六個師団のうち五個師団を投入することを決めていたトロンヘイムとベルゲンとオスロを同時に制圧して所在の兵力を無力化するためであり、次に、通報を受けた英艦隊が横槍を入れてくる前にノルウェーの北部と中部を確保するためである。ヴェーザー演習・南作戦は、デンマークまでの距離が短かったために問題なく進捗したが、独海軍の艦隊と輸送船隊が英艦隊の制海権下にある海域を分かれて進攻することとなった北作戦は、必然的に高い危険を帯びるものとなった。奇襲の効果と夜陰に乗じたことが当初独軍に有利に作用したものの、昼間の時間が長くなるにつれ、北海とスカゲラク海峡での英潜水艦による作戦行動も、ベルゲン以北の独軍の活動も、共に掣肘を受けることとなった。しかしながら、両者が均一にその影響を受けたわけではなく、どちらがより大きな困難を負うこととなるかは航空戦力によって決定された。

ノルウェー戦は、海洋作戦を行う上での航空戦力のあり方が未知数の段階で幕を開けたが、その幕を下ろすこととなった一つの要因は、独軍が制空権を掌握していた北方海域で英海軍が作戦行動を継続し得なくなったことである。作戦期間を通じて英海軍が航空攻撃によって失ったのは巡洋艦一隻と駆逐艦二隻に過ぎなかったものの、独軍の航空戦力が脅威となり、英海軍が艦隊勢力の面で保持していた優位が減殺されたことが決定的となった。作戦開始当初の段階で独軍は時間・空間の面で有利な立場を占め、それによってノルウェー中部と南部に十分な航空兵力を集中することができたために不敗の態勢を確保することが可能となった。その後の戦闘は、その趨勢によってもたらされた敗北を英仏側が認めて引き下がるまで惰性で続けられたようなものである。

デンマークとノルウェーに対するドイツの最後通牒は、独軍が両国に侵入してからものの数分後の四月九日午前五時二十分に手交された。要求に応じない場合にはコペンハーゲンを爆撃するとの恫喝を受けたデンマーク政府は抗議はしたものの、二時間と経たずにドイツの要求を受諾した。一方、ノルウェーはドイツの要求を一蹴し、これによってヒトラーはノルウェーの無血占領という至上目的を達することができなくなり、独軍は本格的な作戦行動を開始せざるを得なくなった。しかしながら、ノルウェーの毅然たる姿勢を以てしても、独軍が九日に当面の作戦目的を達成することを妨げることはできず、ナルヴィクでは、抵抗するノルウェーの沿岸警備艇二隻を独海軍の護衛艦が撃沈した後に山岳部隊が上陸し、トロンヘイムの占領は、八日に装甲艦アドミラール・ヒッパーが英海軍の駆逐艦一隻との小競り合いで損傷を受けたものの、容易に完了した。ベルゲンでも、独海軍の艦艇二隻が沿岸砲台からの砲撃で損傷したが、ベルゲンの町自体は占領し、スタヴァンゲルとソラの飛行場も問題なく確保していた。一方、クリスチャンサンは霧のために九日の午後まで攻略できず、オスロには同日の日没までに独軍が進出してはいたものの、制圧したと言うには程遠い状態であった。これは、巡洋艦ブリュッヒャーがオスロに通じる水路で雷撃と砲撃を受けて多数の乗員と共に失われるという、この段階で独軍が唯一被った大きな損失のためであった。

前述の装甲艦ヒッパーの事例を除けば、作戦開始当初の段階で英独の艦艇同士が交戦したのは一回だけであったが、英艦隊が本格的活動を開始し、北海とスカゲラク海峡での英潜水艦の活動に課せられていた制約が取り払われるに及んで、両者が遭遇する機会も増え、独軍の損害も増えていった。まず、潜水艦の雷撃によってドイツへの帰港の途次にあった艦艇二隻が沈められ、装甲艦一隻が大損害を被る。損傷を受けた装甲艦は曳航されて安全な海域に逃れることができたが、ベルゲンでは十日に沿岸地域の基地から発進した航空機の攻撃を受けた軽巡ケーニヒスベルクが沈没して航空攻撃によって沈められた主要艦艇の第一号として知られるようになった。また、ナルヴィクでは、港湾攻略のために投入された駆逐艦十隻すべてが十日から十三日にかけて英海軍の水上艦艇によって壊滅させられる。この時は英艦隊も駆逐艦を二隻失っているが、英軍は同時に、開戦当初の上陸作戦で独軍が使用した輸送船と商船のうち九隻も沈めている。独軍のナルヴィク上陸部隊が被った打撃の中で特に深刻であったのは、弾薬や車輌を運んでいた輸送船が沈められたこと、そして、補給物資や増援部隊の輸送にあたった第二梯団の輸送船団の内八隻が十四日までにスカゲラク海峡で潜水艦によって撃沈されたことである。しかしながら、それ以降作戦が終結するまでの二カ月間は、独軍の対抗措置が効を奏していき、ノルウェー向けの輸送がスウェーデンの領海に沿って進むルートで行われるようになったこともあって、英軍の潜水艦が沈めた商船の数は十三隻に留まった。その結果、目的地に無事に到達した船舶は累計二百四十九隻に達し、期間中にノルウェーに送り届けた兵員は十万八千名、補給物資は十万九千トンにも上ったのである。

独軍の南ノルウェー占領

ドイツはノルウェーを無血占領することはできなかったものの、ノルウェー軍を無力化するという次善の目標を一九四〇年一月九日には達成して効果的な反撃を封じることに成功していた。作戦の帰趨に決定的であったのは、ソラとオスロの飛行場を順当に占領できたことで、英国は早くも十日の段階でベルゲン以南には艦隊を行動させないとの決定を下して暗黙裡にノルウェー南部を放棄することを容認していた。一方、同じ時期に独軍はオスロを制圧することによってノルウェーの中核地帯に増援部隊を空輸する手段を確保していたのである。英軍はノルウェー北部と中部を確保しようとして十四日にナムソスに、十八日にオンダルスネスに上陸作戦を敢行し、両部隊が合流した上でトロンヘイムの攻略を目論み、二十四日にはナルヴィク近辺にも一隊を上陸させたが、十四日までにオスロ地域に一万五千名の兵力を集結させた独軍はノルウェー南東部の制圧に乗り出し、ベルゲンを窺い、トロンヘイムに向けて分進攻撃をかける態勢を見せる。独軍のこれらの作戦行動は、暫定的に編成された部隊を軽戦車が先導していまだに雪深い田園地帯を進む形で四月中旬に開始され、十四日にはドンボースにパラシュート部隊も投入されている。このパラシュート部隊は十九日に投降を余儀なくされたが、それを除けば独軍の作戦は軒並み成功裏に推移していった。オスロから前進してきた独第百六十三歩兵師団とベルゲンから進出してきた第六十九師団の各々の一部が五月二日にハウガストル近辺で合流する一方、グッドブランダールとエステルダールの峡谷地帯ではリレハンメルとレナを二十一日に制圧した。ちなみに、リレハンメル攻略前日の二十日には、その近くのルンデハグダにおいて英独両軍間の最初の交戦が記録されている。独軍の進軍のペースが迅速であったために、オンダルスネスに上陸した英軍の二個連隊はトロンヘイムに進軍することもままならなくなり、ナムソスに上陸した英軍部隊に至ってはスタインシャー近辺以遠に進出することも適わなかった。このようにしてトロンヘイムの攻略が失敗に終わり、ドイツ側が主導権を掌握して制海権を完全に確保していたこともあって、独軍からノルウェー中部地域を奪回するのは不可能との判断を英仏側は下さざるを得なくなる。その結果、トロンヘイムとエステルダールから進出してきた独軍がベルコークで合流した四月三十日に、英軍は激しい爆撃に曝されていたオンダルスネスからの撤退を開始して五月二日に完了し、同市は独軍が占領した。そして、ナムソスも五月三日までに同様の経緯を辿って独軍の手中に陥ちる。四月下旬にナルヴィクに向けて陸上から攻勢をかけるためトロンヘイムに独第二山岳師団が空輸される傍ら、ノルウェー南部と中部で抵抗を続けていたノルウェー軍最後の部隊が五月一日にロンメンで、五日にヒエグラで各々降伏するに及び、独軍は五月の第一週までにそれらの地域にある主要戦略拠点を揺るぎ無く確保することとなったのである。

英仏軍の北ノルウェー撤退

他方、ノルウェー北部では、四月十日から十三日にかけての海上での戦闘の結果、独軍が置かれている立場は危ういものとなっており、既に十四日に付近に到着していた英軍がナルヴィクに強行上陸を敢行していたならば同市の港湾を占領できていた可能性があった。実際、当時同地にあった独軍部隊は士気が衰え統制も取れておらず、敗軍の憂き目を見るよりは中立国のスウェーデンで抑留される方途を選ぶようにとの指示さえ受けていたのである。にもかかわらず、同方面に上陸作戦が実施されたのは二十四日になってからであった。しかも上陸地点として選定されたのはナルヴィクでもオフォト・フィヨルドでもなく、サーランゲンとラヴァンゲンとエヴェネスで、ビイェルクヴィクへの上陸はさらに遅れ、仏軍とポーランド軍の部隊がまとまった兵力として集結できた五月十三日になってからであった。その時点までに在ナルヴィクの独軍兵力は、空輸と、部分的にはスウェーデンを通る鉄路によっても、増援と補給を得ており、同時に第二山岳師団がモシェンからエルス・フィヨルドにかけての地域に進出していた。英仏側は同師団の前進を阻止するか遅らせるためにモシェンからボードーにかけての地域に独立部隊を五個上陸させていたが、同師団はその内の一つの部隊の抵抗を排除した上で進撃を続行した。

夜陰に紛れて独空軍の目から逃れる術がほとんどない季節であったために、ナルヴィクで英仏軍が置かれていた状況は、守る独軍と較べても不利なものであった。しかし、英仏軍が五月二十四日にノルウェーでの作戦を中止する決断を下すこととなった理由は、五月十日に独軍が攻勢を開始したベルギー・フランス方面での戦況が益々深刻なものとなっていたためであった。それでも、その前にナルヴィクを一度制圧して同地の港湾施設を破壊しておくことに決した英仏軍は二十八日になって既に確保していた橋頭堡一帯から本格的攻勢をかけて港湾地域を制圧すると、引き続き、一連のナルヴィク攻略戦の総決算とばかりに同地の施設を破壊し、その後七カ月間使用不能としたのである。ナルヴィク港からの英仏軍の撤退は六月七日から九日にかけて行われ、八日にはハーシュタの部隊も撤収した。同じ日に、ノルウェー国王と政府はトロムソから英海軍の巡洋艦に座上して脱出し、九日には北部地域に残存していたノルウェー軍の一部が独軍と休戦協定を締結するに至った。

このようにして、英仏側が開始しながら、自らの決定的敗北という結末を以てスカンディナヴィアの戦いは終結したが、空母一隻と護衛の駆逐艦二隻が独海軍の戦艦シャルンホルストとグナイゼナウによって沈められるという、この戦いで英仏軍を見舞った最大の惨事は、その終結間際に起きた。かけがえのない艦隊戦力の一部を喪失したことは英海軍にとって悲劇ではあったものの、逆説的に聞こえるかもしれないが、ノルウェーから相当数の兵力を海上ルートで撤退させていた時期にあって、特筆すべきは六月八日に空母グローリアスが失われたことではなく、英仏軍の損失がそれ以上に膨らまなかったことである。スカンディナヴィア戦を通じて英仏軍が被った損失は空母一隻、巡洋艦二隻、駆逐艦九隻、潜水艦六隻に加え航空機百十機で、戦死者は五千三百名に及んだ。さらに、ノルウェー戦の失敗によってチェンバレンは首相の椅子を失うことになったが、皮肉にも、その失態の責任を他の誰よりも多く背負い込むこととなったのは、チェンバレンに替わって首相に座についたウィンストン・チャーチルであった。ノルウェー戦で被ったこのような敗北が余り耳目を引かなかったのは、英仏がそれよりもはるかに大きな敗北を同時期にフランスで喫していたからに他ならない。

独軍がノルウェーを占領するために払った代償は戦死者五千七百名余りと航空機が約二百機、そして作戦期間中に目に見える形で大きな打撃を被ったのは海軍で、作戦終了時に出撃可能な艦艇は巡洋艦三隻と駆逐艦四隻にまで減少していた。巡洋艦三隻、駆逐艦十隻、潜水艦六隻を喪失した他に、戦艦二隻と巡洋艦三隻が損傷のため戦列から離脱する羽目となり、戦列復帰まで十二カ月を要した艦もあった。これらの損失と引き換えに独海軍はトロンヘイムを潜水艦の根拠地として獲得できたが、それを除いてみれば、ノルウェーを掌中に収めたことはドイツにとって戦略的には袋小路に入ったも同然の結果をもたらしたのである。まず、スウェーデン北部から鉄鉱石を輸送するルートを確保したことは目に見える成果であったが、フランスを占領してロレーヌの鉄鉱床を手中に収めたことで、ドイツのスウェーデン産鉄鉱石への依存度は減少することとなる。次に、艦隊の作戦を展開するための根拠地を確保したものの、一九四〇年四月に空母と戦艦の建造計画が破棄されたためにほとんど意味を持たなくなった。さらに、ノルウェー自体を守備するために十二個に上る第一線級師団を配備しなければならなくなったことは、時間の経過と共にドイツにとっては重荷となっていった。このように当初から顕在化していたり、必然的成り行きでそうなることが明らかであった事態の他に、ノルウェー戦でドイツは三つの点で失策を犯していたが、それらは当初は目に見えず、何らかの形で数値化して指摘することも困難なものであった。まず、軍事面でドイツはその威信を高めることとなったが、敵対意思を有さない二つの隣国を侵略したことによって、米国を始めとする中立国におけるヒトラーの政治指導者としての株は暴落することとなった。なお、英国が当初ノルウェーの中立を侵犯したのも事実ではあったが、結局ノルウェーが英仏側を支持したことによって帳消しの形となっていた。第二に、ドイツがデンマークを掌握したことによって、英国が海外のデンマーク領を自在に接収できることとなり、五月十七日にアイスランドのレイキャビクを、二十三日にフェロー諸島のトースハウンを占領したこと。この点に絡み、ヴェーザー演習作戦の大きな欠陥として指摘し得るのは、レイキャビクに大隊規模程度の空挺部隊を派遣する計画を含めなかったことである。現実問題としては、その兵力で同地の攻略が可能ではあっても保持することはできなかったであろうが、それでも、連合国側の手中に落ちたアイスランドとグリーンランドには航空基地が設けられて一九四三年にドイツの潜水艦攻勢を退けるのに決定的役割を果したのであり、政治的視点から見れば、ドイツ占領下のデンマーク本土と連合国占領下のアイスランドとの結び付きが断たれたことは、議論の余地はあるにせよ、一九四四年六月にアイスランドが自らの発意で独立を宣言してデンマークから離脱するという事態に繋がる極めて重要な出来事であった。

ドイツにとってのノルウェー戦由来の失策の中で第三の、そして最も重要なものは、独海軍がその「船腹量をめぐる戦い」で、独海軍自身が採用していた推算方法に従えば、十六カ月分の遅れを取ることになったという事実である。一九三九年の段階でノルウェーは世界で四番目の規模を誇る商船隊を保有しており、ノルウェー船籍の船舶は千九百八十七隻で総トン数は四百八十六万三千八百十三トンに達していた。大戦の勃発と同時に、その一部は従来の慣行に従って英国がチャーターする一方、一九四〇年三月末日までに独軍によって沈められた船舶は四十九隻で、総トン数では十万六千八百六十八トンに上った。その後の三カ月間で独軍はさらに四十三隻を沈めたり拿捕したりして、その合計トン数は十四万九千百六トンとなったが、それ以外は英国が掌中に収めたのである。つまり、ドイツがノルウェーを攻略したことによって、四百六十万七千八百三十九トン相当の船腹が連合国の手に渡ることとなり、連合国側の船舶喪失量の総計がこのレベルに達したのは、喪失の理由の如何を問わなければ一九四〇年十月であり、理由を潜水艦による攻撃に限定すれば一九四一年十二月であった。これで明らかなように、作戦期間中に直接受けた損害もさることながら、ノルウェー戦は時間という側面から見ても独海軍にとって禍《わざわい》をもたらしたものだったのである。

ヨーロッパで戦われた近代戦の中でスカンディナヴィアで帰趨が決定されたものはなく、当時ノルウェー戦が連合国にとって様々な重要性を帯びるものではあったにせよ、幕間の寸劇以外の何物でもなかった。そして、五月十日に独軍が低地諸国への侵攻を開始して戦争の主要な舞台での幕が上がると共に、副次的な扱いしか受けないようになる。その西部戦線では七週間と経たぬ内に、オランダとベルギーとルクセンブルクがドイツの占領下に置かれ、仏軍が粉砕されると共にフランス自体は分割され、英国は取るに足らない無力な存在へと突き落とされる。史上一九四〇年の独軍の春季攻勢ほど迅速に実施され、決定的結末をもたらした軍事作戦は稀であり、第二次大戦で比肩できるものとしては、作戦実施の迅速さと全ての面に行き届いた配慮をしている点、そしてその場における当面の勝者が終局的には敗北という結末を辿ったという点で、日本が一九四一年十二月から翌年四月まで西太平洋と東南アジアで展開した作戦が唯一のものである。さらに言えるのは、両者が共に、用兵術の枠を極めたものとして参考にすべきとされる事例の中では、最も際立つ程の精密さと整合性に彩られたものであるという点でも似ている。もっとも、一九四〇年の独軍による鎌の一撃（*Sichelschnitt*）作戦と比較して、太平洋戦争開始直後の数カ月間で西洋諸国を屈服させた日本の南方作戦が見せた用兵上の美学の数々の方が、評者の賞賛の度合という点では厳しい採点がなされている。

西ヨーロッパにおける作戦

ドイツの西部戦線における作戦計画となった黄計画（*Fall Gelb*）に見られた戦略上の美学には皮肉な色合いが感得される。ポーランド戦終了後にヒトラーが我意を通していたとしたら、ドイツは一九三九年の段階で西部戦線で攻勢に出ていたのであり、その際に実行していたであろう作戦計画は現実に一九四〇年春に実行に移されて絶大な効果を発揮したものより格段に劣るものであったからである。ポーランド戦が終結し、ドイツが十月六日に出した和平提議を英仏が一顧だにしなかったのを受け、ヒトラーは直ちに対仏戦に取りかかる意向を示し、九日にOKHに西部戦線での攻勢計画を策定するよう指示した。しかしながら、十九日にOKHが出してきた作戦計画は、英仏側に先を読まれかねないほど守旧色が強い従来の通念に沿ったものであったため、ヒトラーの眼鏡には適わなかった。実際にはOKHの計画は、かなり改変はしていたとはいえ、ドイツが一九一四年に第一次大戦に突入する際に実施したものの焼き直しに過ぎなかった。

第一次大戦時のドイツは、東部戦線で守勢に立つ一方、ベルギーとルクセンブルクに侵攻して四個軍が進軍する空間を確保してフランスに軍を進め、ヴェルダンからベルフォールにかけての仏軍防衛線の西側及び後方に回り込むことを試みた。これに対して一九三九年に策定された計画では、まず二つの軍集団がベルギーとルクセンブルクのみならずオランダにも侵攻し、主攻勢をオランダ南部とベルギー中部に、副次的攻勢をベルギー中部とルクセンブルクの不連続な地勢が続くアルデンヌ地方突破に向けた上で、フランス・ベルギー国境線地帯の英仏連合軍に正面攻撃をかけることを想定していたのである。両者共に、侵攻する軍部隊が時計と反対回りで進軍した上で敵と交戦することを予定していたが、顕著な相違点もある。一九一四年の作戦計画が開戦後六週間でフランス東部で包囲殲滅戦を実施することを目的として策定されていたのに対し、一九三九年版では進軍の向きは西方で、その目的地はドーヴァー海峡沿岸の複数の港湾拠点とされ、この時点では仏軍の実力を相応に評価していた軍上層部の通念に沿い、海軍が対英戦遂行のために獲得することを望んでいた諸地点を確保するまでには二年を要するとなっていた。この一九三九年十月十九日提出の計画は、贔屓目《ひいきめ》に見たとしても、独陸軍指導部が西部戦線で雌雄を決することを躊躇していたことを示すもので、長期戦を見込んだ同戦線では局部的勝利しか見込めないとの展望以上のものを提示するものではなかった。

この計画はヒトラーの意に沿うものではなかったが、フランスを「軍事的手段で最終的に殲滅する」ための「最後の決戦」を行う方策が盛り込まれていなかった理由の一端は、ヒトラーが九日に下した指令には曖昧な点があったことと、ヒトラーが当初の指令の筆致を和らげたことにもある。それでも、この計画は、少なくとも十月二十九日に出されたその改訂版に関して言えば、一九三九年にフランスと雌雄を決することにヒトラーがこだわるのであれば認可せざるを得なかったものであり、実際、一九四〇年一月十六日に最終的に廃案となるまでにヒトラーがこの計画の実施を下令することが二十九回にも及んだ。この三カ月の間に繰り返されたのは、その度にヒトラーが陸軍の上層部から、部隊を再編・再装備してポーランド戦の戦訓を基に再訓練する時間が必要であるという理由で強い反対を受けたことである。空軍も同様にポーランド戦で被った損失を補塡するための時間的余裕を求めていた。陸軍はさらに、西部戦線での戦いはポーランド戦と比較して大規模な兵力の投入を要することから、全般的兵力を増強するためにも時間を必要としており、これも反対理由の一つとして挙げていた。しかしながら、ヒトラーがその都度黄計画の実施を中止せざるを得なかった理由は、軍上層部の反対によるものではなく、最後の一回を除いては、晩秋から初冬にかけての悪天候であった。その最後の一回となった一九四〇年一月十六日の中止決定は、計画書一式を携行した空軍将校二名の搭乗する航空機が九日にベルギーのメヘレンに強制着陸させられることを余儀なくされ、計画内容が敵側に渡った可能性を否定し得なかったために下されたものであった。この決定が下された結果、黄計画は一九四〇年二月になってヒトラーが前年十一月に打ち出した考えに沿って改訂され、最終的に固まったその内容は、雌雄を決するための最後の遭遇戦を春季に行うことを必然とするものであった。

黄計画の最終版は三つの前提条件の下に成立するものであった。第一に、独軍の侵攻開始と共に英仏軍がベルギー支援のために前進してくること、第二に、兵力量を誇る仏軍が前評判とは裏腹に士気を欠いていること、第三に、仏軍の戦線の中で一点を突破すれば、その一点の修復はできず全体の帰趨に決定的影響を及ぼすことであった。作戦が成功する鍵は第一の前提条件が現実のものとなるか否かにあったが、実際にも英仏軍が侵入して来る独軍を迎撃するためにベルギーとオランダの領土内に部隊を前進させることを企図していたことに鑑みれば正鵠を射ていた。しかしながら、この作戦が図に当たることとなった要因は、独軍の攻撃の重点が、ディナンとセダンに挟まれたムーズ川の中流域での英仏軍部隊の結節点に指向されていたことにある。ヒトラーが当初十一月二十五日に打ち出した構想では、主攻勢の進路をセダンとアミアンを結ぶ線としており、これに対して軍事上の通念的立場からアルデンヌ地方の通行が困難であることとか、ムーズ川の強行渡河に付随する問題点とか、ソンムに向けて進撃する際に必然的に軍の左翼が無防備になる危険性とかいった反対論が出されていたが、このような反対理由こそが、この作戦構想の強みとなったのである。軍上層部の反対論の根拠となった兵力量や通行路の有無といった事項に関して軍の幕僚が極めて詳細な検討を加えた結果として、一九四〇年二月中にそのような阻害要因が克服されたことが、計画を成功させる際に不可欠となる戦略上の奇襲の要素を加味する上で決定的となったからである。ドイツ側が意図していたのは、仏軍の効果的な反撃を封じるため、四十五マイルにわたる前線でムーズ川を渡河することであった。

独軍の戦闘序列

一九四〇年五月の西部戦線における攻勢計画で独軍が投入を予定していたのは、陸軍の全保有師団百五十四個の内二十一個師団を除くすべてで、その百三十三個師団は、三つの軍集団と、戦略予備部隊である第二軍と第九軍に分配された四十一個の歩兵師団に分割されていた。北方に位置していたのは、その南側の作戦境界線をナムール～リエージュ～オイペン～ケルンを結ぶ線としていたフォン・ボック上級大将が率いるB軍集団で、第十八軍及び第六軍に加え、予備として自動車化師団二個と歩兵師団五個を指揮下に置いていた。この軍集団の任務は英仏軍の部隊をオランダ南部とベルギー中部とに引き付けることで、ボックの司令部に具体的に求められていたのは、第十八軍の九個師団と第六軍の十六個師団を以て、相対する敵の諸部隊の前進を食い止め、ナムール北方に生じることとなる間隙地帯に向けてそれらの敵が南下するのを防ぐことであった。そのはるか南方では、フォン・レープ大将が指揮するＣ軍集団が、トリーアとコブレンツを結ぶ線を北部の作戦境界線として配置されており、指揮下の第七軍がその四個師団をライン川東岸の防禦陣地に展開する傍ら、第一軍の十一個師団はロレーヌでマジノ線の防禦陣地と相対していた。C軍集団に与えられた役割は、この戦線に配置されている仏軍部隊が他の戦線に移動しないよう牽制攻撃をかけることである。

ボックとレープの各々の軍集団の中間に展開されていたのがルントシュテット大将のA軍集団であり、三個の軍に加えて、装甲軍団三個と自動車化軍団二個、三個師団の予備部隊を指揮下に置いていた。その中で、歩兵師団九個と第十五装甲軍団の装甲師団二個を展開する第四軍は、その南方で行われる主攻勢の側面を援護する任務を与えられており、第十五装甲軍団の本隊はディナンの攻略が任務であった。各々十個と十二個の歩兵師団を有する第十二軍と第十六軍は、独軍の作戦の中で最重要点を担うフォン・クライスト大将の装甲軍集団を援護することとなっており、そのクライストの装甲軍集団自体は、第四十一装甲軍団の二個装甲師団がモンテルメを、第十九装甲軍団が装甲師団三個と強化自動車化連隊一個で以てセダンを攻略することとなっていた。第十四自動車化軍団は自動車化師団三個を以て第十九装甲軍団の後方の第二派となり、この結果、この戦線区域での独軍の装甲・自動車化師団の総計は十個に達した。

ムーズ川以遠での作戦について独軍は詳細な計画を立てていなかった。これは軍上層部の作戦に対する懐疑的態度を反映しており、中にはムーズ川を渡河できることを疑問視する意見もあって、定石に従った形での歩兵による支援を受けずに装甲部隊がムーズ川を渡渉するなど論外とされていたのである。独軍司令部がムーズ川を越えた地域での計画を立てていなかったのは作戦計画が内包する明らかな弱点であった一方、強みでもあった。渡河に成功した場合には、ドーヴァー海峡沿岸の港湾地域に向かうか、パリに向けて進むか、東方に転進してマジノ線の背後を襲うかといった選択肢が開けてくる。そこで独軍司令部が直面するのは、作戦で得た成果を最大限拡大するためにどれを選ぶかという贅沢とも言うべき選択であった。このことを裏返せば、仏軍は、独軍の意図を予測できず、その火力と機動力に対応する手段も持たないために、敵が主導権を握ってかけてくる多方面での攻勢に対処しようとすれば、数々のジレンマに襲われるということであった。

英仏軍の計画

ベルギー軍及びオランダ軍とフランス領内に展開する英仏連合軍が一九四〇年五月の時点で有していた師団の数は独軍が黄計画に投入したのと全く同じ百三十三個であり、兵員・戦車・火砲の総数では、それら四カ国の民主主義国家陣営の方が独軍より僅かながら優勢であった。これは、西部戦線での戦いをめぐり余り知られていない事実の一つである。地上兵力では、オランダ軍がこの時点で保有していたのは十個歩兵師団で、ベルギー軍には騎兵師団と軽自動車化師団が二個ずつと歩兵師団が十個あった。仏軍は、マジノ線に十四個師団相当の兵力を有していた他に、歩兵師団七十七個と騎兵師団五個、及び軽機甲師団と機甲師団三個ずつを北東部に展開し、それ以外の国境地帯にもいくばくかの部隊を配置していた。英国海外派遣軍の兵力は歩兵師団九個で、これに加えて一個歩兵師団がマジノ線に配され、さらに、編制の砲兵部隊を持たない三個歩兵師団が後方任務に従事していた。英軍には一九四〇年五月の段階でフランスで編成されつつあった機甲師団も一個あり、カナダの歩兵師団一個も同様に英国本土で編成中であった。

このように師団数ではドイツ側に匹敵する兵力を準備できたものの、戦闘効率の面で民主主義国陣営の軍は格段に劣っていた。装備や戦闘教義《ドクトリン》の面での標準化が行われておらず、全体を統轄する指揮系統もなかった。それに加えて、作戦発起前に四カ国が綿密に行動方針を調整することができなかったために、一国で完結状態となっている点で優位に立つ独軍と較べて、用兵上の効率性を下げることとなったのである。具体的には、ベルギーとオランダが、攻撃の矛先が実際に自国に向かってくるまで中立を維持することに拘っていたために、それら二カ国と英仏軍の間で、独軍の侵攻を跳ね返すことを可能にするように作戦計画を調整する動きが皆無であったことが挙げられる。独軍の侵攻を予期した上で英仏軍の自領への進駐を容認することをベルギーが拒んだために、英仏は、独軍が低地諸国への攻勢を開始した暁にはオランダ南部とディール線に部隊を進出させるという取り決めをベルギーと非公式に取り交わすことで良しとせざるを得なかった。そして、この取り決めの前提条件として了解されたのは、それを越えれば天然の地形を利用した防衛線が皆無となるアルベール運河の線をベルギー軍が八日間ぐらいは持ち堪えるということであった。この八日間というのは、ビヨッテ大将率いる英仏混成の第一軍集団が六十マイルを踏破してディール地区に進出して、この何の変哲もない小河川に沿って防禦陣地を構築できるまでに要すると見積もられた期間である。仏軍の最高司令官であるガムラン大将や、指揮系統でそのすぐ下に控えていたビヨッテを含む将官たちは、この取り決めについて取り立てて危惧を抱いてはいなかったが、この計画の下でベルギー中部に進攻することとなる部隊の指揮にあたる指揮官の多くは、その弱点を認識していた。英仏軍が進出してくるまでの時間をベルギー軍が稼ぐことができなかったり、英仏軍のためにディール地域で防御態勢を整えておくことができなかったりした場合には、英仏は、陸上作戦と同調した空からの攻撃に曝されながら前進した挙句に、ベルギー中部で機動力に優る敵との遭遇戦に臨まなければならなくなるという、可能な限り避けたい事態に直面するという点である。

優劣の比較

このような英仏軍の作戦計画が内包する弱点以外に、独軍が攻勢の重点を置いていた地域であったにもかかわらず自軍の右翼への十分な航空支援を怠るという、より目に見える形での失策を英仏軍は犯しているが、このような点は余り注目されてこなかった。弱点という意味では後者の方が深刻なものであり、現実の事態の展開でも戦いの帰趨に決定的影響力を及ぼすこととなった。これがベルギー中部で遭遇戦を行うことに危険を感じていたための消極性の顕われであったとすれば、独軍が用兵理論の面でより秀れていたことや制空権を有していたことを英仏軍が無意識の内に認めていたと言っても過言ではない。たとえば、独軍が装甲師団に二千四百輌に上る戦車を配備し、B軍集団の部隊にも歩兵支援用に旧式のI号戦車が相当数配備されていたのに対し、英仏軍は合わせて三千百輌の戦車を保有してはいたものの、配備されていたのは、全て一九四〇年五月の時点で編成後四カ月も経っていない師団であった。仏軍最初の機甲部隊二個が編成されたのは一九四〇年一月、他の二つは三月になってからで、戦端が開かれるまでの残された時間で、独軍装甲部隊が一九三七年以来体得してきたような戦訓や戦闘技能を習得することなど不可能であった。また、英仏軍が保有していたルノーB-1とマチルダMk-Ⅲ戦車は火力と装甲の面では一九四〇年の時点で世界の最高水準を誇っていたが、全般的にはドイツの戦車と比較して砲口照準・無線通信・砲塔の配列といった点で劣っていた。このように、英仏軍の機甲師団は技術力で独軍の後塵を拝しており、その劣位を質の面で補う術もなく、同時に、英仏軍が戦車の数の上で有していた優位も、大多数の戦車が歩兵支援に分散使用されたため雲散霧消した。英仏軍の戦車はその大部分が独軍が主攻勢を指向しなかった地域に展開されることとなり、独軍が攻勢の力点を置いた地域では、戦略的に意義のある戦果を挙げられる程度に必要な数量の戦車がないという事態に陥ったのである。

　数の上で独軍が明らかな優位に立っていたのは航空兵力においてのみで、独空軍の四千二百機に対して英仏ベルギーなど民主主義国陣営は二千機余りに過ぎなかった。ベルギー軍の二百機余りと仏軍の約千三百機及び英軍の四百十六機の内、戦闘機が千機に満たなかったのに対し、独空軍は通信・偵察機六百五十機と輸送機千機余りの他に、戦闘機千百機と急降下爆撃機四百機に中型爆撃機千二百機を保有していたのである。質の面でも独空軍の航空機は英仏軍機よりも概して優秀で、互角であったのは英空軍の最新式の戦闘機〔スピットファイヤー〕だけであり、技術力と用兵教義《ドクトリン》の面では独軍が英仏軍に対して圧倒的優位を保っていた。これ以外の相違点としては、英仏軍の航空部隊には独空軍がポーランド戦で得たものに比肩する実戦経験がなかったことや、英仏軍の用兵教義《ドクトリン》が地上部隊への戦闘機による援護の重要性を強調していたのに対し、独軍が地上での攻勢作戦に軍用機を投入することに重点を置いていたことが挙げられる。

独軍・英仏軍双方には、戦闘機の役割が相手の地上軍の対空防禦の実情に合わせて規定されていたという点で、その航空上の用兵教義《ドクトリン》が自ずから定まっていたという側面が見受けられた。英仏地上軍に配備されていた対空火器は十分ではなく、特に仏軍には北東部全域でも千五百門余りしかなかった。これに対して独軍の対空砲部隊は陸軍ではなく空軍が展開したもので、合計九千三百門の対空火器を擁し、この潤沢な火力により、ほとんど戦闘機の護衛なしで対地攻撃をしてくる英仏軍の爆撃機を苦しめたのみならず、独軍の戦闘機が爆撃機の護衛と制空権掌握の任務に専念することを可能にしたのである。蓋を開けてみれば、独空軍はこの作戦期間中に対決することとなった英仏軍の航空戦力を壊滅させることはできなかったのであるが、それでも、制空権は概ね確保し、英仏軍の陣地や交通線を随意に攻撃することができ、そして何よりも、作戦開始後の数日間ラインラントとアルデンヌの上空で英仏軍が有効な偵察飛行を行うのを封じることができたのである。

仏軍の士気

これまで、物質・用兵理論の面で両陣営がいかに拮抗もしくは懸隔していたかを論じてきたが、両軍が干戈を交えて以来論議の的となっているのは、独軍がなぜあのように迅速かつ一方的な勝利を収めたかということである。裏を返せば、それまで三世紀にわたってヨーロッパの軍事分野で諸国を凌駕し、直近の過去二十年間は世界で誉れの高かった仏軍が、一九四〇年五月に一九一六年のヴェルダン戦などで示した強靭性とは比較にならないようなぶざまな崩壊をなぜ喫したのかという疑問である。その結果、一九四〇年の敗北を引き起こした要因の一端は第一次大戦でフランスが払った勝利への代償に求められるという論理が概ね受け入れられている。十八歳から二十六歳までの男性人口の二十七％が戦死したことに象徴される第一次大戦における人的損失のため、戦間期のフランスでは「このような西部戦線の戦いを繰り返すことは、今後しばらくはできるものではない」といった考えが支配的となっていたことに疑いはなく、フランスが戦争に突入せざるを得なくなった一九三九年に、この厭戦気分が不可避的に悪影響を及ぼしたのである。

フランスの戦意の乏しさは、一九三九年九月から翌四〇年四月まで続く「まやかしの戦争」期間中に英国の軍事指導者が痛感したものであったが、これは先の大戦におけるおぞましいまでの人命の喪失への反作用だけに由来するものではなかった。実際に戦端が開かれるまでにフランスの戦意を削《そ》いだことには、一九三〇年代にフランス国内で見られた深刻な分裂、社会主義者よりはヒトラーの方が良いと公言したフランスの右翼勢力、世界恐慌（フランスでは他の諸地域よりも長引いた）と死に体となっていた第三共和政の政情不安が共にもたらした衰退気運、といった諸々の要因すべてが関わっている。しかしながら、仏軍の士気の崩壊を招来した直近の要因として最も重要であったのは、一九四〇年五月までにフランスには負け癖がついて、負け犬根性が身につき、それが無気力な宿命論に似た独自の色合いを帯びるようになってしまっていたことにある。仏軍の動向を見守っていた英陸軍の専門家は、一九三七年頃までは仏軍には精神的強靭さがあることを自信を持って報じていた。ところが一九四〇年の春頃になると、ドイツのラインラント再占領から連綿として続いてきた出来事の後に待っているのは敗北しかないといった考えがフランスで台頭するようになる。オーストリア併合、ミュンヘン協定、スペイン内戦をめぐる紛糾、独ソ不可侵条約、ポーランド戦、冬戦争、そして最後にノルウェー戦における連合軍の総崩れを目の当たりにしたために育まれた敗北主義の結果である。そして、ガムラン大将が一九三九年九月にザールラントに向けて取るに足らないような不要な攻勢をしかけた結果として仏軍が翌年までの冬の間に行動を控えたことが、このフランスの精神的自壊作用を必然的結末に導いたのである。

戦意の欠如はフランスに限ったことではなく、これこそが、西部戦線の戦いで明らかとなったさらに驚くべき事実の理由の少なくとも一端を説明しているように思われる。その事実とは、一九四〇年当時の英仏軍が、無力であったポーランド軍よりもはるかに優れた装備を有し、戦略的地勢の面でも格段に良い環境に置かれていたにもかかわらず、両軍と干戈を交えた独軍が被った損害の規模は、戦死者数で較べてみれば、さほど異なっていなかったということである。具体的に独軍は、ポーランド戦では一万六千、一九四〇年の西部戦線では二万七千の戦死者を出しているが、戦いの規模と期間を比較考量してみれば大体拮抗した数値であり、一九四〇年当時の英仏軍が独軍に対して有していた物量面での優位が一九三九年当時のポーランド軍と較べて大きなものであったことに照らしてみれば、このことはなお一層明らかで、これが何を意味するかについてさらに敷衍する必要はないであろう。

このような論法に対していくつか補足的事項を提示しておく必要はあるだろう。独軍が記録した戦傷者の数では、ポーランド戦の三万二千と比較して西部戦線では格段に多かったこと（約十一万）、一九四〇年当時の独軍は前年のポーランド戦当時と較べて強大な軍に成長していたこと、そして、二つの戦いの間に独軍が図らずも辿り着いた用兵教義《ドクトリン》がドイツ人の人命を節約することを指向するもので「使えば使うほど損失の割合は低くなる」といった言葉に象徴されるものであったこと、などである。しかしながら、ドイツがフランスと低地諸国を征服するために十四万の死傷者という代償を払ったのに対し、英国海外派遣軍が作戦期間中にフランスとフランダース全域で記録した戦死者が四千五百に過ぎなかったという事実からは、独軍が西部戦線で被った比較的少ない戦死傷者数は、技術面で優位を保っていたことや戦闘に由来する損失を局限しようとの試みがあったことだけでは説明がつかないことが窺われるのである。フランスは、戦場においては最初の四日間で痛打されていたが、フランスの敗北には、軍事上の要因に劣らず政治・心理的要因が作用していたのである。既に敗北していたポーランドと同様に、フランスの敗戦は戦端が開かれる前から定まっており、ポーランドの場合とは異なり、その理由は、国家としてのフランスが戦争を起こすのに必要な犠牲を払う態勢になかったこと、軍が技術上の進歩から置き去りにされた存在となってしまったこと、一九一七年〜一八年当時にフランスが戦い続けられるように支えてくれたような同盟国に恵まれなかったこと、などに求められる。

開戦劈頭の動向

西部戦線での独軍の攻勢は、飛行場や主な港湾・通信拠点、及びフランス北東部と低地諸国一帯に延びる主要な鉄道路線に対する空襲と、ベネルクス三国内での重要な戦術目標への落下傘・グライダー部隊による降下・着陸によって五月十日早朝に幕を開ける。ルクセンブルクに向けての独軍の初動作戦は未明から開始され、フランスとの国境に位置するエシュも攻略目標に含まれていたため、英仏軍に警報を与えるような結果となったが、実際には既に九日の段階で攻勢の発起が近いことを独軍司令部内部の反ナチ勢力がベルギーの諜報組織に伝え、この情報が英仏にも転電されていたのである。さらに、フランスも四月三十日には既に独軍の主攻勢がセダンに指向されることについて警告を受けていたのであるが、この種の警報が発せられるのは冬季間の「神経戦」では日常茶飯事だったので、直前になって出されたこれらの警告を真に受ける者は少なかった。それでもベルギー軍は九日に休暇中の将兵を呼び戻し始めて主要な防衛拠点のいくつかでは人員を充足するようにしていたが、仏軍上層部が隷下部隊の前進準備を整えたのは独軍が実際にルクセンブルク領内で行動し始めてからであり、英仏両軍がベルギー領内へ前進を開始したのは午前も中ほどになってからで、その時点で、独軍の動きが最初に報じられてから七時間、独地上軍が低地諸国に侵攻し始めてから二時間が既に経過していた。

低地諸国に展開していた英仏軍の中では、仏第七軍がオランダ南部のブレダ地域へ前進し、英国海外派遣軍と仏第一軍とがディール線に到達する傍ら、仏第九軍はナムールの上流でムーズ川の渡河点を確保し、仏第二軍はセダン近辺でその第九軍の右翼を援護する態勢を取ることとなっていた。しかしながら、英仏側の目算は最初から狂うこととなる。第七軍は、ワルヘレンとブレダを確保したものの、前進する途中で受けた度重なる空爆によって作戦行動が甚だしく妨げられたために、独軍が南方からロッテルダムへ進攻する際の拠点として空挺部隊が占領したムールダイクとドルトレヒトの陣地での抵抗を排除できなかった。そして、諸種の部隊の到着が遅れた上に、投入された部隊すべてをベルギー中部に輸送するのに十分な輸送手段がなく、道路の渋滞が激しくなっていったために、ディール線への進出は掣肘を受けることとなる。第九軍はムーズ川の渡河点すべてを確保することは叶わず、十分な兵力で押さえたのは、作戦地域の側面に位置するナムールとシャルルヴィル＝メジエールの近辺のみであった。ディール川とムーズ川の東岸では英仏軍が企図した通りに偵察部隊が十日の午後に配置についたが、南方では仏軍がルクセンブルク領を通過してきた独軍といきなり鉢合わせとなる。十日の時点で独軍は既にフランス領内に進入していたが、この作戦第一日目に起きた出来事の中で決定的であったのは、アルベール運河の線を防衛する上で要となっていたエバン＝エマール要塞を独軍が無力化し、同運河にかかる三つの橋梁を無傷で確保できたことである。オランダ軍がマーストリヒトの橋梁群を十日に爆破し、ベルギー軍がブリーグデンの橋を十一日に奪回して破壊したものの、フルーンホーフェンとフェルドウェーゼルトの橋が独軍の手中に陥ちたことによって、独第六軍の前にはベルギー中部への道が開け、その結果、ベルギー軍がアルベール線を持ち堪えることが困難となり、十一日に独第十六装甲軍団がトンヘレンに到達した。独第九装甲師団がオランダを進む第八軍の尖兵となってティルブルフとブレダ、そしてムールダイクを目指したことにより、独軍は作戦発起から二日と経たぬ内にアルベール運河の防衛線を突破することに成功した。ディール川とムーズ川の東岸で独装甲部隊が英仏軍の騎兵部隊や偵察隊に十二日から十三日にかけて徹底的な打撃を与えることによって、ガムランの計画が成就するための前提条件が無残にも突き崩されることとなる。

独軍のムーズ川渡河

五月十三日には仏第七軍がブレダ地域からの撤退を開始し、ベルギー軍の十八個師団は十四日までにディール防衛線の一角をなすサンブル北部地域に再び集結して態勢を整えたはものの、同じ日にオランダが突如降伏したために、その効果は帳消しとなり、その結果、独軍が接近しつつあった連合軍の主抵抗線の中には、未だに部隊が配置についていない箇所もあった。ディール線の守備につくべき仏軍の最後の部隊が、難民で埋まった道路を踏破して強行軍の末に目的地に到着したのは、十五日の朝になってからであった。ところが、そのような遅参部隊がディール線に到着する頃には既に英仏軍の第一軍集団はデンデル、そしてエスコーへと段階的に撤退することは不可避との判断を下していたのである。もっとも、それを実行に移すための指示が出されたのは十六日になってからであった。このような判断を下すことを促したのには、ディール線の不十分な防備体制と、ベルギー中部に侵攻してきた独軍の兵力規模を思い知らされたことが一役買っていたが、実際には、デンデルもエスコーもディール線より防備体制が整っていたわけではなかった。むしろ、ベルギー中部からの撤退を決めた理由の一端は、ムーズ川の防衛線がイヴォワールとワダランクールの間の全面で破られたために独軍の装甲部隊が西岸地域でほとんど抵抗を受けることもなく活動しているのが明らかになったことにある。

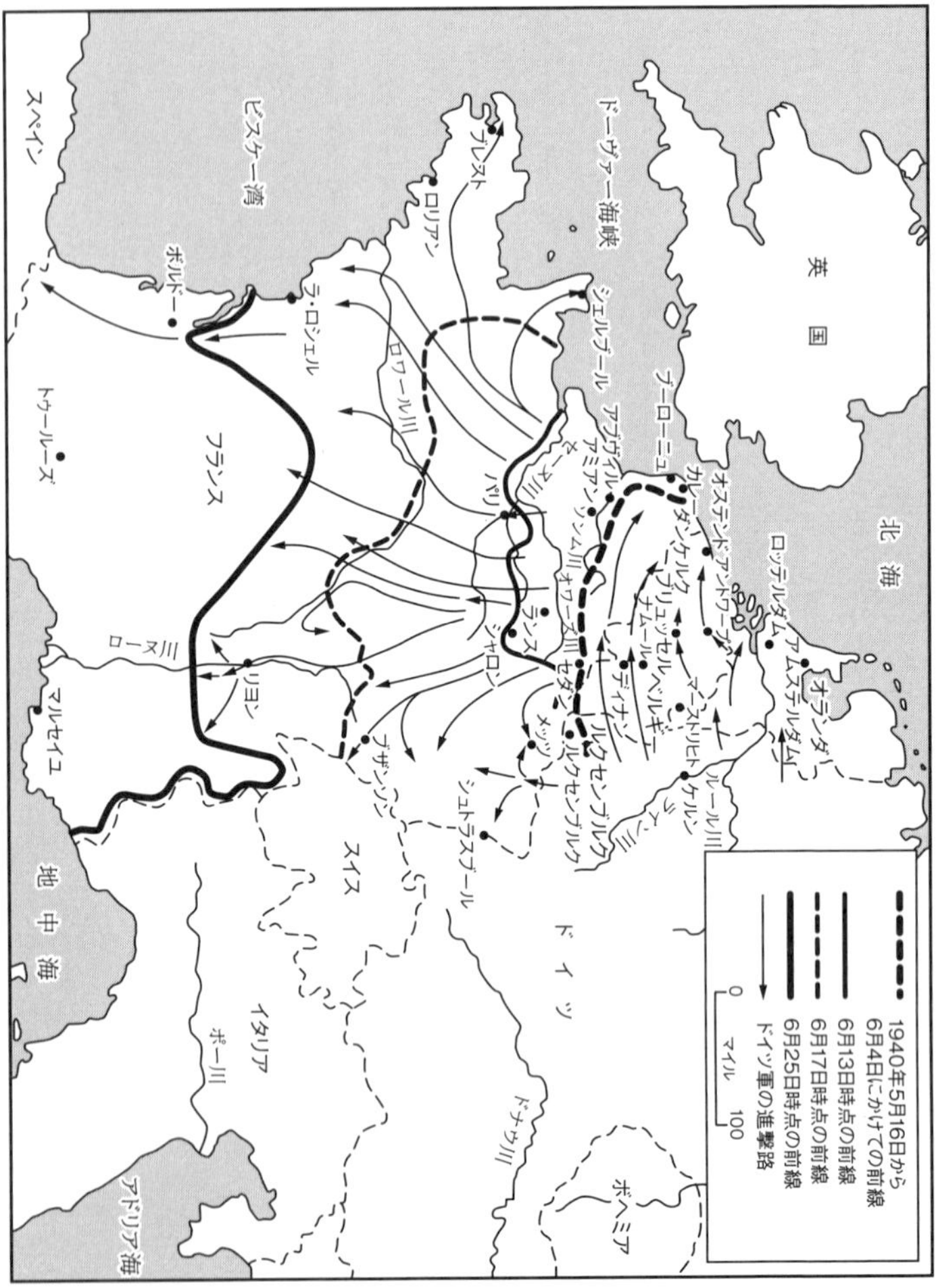

ドイツの西部戦線での勝利（一九四〇年五月～六月）

独B軍集団が作戦開始から三日の間にオランダの中核地帯に進軍し、アルベール運河の防衛線を突破したという戦果は、それ自体大きなものであるが、アルデンヌにおける独軍の主攻勢が同地の連合軍部隊を脅かしつつある正にその時に、自軍正面の連合軍部隊の注意を引き付けて釘付けにするという本来の任務を成功裏に果たしたことに較べれば、二義的意義を持つものでしかなかった。アルデンヌ北部では道路があまり整備されていなかったために第十五装甲軍団は十日から十一日にかけては縦深隊形で前進せざるを得なかったが、それでもウルトを抜き、十二日の午後にはディナン北方でムーズ川に達していた。この地区で仏軍とベルギー軍が企図した破壊・遅滞目的の工兵の活動は余り効果的ではなく、独第五装甲師団の歩兵部隊は五月十二日から十三日にかけての夜間にウーでムーズ川を渡河することができ、同様にして第七装甲師団の一部も十三日の朝にレフでムーズ川を渡れたのである。仏軍はそれらの橋頭堡双方に十三日に反撃を加えたものの、独軍が制空権を掌握する中で仏軍は十分な兵力をバランスの取れた形で投入することができなかった。当然のごとく独第十五装甲軍団をムーズ川に追い落とすことは叶わず、その夜、独軍装甲部隊は意のままに渡河し続けて行った。翌朝、橋頭堡を固めるため少なくとも歩兵師団三個がディナン周辺に到着したのを受けて、独第十五装甲軍団は、下流地域の陣地に立て籠もる仏軍を撃破しつつ西進して戦果を拡大するという二つの任務を同時に果たそうとして動き始める。この結果、ディナンの独軍と相対していた仏第二歩兵軍団及び第九軍団は、十四日の日没までに崩壊の危機に瀕した。その南方では、独第四十一装甲軍団の攻勢が進行中であったが、ルクセンブルクからベルギー東部を進撃する際に第十九装甲軍団に道を譲らざるを得なかったために、他の諸部隊よりは、攻勢開始のタイミングが遅れていた。第四十一装甲軍団がムーズ川に達したのは十三日になってからであり、その日の午前中にモンテルメ周辺の陣地が激しい空爆に曝されたことで、フランス側は同装甲軍団がどこに向かおうとしているのかを察知することとなった。そのために、その日に第四十一装甲軍団が渡河した際には、反撃してきた仏軍を直ちに迎撃する形となり、翌朝にもさらに本格的な第二派の反撃に直面したが、それは独空軍の爆撃によって粉砕された。それ以降、第四十一装甲軍団は、比較的容易な偵察行動に専念する傍ら、全軍を渡河させて次の作戦行動に移る準備を整え、昼の間にヌゾンヴィルに到着した第三歩兵軍団が橋頭堡を固めることとなる。しかし、実際にはもはや手強い反撃に遭遇することはなく、十四日払暁までに第四十一装甲軍団は仏第九軍傘下の三つ目で最後の軍団をほぼ壊滅させたのである。

セダンにおける仏軍の敗北

独軍がディナンとモンテルメで挙げた戦果は大きなものではあったが、第十五及び第四十一装甲軍団の動きは作戦全体の帰趨に決定的影響を及ぼすものではなかった。この二つの装甲軍団が担うべき役割としては、第十九装甲軍団と第十四自動車化軍団による主攻勢がセダンに対して行われる際の補完的役割を果たす以上のことは期待されていなかったからである。そして、その第十九装甲軍団は、作戦発起から二日目の十二日には既に仏軍の前衛部隊をサモワの後方、そしてセダンそのものに追い込められるような有利な態勢を、場所・タイミング・兵力配置の上で整えていたのである。自身の戦線に脅威が迫っていることを察知した仏第二軍は、セダン地区の橋梁を破壊すると共に、同地区の第一歩兵軍団の補強を図り、第三機甲師団及び第三自動車化師団を含む一線級師団四個を予備から抽出する措置をとった。しかしながら、この措置が認可された時には、仏軍が形勢を挽回するには既に遅きに失していた。第十歩兵軍団は、多くが二線級の予備兵で構成されている精鋭とは言いがたい部隊で、同軍団がムーズ川沿いに構築していた防禦陣地の多くも未完成の状態であった。そのような部隊を補強するためには、増援部隊が前線に到着するまでの時間的余裕があることと、前進する際に空襲にさらされないことが必要であったが、そのどちらも無いものねだりというのが実情であった。仏第二軍は、独軍の攻勢が間近に迫っていることは認識していたものの、その攻勢の規模や、攻勢を担う第十九装甲軍団の迅速な動きは予測していなかったのである。

独空軍は十三日の朝にセダンの後方地区に熾烈な爆撃を連続して敢行し、午後にはムーズ川の仏軍陣地を休み無く爆撃した。この空からの援護の下で独第一装甲師団の歩兵部隊がセダンから少し下流に位置するゴーリエでムーズ川を渡渉し、空爆から身を守るために退避していた仏軍部隊が再び戦闘配置につく前に襲いかかり、その大多数を捕虜にした。このように歩兵部隊が下流で仏軍陣地の背後を突くため進軍する傍ら、装甲部隊も渡河して南進し、南方のバール渓谷を守備するボワ・ド・マルフェの陣地の前面を通過して進撃した結果、仏軍はブルゾン近辺の重砲陣地を過早に放棄した。十四日の朝には第十装甲師団がバデランクールで仏第七十一歩兵師団を蹴散らしつつムーズ川を渡る傍ら、第一装甲師団が仏軍の反撃を撃退する中、第二装甲師団がドンシェリーの下流で渡河した。その日の午後には、第十九装甲軍団はアルデンヌ運河とバール川を越えて西進しており、同軍団から分離された第十装甲師団が主隊の左側面を守備すると共に、第十四自動車化軍団が後方に睨みを利かせていた。この時点で、セダン攻略を託されていた独軍歩兵師団群は、ムーズ川に達するまで三十六時間の位置にあった。

セダンで敗退することで生起しかねない壊乱状態を防ぐために英仏軍としては事態に即応する必要があったが、独第一装甲師団に対する反撃以外に仏軍が目立った対応を十四日にすることはなかった。英仏軍の爆撃機は独軍の橋頭堡を粉砕することに努めていたが、十四日に敢行した二度目の爆撃行で英空軍は、出撃した七十一機のフェアリー・バトル軽爆撃機の内四十機を失うという、単一の航空作戦ではそれまでで最大の損失比率を記録する。この日独空軍が八百五十機余りをセダン上空に出撃させ、ムーズ川一帯の独軍の周囲に多数の対空砲部隊が展開されていたために、英仏軍の空爆は自軍の航空戦力を大幅に減殺させる以外の結果をもたらさなかったのである。実際、仏軍航空部隊の延べ出撃機数は十四日に三百七十であったのが十五日には二百に減少し、英空軍も同様の減少傾向を見せていた。

しかしながら、連合軍側が五月十四日に真の意味での失策を犯したのは地上においてであり、この日、ディナンとセダンの独軍橋頭堡への仏軍の反撃企図は潰え、仏第十歩兵軍団は四分五裂の状態となる。仏軍は、シャルルロワの第一機甲師団をディナンに、予備から引き抜かれてシャルルロワに達した第二機甲師団をモンテルメに、第三機甲師団をセダンに、各々反撃のために投入することにしていた。しかし、反撃任務を与えられたそれらの部隊は、部隊の性質上、その任に耐えられないものであり、反撃自体も効を奏するには遅きに失していた。そして実際には、いずれの師団も攻勢に出ることはなかったのである。仏第一機甲師団は独軍橋頭堡を攻撃するために十四日に出撃したが、進撃の途中で傘下の部隊同士がはぐれてしまい、翌日、その中の重装備の部隊が燃料補給中に独軍の装甲部隊に遭遇するという不運に見舞われる。身動きが取れない状態ではあったが、その独軍部隊が構うことなく通過して行ったために、さして大きな損害は被らなかった。しかしながら、十分な補給や歩兵・砲兵の援護を欠いた機甲第一師団は徐々に小さな単位に分裂して全体の指揮・統制が取れない状態となり、同師団は十六日には存在しないも同然となっていた。

セダン方面でも仏第三機甲師団による独軍橋頭堡に対する十四日の反撃企図が不発に終わっていたが、これは、災厄の種とも言うべき第二軍が下した二つの決定がもたらしたものであり、これによって第一軍集団の運命は事実上定まったも同然となった。午前中に攻撃を開始せよとの命を受けていたにもかかわらず、第三機甲師団が攻勢発起地点に辿りついたのは午後遅くになってからで、しかもその時に至っても師団の攻撃を援護する兵力は皆無であった。おまけに、その時になって攻撃命令は撤回され、保有している戦車を近隣の歩兵部隊に分散して配置せよとの命を受ける。このようにして、反撃用に使用できる仏軍の唯一の機甲師団は戦わずして解体されたのである。さらに、歩兵第十軍団が崩壊したことによって露出された側面を守り、ひいてはフランスの東部地域を背後から突かれないように、第二軍はその左翼と中央の部隊を後退させる。この決定は軍事上の通念に従って下されたものであったが、結果としては、独軍装甲部隊が仏第九軍の残存部隊を蹴散らしつつ、その橋頭堡を東側ではなく西側に拡大しようとしている正にその時に、第二軍がその時点ではいまだ保持していたセダン直近の拠点を放棄する結果となった。華々しい戦果にもかかわらず、この時点までに独軍がセダン地区で破った仏軍防衛線の幅は五マイルにしか及んでいなかったが、この第二軍の撤退によって十五マイルに広がり、さらに、第二軍の残存部隊が後退させられた地点は、ドイツ側の橋頭堡を奪取しようにも砲兵による有効な援護射撃を行い得ない場所となっていたのである。

十四日までは英仏軍が敗北の憂き目を見ない可能性は微かに残ってはいたものの、この二つの決定によって仏軍は、その可能性を潰すこととなった。それらの決定が与えたもっと直近の影響として挙げられるのは、ディール線の連合軍部隊が一連の苦しい選択を迫られたことである。独軍の装甲部隊がムーズ川の防衛線を突破し、A軍集団がサンブルとサンブル・オワーズ運河及びエーヌを繋ぐ線を押さえ、フランス北部にはその勢いを止められる予備部隊もない中で、英仏軍が切れ目の無い防衛線を再構築できる唯一の可能性は、仏第一軍がそのディール線の布陣位置から南下して、独軍の左翼を脅かしつつある新規に投入された部隊と合流した上で、防衛線に独軍が穿った穴を塞げるか否かにかかっており、その穴の両側を独軍歩兵部隊が固める前にそれができるかが鍵となっていた。しかしながら、仏第一軍が攻勢に転じるためには、その北方に位置する英軍とベルギー軍とがその防衛線を延ばしてジャンブルーの間隙地帯を進む同軍の左翼を援護しなければならず、仮に第一軍が計画通りに進軍したとしたら、英・ベルギー軍もそれに同調して南進する必要があったのである。広がりつつある独軍左翼の戦線に対して仏軍が部隊を再編成して立ち向かえるかも疑わしかったことはさておき、このような状況が直近の戦況にいかなる意味合いを持つかは明らかであった。オランダ南部の仏第七軍が潰走したために連合軍の左翼が崩壊しつつある中、ディール線上の英・ベルギー軍の拠点にある兵力を少しでも弱めるのは、独B軍集団がディール線に近付いていることを考えれば、戦慄すべき程の危険を冒すこととなる。さらに言えば、ディール線からいかなる形にせよ守備軍を後退させれば、第一軍と第二軍との間隙を広げることにしかならず、それだけ戦線を立て直す可能性を低くすることになるので、第一軍集団がベルギー中部を放棄するに等しいこのような決定は、連合軍側が陥っていた苦境にさらに輪をかけるものに過ぎなかったのである。

連合軍内部の軋轢

このような前線での葛藤は、独軍と対峙する連合国陣営内部での国益の衝突と緊張状態を反映した政治絡みのものでもあり、そのような相克は、戦場での敗北が心理的に重くのしかかっていくに連れて表面化していく。フランスにしてみれば、連合国陣営の運命は、戦線中央部に開いた防衛線の穴を仏軍が塞げるか否かにすべてかかっているのであり、少なくともフランスはそのように見ていた。そのような時期に、たとえ英・ベルギー軍の師団群が展開している戦線が危ういほど伸び切っていたにせよ、仏軍を支援するためには戦線を拡張することが必要なのに、それに応じないことを英・ベルギー軍が少しでも考えるなど、フランスにとっては考えられないことであった。だが一方、英・ベルギー軍が南方に移動すれば、フランスには自らを救う可能性が開けることになるものの、ベルギー軍は戦闘を交えることも無くブリュッセルを含むベルギーの中核地帯を明け渡すこととなってしまう。英国海外派遣軍の本音は、その参謀長の言を借りれば、英軍の左翼を固めている限り「ベルギー軍がどうなろうと知ったことではない」のである。しかしながら、在ベルギーの英軍が当時目を向けていたのは南方ではなく、ソンムの線で防衛線を再構築する可能性を念頭に置いた南西方向、もしくは、より関心を寄せていた地域としては、海峡地域の港湾を見据えた西方であった。このように多様な国益のせめぎ合いが、セダンの仏軍が崩壊した直後に顕在化することとなる。英空軍は五月十日から十五日にかけて十二個の戦闘機隊をフランスに送り込んでいたが、五月十五日になって英国戦時内閣は、これ以降ハリケーン戦闘機をドーヴァー海峡の大陸側へ送らないとの苦渋の決断を下す。そして十七日になると、英陸軍参謀総長のエドムンド・アイアンサイド大将は、非公式ながら海軍に対して英国海外派遣軍を大陸から撤収させるための手配をしておくよう要請する。このような動きは、現地ベルギーとフランスの情勢にただちに影響を与えるものではなかったものの、一日に六十マイルを走破して独第一装甲師団がアミアンに到着し、第二装甲師団がアブヴィルを攻略した上でウーとノイエルを奪取した五月二十日以降、いよいよ緊迫度を帯びた課題となってくる。

北仏戦線の崩壊

独軍のドーヴァー海峡地域に向けての進撃速度はそれ自体が瞠目に値するものであると同時に、連合軍側の足並みを乱して、その効果的対応を封じた点が決定的であった。ことに注目すべきは、独軍首脳が爾後の軍の行動を決定するために、五月十七日の大半は前線の装甲部隊の動きを停止させていたという事実である。自軍の左翼が伸び過ぎていると憂慮していたヒトラーは、歩兵部隊が追いつくまで装甲部隊の前進を止めたがっていたが、ＯＫＨは、仏軍が立ち直ることはもうないと判断して装甲部隊による突進を継続させるのみならず、進撃方向を南西に転じ、パリを越えて進攻させたがっていた。ＯＫＨの構想は、当初想定していた二段階での作戦を通じてではなく、最初の一段階でフランスに一挙に止めを刺すことができるとの希望と期待を込めたものであった。結局、装甲部隊は歩兵部隊が追いつくのを待つことなく海峡地域への前進を継続し、この論争は自然消滅した。それが及ぼした影響は、ヒトラーとＯＫＨとの関係が益々冷えていったことと、装甲部隊が一日を休養・再編と機材整備にあてたことによってその後一週間の作戦行動を良好な状態で遂行できたことだけであった。装甲部隊の一時停止の埋め合わせは、Ｂ軍集団がルーヴァンとブリュッセルを占領したことで十分なされ、仏軍の新編部隊である第四機甲師団が同じ日にモンコルネで行った反撃は当時ほとんど注目されることはなく、クライスト大将にも十八日まで報告されなかったほどである。同師団が十九日にラン近郊のセラに向けて敢行した二度目の反撃も、独軍装甲部隊が進撃を再開してカナル・ド・ノールに迫っていた段階では、その師団長のシャルル・ド・ゴール大佐なる人物にまつわる伝説とも言うべき武勇談のきっかけとなったこと以外には、やはり何の効果ももたらさなかったのである。

独第十六装甲軍団が戦線中央部での戦果を拡大すべく第六軍とＢ軍集団の序列から外されていたこの時期にあって、連合軍が敗勢を食い止めるためには仏軍が連隊規模以上の兵力による反撃作戦を二カ所以上で行う必要があり、このことは仏軍首脳部も認識していた。この頃仏軍首脳部が混乱状態に陥り始めてはいたものの、ディール線からエスコーへの退却が五月十六日から十九日にかけて完了したのを見て、連合軍は英軍二個師団と仏軍八個師団を以て二十一日に各々アラスとカンブレーで反撃に出ることを決定した。ところが、十個師団が歩調を合わせて攻勢をかける筈だったのが、二十一日に反撃のために出撃したのは英軍の歩兵二個大隊と戦車七十四輌に過ぎず、仏軍は、連隊規模による攻勢を二十二日になって行うことしかできなかった。英軍の動きは当初独軍をある程度動揺させはしたが、これが実際にもたらした効果は独軍のアラス占領を五月二十三日まで引き伸ばしたことだけであり、この時までに、カレーを目指す独軍の装甲部隊は、その南方から、そしてアー運河のある南西から同市に接近しつつあった。

英軍はこれに対応するために攻勢作戦を再開することを企図したが、アラスからの撤退命令が下されたために事実上立ち消えとなり、結果としてスカルプ川下流地域の仏軍の側面を敵の攻撃に曝すこととなる。このために、自軍も攻勢再開企図を放棄していたにもかかわらず、仏軍は、背信行為であると英軍を非難した。英国海外派遣軍司令官ゴート大将は二十五日になってイープルとメニンとの間に開いた連合軍の防衛線の穴を塞ぐための攻勢を再開するために二個師団を集結させた。この決定は、ソンム方面にある仏軍と再び接触するために必要な攻勢をかけることより、ダンケルクに向かう英軍の退却路確保を優先したことを決定したに等しく、フランス北部の連合軍が二十日以降に孤立した状態に置かれていたことを考えれば、二十五日までこの決定が下されなかったことは驚くべきことである。

ゴートがこの決定を下した時点では、既に独軍の先鋒が英軍部隊の大多数よりもダンケルクに接近した地点にまで到達しており、左翼でベルギー軍の一部が敵の攻勢を支えられなくなったこともあって、英国海外派遣軍は全面崩壊の危機に瀕することとなる。このようなこともあって、一九四〇年五月のベルギー軍の戦いぶりに対する歴史の審判は芳しいものではなく、特に英米仏においてその傾向が顕著である。しかしながら、ベルギー軍は第一次大戦の時と同様に、その国土を頑強かつ決然たる姿勢で守ろうとしたのが事実である。ベルギー軍は常に数の上で優る敵と相対し、英国海外派遣軍が直面したものよりも熾烈な攻撃に絶えず曝されており、二十日以降は英軍が南方に転じたためにその戦線は延びきっていた。このような二週間にわたる絶え間ない戦闘と強行軍の中で酷使されたベルギー軍師団は疲弊の極みに達していた。二十四日になってベルギー軍はリズにおいてＢ軍集団からの抗す術もない攻撃を受け、翌朝、独軍はベルギー軍の防衛線を十四マイルにわたって突破する。

自助努力以外に英国海外派遣軍を救ったのには、本国政府が五月二十八日に降伏するまでベルギー軍が戦い続けることができたことや、最後まで戦いを止めなかった仏軍の犠牲的支援、そして独軍が二十四日に下した装甲部隊の進撃を止めさせる決定といった複合的要因があった。長らく論争の的となってきたこの決定は、フランスでの第二段作戦に向けた部隊再編成を指示すべく五月十九日にＯＫＨが下した命令に既に内意されていたものである。だが、フランス北部の連合軍を全滅させる一歩手前まで追い詰めながら装甲部隊の進撃を停止させたこの決定を後押しした本当の要因は、師団・軍団・軍集団レベルの指揮官が沿岸地域で備えを固めている防衛陣地に装甲部隊を投入することを躊躇したことである。そして、ヒトラーがこの決定を認可する際に採った理由付けは、最後の一戦を交える場所はベルギーではなくフランスであるべきとか、空軍に止めの一撃を与える機会を与えて陸軍に戦功を独占させるべきでないとか、死に体となった連合軍部隊への葬礼とも言える作戦はB軍集団に委ねるべきとかいったものであった。連合軍が大規模な撤退作戦を開始していること、及びフォン・ボックのB軍集団が連合軍側の橋頭堡に向けて直ちに作戦行動に移れないことが共に明らかになり、A軍集団は五月二十七日になって攻勢を再開するよう命じられるが、その時までの時間を連合軍側は、二十四日には存在していなかった防衛線を急ぎ構築するのに充てることができたのである。このために、A軍集団の前進はただちに止まることとなった。

当初は四万五千名ほどを救出できれば上出来との目算で開始された撤退作戦であったが、ダイナモ作戦が公式に発令された五月二十六日までには英軍の三個軍団が橋頭堡の外郭防衛線に集結し終わり、既にソンム北方の諸々の港湾や海浜から二万七千九百三十六名の英軍将兵が脱出していた。結果としては、ダンケルク上空で英軍戦闘機百七十七機が失われ、海上では連合軍の駆逐艦八隻を含む海上戦隊十個を喪失したものの、七月四日までに救出された連合軍将兵は三十三万八千二百二十六名に上り、それには英軍将兵の最後の撤収作業が行われた六月二日から三日の夜以降に収容された仏軍将兵約五万三千名も含まれていた。五月二十日から六月四日までに北部地域から脱出したこれら合計三十六万六千百六十二名に加え、フランス戦の第二段階の最中及び終了後にも十九万千八百七十名の連合軍将兵が救出されている。北部での撤退が始まった五月二十日から、フランスの地中海沿岸からの撤退作戦が終了した八月十四日にかけて連合軍が撤退させた兵員の総計は五十五万八千三十二名に達し、その内の三十六万八千四百九十一名が英軍将兵であった。

マジノ線突破

ダンケルク周辺の戦いが終わりを告げた一九四〇年六月四日には、独仏両軍は共に部隊を再編・再展開し終わり、開始まで二十四時間を切った次の作戦に備えていたが、戦う前からその帰趨は明らかであった。全力で立ち向かったにもかかわらず独軍のドーヴァー海峡地域への進出を阻止できなかった仏軍は戦力の消耗が甚だしかった。海峡地域とムーズ川の間に展開していたために天然の防衛線として活用できる地形もない中で、優勢な兵力を有すると共に主導権・制空権を掌握して有利な立場にある敵を迎えて持ち堪える望みなどなかったのである。

ソンムを越えた独軍は、アブヴィルとアミアン及びペロンヌに橋頭堡を築いていたが、仏軍は五月二十日以降これらの死活的重要性を有する敵の拠点を取り除こうとしたが果たせず、フランス戦の第一段階で喪失した兵力は総計三個軍に達し、師団数で見れば歩兵師団二十二個、機甲師団四個、軽装備師団と騎兵師団各々二個に上っていた。そのような仏軍が六月四日の段階でドーヴァー海峡からムーズ川に至る百七十二マイルの戦線に展開していた兵力は、歩兵師団三十七個と騎兵師団三個、そして再編成された機甲師団が三個余りであった。五月十日の時点では三十七個あった英・ベルギー・オランダ軍の師団の内、残っていたのは英軍の一個師団のみであり、フランスの防衛のために使用できた野戦師団の数は四十五個であった。これは、ドイツ側に五個ある装甲軍団の内の三個によってソンムとエーヌを結ぶ線の南側を進撃しようとする独B軍集団隷下の師団数をも下回っていた。四十八個師団を投入すると同時に担当地域に十二個師団を留めることとなっていたボックのB軍集団は、仏軍の左翼を粉砕する任務を与えられており、それに続きA軍集団が、これまたフランス側の全軍と較べてやや劣る程の兵力を以てエーヌ北方に攻勢をかけることとなっていた。独軍の計画では、パリに関しては、その両側に牽制攻撃をかけるか素通りするかで十分であり、残存する仏軍部隊を作戦始動直後に蹴散らした上で、B軍集団がドーヴァー海峡と大西洋に面する地域を確保してからマジノ線を包囲する態勢を作り、A軍集団と共にフランス東部と中部を制圧することとなっていた。

実際の事態の推移は計画通りには進まなかったものの、挙げた成果は予想を上回るものであった。具体的に言えば、ボックとルントシュテットの軍集団が期待された通りの戦果を挙げる傍ら、それまで五月十八日から十九日にかけてラフルテの陣地を破壊した他には見るべき戦果を挙げていなかったC軍集団が六月十四日から十五日にかけてフォルクモンとウィットゥランの間でマジノ線を突破したのである。さらには、マルヌ〜ルールを繋ぐ運河に達する勢いで突進した第一軍が、その直前でヴォージュに向けて東に向きを変えると、二十三日にはそのヴォージュでドノンにあった仏歩兵第四十三軍団が投降してきた。片や独第七軍はライン川を十五日に渡ると、二日後にはコルマールを占領していた。しかしながら、戦間期にフランスが強国であったことをいみじくも象徴していたマジノ線の突破に独軍が成功したことも、他の出来事の前には霞んでしまうこととなる。コルマールが陥落した同じ日に独第三十九装甲軍団の一部である自動車化第二十九師団がフランスとスイスの国境線にあるポンタルリエに達してフランス東部とマジノ線に展開する部隊の包囲態勢を完結させ、その前日の十六日には好戦的なポール・レノーに代わって齢八十を越えたアンリ・ペタン元帥が首相に就任していたのである。パリを六月十一日に放棄してボルドーに移ったフランス政府代表としてペタンが就任した直後にまず着手したのは、戦争継続に反対の意思を明確にしている者を閣僚に任命することと、スペインを通じてドイツ側に講和条件について打診することであった。加えてペタンはフランス国民向けのラジオ演説で停戦を訴え、これによって仏軍の間に僅かながらも残っていた抗戦意欲を打ち砕くことになる。独軍の怒濤の進撃を止めるものが何も無かったのは事実であるが、ペタンがレノーの後を継いだ直後にとった措置は、ペタンが反英感情を有していたのが周知の事実であったことも合わさって、北アフリカでフランスが戦争を継続する企図など有り得ないことに太鼓判を押すものであった。

フランス戦の第二段階については、作戦行動が単純なパターンを辿ったということ以外に特筆大書することはない。ソンム戦線で六月五日に進撃を開始したB軍集団も、その四日後にエーヌ川上流地域に攻勢をかけたA軍集団も、仏軍の頑強な抵抗に直面して初日には大した戦果を挙げていない。しかしながら、ボックとルントシュテットの軍集団の前面に展開していた仏軍は、機動的な防禦戦を展開する能力を欠いていたために単純な防衛戦しか行えず、その抗戦に戦力を投入しすぎたので却って継戦能力を大幅にそして急速に失うこととなり、ドーヴァー海峡とムーズ川を結ぶ仏軍の防衛線は急速に崩壊していく。戦線の中の一点でも破られれば全面にわたって戦線が崩れ、独軍の装甲部隊がほとんど抵抗も受けずに背後に進出していって、フランス史上有名な諸都市を啞然とするような速度で次々と攻略していったのである。ソンム方面では、クライストの装甲集団に属し、当時アミアンにあった第十四装甲軍団とペロンヌにあった第十六装甲軍団が五日に仏軍防衛線を攻撃した時には何ほどの成果も挙げなかった。しかし、第十五装甲軍団と第三十八歩兵軍団がアンジュストの両側面で挙げた戦果は即座に決定的影響を及ぼした。歩兵部隊が八日にポワを確保したことで、第十五装甲軍団は後顧の憂い無く前進して翌日の朝にはルーアンとエルブフを占領した。ただし、その前にセーヌ川下流にかかる橋梁群は破壊されていた。その後、ル・アーヴルに撤退しようとする仏第九歩兵軍団の動きを阻止するため第十五装甲軍団が北方に転進すると、仏第十軍の中央部は破砕され、アミアンとペロンヌの橋頭堡の側面を守る位置にあった仏軍の拠点も六日には逐次失われていった。そのために、仏第七軍は退却するより他に選択肢がなくなり、独A軍集団が攻勢を開始した時には、仏第七軍の防衛線はオワーズとエーヌ川下流の線まで後退していた。

A軍集団が六月九日にかけた攻勢は、五日に行われたB軍集団の攻勢と同様に振るわなかったが、ルテル周辺に僅かな橋頭堡を確保することはでき、新編のグデーリアン装甲集団が第三十九装甲軍団の一部を夜間に渡河させて、第二波の第三十一装甲軍団と共に十日にランスの東側に前進させるには、十分であった。翌日には、ソンム戦線のB軍集団から引き抜かれたクライスト装甲集団がランスの西側を攻撃するため戦線に加わり、ランスはその日の内に陥落した。このように第十五装甲軍団とA軍集団隷下の二つの装甲集団が共に各所で迅速に進撃したために、仏軍はコタンタンとブルトンの要塞に立て籠もる機を逸し、今一度派遣軍をフランスに送ろうという、意図はともかく、まったく現実味を欠く英国の企図を頓挫させることとなる。ちなみに、この第二波の派遣軍の先鋒部隊は六月五日にシェルブールに到着していた。

フランスの休戦協定受諾

軍装が乱れて戦意も失った仏兵の縦列の傍らを独軍の装甲部隊が通り過ぎていくという光景に象徴されるような、独軍がフランス戦での攻勢の際に見せた迅速さこそが、この戦いをめぐる消し難い心象風景となっている。迅速さという点で最も重要であったのは、六月九日以降に独装甲部隊が見せた急進撃ぶりのために、フランス側にとって戦勢が絶望的となり、休戦を請うのが時間の問題となっていったことである。十二日にシャロン〜シュル〜マルヌに至る一帯が、十四日にはパリ、十五日にヴェルダンが陥落し、ブザンソンとディジョンが十六日に陥ちたのに続いてベルフォールとレンヌとトゥールが十八日に失陥する。そして、二十一日にルトンドでドイツ側の停戦条件がフランス側に明示されるまでに、ブレストとシェルブールが十九日に、リヨンとナントが二十日に独軍の手に陥ちる。その停戦条件は、「ドイツが必要不可欠な対英戦を遂行する上で必要とする保障措置を包含する」もので「ドイツ帝国が強いられた不正を正すことを主目的とする新たな秩序の構築に必要な条件を創出する」ことを狙いとしたものであり、苛酷で屈辱的な内容であった。この条件のため英国がドイツからの講和の申入れに応じようとしなかったことが理由となって、直ちに分割・一部占領という悲運がフランスに降りかかることとなる。しかし一方でこの有無を言わぬ押し付けの停戦条件からは、一つの要求条項が意図的に省かれていた。それは、仏海軍の艦隊を引き渡すというものであった。もしこの条件が含まれていたら、いかなる代償を払っても降伏するつもりであったペタン政権でさえ受諾を拒否しかねないものであった。フランスの全権代表は二十二日にルトンドで停戦協定に署名し、協定は六月二十五日深夜過ぎに発効した。あるドイツ人が日記に書き留めていた様に、「フランスの戦いは終わった。それは〔一九一四年から〕二十六年間にも及んだ」のであった。

ヨーロッパ列強の没落

一見したところでは、一九四〇年の戦いにおける勝者と敗者を見分けるのはさしたる難事ではないように思われる。ドイツは明白かつ圧倒的な勝利を収め、ベルギーとフランスとオランダは敗れ、英国もその敗北の一端を担っていたことに議論の余地はない。しかしながら、クラウゼヴィッツが論じたように、戦争とはその戦争独自の論理で動き、当事者の予測とは極めて異なった結果を生むという習性を持つものである。事実、一九四〇年の戦いにも、従来の勝敗のイメージでは割り切れない側面と波及効果が見られた。その中で最も顕著なものは、この年のヨーロッパの戦いで真の勝者となったのが米国の軍事機構、特に米海軍であったという事実である。フランスが五月から六月にかけて敗北への道を転がり落ちていくのと同時に、単一国家によるヨーロッパ支配を防ぐことを国防上の至上命題とする米国は、その陸海軍及びそれぞれの航空兵力を大幅に強化する方針を公にする。それによれば、陸軍が充足人員を二百万として自動車化師団十個と歩兵師団四十五個を編成することにより、世界でポルトガル陸軍に次ぐ十八番目に位置していた地位からの脱却を図る一方、海軍は戦艦十五隻、空母六隻、巡洋艦三十七隻、駆逐艦二百三十七隻、潜水艦百二隻という当時の艦隊勢力を、一九四七年までに戦艦二十五隻、空母二十隻、巡洋艦八十八隻、駆逐艦三百七十八隻、潜水艦百八十隻に拡充することとなった。そして、陸海軍の航空兵力は、当時許容されていた保有機数の上限枠にさらに一万九千機を上積みすることとされたのである。ドイツが北はノールカップから南はピレネーまで、東はヴィスワ川から西はフィニステレに至る地域を支配下に置いたことを目の当たりにした米国は、稀にみる挙国一致の団結力を発揮した。このように自国の防衛に意を注ぐようになり、その過程で、西ヨーロッパでのドイツの戦勝による主要な受益国となった日本と衝突する道を歩むこととなる。

マジノ線が一九四〇年五月まで米国防衛の最前線であったとしたならば、それが有していた最も重要な意味はそれを守れば英蘭仏の極東植民地の安全保障にも資することになるという点であった。そのため、極東の植民地は一九四〇年春に西欧連合諸国が崩壊したために無防備な状態となる。フランスの敗退によってインドシナは日本の人質のようなものとなり、八月八日に英陸軍参謀本部が達した結論は、日本がインドシナやタイに対して何等かの行動を起こした場合、英国はこれに抗することは不可能で、マラヤとシンガポールを含む極東地域の英領を守りきることはできないというものであった。このように、連合国の影響力が減退してきたために、日本は最小のリスクで自らの欲望を最大限に満たす機会に恵まれたのである。唯一の大きな危険として立ちはだかったのが、一九四〇年七月二十日にローズヴェルト大統領が裁可した「両洋海軍拡張法」によって艦隊勢力倍増に至る道筋をつけることができた米海軍であった。フランス降伏後に具体化してきた米国の世界戦略は、このように太平洋と東南アジア地域の動向に影響を与えるものとなり、その後十四カ月の間日本を圧迫すると同時に、アジアとヨーロッパで並行して進んでいた戦争を一九四一年十二月に世界規模の大戦へと変容させていく大きな要因となるのである。

フランスの失陥は同時に、ヨーロッパが世界情勢の動向に支配的影響力を及ぼしていた時代の終焉を告げるものでもあった。このヨーロッパの支配的影響力というものは、ヨーロッパ諸国が非ヨーロッパ社会に対して有していた産業・技術・海軍力の面で一世代前に保っていた優位がもたらしたものであった。しかし、既にそれは一九三九年頃に至っては仮釈放中の有罪犯を待ち受けていた運命のようなもので、いずれ来ることが分かっていた終焉が訪れたのが一九四〇年であったに過ぎない。それでも、奇妙な巡り合わせではあるが、一九四〇年の戦いがもたらしたヨーロッパと非ヨーロッパ世界との力関係やヨーロッパ内部での力関係の変化が迂遠な形でながらも立証したのは、一九四〇年以前に当のヨーロッパの連合国が立てた戦略方針が正しかったということである。具体的には、この時点で敗北したとしても、その最初の方針が理に適ったものであることを否定することにはなり得ないという遠回しな形でである。連合軍側の戦略方針の中核をなす論理は、ドイツのような強大な先進国を敗北させることは長期戦を通じてでしか実現できず、ドイツとの戦争の正念場は一九四二年か四三年頃まで待たねばならないというものである。現実にも正にその通りとなったのは言うまでもないが、実際の事態の推移は英仏の政策立案担当者が予期したものとは異なったものとなった。即ち、ドイツがヨーロッパで及ぼすに至った支配力は、ヨーロッパ内のいずれの国家であろうと単一では無論のこと、域内の他の国家と束になって挑んでも抗し得ないほど強大なものとなり、一九四二年までにドイツと交戦中でしかもドイツに占領されていない純ヨーロッパ国家は一つだけとなってしまった。そして、ヨーロッパにおけるドイツの覇権的地位に一九四二年から四三年にかけて挑み、それを揺るがしていったのは、二つの国家に主導された国家連合体であり、その内の一国は全くの非ヨーロッパ国家で、もう一国は亜ヨーロッパ国家とでも言うべきもので、その狭間に置かれた英国は、連合国の中で副次的地位に甘んじることとなる。このようにして、ドイツのヨーロッパ制覇は、そのヨーロッパ自体の影響力の縮小と機を一にして起きたものであり、ヨーロッパ内でのドイツの覇権的地位の崩壊は、史上初めてヨーロッパの将来がヨーロッパ域外の勢力によって決定されるという経過を辿ってもたらされることとなる。

　このようなフランス敗退後の第二次大戦における英国の立場を検討することによって、一九四〇年の戦いに臨んだドイツの作戦計画の大きな欠陥を浮き彫りにすることができる。独軍の黄計画には二つの欠陥があり、その内の一つがムーズ川を渡河した後の作戦計画が詳細を欠いたものであったという点については既に触れた通りである。このように明確な方針が固まっていなかったがために、前線部隊の動きを一時停止させたり、五月十四日以降に独軍首脳の間で様々な論議が交わされたりすることとなったのである。作戦行動に柔軟性を持たせることの利点と先が定まっていないことの難点とは、作戦そのものを遂行する上では相殺し合ったであろうが、黄計画が作戦計画に過ぎず、ドイツが戦争を遂行する上での首尾一貫した戦略構想でなかったことは明白である。一九一八年当時の屈辱を晴らして戦間期にフランスが打ち立てた優位を覆そうとすることにドイツが余りにも多くの情熱を注ぎ込んできたことに鑑みれば、一九四〇年の作戦においてドイツの戦略思考がフランスに集中して注がれるという視野狭窄《きょうさく》に陥ったのは当然の成り行きであったと言えよう。それでも、ドイツの作戦計画が英国への対応策を欠いていたという点、より正確に言えば、フランスとのこれまでの関係を清算させると同時に英国にいかに対処するかについての具体策を欠いていたという点が黄計画の弱点であったことは確かである。当時を振り返ってみて明らかなのは、ドイツは一九四〇年五月二十日から六月四日にかけて、英国を打倒できる可能性という点では、戦争の全期間を通じて類稀《たぐいまれ》な好機に恵まれていたということである。特に英国海外派遣軍を壊滅させたり英国南東部に航空もしくは渡海作戦のための橋頭堡を築いたりすることができた可能性があったという点では絶好機であった。英国が最も脆弱であったこの時期にドイツが英国に対して決定的行動に出ることができなかったために、独軍はフランスとフランダースでの戦いにおける勝利を完璧なものとすることができなかった。その後の事態の展開は、英国との戦いを空軍による攻勢で推し進めようとしたが、ヒトラーはその最終的決着を待つことなく、次は矛先をどこに向けるかを決定するという流れとなっていく。

一九四〇年七月二十九日にＯＫＨの作戦担当幕僚は、翌年春の対ソ開戦を準備せよとの指令を受ける。既に一九三九年十月十八日にヒトラーが、ポーランドを「将来の作戦発動拠点として」見なすべきとの訓示をＯＫＨ宛に出していたことに鑑みれば、来るべきものが来たに過ぎなかった。それでもヒトラーにしてみれば、対ソ戦の開始時期を一九四一年春としたのは、自身の考えを不承不承引っ込めた上での決断であった。フランス戦が未だ終了しないまでも、その勝利への展望が現実の確固たる勝利へと形を変えていく中で、ヒトラーは一九四〇年秋の段階でソ連と戦端を開きたがっていたのであり、そのような作戦日程にヒトラーが見切りをつけるまでには相当な紆余曲折があったのである。

ヒトラーが対ソ戦を早い時期に実施したかった理由の一端は、ドイツが西部戦線に没入しているのを奇貨としてスターリンが一九四〇年六月十四日から十五日にかけてバルト諸国を併合し、同月二十八日にはベッサラビアと北部ブコヴィナ地方をルーマニアから奪い取ったことへの当然の反応という点に求められる。ソ連は短期的に見れば利を得たわけであるが、ソ連の安全保障がフランスの存在によって成り立っている部分があったことに鑑みれば、ソ連は一九四〇年の戦いにおいては主要な敗者の一群に列せられる。フランスの敗北は、一九一四年当時と比較して一九四〇年にはドイツの戦力と注意を逸らすことができる同盟国が東方になかったことにある程度帰せられるべきであり、フランスが戦線から脱落したことで一九四〇年六月以降のソ連は、そのフランスと同じ立場に立たされることとなったからである。ヒトラーが機会あらばソ連を攻撃してくるであろうことはスターリンも先刻承知であり、実際ヒトラーは対仏戦の構想を練っていた一九三九年十一月の段階で、フランスを破ることが対ソ開戦のための不可欠な要件であるとしていた。そして、フランスの降伏はヒトラーに正にその機会を与えることとなる。フランスを援助するための第二戦線を開くことなく、西部戦線でドイツが圧倒的勝利を収めるのを指をくわえて眺めていたソ連は、軍事上効果的支援をしてくれる同盟国もないままに、独軍の総力に直面することとなるのである。

錯綜するバルカン情勢

このように、フランスの敗退が独ソ関係にいかなる影響を及ぼしたかは明白であったが、西部戦線におけるドイツの勝利が中欧及び南東欧に及ぼした影響も、負けず劣らず明白な形となって現れ、ソ連が一九四〇年六月にルーマニアに食指を伸ばしてきたことで、直ちに事態が動くこととなる。対仏戦におけるドイツの勝利は、それが基となって引き起こされた米国の反応と同様に、この地域に一連の出来事を引き起こすこととなるが、ヒトラーがその展開を統御できる範囲は限られていた。バルカン半島諸国が独立や主権を保ち続けられるか、はたまた、それら国家相互間、そしてユーゴスラヴィア国家内での抗争が続くか否かは、ヨーロッパにおける力の均衡が保たれているかどうかにかかっていたのであり、対仏戦の結末がこの地域に影響を及ぼしたのは、このような背景のためである。フランスが敗退したことにより、バルカン諸国の将来はドイツの寛容性の程度に負うところが大きくなっていた。そして、ソ連がルーマニアに領土割譲の要求を突きつけたこともあって、元々不安定であったバルカン地域の現状がさらに乱されることとなり、七月にはブルガリアとハンガリーが共にルーマニア領の一部を要求する動きに出る。

一九四〇年七月一日まで英国が表明する保障措置の下にあったルーマニアに、ヒトラーは一片の同情心も持ち合わせていなかったものの、この動きに対して無関心な態度に終始することはできなかった。ドイツはルーマニアの石油に依存しており、ソ連の介入を招きかねないようなバルカン諸国間の戦争が勃発するのを見過ごすことができなかったからである。ヒトラーは八月二十一日にブルガリアとルーマニアが合意に達するよう強要することとなり、この日結ばれた協定でブルガリアはドブリチ南部を獲得し、両国の国境線は一八七八年当時のものに復した。その九日後、ハンガリーとルーマニアとの紛争は、ドイツとイタリアの調停によるウィーン裁定によって決着が付けられ、トランシルヴァニア地方の半分以上をルーマニアが割譲して、ハンガリーの要求の大部分が認められることとなる。その代償としてルーマニアはドイツから軍事援助を供与されることを保障され、一九四〇年十月には独軍が同国に進駐した。

バルカン問題は、独仏・独ソ関係やバルカン諸国間の関係、そして、それら諸国の国内問題に由来するもの以上の要素を内包していた。ソ連がバルカン地域に寄せた関心の強さが帝政ロシア伝来のヨーロッパ南東地域への干渉政策を継承したものであるとすれば、英国の地中海東部への肩入れも十八世紀後半にまで起源を遡るという点で、負けず劣らず根の深いものであった。さらには、イタリアも戦間期にバルカン地域での権益追求を積極的に推し進めており、ヒトラーは一九三九年にこの動きを支持することを表明している。実際、一九四一年春の段階でバルカン地域が図らずも戦争に巻き込まれる上で決定的誘引となったのは、イタリアがこの地域に関心を寄せていたためであり、これこそがイタリアの第二次大戦への関与を論ずる上で最も重要な一側面である。イタリアは大戦当事者の主要八カ国の末席に位置する国家に過ぎなかったものの、大戦を通じて四つの大きな戦線で本格的な軍事作戦を遂行しており、その中でバルカン半島、リビア及びエジプト方面、東アフリカにおける三つの戦線は、アルプス山脈を越えて北方へと不連続に展開していく出来事を結び付ける役割を果たすこととなる。また、イタリアは、一九四〇年六月以降に干戈を交えた英国同様、ヨーロッパ大陸における戦争の展開や帰趨に与えた影響という点では辺縁的存在ではあったが、その英国との戦いを通じても重要な役割を果たすこととなる。即ち、各地域毎に勝敗は決せられていたものの、本来ならば異質で相互に脈絡のない戦い同士を、意味のある繋がりを持つものとする媒介者の役割をイタリアは英国と共に果たしていたとも言えるのである。

参戦から十日も経たぬ内にイタリアは英海軍の巡洋艦一隻と潜水艦三隻を戦果として計上したものの、一九四〇年六月十日の対英仏宣戦布告と同時に目立った攻勢作戦を敢行することは、いずれの戦域においてもなかった。一九四〇年六月の段階におけるイタリアの戦略方針は防勢が基本で、これは、戦争の帰趨は既に決しており、イタリアが労せずして英仏から相当程度の利を得ることを既定路線にするムッソリーニの計算に基づいていた。このように算盤《そろばん》を弾いていたのはムッソリーニだけではなく、同じ月にはスペインの独裁者であるフランシスコ・フランコもまったく同じ結論に達し、ドイツの働きかけに応えて、将来いずれかの時期に枢軸国側に立って参戦するのに吝《やぶさ》かでないとの意向を示している。しかしながら、フランコの内約には原則として少なくとも英国という獅子が死んだ証しが提示されなければ何もしないとの暗意が込められていた。これに対して宣戦布告をしてしまったムッソリーニは、利を得ようとしても、フランスとの国境地帯で伊軍が最低限の戦果さえ挙げることができなかったことや、ヒトラーが対仏戦で獲得した戦果をイタリアと分け合ったり、イタリアのためにフランスがその植民地を手放すように強要したりするのを拒否したこと、そして、英国がイタリアの期待とは裏腹に屈服しなかったことなどによって、事が意のままに進まないことを思い知らされる。このような事情で、イタリアの防勢本位の方針が攻勢作戦に転じていく歩みは遅々としたもので、実際にイタリアが東アフリカで初めて攻勢に出る時機を決したのは国策上の判断ではなく、現地の特殊要因によるものであった。

具体的には、スーダン東部への進撃を促すこととなったのは雨季が間近に迫っていたことであり、伊軍は国境線沿いのカッサラとガラバトを一九四〇年七月四日に、クルムクを同月七日に制圧し、南方ではケニヤに歩を進めて十五日にモヤレを占領した。伊軍が国境を越えて英領ソマリランドに三方向から侵攻していったのは、仏領ソマリランドが中立を維持することが確実になった八月三日になってからであり、五日にゼイラとハルゲイサを、六日にオドウェインを手中に収める。そして、タグ・アルガン砂漠を強行突破した後に、英領に残っていた最後の英軍部隊がアデンから撤退したのを見て、ベルベラを十九日に占領した。これに対して、リビアとエジプトの国境地帯で行ったのは小規模な偵察行動が主で、大規模な作戦が開始されたのは一九四〇年九月十三日になってからであった。この日、伊第十軍は重い腰を上げて隷下の五個師団を以て攻勢作戦を開始し、五日で六十マイルを踏破してシディ・バラニを攻略するが、そこで停止した。イタリアが目論んでいたのは、独軍が英国南部に上陸するのと同じ日にエジプトへの進撃を開始することであった。結局、独軍は英本土上陸のアシカ作戦を実行に移すことができなくなったが、ムッソリーニとしては、エジプト侵攻をそのまま進めるより他に選択肢がなかったのである。このように、エジプトへの攻勢が英本土上陸作戦と同時に行われるよう計画されていたという事実が暗黙裡に示しているのは、北アフリカで枢軸陣営が展開する作戦行動が及ぼす影響力は、戦争全体の帰趨を決定する上では極めて限定的なものになるであろうということであった。

英本土航空決戦

フランスの敗退と共に英国は戦略的に絶望的な立場に追い込まれたというヒトラーの判断は正しかった。ヒトラーは同時に、フランスが屈服したために英独の国益が衝突することが最早なくなったので、両国が戦い続ける謂れは全くないとの考えを抱いていたが、こちらの推測は完全に外れることとなる。英国が宣戦布告をしたのはドイツの侵略に抗するためであって、ドイツの戦勝がもたらした結果を受け入れてドイツの後塵を拝する地位に甘んじるためではなかったからである。フランス降伏後も英国が講和交渉に応じなかったことはヒトラーには予想外のことで、ヒトラーは英国を屈服させる手段を模索する中で難しい選択を迫られることとなった。

英国の海上交通への攻勢を強めるという方策は現実上の問題としてヒトラーが採用できるものではなかった。これまでドイツが挙げてきた戦果や英国の挑戦的態度、そして世界が英独戦の成り行きに注目しているといった政治的要因を考慮すれば、ヒトラーとしては英国を直接攻撃することによってその抗戦意欲を挫く必要があったのであり、このような理由でドイツが採るべき手段は、英国に侵攻することか、空襲を間断無く続けて英国の抗戦意欲と能力を破壊することかに絞られていくのである。ところが、独空軍は戦略的航空作戦を行うことを目的として設けられたり育成されたりしたものではなく、現実の装備や実施された訓練もそのような目的を念頭に置いたものではなかった。それに、ヒトラーも空軍参謀部も、戦闘機の援護なしで空爆を行っても英国が講和を求めて来るよう仕向けられるとは思っていなかった。しかし、たとえ空軍が戦略的に意味のある作戦を敢行できないとしても、ドーヴァー海峡を渡る侵攻部隊を護衛できるような強力な水上艦隊がない以上、ヒトラーが一九四〇年七月十六日に下した英国南部への上陸作戦指令を実行に移すためには、空軍に何か別な作戦を遂行させる必要があった。ただし、その作戦を以てしても目的を達成することが困難なことは見えていた。ドーヴァー海峡の狭い海域における英軍の制海権を突き崩すためには、独空軍は英国南部の制空権を奪取する必要があり、しかもそれを実戦投入可能な単発戦闘機の数では自らと同等の戦力を誇る敵の空軍を相手にして、数カ月ではなく数週間で成し遂げなければならなかったからである。

重爆撃機や航続距離の長い単発戦闘機を持たない独空軍は、このような作戦には不向きであり、大戦の後期の段階で独空軍が行った爆撃作戦が実証したように、一九四〇年当時の独空軍は、戦略爆撃という言葉が示すような、保有する戦力を一度に全力投入しただけでは勝てない長期にわたる作戦を継続するのに必要な大量の航空機や搭乗員を有していなかったのである。それに加えて、独空軍は、そのような作戦を試験的に実行しただけでも、当時その場では明白に認識できなかった困難や障害に見舞われていたのである。

英空軍は技術・技能面では独空軍と互角であった。その第一線配備の戦闘機は独空軍の戦闘機に遜色がないほど優秀であり、空軍が設置した戦闘機軍団司令部は、ドイツ側が正に意図していたような形の攻勢を跳ね除けるための対抗手段を駆使できるものであった。また、英空軍はフランスとフランダースにおける戦いで総計九百三十一機を失ったものの、フランスが降伏してから英国の航空基地・施設への独空軍の攻撃が開始されるまでの七週間という時間は、その損失を補塡して態勢を建て直すには十分な時間で、第一線配備の戦闘機に関しては概ね互角の態勢で独空軍に対抗できるまでになっていた。航空機の生産量では六月から十月の間は英国がドイツを二・一対一の割合で凌駕している中で、作戦期間を通じて英国側に有利に作用することとなったのは、地理上の位置関係から必然的に生じてきたことではあったものの、英国が予備の航空部隊をドイツ側の航空機の航続距離外に置くことができたこと、撃墜された航空機の搭乗員と損傷を受けた航空機を収容・回収して再び投入することができたことなどで、七月七日にドーヴァー海峡の上空で戦いが幕を開ける前に、既に両軍の優劣関係は徐々にではあるが、決定的な形で独空軍に不利なものとなっていたのである。

英国側に有利に働いたこれらの諸点は、最終的には英本土航空決戦〈以下、ＢｏＢ＝バトル・オブ・ブリテンと表記〉の帰趨を決める要因となったものの、独空軍が作戦全体を通じて主導的立場にあって攻勢に出ることができたために享受していた優位によって相殺されていた。すなわち、目標の選定、そして攻撃をかける時期や使用する兵力について独空軍は自在に決定することができたのである。このために、英戦闘機軍団司令部は、初期の段階ではドイツ側が攻撃を開始する以前に部隊を上空に展開させておくことが必ずしもできないという不利を負わされることとなった。もっとも、この不利は、ドーヴァー海峡上空での空戦において独空軍が英国の海上交通路だけでなく他の多くの標的に対しても攻撃を加えたことによってある程度軽減されることとなる。この段階では独空軍は、活発な機雷敷設作業や、英国南部への戦闘機による襲撃、港湾の重要施設への攻撃、種々の非軍事目標への爆撃も敢行していたのであり、このような作戦行動を経てＢｏＢのパターンが定まっていったのである。独軍の空襲への対抗策として執るべきは最大限可能な措置か最小限必要な措置かの選択を迫られた戦闘機軍団は、戦闘機部隊の損害をなるべく少なくするため、攻撃対象を爆撃機に限定して空戦に投入する。その結果、一九四〇年当時の独軍の標準型単発戦闘機であったメッサーシュミットＢｆ109が英国南部地域上空に留まれる時間が三十分に限定されており、独軍の戦爆協同態勢が充分に整っていなかったこともあって、英空軍は一九四〇年七月七日から八月十一日までの期間に百七十五機を失いつつも二百九十七機の独軍機を撃墜したのである。

このような作戦を通じて独軍首脳部が初めて悟ったのは、戦いが当初想定していたような四日程度で終わるような容易なものではないこと、そして、英空軍の予想外に効果的な戦いぶりの鍵となっているのが英国南部一帯に設置されているレーダー基地群であることであった。そのようなレーダー基地群や戦闘機軍団及びその下級司令部などの総体は、太平洋戦争後期の段階で米国の空母機動部隊に整備されていく戦闘情報センター（ＣＩＣ）の原型とも言える。英空軍が空中警戒態勢を維持できないようにすることを特に意図して、八月十二日以降独空軍がその矛先を向けたのは、そのようなレーダー基地群や航空基地であり、独空軍はその目的を達成する寸前まで英国側を追い詰めた。八月十二日から十三日までの二日間は、引き続き独軍が不釣合いな割合で損失を被っており、英空軍の損失機数百七十七機に対してドイツ側の損失は二百九十九機に上った。ところが、双方の損害はその後概ね拮抗してきて、八月二十四日から九月五日までの期間はドイツ側二百九十四機に対して英国側が二百六十九機となる。そして、喪失した機種で見てみれば、英軍側の損失の大多数が戦闘機軍団のものであったのに対し、独空軍では戦闘機と爆撃機の間で損害を折半する形となっていた。現実問題として英戦闘機軍団は、空戦に際しての周到な配慮にもかかわらず、崩壊寸前の状態に追い詰められていたのである。

一九四〇年八月の段階で英空軍は、第一線配備の戦闘機隊も予備隊も大きな痛手を受けていたが、機体の損失よりも深刻だったのは、搭乗員の疲弊と代替要員の確保であり、九月に入る頃には飛行時間が十時間余りの搭乗員でさえも空戦に投入を余儀なくされる程にまで英戦闘機軍団は窮迫した状態に追い込まれていた。そのような英空軍ではあったが、三つの要因の複合作用によって敗北の淵から救われることになる。第一に、独空軍が自らが被った損失のため意味のある成果を挙げるために必要な規模の攻撃を持続させることができなかったこと、第二に、独空軍がその作戦企図を達成するためには絶え間ない攻撃を繰り返すことが必要であったが、悪天候のためにそれができなかったこと、第三に、自ら作戦の指揮を取っていたゲーリングが、決定的成果を挙げることが必要な期間に攻撃を集中すべき目標を絞りこむのを怠ったことである。ゲーリングが恒常的に攻撃目標を変えていたことで、各戦闘の局面では戦術上の奇襲効果が得られ、英戦闘機軍団の戦力が消耗し続けていったことは確かだが、このような措置を実施していくうちに、独空軍将兵をも困惑させて士気を低下させることとなり、攻撃対象とした英国側の目標のどれ一つとして完全に破壊できない結果となったのである。実際、長きにわたるこの作戦期間中、英軍のレーダー基地群や航空基地の中で使用不能となって放棄されたものは皆無であった。

このように独軍の作戦指導が不調に終わった原因の一端は、搭乗員が報じた誇大な戦果や、ゲーリングが作戦指導者として十分な資質を有していなかったことに帰せられるが、攻撃目標の選定や作戦方針に混乱を来たした真の原因は、空軍が三つの相互に異質な目的を同時に追求したことにある。具体的には、第一に英国南部での制空権確保、第二に上陸作戦への地均《じなら》し、そして第三に上陸部隊を迎撃する英国側の反撃手段の撃砕である。この三つの間に相互に重なる部分があったのは明らかであったが、それに由来する利点は、付随して生起してくる問題に比してはるかに小さなものであった。そして、一九四〇年九月七日以降は、独空軍が英国の都市を破壊して同国の抗戦意欲を破砕するという第四の目的を追い求め始め、このような混乱状態に拍車をかけることになる。

そのような目的を達成するのが不可能であることは空軍自身が明言していたにもかかわらず、このように作戦方針が変更されたのは、ある偶発的な出来事の結果である。八月二十四日から二十五日にかけての深夜に、飛行進路を誤った独軍爆撃機編隊がロンドン市街を広範囲にわたって盲爆した。この空襲が意図的に行われたと判断した英空軍は、その報復としてベルリン初空襲を翌日の夜に敢行し、その後は、独空軍がそれに応えて空爆を行うというパターンが続けられる。それまでレーダー基地や航空基地への空襲を行って、知らぬ間に勝利の目算が立てられるところまで来ていたにもかかわらず、それが中断され、九月七日からはロンドンへの組織的な空襲が開始される。この独空軍の方針転換によって、瀬戸際まで追い詰められていた英戦闘機軍団は一週間余り息を継ぐ期間が得られ、それによって戦力を回復して九月十五日に独空軍に決定的打撃を与えることとなる。

七月三十一日の段階でヒトラーは、この九月十五日を英国南部への上陸作戦を決行する日に選定していたが、正にこの日に独空軍はロンドンに対する二波にわたる大規模な爆撃を行う過程で五十六機を失う。一日あたりの喪失機数で言えば、八月十五日に七十一機、十八日に六十機を失っているので、独空軍にとってはＢｏＢの中で最大の損害を被った日ではなかったものの、この日の損害は、独空軍がその戦力の限界に近付く中で最後の力を振り絞った上で生じたものであった。七月七日からこの日までの激戦の中で失った機数は、英国側の七百七十九機に対してドイツ側は受忍限度を超える千百十六機に上り、その上でこれまでにない多数の英軍戦闘機の迎撃を受けることとなったのである。この日は午前と午後どちらの時間帯においても、英戦闘機軍団が英国南部に投入した戦闘機は三百機を超え、このように無尽蔵にも見える英軍戦闘機の迎撃に直面した独空軍は、ＢｏＢでの敗北を遂に認めざるを得なかった。その後、秋季・冬季を通じても英国の諸都市への爆撃は続行され、十一月以降は損害を局限するために夜間爆撃に重点を置いたものの、九月十六日から十月三十一日までの喪失機数は英空軍の三百二十三機に対してドイツ側は五百二十七機に達し、時日の経過と共に独軍の爆撃はその規模と効果の面で徐々に精彩を欠くようになっていく。九月十六日以降の期間でも、個々の爆撃がもたらす破壊の規模は極めて大きく、十一月十四日～十五日にコヴェントリーに、十二月二十日～二十一日にリヴァプールに対して行われた空襲は特に深刻な被害をもたらしたが、ＢｏＢの決着が九月十五日につけられたことについては、英独共に認識を共有していたのである。ヒトラーがアシカ作戦の延期を決定したのは九月十六日であり、独軍が英国侵攻のために集めた船舶・舟艇を分散させるよう出した指令は、その翌日に英国の諜報機関が解読している。アシカ作戦の取り止めが正式に決定されたのは、翌一九四一年一月になってからだが、九月十五日の空戦の結果、ＢｏＢを継続できないことをヒトラーと独空軍が悟った時点で、同作戦計画は既に水泡に帰したも同然だったのである。

屈せざるも無力な英国

ＢｏＢの結末はヒトラーにとっては意外でも気に病むべきものでもなかった。この戦いは、大戦中ヒトラー自らが作戦指導にあたらなかった最初の攻勢作戦であり、その作戦指導から距離を置いていたために、その結果をヒトラーははっきりと把握することができ、そしてその結果は時の経過と共にその意義が歪曲されていき、戦いそのものは英国史の中で神話的扱いを受けるに至る。軍事的に見れば、ＢｏＢは規模の小さいもので、それがもたらした意義も限定的なものである。この戦いの期間中に英空軍が失った搭乗員の数は五百二十名であったが、その後三年の間に英空軍爆撃機軍団と米陸軍第八航空軍は共に、それと匹敵する数の搭乗員を単一の爆撃作戦で何度か喪失することとなる。また、独空軍の損害も、大きかったとはいえ、一九四一年秋にモスクワの戦いで被った損失はそれを上回った。現実にＢｏＢが唯一もたらした結果は、英空軍が八月までと較べて九月以降は英国南部上空において昼間は優位に立つことができるようになったということのみであり、その他の面で英国が置かれていた立場は変わらなかった。ドイツが西ヨーロッパを支配下に置いていた現状を英国が揺るがしたことはなく、英海軍について言えば、英国史を通観すれば分かるように、その艦隊勢力に由来する英国の優位が最高潮に達した時でさえも、海軍力のみでヨーロッパ大陸で覇権を確立した大国に挑んだり、ましてやそれを破ったりすることが決してできなかったのは明らかであった。そして、一九四〇年当時には陸路による輸送の方が海上輸送よりも有利であったため、英国がヨーロッパ大陸のどこかに拠点を構えようとしても、ドイツ側がいち早く英国側に勝る兵力を投入できる態勢にあった。おまけに、一九四〇年当時の英海軍の戦力を以てしては、通商破壊によって屈服させられるのをやっと免れることができるというのが実情であった。独軍がフランスとノルウェーに潜水艦基地を設けたことで、地理的位置関係上から英国がそれまで有していた戦略上の優位は失われた。そして、戦間期に予想された通り独海軍の潜水艦は英艦隊の護衛艦艇が航行できる範囲を越えて大西洋に進出することができるようになり、一九四〇年十月には水上艦艇さえも、いつでも海洋作戦に再び投入できるようになったのである。

ＢｏＢにおける独空軍の蹉跌は、当時のヨーロッパの戦況に何等の直接的影響ももたらさず、一九四一年に東部戦線で攻勢準備を始めようとしていたヒトラーは、西ヨーロッパでの防衛態勢を固めて間接的な方法で英国との戦いを継続することを試みざるを得なかった。それでも自身が下した対ソ攻撃の決断が揺らぐことはなかったのである。英国との決着をつける前にソ連を粉砕することにこだわったのは、ヒトラーが戦争中に犯した重大な過ちの一つとするのが一般的な見方であるが、これは正鵠を射たものではない。ソ連を単一の作戦で一気に潰そうと試みるのは理に適っていないわけではない。実際に作戦を担当する軍にとっては二段階での作戦を試みた方がよかった可能性はあったものの、一九四一年当時対英戦のために割かれていた兵力が対ソ攻撃に回されていたら独ソ戦の様相に何等かの重大な変化を来たしていたと考えられる理由は見当たらないのである。バルバロッサ作戦に投入されなかった独軍五十五個師団の中で、独軍首脳部が東部戦線での作戦にも耐えると判断していたのは二十三個師団のみで、実際問題として、同作戦に投入された兵力規模は、当時東部戦線で独軍が効果的に展開・維持し得る最大限度というよりは最大限度をも超えたものであった。したがってそれ以上の兵力が増強されたとしても独軍の戦闘能力と効率性を向上させることにはならなかったのである。加えて、対英戦を継続しながら対ソ戦に踏み切る決断を下したのは、ヒトラーが二正面作戦を展開する上で事の本質上直面する問題を甘んじて受ける決心をしたためと一般には受け止められているが、一九四一年当時西部方面に控置されていた兵力が占領地を保持して該地域の資源・生産物をドイツのために役立たせるために駐留していたというのは、見過ごせない事実である。西部地域に展開する独軍兵力がこのような任務から解放されることはなく、同方面の部隊が占領統治に加えて防衛の任務をも同時に負うことになるのは一九四三年になってからであり、その時までフランスはドイツの戦時生産力の二十五％を担うまでになっていた。そして、その時点で失策として認識されていたのは、英国を屈服させる前にソ連に侵攻したことではなく、意図していたようにソ連を破ることができなかったことであった。

英国の屈服を待たずに対ソ戦を開始したヒトラーの決断それ自体は理に適ったものであり、大陸におけるドイツの覇権に異を唱えることができる唯一の国家であるソ連を破れば英国の立場をさらに弱めることができるとの目算に裏打ちされていたという点は特に首肯できるものである。ヒトラーの決断に欠陥があったとしたならば、それは、ＢｏＢ後の西ヨーロッパ情勢を安定させるための種々の施策を誤ったこと、そして、ドイツにとって望ましい形で対ソ戦のタイミングを図ったり、その周囲の状況を整えていったりすることができなかったことにある。このような失策は、ＢｏＢ

で独空軍が敗れ去ったために政治面で生起した事態に由来するもので、これによって突きつけられた諸問題をヒトラーはドイツに有利に作用する形で解決することができず、自らが思い描いていた予定表に合うように解決できなかったことは確かである。

選択に苦しむドイツ

政治的には一九四〇年の夏から秋にかけての出来事はドイツの失策と見なされた。ことに英国が当面生き残れたことは連合国の最初の勝利であり、それによって英国は自身の国際的地位が保持されたどころか向上したことを確認することとなった。そして、英国がドイツの和平提案を拒否したことでヒトラーのみならず独軍首脳部もその失望感を隠さなかった。このことで英国は自身の地位について抱いていた見解が正しかったことを再確認する。それでも、英国もいずれは他の連合国と同じ運命を辿るというドイツの信念が揺らぐことはいささかもなかった。しかし、英国が一九四〇年の時点で生き延びられたことは、それによって米国がその経済・軍事力を動員できるまでの時間を稼げた点と、英国に同情的な米軍首脳部に英国が屈服しないとの確信を得させた点において決定的な重要性を持つ。フランスが敗北への坂道を転がっていた一九四〇年六月当時は、英国も同じ運命を辿らないという保証などまったく無かったが、その時期においてさえも米国政府が第一次大戦当時と同様に大量の軍需物資を英国に送るよう手配していたのは確かである。それらは、二十年にわたる財政緊縮と政治的孤立の期間に米軍が唯一保有することができていた、なけなしの物資である。それでも、米国はＢｏＢでの勝利が明らかとなるまで、そのような援助をしたとしても旬日を経ずしてそれが無駄になり、その分自国の国防に必要な資材が失われるといった懸念を払拭できずにいたのである。しかし、英国の勝利が明らかとなり、フランクリン・Ｄ・ローズヴェルトが前例のない三期目の再選を果たすや、英国が独力ではなし得ない自国の生き残りに向けた本格的なてこ入れを米国は開始することになる。それと言うのは、植民地の資源をかき集めたとしても、大英帝国は対独戦を継続することができない状態にあったからで、一九四一年四月の時点で英国の金保有高は一日の通商量を賄《まかな》うにも不十分なほどに減っていたのである。その窮状を救ったのが、既に同年三月十一日から施行されていたローズヴェルト政権の武器貸与法や、北大西洋での前進戦略の採用であり、これらの措置によって米国はその年の末には英国の同盟国として参戦してくるのである。

一九四〇年夏の段階でドイツが犯した一連の失策がもたらした影響は、西ヨーロッパでドイツの地歩を固めた上で間接的手段を通じて対英戦の継続を図るというヒトラーの目論見が、それらの失策によって狂わされるという形で直ちに顕在化した。地中海西部から英国を締め出し、アフリカの西部及び北西部を英国、さらには米国による攻撃からも守るため、ヒトラーはスペインと同盟関係に入る途を模索すると同時に、フランスのペタン政権をも自陣営に引き込むことに努める。しかしながら、スペインに利を与えるのはフランスに犠牲を強いることでしかできない状況の中で、ヒトラーとしては、フランスにドイツへの協力を求めることはできても、譲歩を強いる術は持っていなかった。そして、マグレブ地方のフランス植民地が枢軸側の支配下に入らない限り、地中海西部から英国の勢力を締め出すことはできず、そのために英国の抗戦が続く限り、スペインとペタン政権の姿勢も慎重なものとならざるを得なかったのである。一九四〇年十月二十三日にヒトラー自らが南仏のアンダイエでフランコと会談してスペインの参戦を促したが、フランコは明確な回答を避け、そして、翌一九四一年一月十日にドイツがジブラルタル攻撃のために独軍のスペイン領内を通過する許可を求めた時には、はっきりとした拒否回答が示された。一九四〇年十月二十四日にヒトラーがペタン政権に対して行った働きかけも無理強いするものではなかった。ペタン政権はと言えば、ド・ゴールがロンドンに樹立した自由フランス政権の存在によってその正統性に疑義を投げかけられる立場に立たされる中で、七月三日と六日に英海軍が仏海軍を無力化すべくメルス・エル・ケビールの仏艦隊に攻撃をかけてきたにもかかわらず、積極的な対応をすることはなかった。ところが、この動きを目の当たりにしたムッソリーニは、必要とあらばヒトラーはイタリアの言い分を退けてでもフランスを支援する内意があると見て取り、その神経を尖らせることとなる。実際は、このようなドイツの動きは、自国がドイツの手を離れて自在に行動できるようにしようとムッソリーニが企図した意趣返しを全うさせることとなったが、その後の事態の展開によってムッソリーニは自国をドイツの衛星国のような地位に落とし、バルカン地域の安定を図るドイツの計画をも台無しにしてしまうのである。

伊軍のギリシャ侵攻

ヒトラーはムッソリーニに、一九四〇年九月の段階でも、そして十月四日にブレンナー峠で会談した際にも、バルカン方面ではイタリアがその行動を自制する必要があることを強調し、その代償としてイタリアがギリシャとユーゴスラヴィア方面で野心を満たそうとする際には支持を約束していた。ところが、十月七日にドイツは突然ルーマニアを占領した。会談の際に、そのことを予告しなかったヒトラーの欺瞞行動に触発されたムッソリーニは、自国の立場を回復させるための手段として、十月二十八日にギリシャへの侵攻を断行する。ブルガリアもユーゴスラヴィアもギリシャとの領土紛争を抱えている中で、このイタリアの動きは、ヒトラーがバルカン地域の安定を維持できる見通しをほぼ立てられた時期に地域を混乱させる要因となるものであった。また、たとえルーマニア空爆のための航空基地確保が唯一の目的であったとしても、英国のギリシャへの介入が確実になるという点で、大きな意味を持つものであった。それでもヒトラーは、イタリアの対ギリシャ戦を全面的に支援することを申し出て、イタリアがそれを辞退すると、伊軍を補強する目的でイタリア南部とアルバニア及び北アフリカに出撃できるよう、ドイツの陸上・航空兵力の一部を待機させた。つまりヒトラーは、自身の要求に応えて他国がドイツの目的を適《かな》えてくれることが見込まれる場合、そのような国への軍事援助は限定的範囲で行うという、フランコとペタンへの対応法を踏襲して、その目的を達成しようとしたのである。フランコとペタンは共にこのヒトラーの意図を見抜き、最終的にヒトラーはどちらに対しても対英宣戦布告を強いることはできなかった。しかし、ムッソリーニは既に戦争の当事者となっていることでドイツの戦略に半分巻き込まれているのも同然で、対ギリシャ戦開始から六週間も経たぬ内にバルカン地域と北アフリカ、そして海上で伊軍が壊滅的打撃を受けた時には、自らの意思でその後の動きを決めることができなくなっていくのである。

ギリシャで伊軍が壊滅的敗北を喫したのには多くの要因が作用していたが、取り分け重要だったのは、侵略に対するギリシャの抗戦意思の強さをイタリア側が致命的なまでに過小に見積もっていたことである。伊軍潜水艦が、八月十五日にエーゲ海のティノスの沖合いでギリシャの巡洋艦エリを意図的に沈めるなど、夏の間挑発行為を絶え間なく行っていたが、それに対するギリシャ側からの目立った反応がなかったため、イタリアのファシスト指導部はそれをギリシャの弱さの顕われと見なしていた。ムッソリーニは、イオアニス・メタクサス将軍の独裁政権が隠れファシストで心情的には枢軸寄りであり、ギリシャの民衆は伊軍による占領を歓迎するであろうとの見通しを基にしてギリシャ侵攻に踏み切った。実際のところギリシャは戦争を回避したがってはいたものの、イタリアの圧迫の前に怖気づくことはなく、おとなしく膝を屈するつもりはなかったのである。

このようにギリシャ側の姿勢を読み誤ったことこそが、戦場でギリシャ軍の死命を制するのに充分な兵力もなしに作戦を発動したことを始め、イタリアが犯したすべての錯誤・不運を引き起こす過《あやま》ちの源であった。イタリアは一九四〇年十月の時点でアルバニアに第九軍と第十一軍を展開させていたが、師団の合計数は八個に過ぎなかった。イタリア参謀本部の判断では、ギリシャ軍が一個騎兵師団と十五個歩兵師団の半分をブルガリア国境に貼り付けていたとしても、ギリシャの占領には二十個師団を要するとなっていた。このように、アルバニアに展開していた伊軍はギリシャを占領するという任務には耐えられないものであり、実際、伊空軍がギリシャ軍の動員を阻止したり遅延させたりすることができなかったこともあり、戦端を開いてから二週間は兵力面ではギリシャ側と較べて二対五の比率で劣勢であった。これに輪をかけたのが、ギリシャ軍を国境地帯から離れた防御陣地に釘付けにしておけるような海上作戦が悪天候のために行えなかったこと、伊軍の装備がこの戦域の人を寄せ付けないような荒野で行動するには重過ぎたことである。伊軍は、機械化が進んでいたためにかえってギリシャの峡谷地帯で立ち往生することとなり、その第九軍と第十一軍は作戦の初期段階でギリシャ軍が山岳地帯を通じて浸透・包囲してくるのに悩まされることとなる。反面、機械化されていた伊軍が主要交通路を十二月に至っても確保することが可能だったので、全面的敗北を免れたのも機械化のおかげであった。

ムッソリーニがギリシャ侵入を一九四〇年十月に決定したことで、伊軍はさらに二つの面で厄介な問題に直面することになる。第一に、作戦始動が予告されてから開始されるまで二週間しかなかったために、二つの軍はアルバニアに軍需物資を十分に集積できる前に攻撃を始めざるを得なくなり、同地に追加の八個師団が集結し終わった十二月には伊軍の補給態勢はすでに崩壊していたこと、そして第二のもっと即時的影響を与えた問題は、ムッソリーニが立てた作戦予定表のために伊軍が一年で最悪の季節に作戦を発動する羽目になったことである。ギリシャに侵入した伊軍には冷たい豪雨が襲いかかり、十二月を迎える頃には気温は氷点下二十度にまで低下した。こうして、河川の氾濫や底なしの泥濘《でいねい》、そして寒気が、政治面での無能ぶりと軍事面での準備不足に苛《さいな》まれた伊軍の侵攻作戦の死命を制したのである。

伊軍のギリシャへの主要侵入経路は、コニツァとフロリナを結ぶ線、メッツォヴォに至るルート、及び海岸線を通るもので、主攻勢が指向されたのは、四個師団が投入されたイピロスであり、伊軍が相当程度前進できたのはこの方面だけであった。第九軍はフィリアテスとパラミティアを迅速に制圧したものの、中央での攻勢は数日で頓挫し、伊軍が鳴りを潜めていたフロリナ地区ではギリシャ軍が十月三十一日には早くも攻勢に転じる。動員が進むにつれて新たに予備師団十三個がギリシャ軍の戦列に迅速に加わり、ブルガリアの不穏な動きにもかかわらずトラキア地方で阻止する態勢が整った。そのため、防勢に立ったままではいずれは敗れることを悟っていたメタクサス政権はアルバニアに進撃する決断を下す。伊軍が布陣する場所よりも高い稜線を確保したギリシャ軍は、東部と中部地域で迅速に反撃を敢行することができ、早くも十一月三日にヴォヴォサ近辺で伊軍の山岳師団一個を撃破すると、十四日には全戦線で全面的攻勢に転じる。この攻勢が開始されたのは、英空母から発進した艦載機が十一月十一日から十二日にかけての夜間にタラント軍港に係留されていたイタリアの戦艦三隻を撃沈破するという大戦果*を収めた三日後であり、この攻勢が終わったのは、英軍が第二次大戦中陸上での初めての攻勢作戦を行う三日前のことであった。

どちらも成功裏に終わったが、相互に連関することがなかったので、その効果は持続しなかった。英軍は十一月二日にクレタ島を占領し、その後ドデカネス諸島から脅威を受けないようにしたものの、メタクサスは、その目の黒い間、即ち一九四一年一月二十九日までは、ギリシャ本土に英軍の進駐を許すことは拒否する。その理由は、英軍がバルカンに足を踏み入れれば、それがどれ程の兵力であろうともドイツにとっては見過ごせないほど大きな存在となると同時に、その兵力規模はギリシャが敗北を免れるには小さ過ぎるというものであった。ギリシャ軍がアルバニアの四分の一を席巻して、十二月には伊軍がヴロラの「北側」に防衛線を敷かざるを得なくなるまで追い詰められるといった状況では、短期的に見ればそれが及ぼした影響はほとんどなかったが、長期的に見れば、このようなメタクサスの姿勢とギリシャの立場は持続できるものではなかった。ギリシャ軍の歩兵第五軍団が十一月二十二日にコニツァを、二十九日にポグラデツを制圧する過程で伊軍の三個師団を粉砕し、それと並行して歩兵第二軍団が十二月三日にパルメットを、歩兵第一軍団が八日にジロカストラを攻略するに及んで、ヒトラーは唯一の同盟国が敗退していくのを見過ごすことができなくなり、ドイツが介入することは決定的となる。

イタリアが正式な援助要請をしてきてから三日後の十二月十日に、ヒトラーは爆撃機戦隊一個をイタリア南部に投入し、十三日には、翌一九四一年三月にブルガリアを占領してギリシャに侵攻するとの決定を下す。このような決定を下すことによってヒトラーは、事の成り行き上やむを得ず、地中海東部をイタリアに依存した形で確保した上でギリシャにあたるという従前の方針を撤回した。しかし、目的を限定する姿勢に変わりはなく、クレタ島とギリシャは攻勢の限界点であり、さらなる東方進出への踏み石ではないと考えていた。

北アフリカの戦い

ところが、目的を限定するというこの二番目の構想も年末までには同様に瓦解していく。ギリシ

＊　タラント軍港に停泊中の伊戦艦群を空母から発進した雷撃機の攻撃で撃沈破したこの戦いは、明らかに日本海軍の真珠湾攻撃構想に影響を与えた。

ャ軍がアルバニアでじりじりと前進を続け、十二月二十四日にヒマラを、次いで年が明けた一九四一年一月十日にケルチュラを攻略している最中に、北アフリカでは伊第十軍が劇的かつ屈辱的な形で壊滅する。十二月九日から伊軍防衛線の間隙を突いて前進を開始した英西方砂漠方面軍は、シディ・バラニ近辺の伊軍野営地を西側から襲い、それから二カ月の間に五百六十マイル余りを走破してエル・アゲイラに達することになる。その途中バルディアを一月三日に、トブルクを同月二十二日に、デルナを同三十日に、そしてベンガジを二月七日に陥とす。ジャバル・アフダールの両側を進むことによってメキリスムス経由で前進した英軍は、海岸沿いのルートで撤退する伊軍部隊より先にベダ・フォムに到達することができ、この結果、総兵力が二個師団に上ったことが一度もなかった英軍は、二月五日にキレナイカの包囲・殲滅戦で伊軍に止めを刺したのである。この六十日の間に英軍が壊滅させた伊軍兵力は四個軍団と九個師団にも上り、捕虜十三万人を獲得した他に、戦車四百輛余りと千二百九十門以上の砲を鹵獲《ろかく》した。それに対する自軍の損害は二千名にも満たなかった。イタリアが受けた屈辱はこれに留まらず、キレナイカでイタリアが敗北を喫したのと同じ頃に東アフリカで開始された作戦で、英軍は二カ月と経たぬ内にアディスアベバを攻略し、五年間亡命中であったハイレ・セラシエ皇帝を復位させたのである。

この方面での英軍の作戦行動は、国境線近くで先に失ったケニアとスーダン内の拠点を一九四一年一月中旬に奪回することで始まり、アビシニア北西部のゴンダールで伊軍の抗戦が止んだ同年十一月二十七日に終了する。一九四一年二月十日に越境してジュバを十九日に、モガディシュを二十五日に攻略するといった形でイタリア・ソマリランドの制圧が迅速に進められ、アビシニアの中核地帯も同様に陥落したのに対し、エリトリアにおいては英本国軍・植民地軍・ベルギー軍・自由フランス軍が困難な戦いに直面してそれを終結させるのに苦労している。これは、アフリカ東部の戦線に限らず、第二次世界大戦中の伊軍の戦いぶりが首尾一貫していないことを象徴的に示すものである。キレナイカとソマリランドでの圧倒的勝利を受けて、英軍は伊軍の不甲斐なさをこき下ろすのに余念がなかった。しかし、これは、その分現地の英軍の功績を過小に評価することにも繋がるので、実際にはそれとは異なる伊軍の実態に間々直面したこともある英軍部隊の憤激を買うこととなった。例えば、エリトリアのケレン防衛に投入されたイタリアの第四及び第五師団は長期にわたって頑強な防衛戦を展開し、五十二日間にわたる戦いの末に三月二十六日になって、巧妙な撤退作戦を敢行することでその戦いの幕を閉じたのである。東アフリカでの戦いがアディスアベバの陥落以降七カ月も続いたという事実は、伊軍への評価を考える上で重要であるし、キレナイカでの壊滅的敗北の中でさえも、さほど効果的ではないにせよ果敢に戦いを挑んだ部隊があったことも事実である。

脆弱なイタリア

それでも、第二次大戦中の伊軍の戦いぶりが一貫性を欠くものであったという事実は厳然としている。イタリアが戦時中に編成した師団は八十四個に及び、その中には、独軍が北アフリカでアフリカ軍団の一部として活用するほど瞠目に値する師団もあった。そして、東部戦線においては伊軍は北アフリカで記録した戦死者数を上回る数の人員を失ったが、そこでも独軍は、ドイツの同盟国軍の中では最上で最も信頼が置けるとして伊軍を評価していたのである。もっとも、このドイツによる同盟国軍間の格付けは、甲乙と言うよりは丙丁を付けると言った方がよい様なレベルの低いものであった。以上のような例外はあったものの、伊陸軍の大部分が顕著なまでに精彩を欠いていたことは事実である。各戦域での航空兵力の実績も同様で、英海軍に対する空爆は精密さという点では一貫していたものの、運に恵まれなかった。伊海軍の海上での活動では、まとまった艦隊によるものではない小規模な作戦行動が目立ち、一九四一年十二月十九日にアレクサンドリア軍港で英戦艦二隻を撃沈したのが最大の戦果で、伊艦隊は、優位に立っている時にその状況に乗ずるのを怠るという失策を常に繰り返していた。一九四二年三月二十二日に戦われた第二次シルテ海戦は、戦力の上で相当な優勢を誇っていたにもかかわらず、それに乗じて攻勢をかけることをしなかったという事例の典型である。伊海軍は、北アフリカでの戦いが終末に近付いていった最後の絶望的とも言える数カ月間、海空で圧倒的優位に立つ連合軍を相手に勇壮な戦いぶりを見せるが、それでも、その全般的実績は一流とは言えないものであった。

キレナイカと東アフリカでの伊軍の敗北に現地特有の要因が作用していたのは明らかである。東アフリカが地理上隔絶した位置にあり、少数の航空機がリビア南部からアビシニア（エチオピア）に飛んでいたことを除いては孤立した状態にあったことは、同地域に戦火が及んでくると共にイタリアが現地の白人社会の安全に気を配らねばならなかったことと並んで、伊軍が敗北を喫する大きな原因となった。イタリア側に不利に作用した要因としてさらに挙げられるのは、その戦力が一九四〇年八月の時点で三十七万名というピークに達した東アフリカ軍の七割が、信頼度と素質の面で疑義を呈せざるを得ない現地人から徴集されたものだったという点である。もっとも、エリトリア人及びアビシニア人の将兵の一部は、支配者であるイタリアと深く関わり合いを持ち過ぎたことで、ハイレ・セラシエ皇帝が復位した暁に待っている自分たちの運命に明るい展望を描けなかったために、イタリアにとって信頼の置ける勢力となり、その戦闘ぶりも目覚しかった。しかし、攻勢に積極的で戦いのプロとしての資格を備え、優れた指揮統率の下にあった英軍の奇襲をキレナイカで受け、伊第十軍は、その態勢を二度と立て直すことができなかった。その後の壊滅の規模が尋常ならざるものであったにせよ、兵力で劣る相手に常に敗れていたという点で北アフリカで見られたパターンを踏襲したと言える。しかしながら、第二次大戦中の伊軍の敗北は、伊軍には軍隊としての効率性の根幹に関わる弱点があったとする以外には説明がつかないという点で一貫性が見られるのであり、伊軍の機構に内在する大きな欠陥のいくつかは、容易に指摘できる。

そのような欠陥の最たるものは、ムッソリーニ個人とムッソリーニが指導する政権の性質にあり、どちらも、その外見とは裏腹に、上辺だけを飾り無能であったという点である。イタリアよりも強力な同盟国であるベルリンの政体と同様に、ムッソリーニは政治・経済・軍事上の方針を相互に連関させるような機構を整えることができなかったし、側近たちが職務上の能力よりもムッソリーニ個人への忠誠度を尺度として抜擢された者であったという点でも似ていた。ムッソリーニの場合、このような欠陥が、産業・軍事面でのイタリアの脆弱性のために、戦場における失策となって直ちに顕われたのに対し、ドイツの場合には、その統治機構に内在する弱点が、国力の強大さと戦争当初の勝利によって相当の期間隠蔽されることとなったのである。

このような軍上層部での弱点を助長したのが、現地軍の士官レベルで見られた弱点である。伊軍との折衝に当たった独軍将校は、伊軍の若手将校の演練水準が低いことと、自主性を欠いていることに否が応でも気付かされていた。同様に独軍将校の意識に留められたのは、イタリア南部で編成された師団と北部で編成された師団との間に顕著な格差があり、北部の師団の方が格段に優秀であったということである。教育程度と職業意識が高い中間階層が幅広く存在することが士官としての適性を持った人物を多く輩出するための前提条件であり、その面でイタリアが相対的に他の諸国の後塵を拝していたということが、このような弱点の源となっていたと言えなくもない。これに加えて指摘すべきは、伊軍が一九四一年以降使用することとなった兵器・装備が惨めなほど時代遅れなものであったことで、その原因の筆頭としてあげるべきが、イタリアが確固とした産業基盤を有していなかったことである。イタリアは一九三〇年代の前半から中頃にかけて他国に先駆けてその装備を一新したものの、一九三〇年代後半になって世界全般での兵器の質の向上が目覚しかったがために、イタリアが一九四〇年の時点で使用していた兵器は他国のものと較べると押しなべて時代遅れとなっていた。これには、イタリアが自軍の装備を一新するだけの財政力と開発力を欠いていたことも作用していた。

このような構造上及び物質面での弱点をさらに悪化させていたのが士気の低さであった。それは三つの要素に起因するものではあるものの、いずれにせよ、一九四〇年当時イタリアでは国民全般が戦争に対して無関心な態度を示すという結果となって顕われることとなる。イタリアの民衆は、ムッソリーニが宣戦布告を発表した当初こそ愛国心を爆発させて応えたものの、戦争をすること自体には熱意を示さず、取り分け、イタリアにとって古くからの敵であったハプスブルク帝国の衣鉢を継ぐオーストリアを併合したドイツの側に立ち、旧来からの友邦〔である英米〕を敵として参戦することは気の進まないことであった。実際、イタリア人の多くは戦争そのもの、そして参戦の時機に戸惑いの意を隠さず、イタリア南部からの米国移民が多かった当時の実情のため、一九四一年十二月になって米国が敵国のリストに新たに名を連ねた時には、それを喜ぶ者などほとんどいなかったのである。次に、一九四〇年当時ムッソリーニが政権を掌握してから二十年近くになっていたにもかかわらず、ファシズムがイタリア社会に確固とした根をおろすことがなかったことが挙げられる。これは、ドイツのナチズムと異なり、イタリアのファシズムが実際には思想的基盤を持たず、民衆へのアピールに欠けるもので、単にムッソリーニの狡猾さと機会主義的姿勢を推し進めるための隠れ蓑に過ぎなかったためである。このため、イタリアの一般大衆はドゥーチェとファシズムのために命を的にして戦うような心情は有していなかった。そして第三に指摘できるのは、一九四〇年に参戦する以前からイタリアがほぼ確実に、本当の意味での厭戦気運に取り憑かれていたことである。イタリアが一九三五年以来推し進めていた戦争と対外積極政策の中で、イタリア国民は相当程度の犠牲を払うことを求められており、他のいかなる国とも同様に、六年間も戦い続けることなど耐えられるものではなかった。そして、キレナイカや東アフリカに駐留していた伊軍将兵は、ムッソリーニが開戦以前に口にしていたことを字義通りに受け止めていたようである。即ち、アフリカにおける植民地獲得競争でイタリアが得たのは砂漠だけであったとムッソリーニは一九三九年以前に頻りに不平を述べており、自国の植民地が価値のないものであるとの内意を込めた指導者の発言を耳にしていた伊軍が、その地を守るため最後の一兵まで戦うよう鼓舞されることなどほとんどあり得なかったのである。伊軍の一般兵士にとって、アビシニア防衛のために命を投げ出す謂れなどなく、このような実情であったため、英軍がアディスアベバを一九四一年四月六日に無血占領したことは何等驚くに値することではなかった。そして、この出来事も、同じ日にバルカン地域でドイツが開始した攻勢作戦の前には霞んでしまう。

ドイツの介入

英軍がキレナイカを突破し、それに伴って伊軍がトリポリタニアのシルテ周辺に退いていったのと時を同じくして英国とドイツは一連の決定を下した。その結果地中海東部一帯で生起した一連の出来事が積み重なって、連合軍がアルバニアとキレナイカで収めた成果は帳消しとなり、地中海東部で連合国陣営は劣勢に立たされることとなる。連合国は、あと一歩で勝利を全うできるところまで来ながら、それを逃した。その原因のほんの僅かな一端は、キレナイカを制圧したところで英軍がこの地域での作戦を打ち切って部隊をギリシャ方面に転用したことにあり、その意味で連合軍の自己失点とも言えるのである。具体的には、シディ・バラニ地域において初期の段階で戦線突破に寄与したインド第四師団が北アフリカ戦線から引き抜かれてエリトリアに送られたのを始め、ベンガジとエル・アゲイラを攻略したオーストラリアとニュージーランドの部隊も、連合国陣営に属しているとはいえ敗戦必至となっていたギリシャを支援するために転用されたことである。そして、時期的には、独軍の陸上部隊が初めて北アフリカに足を踏み入れた正にその時にあたっていた。それでも、全体を俯瞰してみれば、英国が下した決断が事の展開に与えた影響は極めて限定的であった。事態を左右する力を有していたのはヒトラーであり、一九四一年の第一・四半期においてヒトラーは、地理上の位置関係に由来する優位のため、事を思うままに進められたからである。具体的に言えば、ドイツはバルカン地域での影響力を増大させ、戦う前からギリシャを破ったも同然の態勢を整えており、北アフリカでは、枢軸国側の同地域への交通線が短く、キレナイカ西部にまで前進していた英軍が疲弊しきっていたこともあって、主導権が枢軸側に移っていたのである。つまり、この時期に英軍は一九四一年三月二十八日から二十九日にかけての夜間にマタパン岬の沖合いで伊海軍の重巡三隻と駆逐艦二隻を撃沈するという目覚しい勝利を収め、親枢軸勢力によるクーデターが起きたイラクを四月一日に占領するという動きに出てはいたものの、主要戦域での戦勢は連合国側にとって容赦なく不利となっていたのである。

事実としては、アルプス山脈以南の戦線でドイツが本格的に介入することによって戦況が変わっていく予兆は、既に一九四一年一月十日の段階で顕われていた。この日、独空軍がシチリア島からの最初の空爆作戦を敢行して英海軍の空母一隻を大破させ、英国がもはや地中海で制海権を容易には維持できなくなったことを明らかにしたのである。同様に、二月十四日に独軍の装甲部隊がトリポリに上陸したことによって、伊軍統帥部は北アフリカで直面していた危機を脱することになり、アルバニアでも二月五日にギリシャ軍がヴロラ攻略に失敗したことで、この方面でのイタリアの危機的状況にも終止符が打たれる。そして、一九四一年三月になると伊軍は攻勢に転じる。この時点でイタリアがアルバニアに投入していた兵力は二十八個師団を数えていたにもかかわらず、この攻勢は頓挫してテペレナの制圧には失敗した。それでも冬季の作戦行動で疲弊していたギリシャ軍をさらに弱体化させることには効果があった。そして三月にはギリシャ軍は、今度は独軍のブルガリア占領によって直面することとなった脅威に対抗するために、東部のトラキアに兵力を転用することを余儀なくされる。このギリシャ軍の動きは、ヒトラーの目には、ムッソリーニが不用意に始めたギリシャ戦を収拾するための前段階の出来事として捉えられていた。春季にソ連を攻撃するという主目的を常に念頭に置いていたヒトラーは、一九四〇年十一月から翌年三月にかけて、誘引・買収・威嚇政策を巧妙に取り混ぜてバルカン諸国を枢軸陣営に引き入れることに成功していたが、このような工作の基盤として活用したのが、一九四〇年九月二十七日に日独伊間で正式に締結された同盟条約であった。ヒトラーは、この三国同盟にハンガリーを十一月二十日に、ルーマニアとスロヴァキアを同二十三日に加盟させ、ブルガリアも独軍が一九四一年二月最後の週に進駐した後の三月一日にこれに続いた。この後でヒトラーが直面していた唯一の課題は、同様にユーゴスラヴィアをドイツの属国化することであったが、ここでドイツの企図は蹉跌《さてつ》を来たすこととなる。

冬の間、ヒトラーはユーゴスラヴィアを枢軸陣営に引き込もうと、巧妙かつ忍耐強い工作を展開していた。「南スラヴ諸族の国家」というその国名自体も忌むべきものと受け止めていたに違いないヒトラーが、ユーゴスラヴィア政府との交渉の過程で同国に突きつけた要求が極めて穏当なものであったのは、ヒトラーの見識と自制力との賜物であった。ヒトラーがユーゴスラヴィアに求めたのは、同国領内の通行権ではなく、三国同盟への加盟だったのである。それでも、もつれた感のある同盟関係にユーゴスラヴィアを引き入れようとヒトラーが巧妙に立ち回れば、ユーゴスラヴィア側も負けず劣らず時間稼ぎをして同盟への肩入れを避けようとする駆け引きが続く。しかしながら、春が近くなって独軍がブルガリアを占領し、ギリシャへの攻勢を開始する態勢を見せたのに伴い、三月にはユーゴスラヴィアの引き延ばし工作も終わりを告げざるを得なくなる。独軍の優勢が明らかとなり、連合国側が弱体ぶりをさらけ出している現実に直面したユーゴスラヴィアは、三国同盟加入の報償としてギリシャのマケドニア地方を割譲するとのヒトラーの提案もあって、決意を固め、三月二十五日にドイツと同盟関係を結んだのである。ところが、その二日後にユーゴスラヴィア政府は軍事クーデターによって倒され、クーデター派は民衆の広範な支持を受けることとなる。クーデターが意味するものを見て取ったヒトラーは、ベオグラードに樹立された新政権が三国同盟条約への加盟を正式に撤回するのも待たず、自分の考えに従った行動に踏み切った。

クーデターは、ユーゴスラヴィアの独立を強調するもので、それを自身に対する意図的な侮辱行為と受け取ったヒトラーは、ユーゴスラヴィアに対して「慈悲なき峻烈さ」で臨む決意を固める。クーデターから一日も経たぬ内に、ギリシャ侵攻（マリタ作戦）とユーゴスラヴィア侵攻（第二十五号作戦）を同時に行うために必要な指令・命令を発出すると共に、ヒトラーは、ユーゴスラヴィアを粉砕するに際してブルガリアとハンガリーとイタリアがそれぞれ相応の役割を確実に果たすための措置を実行に移し始める。ハンガリーのテレキ・パール首相は「ごろつき集団に与しようとする臆病者」の列に連なるよりはと、自らの命を絶ったが、ブダペストとローマとソフィアで政権の意思決定に携わっていた面々にはそのような良心の痛みはなかった。ベオグラードでのクーデターから十日を経ずして、独軍はギリシャとユーゴスラヴィアを対象とした作戦を開始する準備を整え、ドイツの同盟国は、それに付随して各々に与えられることとなる報酬を確保するために、作戦行動の準備を進めていった。

バルカンの戦い

ギリシャとユーゴスラヴィアを征服するために独軍が使用を計画した兵力は三十二個師団に上った。その内の十個が装甲師団で四個が自動車化師団となっていたが、実際には、攻撃が迅速に実施されて作戦が早く終結したために、その内の二十四個師団のみが投入された。独軍の兵力は第二軍と第十二軍とに分けられ、第二軍が三個軍団をドイツ南部に、一個軍団をハンガリーに展開し、片や第十二軍は五個軍団をブルガリアに、一個軍団をルーマニアに配置した。それらを支援していたのが、ヴェネツィア・ジュリアに布陣した伊第二軍の十五個師団と、ザラに位置していた伊軍の一個師団であった。そして、アルバニアでは伊第九軍と第十一軍とが、対峙しているギリシャ軍とユーゴスラヴィア軍の師団を牽制する計画であった。そして、ハンガリー第三軍が四個師団相当の兵力をユーゴスラヴィアに向ける他に、ブルガリアの一個師団が象徴的な意味合いで独第十二軍の戦列に加えられていた。以上が枢軸側の戦闘序列であった。これに相対するのは、員数の上ではユーゴスラヴィア軍の騎兵師団三個と歩兵師団二十八個、及び、ギリシャ軍の十四個師団となっていたが、ギリシャ軍は冬季の戦いによって戦力を半減させており、ユーゴスラヴィア軍は動員に三週間を要するという状態であった。さらに、ユーゴスラヴィア軍は七個の軍に編成されてはいたものの、各軍の兵力は軍団規模であり、四月六日の段階で動員が完了して前線に展開されたのは十一個師団にも満たなかった。

ギリシャ軍とユーゴスラヴィア軍が機甲部隊と呼べるものを欠いていたことは、両軍が全般的に抱えていた外面上の弱点の一つに過ぎず、そして、そのような弱点は、ドイツ側に戦いの主導権と制空権を掌握されていたことに由来する障害は無論のこと、他の三つの要因によってさらに増幅されることとなる。第一は、政治上の理由から、ユーゴスラヴィア軍が、国土の奥地に兵力を集結させて防衛線に拠るのではなく、国境線付近での防戦を試みざるを得なかったことである。ユーゴスラヴィアとその七つの隣国との国境線は千二十マイルにも及んでおり、その大部分は守るに難い地勢であった。優れた機動力を有する敵に対して、歩兵部隊を前方に展開させて迎え撃つのが危ういことは、自ずから明らかであり、このことは、配置についたユーゴスラヴィア軍の防衛線のあちこちに間隙があり、そのような間隙を埋めていたのが気休め程度の兵力だけであったことを指摘するだけでも十分に理解できる。そして、このような前方展開戦略を採用せざるを得なくした政治上の要請こそが、ユーゴスラヴィアという国家そのものと、その軍に内在する大きな欠陥を反映していた。具体的に言えば、相互に嫌悪を剝き出しにすること以外にはほとんど共通点を持たない民族同士が、その出自・宗教・文化の相違に由来する対立から激しくいがみ合っていたために、ユーゴスラヴィアが分裂状態にあったことで、これが第二の要因である。このようなユーゴスラヴィア社会の深刻な分裂傾向のために、一九二九年以降同国は、内戦に代わる唯一の現実的な統治体制として、君主独裁制の下に置かれていた。一九三九年にヨーロッパで戦端が開かれて以来、ユーゴスラヴィア内部の二大民族集団であるクロアチアとセルビアは、両者の相克を解決しない限り外部からの干渉を招くと意識していたため、対立関係の解消に努めていたが、ムッソリーニが亡命クロアチア人のファシスト勢力を庇護・支援していたことや、ブルガリアとハンガリーとイタリアがユーゴスラヴィア領に対して先祖伝来の失地回復企図を有していたことなどが重なって、ユーゴスラヴィアは内憂外患に直面することとなった。このように外部からの攻撃に曝されれば、対立する民族間で四分五裂となりかねない状態になっていたのである。

連合国側が背負わねばならなかった第三の問題は、ギリシャ軍とユーゴスラヴィア軍が相互に支援できる態勢になく、特に重大だったのは、どちらもマケドニアを守備するように部隊を展開していなかったことで、これは戦況に直ちに影響を与えるものであった。四月六日の時点でほぼ戦力を充足させていたユーゴスラヴィアの第三軍と第五軍は、各々アルバニア国境とブルガリア及びルーマニア南西部の国境に張り付いていたが、ギリシャの第一軍はアルバニア南部に展開する一方、第二軍は、ネストボス線の内側にあるマケドニア東部のメタクサス線に配備されたため、ギリシャの二つの軍の間には百五十マイルの間隙が生じ、その部分は英軍も埋めることができなかった。三月五日以降、オーストラリア・ニュージーランド軍団の歩兵師団二個と英機甲連隊一個がギリシャに到着したものの、それらの部隊が展開したのが、バーロシ山脈とサロニカ湾の間に位置してブルガリアからの最短侵入経路となるアリアクモン線であったために、モナスティルに開いた間隙地帯から攻撃を容易に受けかねないこととなり、それに対応する必要上、ヴァルダル渓谷を下ってのメタクサス線の背後への攻撃に備えることができなくなっていた。このように連合軍陣営は、さまざまな物量と兵数面での弱点を抱えると同時に、各部隊が分断された状態で布陣するという各個撃破され易い状態になっていたのである。このような状況を前にした独軍指導部は、自らの計画を見直す必要性を認めず、ブルガリアの西部からの独軍の最初の攻勢は、ベオグラードとピレウスへの大規模で甚大な被害をもたらす空爆と同時に、そのような連合軍の防衛線の脆弱な場所に指向される。

独軍の当初の攻勢作戦を担ったのは第十二軍で、三月二十七日のユーゴスラヴィアでのクーデター発生後に動員が発令された第二軍は、四月六日から九日の間は、橋頭堡を確保するための小規模な戦闘以外行えない状態にあった。第十二軍の進撃は、無防備なトラキア地方に第三十歩兵軍団が、メタクサス線に第十八山岳軍団が、マケドニア東部に第四十自動車化軍団が、というように三つの正面で行われた。メタクサス線への攻撃を除いて直ちに成果が上がり、中でも決定的であったのは、第四十自動車化軍団が国境付近でギリシャ軍のモラバ師団とブレガルニツァ師団を粉砕して、七日にはスコピエとヴェレスを占領したことである。第十八山岳軍団の一翼を担う第二装甲師団はストリモン平原を経てユーゴスラヴィアに侵入し、ヴァルダル渓谷を下って八日にサロニカを制圧する一方、第四十自動車化軍団は南西方向に進軍して九日にモナスティルを攻略した後にオフリド湖の河口で十一日に伊第九軍と合流する。このため、ギリシャ軍は、メタクサス線の防御陣地が進撃する独軍の背後に残されれば、ギリシャ第一軍とアリアクモン線の防御陣地が側面を突かれかねない形となった。この結果、独軍は作戦発起後三日を経ずして圧倒的に優位な態勢を確保したが、第四十自動車化軍団がモナスティルの間隙地帯を確保してプトレマイスを制圧するには、なお三日を要した。一方、クライスト装甲集団は八日にユーゴスラヴィア国境を越えると、九日にニシュ、十日にチュプリヤ、十一日にクラグイェヴァツを攻略し、その前日にルーマニアから越境して進撃してきた第四十一自動車化軍団に先んじること数時間でベオグラードに到達した。そして十三日には、十日から戦線に投入されていた第四十六自動車化軍団の支隊もそれに合流した。同支隊は、ユーゴスラヴィア第四軍の反撃をほとんど受けないままにバルチの橋頭堡から突出し、十一日にオシエク、スレム、カルロヴァツとスレムスカ・ミトロヴィツァを占領してきたもので、その後、南方に進路を変えて二手に分かれて前進し、十四日にはズヴォルニクとヴァリェヴォを制圧した。これらは、ユーゴスラヴィア奥地に向けて展開された包囲作戦の一環として行われたもので、この包囲戦の結果、第十六自動車化師団が十五日にサラエヴォを、第八装甲師団が十九日にコトル地域を陥とすこととなる。

ユーゴスラヴィア降伏

第八装甲師団が海岸地帯に達する頃には、独軍は各方面で投降兵を受け入れるのに忙殺されており、四月十七日にはユーゴスラヴィア軍が正式に降伏文書に署名する。そのために、同師団がボスニアとモンテネグロを強行軍で前進したことも無駄足となったが、実際には、ユーゴスラヴィア軍の第七、第四、第二、及び第一軍が自壊して、進んで降伏しようとしたり、果ては侵入軍を歓迎して直ちに協力態勢に入るといったことまでしたために、ユーゴスラヴィア北部の諸軍を包囲することを企図した独軍の作戦自体が肩透かしを食らった形で終わったのである。これは、前線における敗北がユーゴスラヴィア国内での対立を表面化させる中で、イタリアとハンガリーが過去二十年間にわたって同地に実施してきた扇動活動が効を奏した結果であった。ともあれ、ユーゴスラヴィア北部での独軍の攻勢は十日に始まり、同じ日にザグレブが陥落して、ドイツがクロアチアの独立を宣言したことでユーゴスラヴィアの抗戦は止み、第十四装甲師団によるカルロヴァッツとバニャ湖を経由してのサラエヴォへの進撃は、機械装備の信頼度を試したこと以外ほとんど何もすることはなかった。

ハンガリー軍と伊軍が作戦に参入してきたのはこの局面においてで、ハンガリー軍は四月十一日から十三日にかけてヴォイヴォディナを制圧した。一方、伊第二軍は十一日に国境線を越えると、翌日にはリュブリャナを占領、十三日にはクニンでザラ支隊と合流し、二日後にスプリトを確保すると、ドゥブロヴニクに向けて前進した。そのドゥブロヴニクは、アルバニアから進撃してきた歩兵第九軍団が十七日に占領していた。伊軍にとっては容易過ぎるほどの作戦で、苦難を味わったのは第三軍がアルバニア北部に進軍した最初の数日間だけであったが、それも、占領下のユーゴスラヴィアを枢軸国間でいかに分割するかを十二日にムッソリーニがヒトラーから知らされた時の失望感の大きさに較べれば取るに足らないものであった。表面的には、スロヴェニアの南部とダルマチアの一部をイタリア領として直接併合することとなった他、アルバニアの領域が相当広がり、モンテネグロへの宗主権を獲得し、クロアチア国王としてイタリア王族が擁立されるとの決定が下され

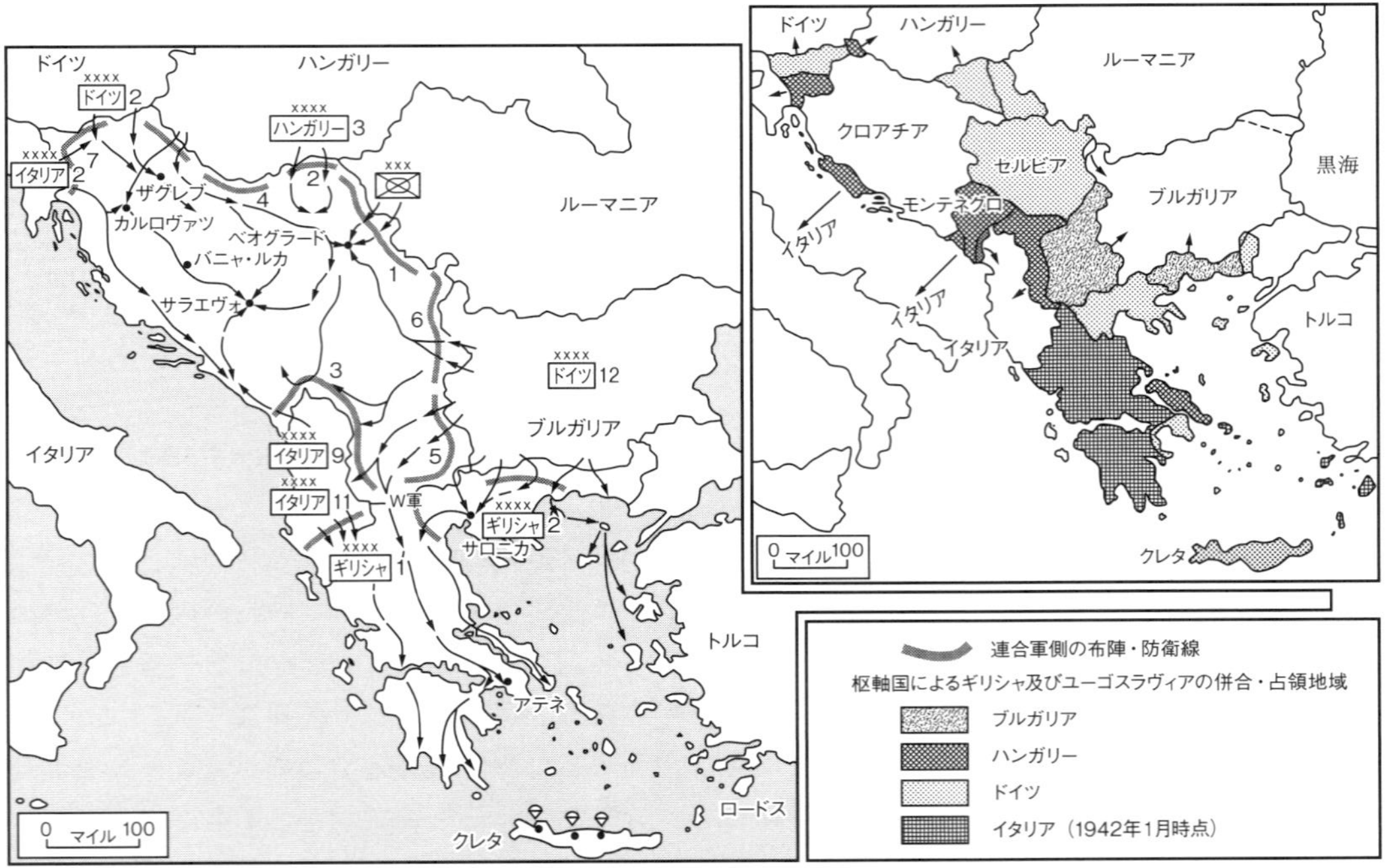

枢軸国によるギリシャとユーゴスラヴィアの征服・分割（一九四一年）

たことで、イタリアの野心は満たされたかに見えた。しかしながら、ブルガリアとハンガリーもその作戦行動の代償として応分の分け前を与えられる傍ら、ドイツはスロヴェニア北部を併合して、バナト地域を占領し、セルビアで傀儡政権の後押しをし、クロアチアでは重要な権益を確保した。このようにユーゴスラヴィアの戦後処理に関わる取り決めがヒトラーによって一方的に決定されたために、同国をめぐるドイツの主導的地位は揺るがなかった。その結果、イタリアは、ブルガリアやハンガリーやルーマニアと同等のドイツの衛星国のような立場に甘んじることが確定的となったのである。他の地域と同様にユーゴスラヴィアにおいても、ドイツの同盟国は占領政策をドイツの指示に従って行い、占領地からの搾取はドイツの専権事項となり、占領地をめぐる方針の決定権はすべてドイツが掌握したのである。

ギリシャにおける連合軍の敗北

ユーゴスラヴィア軍が一九四一年四月十七日に降伏したのと時を同じくして、連合軍はギリシャにおける敗北を自ら認めることとなる。英軍はギリシャ本土からの撤退を開始すべきであるとの提言をギリシャ軍司令官は十六日にしていたが、翌十七日にチャーチルは、ギリシャ政府がこれに正式に同意することを条件として、容認したのである。十七日までに連合国側が敗北必至と判断せざるを得ない状況を現出させた軍事上の直近の誘因は、メタクサス線でギリシャ第二軍が九日に降伏したことによって独第十二軍隷下の第十八山岳軍団と第四十自動車化軍団とが各々海岸沿いと山岳地帯での攻勢をかけることができたのに対し、アリアクモン線に展開する兵員が不足する連合軍部隊は、相当な無理をしないかぎり、そのどちらに対しても効果的な対応ができるほどの兵力を集結させることができなくなったことである。一方、ギリシャ第一軍はアルバニア南部での攻勢作戦を四月九日に打ち切っていたが、独軍のモナスティルへの前進に合わせて退却することができなかったために、死活的重要性を有するモナスティル〜プトレマイス〜グレヴェナを結ぶ幹線道路を確保するための兵力を捻出できないでいた。しかし、実際問題としては、ギリシャ北部の戦況を安定させるためには、戦力が枯渇していた第一軍の総力を上回る兵力が必要となっていたのである。独第四十自動車化軍団がヴェヴィからプトレマイスにかけての防衛線の突破を試みる中、連合軍は十日には早くもアリアクモン線を放棄してオリンポス山をまたぐ防衛線に後退する旨の決定を下した。ヴェヴィとプトレマイスが陥落した四月十四日に、独軍はコザニを攻略することに成功し、十五日はセルビアをめぐる攻防戦が始まるに及び、新たな防衛線もそれまでの防衛線と同様に守りきれないことが明らかとなる。そこで連合軍は十五日に、身を隠す場所も見当たらないテッサリア平原を通った上でテルモピレーに陣地を構えることに決する。撤退が開始された十八日までには、英軍の撤退開始までの時間稼ぎのためにテルモピレーを確保する必要性のあることが叫ばれる傍ら、敗北の間近いことが感得されるようになっていた。一方で、テッサリアを放棄したことでギリシャ第一軍が包囲されることは確実となり、独軍が二十日にイオアニナを占領すると、降伏を許さずとの命令が明示的に出されていたにもかかわらず、翌日同軍は降伏する。イピロスでのギリシャ軍の抗戦が止んだのを受けて独第四十自動車化軍団は南進を再開してコリント湾に達すると、二十六日にはメソロンギを確保した。

一方、独第十八山岳軍団が四月十九日にラリサを、同第四十自動車化軍団が二十日にトリカラを制圧したものの、第十二軍がテルモピレーの攻略に取りかかることができたのは、連合軍が新たな防衛拠点で展開を開始してから四日後の二十二日であり、その一部がヘラスに入ることができたのは、そのさらに二日後であった。テルモピレーを防衛して時間を稼いでいる最中に、英国とギリシャ両国の政府は四月二十一日に至ってギリシャ本土から英軍を撤退させることで合意したが、クレタ島の兵力を増強して死守することが、その付帯条件として決定された。ギリシャ国王と政府はクレタに二十三日に移り、翌日には、英軍、ギリシャ軍に加えてユーゴスラヴィア軍の小部隊がアテネ周辺の小さな港々から撤退を開始する。ところが、テーベが二十六日に、アテネがその翌日に失陥したために、連合軍部隊はペロポネソス半島への退却を余儀なくされた。それでも、独軍がコリント運河にかかる橋梁群を空挺部隊を投入して確保しようとした試みは、橋を爆破したために阻止することができ、連合軍部隊の撤収は四月二十八日から二十九日の夜まで続けられる。英海軍の駆逐艦数隻がカラマタとミロスからさらに千名余りをそれから二夜で収容することができたが、ペロポネソス半島における連合軍の抵抗は既に終わりを告げていた。ギリシャから撤収させた連合軍兵力は五万二千に及び、その内一万八千余りはクレタ島に移される。これに払った代償も大きく、喪失した輸送船・商船は少なくとも四十五隻に上り、それらは四隻を除きすべてギリシャ船であった。それに加えて、ギリシャとその周辺の海域で四月二十三日から三十日にかけて駆逐艦二隻が失われた。

クレタ島をめぐる戦い

ギリシャとユーゴスラヴィアでの戦いにおける独軍の死傷者は五千百名余りに上っているが、西側連合国で長年受け入れられてきた通念的見解によれば、ドイツがこの戦いで払った真の意味での代償は、対ソ戦のための予定表が狂わされ、その準備にも影響したこととなっており、とりわけ英国においてはその見方が強い。だが、この見方は正鵠を射たものではなく、バルバロッサ作戦の開始が遅れた理由は、バルカン情勢よりは一九四一年春の豪雨に帰せられる。もっとも、独空軍がバルカン地域で二百二十機を失い、同地域に投入された第二装甲師団と第九師団が対ソ戦の初動段階で戦列に加わることができなかったのも事実である。

ヒトラーがバルバロッサ作戦の開始日を一九四一年六月二十二日と決定したのは四月三十日であったが、同時にヒトラーは、陸海軍と協議することなく、ギリシャ周辺に展開していた空挺部隊にクレタ島の攻略を命じる。バルカン地域と地中海東部に対して航空戦を展開する上での同島の重要性は明らかであったものの、この決定によって空軍は、バルバロッサ作戦に必要な展開の真最中に、相当程度の戦力をクレタ作戦へ割かざるを得なくなる。そして、この作戦自体も大きなリスクを抱えるものであった。具体的には、空挺部隊が単独で戦略上の要点を確保するために使用された先例はそれまでになく、この作戦でも、空挺部隊の作戦の成否の一端は、独空軍と英海軍がしのぎを削りあう海域を渡って増援部隊と重装備をクレタまで送れるか否かにかかっていた。

そして現実には、メルクール作戦はさらなる二つのリスクを内包するものであった。第一に、英軍が独軍の作戦通信を解読できていたために、ドイツ側の作戦の内容・予定・戦闘序列などが筒抜けとなっていたこと。そして第二が、クレタ島の連合軍兵力がドイツ側の予想を上回っていたことで、独軍が投入する予定であった戦力が定員以上に増強されてはいたものの第七歩兵師団と第五山岳師団だけであったのに対し、連合軍が同島に展開していたのは、その倍以上の四万二千名であった。だが、守備側の優勢を決定的にしかねないこの数字上の優位も種々の要因によって相殺されていた。独軍が航空戦で圧倒的優勢に立っていたことと、守備軍が空と海からの攻撃双方に備えるために部隊を各地の主要拠点に分散して配置せざるを得なかったことや、輸送手段を欠き道路が余りなかったために予備部隊を機動的に集中して投入することがほぼ不可能であったこと、さらには、英軍が同島に保有していた火砲が二十門、戦車が二十四輛に過ぎなかったこと、などである。これに加えて、ギリシャ作戦終結後に低下していた連合軍の士気が、独空軍が作戦の前段階として空爆を五月十四日に開始した際に連合軍側の空からの支援がなかったがためにさらに落ち込んでいたことである。

メルクール作戦は、独軍が五月二十日朝にマレメとハニアに、同日午後にレティムノとイラクリオン近辺に部隊を上陸させて幕を開ける。各地点で激戦が展開されたが、戦いの帰趨を決したのは、二十日から二十一日にかけてマレメの飛行場の一部を制圧・確保した独軍を英軍が撃退できず、独軍がその飛行場に砲火を冒して増援部隊を着陸させる決定を下したことである。クレタ島の北方では、英艦隊によって五月二十一日から二十二日にかけての夜間に独軍の輸送船団一つが大損害を受け、二十二日にはもう一つの船団が反転せざるを得なくなった。英軍が敗北を認めて撤退を開始したのは五月二十七日になってからではあったが、独軍がマレメで収めた勝利が決定打となった。その後四日間にわたってクレタ島の英軍守備隊三万二千の内一万八千六百余りがエジプトに撤収していったが、英海軍がクレタ島をめぐる攻防戦で被った損害も甚大であり、巡洋艦三隻と駆逐艦六隻が沈没したのを始め、空母一隻と戦艦二隻及び巡洋艦・駆逐艦四隻が英本国への回航を余儀なくされるほどの損傷を受けた他、巡洋艦・駆逐艦合わせて九隻が中小破したのである。これらは英海軍にとって深刻な打撃となったが、独第七歩兵師団が被った損害も負けず劣らず甚大なものであった。独軍の死傷者が約六千名に上ったことで、ヒトラーは、メルクール作戦で実施したような空挺部隊による作戦は二度と行わないことを決意するが、このことは、一九四二年に空挺作戦によるマルタ島攻略の可能性が浮上してきた時に大きな意味を持つこととなり、地中海における戦況の展開に多大な影響を与えたと言える。

連合軍のバルカン地域での敗退は、キレナイカでの敗北と時を同じくするものであったが、英国がギリシャ戦に見切りをつけるに至った主要な要因の一つは、枢軸側が四月十一日にエジプトに侵攻したのに対応するために北アフリカの兵力を再編する必要に迫られたことであった。キレナイカでの両軍の優劣が二カ月も経たぬ内に劇的に逆転したのは、北アフリカにおける戦力の均衡状態が破れたためであり、それを引き起こしたのは、伊第十軍粉砕に寄与した連合軍側の二個師団がこの戦域から転用された正にその時に、枢軸側が一線級師団三個をトリポリタニアに上陸させたこと、キレナイカ方面を受け継いだ戦闘経験の浅い英軍師団が余りに広範囲にわたって配備されていたこと、そしてそのような英軍側の弱点を威力偵察によって見抜いた枢軸軍側が戦いの主導権を握って全面攻勢に出たこと、などである。

独軍一個師団と伊軍二個師団で構成され、独軍のロンメル中将が指揮する枢軸軍は、三月二十四日にエル・アゲイラを占領すると二手に分かれ、第二十一装甲師団がメキリを経たルートを前進すると同時に、伊軍は四月三日にベンガジを、同六日にデルナを制圧した。トブルクを迂回した枢軸軍は、十一日にはバルディアとサルームに到達するが、その後は兵站部隊が追及できなかったことや、英軍の抵抗が強化されていったために進撃が停滞し、以後、五月から六月にかけて国境線を挟んだハルファヤ峠とカプッツォ砦周辺で戦いが続けられる。また、トブルクは枢軸軍の攻撃を跳ね除け、十一月二十八日に救援部隊が到着するまで包囲戦に堪えることとなる。

連合軍がバルカン地域と北アフリカで時を同じくして敗退していく中でクレタ島放棄の決定が下された五月二十七日は、英海軍がその後の戦況にきわめて大きな影響を及ぼすこととなる勝利を収めた日でもあった。しかし、話題を大西洋の戦いに移す前に、バルカン方面での戦いについての記述を、それがもたらした明白な事態を綴って締め括ることとする。それは、枢軸側は一九四一年四月にギリシャとユーゴスラヴィアを占領はしたものの、同地域の支配権をめぐる本当の戦いはその後に始まったということである。（バシレイオス二世ブルガロクトノス*の行いに由来する）「国民が

＊　十世紀後半から十一世紀前半にかけての東ローマ帝国皇帝で、ブルガリア帝国との戦争で得た一万四千余りの捕虜百人につき一人は片目を、残り九十九人は両目を潰して本国に送り返したことで知られている。

盲目である国においては片目の者が王である」という諺《ことわざ》の発祥地がこの地域であったことを考えれば、その戦いの様相がいかなるものとなったかについては、想像力をほとんど要しない。四月の戦いでハンガリー軍が見せた作戦行動の実態には、同国の独裁者であるホルティ・ミクローシュ提督でさえも衝撃を受けたし、マケドニアとトラキアを占領したブルガリア軍は、その際に大規模な虐殺を行っている。伊軍は占領地の住民にカトリックへの改宗を強要して十六世紀のコンキスタドールのような振る舞いに及んだが、残虐行為の筆頭に挙げられるべきはクロアチア人のファシスト民兵組織であるウスタシャが行ったもので、枢軸側がユーゴスラヴィアを制圧してから三カ月間で推定二十五万人のセルビア人の喉笛を掻き切ったと言われている。そして、ボスニアのイスラーム教徒が、キリスト教徒ならば宗派を問わず殺害したり、セルビア人が自らの生き残りを図る対応措置を執ったりという具合に、ユーゴスラヴィアはその国土解放のための戦いの中で一連の内戦に突入し、一九四五年までに同国の国民の十人に一人が命を落とすこととなる。ギリシャにおいても、占領軍に対する戦いに内戦が付随することとなったが、ユーゴスラヴィアとは異なり、その内戦の規模は一九四四年まではそれほど大きなものとはならず、決着がついたのは一九四九年になってからであった。

大西洋の戦い

クレタ島放棄の決定と時を同じくして英海軍が収めた勝利とは、その六日前に北大西洋で通商破壊作戦を行うためノルウェーのベルゲンを出港した独海軍の艦艇二隻の内一隻を英本国艦隊が沈めたものである。独海軍の作戦は、この種のものとしては前年一九四〇年十月二十三日以来五度目で、それまでの四回の作戦で沈めた商船は四十七隻、その総トン数は二十五万四千七百五十九トンに達し、北大西洋における連合国輸送船団の運航は多大な支障を受けていた。タラント軍港で被った損害で伊艦隊の動きが掣肘されるといった事態がなかったら、連合国側が受けた被害はさらに大きくなっていたであろう。タラントの戦果のおかげで、ジブラルタルを拠点としていた英戦艦二隻が、地中海方面での任務を解かれて北大西洋に転用され、本来ならば独軍の通商破壊戦の餌食となることが必至であった二つの輸送船団を救ったからである。そして、五月二十七日に戦艦ビスマルクが撃沈されたことによって、フランスのブレストに通商破壊作戦のために艦隊勢力を集結させようとした独海軍の企図にも終止符が打たれ、独海軍軍令部は、北大西洋で英海軍が及ぼせる偵察行動の網が広がり、同海域での英空母の活動が活発化してきたことに鑑み、水上艦隊による通商破壊戦はリスクが大きすぎるとの判断に達したのである。戦艦ビスマルクの撃沈には、英海軍が幸運に恵まれたことも大きかったが、この判断は正当なもので、一九四一年五月以降、北大西洋に通商破壊目的で出撃する独海軍の水上艦艇はなくなる。

同じ五月に英海軍は北大西洋におけるもう一つの勝利を、ドイツ側の無策によって収めている。一九四一年の一月から五月までに連合国側が失った船腹は月平均で四十九万四百五十六トンとなっており、この時期の総計の中で独空軍によるものは二百六十九隻に達し、総トン数は七十五万九百七十二トンとなっていた。この空軍の戦果は、四月に地中海で記録した分によって嵩上げされていたにせよ、連合国側が喪失した船腹量の三十・六％に達しており、海上での戦いにおいて益々重要な要因となっていた。独空軍の通商破壊活動はUボート戦隊司令部の直接の統制下で一九四一年二月に開始されたものであったが、その折に任務に宛てられたのがFw220コンドル爆撃機四十機だけであったことを考えれば、この戦果は瞠目すべきものであった。だが、バルバロッサ作戦の開始と共に独空軍が挙げる戦果とその効果も劇的なまでに減じていく。一九四一年六月から十二月までの期間に連合国側が喪失した船腹量は月平均二十六万八千三十九トンで、これは直前の五カ月間と較べると四十五・四％の減少となっていたが、同時に、独空軍による戦果の割合も五十三・五％減って、全体の十四・三％に過ぎなくなっていた。これを年毎の船腹量で見てみると、独空軍が上げた戦果は、一九四一年が全体の二十三・五％だったのに対し、一九四二年は八・九八％となっている。この割合は一九四三年には上昇するものの、これはUボートによる戦果が減ったことによる相対的なもので、事実としては、ドイツの海上戦に対する独空軍の貢献度は一九四一年五月を境として下降の一途を辿ったといえよう。

水上艦隊と空軍兵力という、通商破壊戦を遂行できる戦力の内主要な二つが失われたという点で、以上二つの出来事は見過ごすには重大過ぎるほどの意味を有する。独海軍が敷設した機雷が些少な戦果しか上げず、連合軍側が護送船団方式を普及させたことで補助艦艇による通商破壊活動も既に一九四一年六月末の段階で獲物を見つけることが困難となっていた。このような状況で船腹量をめぐる戦いを進めるための負担は益々重くUボート戦隊にのしかかっていくことになる。ところが、護送船団方式が実施できる範囲が広がって護衛艦の伴わない商船を狙って大戦果を挙げることができなくなったことが主な理由で、そのＵボートも随意に活動できる余地が段々少なくなっていく。それでも、船団から脱落した船や単独で航行している船舶を相手とする場合にはＵボートは順当な戦果を挙げ続けており、特殊な状況下にあった一九四二年の上半期には最も目覚しい成果を上げ、その年の暮から翌年始めにかけても、再び大きな戦果を上げることになる。しかし、一九四一年七月に大西洋を往来する船舶に対して往路も復路も切れ目なく護衛艦艇を付けることが可能となった時点で、ドイツ側が容易に戦果を挙げられる時期が終わりを告げつつあるのは明らかとなっていた。この趨勢は数値でも明らかで、一九三九年九月から一九四一年六月までにＵボートが沈めた連合国の船舶は八百四十八隻で、その総トン数は四百五万八千九百九トン、その間に失ったＵボートは四十三隻であったが、これに続く半年間では、Ｕボートの喪失が二十三隻であったのに対し、連合国側の損害は百六十九隻で、総トン数六十二万千五百十トンに留まっていたのである。

　このように、大西洋の戦いを進める上でＵボートが保持していた優位は一九四一年の間に崩されていったが、これには四つの大きな要因が作用しており、議論の余地はあるものの、最も重要だったのは、米国の果たす役割が中立とはかけ離れたものとなっていく一方だったということである。米国は一九四一年四月に西経二十六度以西の海域を自国の防衛圏の一部と定めると発表し、七月十九日以降は、同月に米国が占領したアイスランドと米国との間を航行する船舶を、国籍の如何を問わず、米海軍の艦艇が護衛することとしていた。そして、九月十六日以降は、大西洋西部で英船団の護衛の任を米海軍艦艇が担うこととなる。その頃までにＵボートは、その作戦行動を英海軍の護衛艦艇の航続範囲を超えた水域にまで及ぼしていたが、ヒトラーは米国と衝突する危険を冒す意思は毛頭なく、米海軍の護衛活動が進展していくにつれ、不測の事態を避けるため、Uボートが活動できる範囲も制約されることとなった。結果としてUボートは、地中海や大西洋東部のより遠隔の海域で作戦を展開することとなるが、それらの海域では英海軍の護衛艦艇が着実にその数を増しており、その効果も益々上がっていったのである。

膠着した海洋戦

護送船団方式が普及していったのは、コルヴェット艦を始めとする護衛艦艇が数多く投入されていった結果である。開戦から一九四一年七月までの二十カ月間に英海軍が失った護衛艦と駆逐艦は各々八隻と五十五隻に達していたが、その七月に出動中もしくは修理中の外洋航路向けの護衛艦艇は三百九十五隻を数え、さらに三百六隻が建造中であった。それに加えて、一九四一年一月にはレーダーを備えた護衛艦が初めて作戦任務に就き、爆発力を増した新型火薬を使用した爆雷を投射方法を変えて使用することにより護衛艦はますます効果的に任務を遂行できるようになった。しかしながら、使用する兵器・装備という点で最も重要な影響をもたらしたのは、一九四一年四月以降長距離哨戒機をアイスランドに配備したことである。配備機数が少ないままの状態が続き、対潜攻撃に効果のある兵器を装備してはいなかったものの、船団の上空を飛行しているだけでUボートに対する抑止効果はあったのである。

実際の戦闘に関わる分野での一九四一年当時の動向について言えば、英軍が独軍の水上艦艇・補給艦・潜水艦などから文書や装備を鹵獲《ろかく》し、このおかげで英海軍がドイツの暗号を解読することができ、諜報分野で大きな成果を上げたことが挙げられる。独軍の暗号解読担当部署は戦前から英海軍の暗号を解読しており、その後自軍による鹵獲の成果も重なって、戦争の最初の二十カ月の間は諜報面では英国に先んじていた。しかし、一九四一年が進むにつれて両国間の諜報戦は拮抗した展開を見せていき、輸送船団をＵボートの集結海域を避けるように英海軍が誘導できる事例が増えていくのを、独海軍軍令部は思い知らされていくことになる。

　これとは対照的に、ドイツ側が一九四一年を通じて作戦行動に投入したＵボート戦隊の戦力は、「船腹量をめぐる戦い」で現実に勝利を見込めるようにするためには十分と言うには程遠い水準に留まっており、二月に出動していたＵボートは二十一隻に過ぎなかった。四半期毎に就役するＵボートの数が一桁を超えたのは一九四〇年十月になってからで、出動中の隻数が一九三九年九月の水準に復したのは一九四一年四月である。Ｕボートの隻数が総数・出動隻数共に一九四一年の間に劇的に増加したのは事実であるが、大西洋の戦いは同年下半期には膠着状態に陥っていた。Ｕボートが護送船団を襲って上げた戦果は僅少で、護衛艦が随伴していない船舶の撃沈数も低下する中、護衛艦が沈めたＵボートの数も極めて少なかったのである。実際、一九四〇年十一月二十二日から翌年三月六日までの間に失われたＵボートは皆無で、一九四一年で見てみると、その上半期の喪失数は十二隻に過ぎず、それに続く四カ月の損失は八隻だけであった。一九四一年六月以降は、いずれの側も自らの意図した通りに戦いを進めることができず、従って相手側の戦力を削ぐこともできない中で、各々その戦力を増強して新たに導入された兵器・艦種などを試そうという段階であった。

そのため、この時期までに両者の相対的状況は開戦当初とさして変わらず、英海軍は艦隊戦力を数字の上では増やしたものの、五隻を超える数の護衛艦を一つの船団に付けることは稀で、その護衛艦艇の能力にもばらつきがあった一方、独海軍は、開戦以来七百六十三万千百八十八トン相当の連合国船腹を沈め、フランスとノルウェーの港湾を根拠地として獲得してはいたものの、北大西洋の海運ルートに均整の取れた形で攻撃をかけることができず、この海域における英国の交通線を遮断するには力不足のままであった。

バルバロッサ作戦

ヒトラーが対ソ戦を決断し、その開始日を一九四一年六月二十二日に定めたことは、一九四〇年の西部戦線での戦いと翌年のバルカン戦について論じた際に既に触れた通りである。ヒトラーがその決断を下すに至った理由や、作戦計画の詳細、そして独軍が計画したような成果を得られなかったことの理由を探求してみて分かるのは、その理由が単純なものとして提示されてはいるものの、単純な形で説明されてはいないという共通項を有していることである。発想・計画・実行・失敗といったバルバロッサ作戦をめぐるあらゆる側面には、相互に関連しあった要因が複雑に絡み合っていた。

対ソ戦を一九四一年に行う決断をした際にヒトラーが計画していたのが、ヨーロッパ大陸で自身が打ち立てた覇権を脅かすことができる唯一の国家である英国を完全に孤立させることであった。

だが、英国をめぐるこのヒトラーの目算は対ソ戦の決断を下す際の理由付けに過ぎず、本命の理由は一九四一年の段階でソ連こそがヨーロッパでドイツにとって最後の脅威となっていたことであり、これだけでヒトラーがいずれかの時点でソ連に矛先を向けるには十分な理由となっていたのである。そして実際には、ヒトラーの決定は一九四〇年の事態の展開によって生み出されたものではなく、ヒトラーが二十年間にわたって唱導してきた、取りとめもなく意味も不明確な理念に由来するものであった。ヒトラーにとってドイツとは、東方での歴史的宿命を追求すべき存在であり、ドイツが生き残るか否かは、ヨーロッパのスラヴ圏との互いの絶滅を賭した闘争によって決せられることになっていた。そして、その考えでは、東方の劣等民族はヨーロッパの新秩序を構築するために隷従させなければならず、その新秩序においては支配民族が「生存権」の概念を具現化するために鉱物資源や食糧、そして奴隷という様式による労働力を確保することとなっていた。その上で、英国、そしてドイツへの敵対的態度を強めつつある米国がもたらしかねない最悪の事態に直面してもドイツが生き残れることを確実にする、ここにこそヒトラーが対ソ戦に踏み切った原因があり、これはヒトラーが二十年近く前に自叙伝〔『我が闘争』〕に記した考えと変わらぬものであり、一九四〇年の事態の展開の中で現出した状況は、それを実行する機会を与えたものに過ぎず、その理由ではなかったのである。

独軍の作戦をめぐる問題

バルバロッサ作戦の準備に独軍指導部が費やした時間は、大戦中の他のいずれの攻勢作戦の場合よりも長く、作戦完了に見込んだ時間の二倍にも及んだ。ＯＫＷが幕僚レベルでの研究を開始するように命じられてから実際の作戦開始までの期間が十カ月を上回ったのに対し、独軍がアルハンゲリスク〜コトラス〜ゴーリキー〜ヴォルガ〜アストラハンを結ぶ線に到達する期限は五カ月以内とされたのである。最終的に到達すべき目標は単純なものであったが、ソ連をいかなる形であれ侵略して征服しようとすれば、地形と距離、そして時間上の要因にまつわる諸問題に直面するのは必至であり、この単純な目標は、それらの諸問題を反映した混乱状態を内包した上で設定されたものである。ドイツが作戦を立案する際に、それらの諸問題に対応する形で掲げた多岐にわたる諸目的相互の折り合いを無理にでも付けようとしたのは避けられないことであったが、それらの目的の中には両立しないものもあるといった諸々の難点を独軍の作戦立案担当者が十分に把握していたわけではなかった。

ドイツの作戦計画で折り合いを付けるべきものとして最も際立っていたのは、地理上の目的と軍事上の目的との二つの間においてである。独軍がそれまで実施してきた三つの主要な作戦を立案する際に目的としたのは、野戦で敵の兵力を撃破することであり、それらを実行に移した際、敵側には地理上の優位によって敗北を免れるような作戦行動を展開する余地がなかったのである。これに対し、東部戦線では、守る側に地理上の余裕があるがために、国境近辺に配備されているソ連軍をドヴィナ川とドニエプル川を結ぶ線よりも手前で包囲・殲滅する必要があった。ここで問題となったのは、ソ連軍の防衛線を突破できるのが装甲部隊だけであるのと同時に、包囲・殲滅戦を担えるのは歩兵部隊だけであったが、その歩兵部隊はと言えば、やはり装甲部隊の支援を得ることが必要であったのに、新たな装甲部隊の支援を仰げるような輸送手段を欠いている状態だったことである。また、装甲部隊の奥地への突進がいかなる形であれ掣肘されれば、ソ連側はその進路を扼《やく》する新たな部隊を展開する時間を得ることとなり、逆にソ連側の兵力の動員を阻止・攪乱するために装甲部隊がソ連の奥地深くへ一気に突進すれば、その無防備な側面や、重点突破をして強行軍の果てに勢いを失い疲弊しきった先端部分に反撃を受ける危険を負うことになるのは火を見るより明らかであった。

ヒトラーの死後、独軍の失態すべてをヒトラーの責に帰することが流行《はや》った時代に通常言われていたのは、装甲部隊が歩兵支援の任務から解き放たれていたならば、この戦いの帰趨はかなり異なっていたであろうということであった。これは正しい見方かもしれないが、ソ連軍が奥地に退く前に包囲・殲滅戦を行う必要がある以上つきまとう作戦上のジレンマは確かにあり、それに対する単純な解決策がなかったというのも事実である。全軍が機械化されていたならば、突破と包囲を一気に、かつ同時にできたかもしれないが、一九四一年六月の時点でバルト海から黒海に至るまでの全域に配備されていた枢軸軍百七十三個師団の内、自動車化師団は十三個で装甲師団は十九個のみであった。そして、それらの装甲師団は各師団の戦車戦力を一九四〇年と較べると半分に減らした上で編成されたものであり、それらの機動性に富んではいるが機械化が十分ではない部隊が独軍の陸上部隊に占める割合は十七％を下回っており、正に開始されようとしていた作戦の全期間を通じて効果的な戦いを持続させるに足りるものではなかったのである。

独軍が作戦立案に際して直面したジレンマは、同じくらい対応に苦慮する戦略上の障害によってさらに複雑なものとなる。具体的には、戦線の中央に位置するプリピャチ沼沢地が東進する際の天然の障壁となっているという地理上の要因のため、独軍の作戦行動が必然的に分断されることである。この沼沢地の南側には、ドイツが自給自足態勢を維持するのに必要な食糧と鉱物資源に富むウクライナとドネツ峡谷があり、バルカン地域への脅威となりかねない強力なソ連軍戦力も存在していたので、南部戦域を従属的戦域として扱うことはできなかった。実際にも、ルブリンから黒海にまたがる地域でルントシュテットの南方軍集団が隷下に置いた兵力は、バルバロッサ作戦で単一の軍集団司令部が指揮した兵力という点では最大規模であった。しかしながら、歴史上ロシア国家の中核を構成し、作戦の帰趨を決める上で決定的になると見込まれたのは、プリピャチ沼沢地の北方及び東方に広がる地域であったがために、作戦方針と作戦目標の優先順位を決める際の焦点は、モスクワを主目標とするか否かに集約されることとなった。

攻略目標としてモスクワに独軍が注目した理由が、ウラル地域以西のソ連の鉄道網の集線地となっていたこと、産業の一大中心地で死活的重要性を有する軍需工場が置かれていたこと、高度に中央集権化された国家の首都であったことの三点にあったことは明白である。ソ連という国家の権力と、その魔力的要素の相当部分がこの一つの都市に置かれていたことを考えれば、一九四一年秋の段階で独軍がモスクワを攻略していたならば、独ソ戦の帰趨が決せられていた可能性もある。それでも、ミンスクとスモレンスクを経由する幹線道路を通ってモスクワに直行しようとするならば、作戦・戦術レベルで突き付けられたものと同じジレンマにもっと高次の戦略次元で直面することは明らかであった。即ち、援護を欠く中央突破は、その側面が伸び切って剝き出しとなった際に、反撃を受け易くなるが、反面、側面を固めてからモスクワに進撃しようとするならば、中央での主攻勢は側面での支援作戦の成功を待って行わなければならなくなるという難問である。モスクワが作戦の主目標とされたのに伴い、この問題は、モスクワへの進撃はその左翼側面が確保され次第開始するという、事の性質上好ましくない取り決めを以て一応の解決を見る。

独軍の戦闘序列

最終的に纏まった計画によれば、ソ連侵攻作戦で使用されることとなった枢軸諸国軍の兵力は百九十個師団で、その内独軍の師団は百五十八個であった。その内の百五十三個はバルト海から黒海にまたがる地域に三つの軍集団と予備軍である第二軍の指揮下に分けて配置されていた。各軍集団には後方任務用の警備師団三個が配備され、第二軍は装甲師団と自動車化師団各二個ずつと歩兵師団二十個余りを有していた。バルト海とポズナン〜レッツェンを結ぶ線に展開されていたのは装甲師団三個、自動車化師団二個と歩兵師団二十四個を有するレープの北方軍集団で、それらの兵力を第十八軍と第四装甲軍、そして第十六軍に分けていた同軍集団の任務は、バルト諸国を確保してレニングラードに向かって進撃し、ボルコフ～ロデイノエ・ポレにまたがる地域に進出して、独軍のドヴィナ川渡河と時を同じくして行動開始予定の同地域のフィンランド軍と合流することにあった。[2] その北方軍集団の中では、第十六軍がドヴィナ川中流のダウガフピルスとポーロックに挟まれた地域を確保し、中央軍集団の側面を援護することとなっていた。そして、その中央軍集団はボックの指揮下にあって、総兵力は騎兵師団一個、装甲師団九個、自動車化師団六個と歩兵師団三十三個で、それらが第三装甲軍、第九軍、第四軍、第二装甲軍に分割されていた。独軍の主攻勢がこの方面に向けられることとなっていたのは、装甲軍二個及び機動力を有する独軍部隊のほぼ半数がこの中央軍集団の指揮下に入っていたことを見れば明らかである。ソ連側もこれに応じた動きを見せると判断した中央軍集団は、装甲部隊をその両翼に配置して、バラーナヴィチとミンスクとスモレンスクの背後に回って縦深包囲を行う態勢を整えていた。だが、スモレンスク攻略と共に中央軍集団はその装甲部隊の指揮権を北方軍集団に譲ってその側面を固めさせ、その上でモスクワに向けて前進することとなる。プリピャチ沼沢地の南側に展開した南方軍集団はキエフとドニエプル川中流・下流地帯の確保を任務としていただけではなく、ドン川の屈曲部にも攻勢を行うこととなっていた。軍集団長のルントシュテットが指揮下に置いていたのは第六軍、第一装甲軍、及び第十七軍と第十一軍で、総兵力は装甲師団五個と自動車化師団三個に歩兵師団三十四個であった。これらの他に十四個師団相当の兵力が南方軍集団隷下に置かれていたが、その内の十二個師団はルーマニアの第三軍と第四軍のものであった。ドイツの同盟国やそれに準ずる立場にある国々の中でバルバロッサ作戦開始以前に対ソ戦に兵力を提供するよう要請されたのはルーマニアのみであり、ルーマニアは、ブグ川に至るまでのソ連領獲得を条件としてそれに応じたのである。

以上が対ソ攻勢作戦開始当初の枢軸陣営の戦闘序列であり、これ以外にもノルウェー山岳集団に属する二個師団がペッァモとムルマンスクを攻略することとなっていたが、この方面での作戦が始まったのは六月二十九日になってからである。そして、その二十九日までには、ハンガリーとスロヴァキアが不承不承ではあったが提供した軍団規模の兵力が南方軍集団に加わり、八月には一部自動車化されたイタリアの一個軍団がルントシュテットの指揮下に入る一方、レニングラードの戦線には九月にスペイン義勇軍の一個歩兵師団が到着する。以上が独ソ戦開始当初にドイツに従属するような立場にあった諸国が拠出した兵力である。

北方では、ドイツとフィンランドが五月二十五日から六月十四日にかけて協議した結果フィンランドが、独軍部隊を自国領内に受け入れ、独自の判断で対ソ戦に関わることに同意する意向は示したものの、ドイツと正式な同盟条約を締結するには至らなかった。フィンランド軍と独軍の作戦立案者間で六月二十二日前後に策定された計画では、独軍の第三十六歩兵軍団の二個師団がサッラとカンダラクシャを結ぶ線に沿って攻勢をかけ、その際にフィンランド軍は一個軍団を投入してスオムッサルミとクーサモの間でその動きを援護すると共に、フィンランド軍の大部がラドガ湖の両岸で攻勢に出ることになっていた。この他に独軍の一個師団が予備としてフィンランドに進駐するこ

原註２　当初装甲部隊は装甲集団としてまとめられており、一九四一年が経過する内にそれらがここに記したような普通の軍として改称されていったが、煩雑を避けるためにここでは最終的に付けられた名称を一貫して使用する。

とを決めていたが、これらの取り決めは、フィンランドとドイツの双方の利益に叶うものであった。フィンランドには一九四〇年に失った領土を回復しようとの思惑があったものの、カレリア地峡地帯で多大な出血を強要されるのは御免被るというのが本音であった。一方、ドイツがフィンランドに期待していたのは、その地域のソ連軍を拘束して他の戦線に転用されるのを防ぐことであった。フィンランド・ドイツ間の協議が行われたのが遅かったために、フィンランド軍は六月二十二日に行動を開始することはできず、十八個師団余りの兵力でフィンランド軍が七月十日に対ソ戦に参加することが決定されたのは七月四日になってからであった。しかしながら、ソ連軍機が六月二十五日にフィンランド南部の諸都市を空爆し、七月一日には独第三十六歩兵軍団とフィンランド第三軍団が戦線の中央部での活動を開始していたので、ソ連とフィンランドは七月十日を待たずに既に交戦状態に突入していたのである。

独軍の無敵神話

第二次大戦における独軍は優秀であったという神話にも似た見方が近年欧米の歴史学界では幅を利かせている。このような傾向は、この見方を無理からぬものとするような否定し得ない二つの事実に大きく由来する。第一に、ドイツが成し遂げた征服の規模（そして、ドイツを破るのに要した労力）が大きかったこと、第二に、少なくとも一九四四年までは優勢な敵軍を凌駕できるだけの戦法・主導性・直感的閃きを独陸軍が戦略・戦術面で備えていたことである。第二次大戦における独軍の戦いぶりをめぐるこのような見方を改める上で、バルバロッサ作戦は、その計画段階と失敗局面の両方で決定的な重要性を帯びているが、戦闘集団としての独軍の質については疑念を差し挟む余地がなかったために、この作戦をめぐる史実の解釈には解き難い難問が付きまとう。今日の視点で見るならば、一九四一年から翌年にかけて独軍がソ連の国土の相当部分を征服し、二度にわたってソ連を敗北寸前にまで追い詰めたのは信じ難いことに思える。その後の事態の展開を知っている者としては、この戦いで初めてヒトラーがドイツの国力では支えることができないまでに作戦の規模を拡大したことを念頭に置けば、ドイツがこの戦いで敗れることは定められていたような印象を持ってしまうからである。しかし、ソ連を一気に打倒することができなかった点をめぐって展開されるこのドイツ必敗論にこそ解き難い矛盾が見られるのである。即ち、作戦開始前のドイツには勝てる術などないように見受けられるのにもかかわらず、戦いが幕を開けるや、独軍は負けようがないほどの戦いぶりを見せていたということである。このような矛盾を念頭に置き、第二次大戦中における独軍の戦いぶりを種々の角度から考察してみれば、バルバロッサ作戦の計画段階と失敗局面を検討するに際しては、ナチスのイデオロギーやヒトラーの作戦指導が作戦を遂行する際の阻害要因となった諸側面に注目せざるを得なくなるのであり、一九四一年にドイツがソ連を征服し損ねた理由の大半はそれらに帰すべきである。

作戦の大半の期間中独軍が主導権を握っていたにもかかわらず、ドイツの敗北という結果に終わったことから窺えるのは、バルバロッサ作戦が目標の選定と作戦指導の面で欠陥を有していたということである。通常の幕僚レベルでの作戦起案作業と較べて知恵を絞るという点では余り負担がかからないものであったかもしれない。しかし、作戦発起の時点から異なった進路を辿って到達すべき五百マイルから九百マイル先の目標点を選定し、その後作戦が進展していくにつれて、それらの目標間の優先順位を決めかねるのが常態となっていたという事実は、いかなる見方をしようとも、バルバロッサ作戦の大きな失策を示すものである。加えて、作戦計画には、「総統主導」が全般に及ぼした無秩序状態をじかに反映した形で作戦目標の優先順位をめぐる混乱が見られるのであり、それは作戦が長引くにつれてさらに深刻なものとなっていく。ヒトラーが気紛れであり、部下の判断と能力を信用せず、合議制や決められた指揮系統を通じて決定を下すことが全くできなかったことが、結果として既定方針に従って作戦を遂行する妨げとなった。戦いが進むにつれて、この首尾一貫しないヒトラーの態度によって、時間との戦いを強いられていた独軍は貴重な時間を失うことになる。ただでさえバルバロッサ作戦は開始された時期が遅く、作戦が開始されるや兵站上の問題のために失いたくない時間をすでに失っていた。決断に迷ったことが時間の問題をこじらせていた側面はあったにせよ、余りにかけ離れた地点にある複数の目標を同時に追い求めるのにヒトラーがこだわったこと、そのために投入した兵力が作戦上の要請を満たすのにぎりぎりいっぱいの規模であった反面、それらの兵力が作戦行動を支える兵站能力の規模を上回っていたことに鑑みれば、侵攻軍は作戦開始当初から達成することが到底不可能な任務を負わされていたのである。

バルバロッサ作戦の失敗には、ナチズムの本性とそのイデオロギー自体が直接に関わっている。ヒトラーが対ソ戦に踏み切る基となったのは、ナチズムの核心綱領とも言える民族をめぐる闘争と絶滅の理論であった。第二次世界大戦が終結して以来一般に受け入れられているのは、一九四一年の東部戦線で見られた独軍の残虐性は自軍にとって有害無益で、長期的に見れば東部戦線でのドイツ側の敗北を決定付けた単一要因としては最も重要なものであった可能性があり、これは概ね争いようのない点であろう。一九四一年当時のソ連では、独軍を共産主義の圧政からの解放者として歓迎するウクライナ人などの民族・社会集団が存在したが、解放者と思っていたものが戦慄すべき残虐性を発揮する侵略者であることを知るに及んで、それらの集団はソ連側に再び身を投じることとなる。当初の敗北はソ連内部に亀裂を生じさせていたが、東部戦線でドイツが見せた現実の行動は、その自壊作用に歯止めをかけることとなった。

だが、このように東方地域における独軍の残虐行為に目を奪われると、一つの事実を容易に見逃すこととなる。それは、いかなる形であれソ連の息の根を一撃で止めようとすれば、軍事上解決すべき個々の問題は明らかであるにもかかわらず、それらの問題が盲目的な必勝の信念の前に取るに足らないものと見なされがちであったという点である。例えば、ソ連を打倒するまでの作戦終了期限は当初の計画では一九四一年十月十五日とされていたが、その同じ計画での見積もりが示していたのは、縦深九百マイルと正面八百マイルにわたる戦線で五カ月間にわたる作戦行動を継続させるに足る兵站能力を独軍は有していなかったということであった。そして、計画が煮詰まるにつれて明らかとなっていったのは、独軍の兵站能力に照らしてみれば装甲・自動車化師団が到達できる限界線はドヴィナ川とドニエプル川とを結ぶ線までで、それも歩兵師団への補給を全く行わないとの前提でであった。地表の状態がどうであれ、スモレンスク、もしくはその手前で進軍を停止する必要が出てくるのは必至であり、独軍の限界に近い兵站状況に鑑みれば、ドヴィナ～ドニエプル線以遠への進出には疑問符が付けられるというのが実情であった。にもかかわらず、バルバロッサ作戦が開始される頃には、ソ連を粉砕するには六週間で十分との見方が独軍指導部では幅広く受け入れられていた。このような、五カ月でも達成不可能とされていたことが六週間でできると判断されるといった驚嘆すべき一貫性のなさは、情報漏れや下層での意見が上層部の意見に影響を与える傾向とか、大きな作戦を計画する際に付き物の幻惑効果とかいった、御役所仕事特有の現象により一応の説明は可能である。だが、真の原因は、作戦立案過程に影を落としたナチ・イデオロギーの自己欺瞞的な、そして自己破壊的な要素に求められる。自らの国力と軍事力の限界を見誤り、戦略上の現実及び戦術上の目的との整合性をつけた上で国策を打ち立てることができなかったという大失策の根源は、戦争を遂行する際に決定的なのは意志の力であるという信念と、戦争遂行の際に立ちはだかる障壁を考慮せず全面的勝利が容易に得られるという姿勢にあったのである。バルバロッサ作戦の場合、高次の作戦指導次元で目標と手段との整合性を付けることができなかったのは、主としてナチ・イデオロギーの影響のためであったが、一九四一年当時現出していた状況が、ドイツ参謀本部がドイツを名目的にではないにせよ実質的に支配していた一九一五年から一八年にかけての状況の再現に起因していたことも銘記しておくべきであろう。独軍は、その喧伝されていた優秀性にもかかわらず、バルバロッサ作戦の立案に際して、戦闘の仕方は理解してはいたものの、戦争の遂行方法には通暁していなかったのである。

ソ連とソ連軍の状況

バルバロッサ作戦におけるソ連側の動向を大戦後に探求しようとした際に焦点が当てられることが多かったのは、一九四一年六月二十二日に東部戦線で戦端が開かれた以降に生起した出来事と直接関わる二つの問題であった。第一に、一九四一年当時のソ連軍がいかなる状態にあったかが、これでもかとばかりに検討と論議の対象となっている。第二に、戦端が開かれるまでの四カ月間スターリンが別々の情報源からドイツの開戦企図について多くの警告を受けていたにもかかわらず、独軍が六月二十二日に作戦としては完璧な奇襲を成功させたという事実の前に、研究者は二世代にわたって首を傾げ続けることとなる。バルバロッサ作戦をソ連側から検討する際には、この二つの点に触れないわけにはいかないが、同時に、作戦の経過そのものやこれらの点に拘泥する余り、第三の注目すべき事実が見落とされがちである。それは、一九四一年六月二十一日の時点でソ連の西部地域に駐留していた十二個の軍の中で十一個までがリガ～ミンスク～ジトームィル～オデッサを結ぶ線以西に置かれており、独軍が攻勢を開始すれば数日中に包囲されかねない状態にあったということである。ソ連が新規に獲得した領土を守備する必要性があったとはいえ、国境線に近接する地帯に当時配備していた兵力の規模は、占領に要した兵力との名目で正当化できるようなものではなかったし、事が起きた場合に戦線に投入されるべき兵力のほぼ全てを前方展開するような手法は、整合性のある防衛方針の一環としての措置とは言い難い。つまり、バルバロッサ作戦をめぐる史実解釈をする上で検討対象となるのは、ドイツ側の目論見や実際の戦闘に限ったことではないということである。

　ウラジーミル・レーニンが一九一七年に樹立して内戦と外国からの干渉に耐え抜いたソ連は、保有する師団の数を以てその国力と安全保障の度合を測る尺度としていた。優越した兵力を維持することと警戒を怠らないこととで国防を全うすることを目指したソ連は、一九四一年六月の時点では、野戦師団二百四十個をその戦闘序列に置き、その内二百十三個師団が西部地域に展開されていた。保有していた戦車と航空機は、恐らく各々二万一千輌と一万四千五百機を数え、独軍と較べてそれぞれ三倍と四倍の優位を保っており、部隊数で単純計算をすれば、予備隊を除いたとしてもフィンランド軍と独軍の部隊を合わせた兵力を上回っていた。

　だが、質と部隊編制の面でソ連軍は独軍よりもかなり劣っており、部隊数の多さに基づく優位も、ソ連軍の装備の多くが旧式であったことや、新型の航空機・戦車の野戦部隊への配備が遅々として進まなかったこと、そして第一線部隊では実際に戦闘可能な人員の割合が低かったといった要因のために、張子の虎とも言うべきものであった。さらに、一九四一年春季には装備を修理・整備していた第一線部隊が推定で全体の七十四％にも及び、新型のＫＶ－Ｉ重戦車とＴ－34中戦車を配備するペースが遅く数も非常に少なかったため、国境地帯に布陣していたソ連軍は、その公称戦力とは裏腹に、恐らく数字の上でも優位を保っておらず、独軍の主要進路上にあたる地域では、甚だしく劣勢であった。[3] これに加えて、国境地域で一九四一年六月までに築城工事が終了した防衛拠点や要塞は極めて少なかった上に、配置されていた師団は満足な通信機器を有しておらず、訓練も不十分であり、独軍と比較して戦闘経験の面では明らかに劣っていた。その上に、バルバロッサ作戦前夜のソ連軍が抱えていた最大の弱味として、二つを挙げることができる。第一は、戦端が開かれた一九四一年六月は、ソ連陸軍が、一九四〇年当時ドイツが採用した方式に従い、機甲部隊を戦車師団に改編していた正にその時期であったこと。そのために、ソ連軍は歩兵部隊と機甲部隊双方の弱点を抱えていた反面、それら二つの対蹠的な兵種が有する理論・組織面での強みのいずれをも具有せず、機甲部隊の大半は歩兵を支援する役割を担うこととなったのである。結果として、ソ連軍は全般的に部隊間の質の面で均整が取れていないものとなり、機甲化・機械化が全面的に進んだ師団が配備された軍があった一方、歩兵師団の中には定員の充足率が半分を少し超える程度であったり、十分な野砲や対戦車砲が配備されていないものも多かった。

これらの他に一九四一年六月当時のソ連軍の大きな弱点として指摘し得るのは、その指揮・統率にあたる層が抱えていたもので、これは概ねスターリンが一九三七年以降ソ連国内で実施した粛清に由来する。推計では、スターリンが権力の座についてから亡くなる一九五三年に至るまでの時期を通じてソ連の収容所に入れられていた人数が八百万人を下ったことはなかった。戦時中の収容所では毎年百万人が命を落としていたと考えられ、一九三七年から一九四〇年にかけての大粛清でも

原註３　バルト地域と西部地域、及びキエフ地域においてソ連軍の第一線部隊が保有していた戦車は八千八百輌から九千三百輌ほどで、その内千四百七十五輌がＴ－34もしくはＫＶ－Ｉ戦車であった。一方、空軍が配備していた実戦用航空機は千五百四十機余りとなっていた。

推定で百万人が死んでいる。この過程で死亡した将官の数は四百二名にも上り、数千名にも及ぶ将校が収容所に送られる中、それらの運命を免れた者たちは理性を欠いた状態で言われるままに服従する存在に成り果てていた。一九三七年以前のソ連軍が有していた自主性と進取の気風はスターリンによる粛清と共に失われ、それに代わって政治将校や内務人民委員部（ＮＫＶＤ）が下す命令に唯々諾々と従うのが常態となっていたのである。[4]

このように粛清が原因でソ連軍将校団の動きが大いに掣肘されていたことは事実だが、バルバロッサ作戦前夜の段階で、粛清によって軍の士気と軍紀が回復不能なほどの打撃を受けた兆候は見られなかった。将官級の軍人を襲った運命に対し軍の中堅を担う将兵たちが押し並べて無関心であったことには悪い意味での定評があったし、一九三八年から翌年にかけての日本軍との戦い〔張鼓峰事件とノモンハン事件〕や一九四〇年の冬戦争に参加したソ連軍は勇猛果敢で粘り強く、死傷者が出るのをものともしない気構えを見せたのであり、伝統的なロシア軍兵士としての素質がスターリンの圧政下でも失われていなかったことが窺われる。そして、逆説的に言えば、スターリン主義に支えられた国家そのものが、耐え抜くことが常態となっていた苛酷な生活様式によって育まれてきた禁欲主義と宿命論的理念を土台としたもので、その苛烈な実態こそがソ連軍を来たるべき試練に耐えられるようにしたのである。スターリンの言を借りれば、ソ連軍の規律と懲罰の前には勇者も臆病者となるという程であった。いわゆる大祖国戦争の過程で作戦上の不手際を理由に銃殺刑に処されたり懲罰部隊に送られて命を落としたソ連軍の将官は二百三十八名にも上り、このため、刑の執行を猶予された将官は言うに及ばず、ソ連軍の指揮官たる者は皆、部下の将兵の命など知ったことではないという態度を示すようになる。ソ連軍は、その制度と兵士の素質に由来する強靭性と、損失をものともしない姿勢によって、当初から、巧みではないにせよ蛮勇をふるう戦いぶりを見せ、戦闘の方法が洗練されていくにつれて、そのような戦いぶりも効果を発揮していくのである。

作戦開始当初の数日間においてさえも、独軍が直面した反撃が規模と激しさの面で、それまでの作戦では遭遇しなかったようなものとなったことがたびたびあり、そのような反撃が所期の目的を達成するのが稀であったにしても、独軍に損害を与えて、その計画を狂わせ、前進を遅らせることにはなったのである。例えばスモレンスクでは、包囲されたソ連軍がおとなしく降伏せずに戦闘を続行し、双方にとって時間というものが死活的重要性を帯びていた時期に、スモレンスク以遠に進出していた独軍装甲部隊向けの幹線補給ルートを三週間にわたって塞いでいたのである。戦いの過程でソ連軍が崩壊の淵に立たされ、非ロシア系民族で構成された部隊に離反の動きが見られたことに苦しめられはしたものの、ソ連軍は当初から戦っていたのであり、戦争の帰趨を決定するのは意志の力であるというヒトラーの自論が正しいとするならば、バルバロッサ作戦は始まった時点で既にその結果が見えていたと言える。スターリン政権の支配は苛酷で行き過ぎた点が多々あったにせよ、それに代わるものとして独軍が行ったのは、自らが生き残るための戦いと、ソ連の民衆に対する強姦・掠奪・虐殺だけであった。それに対して、西部地域の領土が失われた時点でのソ連政府は、

原註４　ＮＫＶＤ（内務人民委員部＝秘密警察）は *Narodny Kommissariat Vnutrennykh Deyl* の頭文字を取ったものだが、収容所の収容者はこれを *Nikogda-ne Vernyesk Domoy*（家に帰るなど絶対にかなわぬ）の頭文字であるとして皮肉っていた。

ロシア人の意識に深く根ざした古くからのナショナリズムによって支えられる存在となり、独軍は、勝ち取った戦果にもかかわらず、ロシアの沼沢地帯を越えて進撃することはできなかったのである。

準備不足のソ連

ソ連軍の強靭性は認めるとしても、独軍が開戦劈頭にソ連軍を再起不能なまでに撃破することができたならば、それも無意味となったであろう。既に触れたように、ドイツ側の企図について警告を受けていたにもかかわらずスターリンがそれを真剣に受け止めなかったことや、理解の範疇を超える形で軍の大半を国境地域に張り付けていたといった、いずれも合理的な説明がつきかねる要因によって、独軍はそのような勝利を今少しで掌中にできるところだったのである。スターリンは三月には米国の情報源から、四月には英国の情報源から、以後起こり得る事態について警告を受けていた。そのような西側情報筋からの警鐘に信を置かなかったのには無理からぬものがあったが、自国の諜報員からの報告内容まで疑う理由はなかったであろう。駐日ドイツ大使館に潜入していたスパイであるリヒャルト・ゾルゲからは五月十九日、そして六月一日と同十五日に報告がもたらされていたし、東欧から寄せられた複数の報告は、ドイツからソ連向けの輸出量が春季になって意図的に減らされていることを指摘していたのである。さらに言えば、国境付近で独軍兵力が増強されていることをソ連の諜報機関が把握していなかったことなど考えられなかったし、春の間にルドルフ・レスラーがスイスで指導していたスパイ組織である「赤いオーケストラ」はモスクワ向けに、軍団レベルまでの指揮官の名前を含めた独軍の戦闘序列や作戦目標を知らせていた上に、ヒトラーが最終的決定を下す以前に独軍の作戦始動時期をも伝えていたのである。このように、間近に迫っていた侵攻について十分な警告を受けていたという点で、一九四一年六月時点のソ連に勝る国はこれまで余りなかったにもかかわらず、それも無駄となり、それまで二十年の間奇襲に対する備えをしてきたソ連軍は一九四一年六月二十二日に完璧に不意を突かれた形で独軍の侵攻に直面することとなる。さすがにソ連軍指導部は戦端が開かれる数時間前には警報を発したものの、当初予定していた部隊動員を完結するのには二十日間を要し、独軍は攻撃する先々で橋梁に守備隊が配置されず、航空機が分散されておらず、防衛拠点に人員が置かれていないといった状況を目の当たりにするのである。

このような実態の説明として第二次大戦終結以来数十年にわたって通念的解釈として提示されてきたのは、スターリンの妄想とでも言うべきものであった。この見方に拠れば、スターリンは三つの目算を立てていたという。第一が、ドイツが未だに英国と交戦中で米国との関係が益々怪しくなっていく中で一九四一年にヒトラーがソ連に攻撃を仕掛けてくることなど有り得ないというもの。第二は、ヒトラーを宥和することは可能であるという考え。そして、第三に達したのが、ソ連軍には戦争ができる準備が整っていなかったので、この年にソ連は戦争を避けなければならないという結論であった。この結果、スターリンには一九四一年には戦争が起こらないという信念が芽生え、一度この想念に凝り固まったスターリンは、それに反する見解を一顧だにしなくなったというのである。これを裏打ちする証拠とされているのが、スターリンはヒトラーとの戦いが不可避なものと悟ってはいたものの、それを「半年もしくはそれ以上」先延ばしすることを望んでいたという趣旨の発言を自身がしていたことである。この場合、ヒトラーでさえも十二月に対ソ侵攻を始めることはなかったであろうから、「半年」という見積もりよりは、「もしくはそれ以上」がいかなる意味合いを持っていたかの方が、より大きな重要性を帯びていたと言わざるを得ない。

スターリンのこの発言は、ここで主題となっている既述の大きな疑問の叩き台となるものであると同時に、スターリンは一九四一年に戦争を回避したかったどころか、夏に対独先制攻撃に踏み切るつもりであったので、史実とは異なった事態の展開もあり得たという説の根拠ともなっている。この所説は一九八五年に公にされ、ヒトラーのソ連侵攻を正当化するものとして当時の西ドイツ国民の一部やネオナチ勢力が飛びついたもので、五つの主要な論拠によって成り立っている。第一に、一九四一年当時のソ連軍のドクトリンが防衛的ではなく攻撃的なものであったのは否定できない事実であったこと。第二に、六月十三日以降に百十四個もの師団が第二線配備から国境に近い地域に移されたこと。第三に、四月以降に予備軍が密かに動員され、辺縁地域の軍管区からの部隊の移動も行われ、七月十日までに八個軍（六十九個師団）がソ連西部地域の第二線部隊として配備される予定であったこと。第四に、国境地帯に配備されていた百七十個師団余りには屋根のついた宿営施設がなかったために、夏以降その場に留まれる状態ではなかったこと。そして第五に、これらにかかる経済上の負担は、攻勢作戦の準備といった国策上やむを得ない事情以外には正当化できないこと。しかしながら、この説を受け入れるとするならば、これまでの通説を覆すこととなる。即ち、一九四〇年から四一年にかけての冬季にドイツが取った一連の措置をめぐっては、過去二世代にわたって、スターリンがヒトラーを宥和する必要性に迫られるきっかけになったものと論じられてきたが、これが誤りであったことになるし、一九四一年の上半期にスターリンがヒトラーに対して明らかな宥和的態度で臨んだのも外見を装ったものに過ぎなかったということになる。[5] 長期間権力の座についていたスターリンが世事に疎《うと》い時期がしばしばあったのは事実であり、一九四一年の春にスターリンがドイツの意図を読み誤っていたのはほぼ確実であったが、スターリンが一九四一年に予防戦争を開始することを真剣に考えていたとか、この点について、かくも多くの著名な研究者たちがここまで事の本質を見誤っていたと論ずるのには無理があるように思われる。要するに、一九四一年当時のソ連の方針をめぐるこの新たな所説は、一概に切り捨てられるものではないものの、立証はされていないのである。* 一九四一年当時のソ連軍が攻勢作戦に打って出る準備を整えていなかったことは明らかであり、ソ連軍の第一線機甲部隊の六割近くがキエフの軍管区に控置されていたために独軍に対して直ちに攻勢をかけられる態勢になかったことに鑑みると、論理的に考えれば、一九四一年中旬頃のソ連軍の展開状況は防衛・警戒のためのものであり、それが一貫性を欠く自滅

原註５　一九四〇年から翌年にかけてのドイツの一連の措置とは、フィンランドへの働きかけ、ルーマニアとブルガリアの占領、モロトフが一九四〇年十一月にベルリンを訪問した際にヒトラーと交わされた角が立つようなやり取り、そして、その折にドイツ側が独ソ間で新たな条約を締結する可能性に触れたにもかかわらず、その後ドイツがその件についての話し合いを拒んできたこと、などである。

＊　バルバロッサ作戦がソ連の先制攻撃計画に対する予防戦争であったという主張をめぐる論争については、大木毅『ドイツ軍事史――その虚像と実像』（作品社、二〇一六年）四三～六四頁に詳しい。

的とも言える形で行われていたことが窺えるのである。

ソ連軍の戦闘序列

理由は定かではないが、ソ連軍は一九四一年六月二十一日の時点で西部地域の国境線地帯にある五つの軍管区に十五個の軍を配備していた。冬戦争の時と変わらぬ任務を担っていたレニングラード軍管区の指揮下にあったのは、ムルマンスク周辺の第十四軍と、中央地域の第七軍、そしてフィンランドの地峡に至る区域の第二十三軍であった。バルト諸国を包摂してさらにその南方のグロドノとオシミャを結ぶ線までを担当するバルト特別軍管区の配下には第一線軍二個と第二線軍一個があり、その中で右翼に位置する第八軍は沿岸地域に、左翼を担う第十一軍はビリニュス周辺に駐留し、第二十七軍はプィタロヴィ地域に置かれていた。これらの軍は各々機械化軍団一個を有していたが、これは隣接する西部特別軍管区配下の四個軍の内の三つについても同様であった。その西部特別軍管区はブウォダヴァとサルヌイを結ぶ線を南側の境界とするもので、ビャウィストクの突出部に第三軍と第十軍を、ブレストに第四軍を置き、ミンスク周辺には第十三軍が展開していた。その南側のブク川上流に至るまでの地域がキエフ特別軍管区隷下の諸軍の担当範囲で、コーヴェリ周辺には機械化軍団一個を有する第五軍が配置されていたが、そのさらに南方は、スターリン自らが防衛拠点を構築することを禁じたために最も無防備で守るに難い区域となっていた。そこには、第六軍と第二十六軍及び第十二軍に加えて機械化軍団四個が配置されていた他、ジトームィルにはさらに機械化軍団三個が予備として控えていた。しかしながら、トランス・バイカル特別軍区から移駐して来る筈であった第十六軍の到着が独ソ戦開始に間に合わなかったため、キエフ特別軍管区は第二線部隊が全くない状態となっていた。これらに加えて、オデッサ軍管区の第九軍と機械化軍団二個、及びバルト海と黒海の艦隊戦力が、独軍と相対していたソ連軍戦闘序列の全てである。

　ドイツの諜報機関は一九四一年春の段階でソ連軍の総兵力を約百五十個師団と見積もっていたが、ソ連軍がバルト海から黒海にかけての線に実際に配備していた師団の数だけでもこれとほぼ同数となっていたのであり、一九四一年六月当時にソ連軍隷下にあった兵員は四百五十万余りにも上っていた。そして、大祖国戦争開始から六週間を経ずして十個余りの軍が新たに戦列に加わっている。第十八軍がハリコフから進出してプルト川の中・上流地域で第九軍の任務を継承したのを始め、六月の終わりまでには、第二十二軍（北部コーカサス軍管区所属）がヴィーツェプスクに、第十六軍と第二十軍（オルロフ軍管区所属）がスモレンスクに、第二十一軍（ヴォルガ軍管区所属）がヴォルシャとチェルニヒウに来着している。七月には、独軍の進撃による危機が最も強く感得されたスターラヤ・ルーサ〜スモレンスク〜モスクワを結ぶ地域にさらに五個の予備軍が到着した他、年末までに東部地域から転出されたり新たに編成されたりした軍もいくつかあった。

　戦いの規模という点で独ソ戦は史上例を見ないものであり、第二次大戦の帰趨を決定する上で他のどの戦域よりも比較にならないほどの重要性を帯びており、恐らく、他の戦域全てを合わせたとしても、独ソ戦の重要度はより大きなものであったろう。開戦劈頭に戦列に加わった戦闘員は八百万余りに及び、東部戦線で戦う将兵の数が最高潮に達した時点ではおそらく千五百万ほどになっていたと思われる。東部戦線の戦いは、十七世紀の三十年戦争以来ヨーロッパでは見られなかったような蛮行に満ちたものであるが、この戦いが三十年戦争と同様に宗教戦争の色合いを持っていたことに鑑みれば、当然と言えるかもしれない。戦いが継続した全期間には一日毎に一万九千十四人のソ連国民が死んだ計算となり、原因を問わず死亡した全てのソ連国民の遺体をモスクワからベルリンまでの鉄道上に並べたとしたら、一人宛の幅は敷石一個にも足りない二・三五インチとなるほどである。ヒトラー自身が一九四一年六月二十二日に使った言葉を借りれば、「全ての闘争の中での最大の闘争」ということになるが、戦いが長引くことを内意したものであるならば、興味をそそられる表現である。このような見方ほどヒトラーの実際の考えとかけ離れたものはなかったのであり、少なくとも作戦開始当初の一カ月間の事態の推移はヒトラーの自信の程を裏付けるもので、独軍の勝利の数々によって、これまでの戦いと同様に作戦が早期にそして成功裏に終結することは約束されたかに見えたのである。

独ソ戦の開始

バルバロッサ作戦の一九四一年六月二十二日から十二月五日までの時期は、地理上及び時間上の区分として二つの段階に分割できるが、両者は相互に絡み合ったものである。プリピャチ沼沢地の北方で独軍は即座に圧倒的勝利を収め、ルーガ川沿いのサブスクを七月十四日に、スモレンスク東方のヤールツェヴォを同十五日に制圧する。ところが、その後この方面での独軍の進撃の速度は鈍

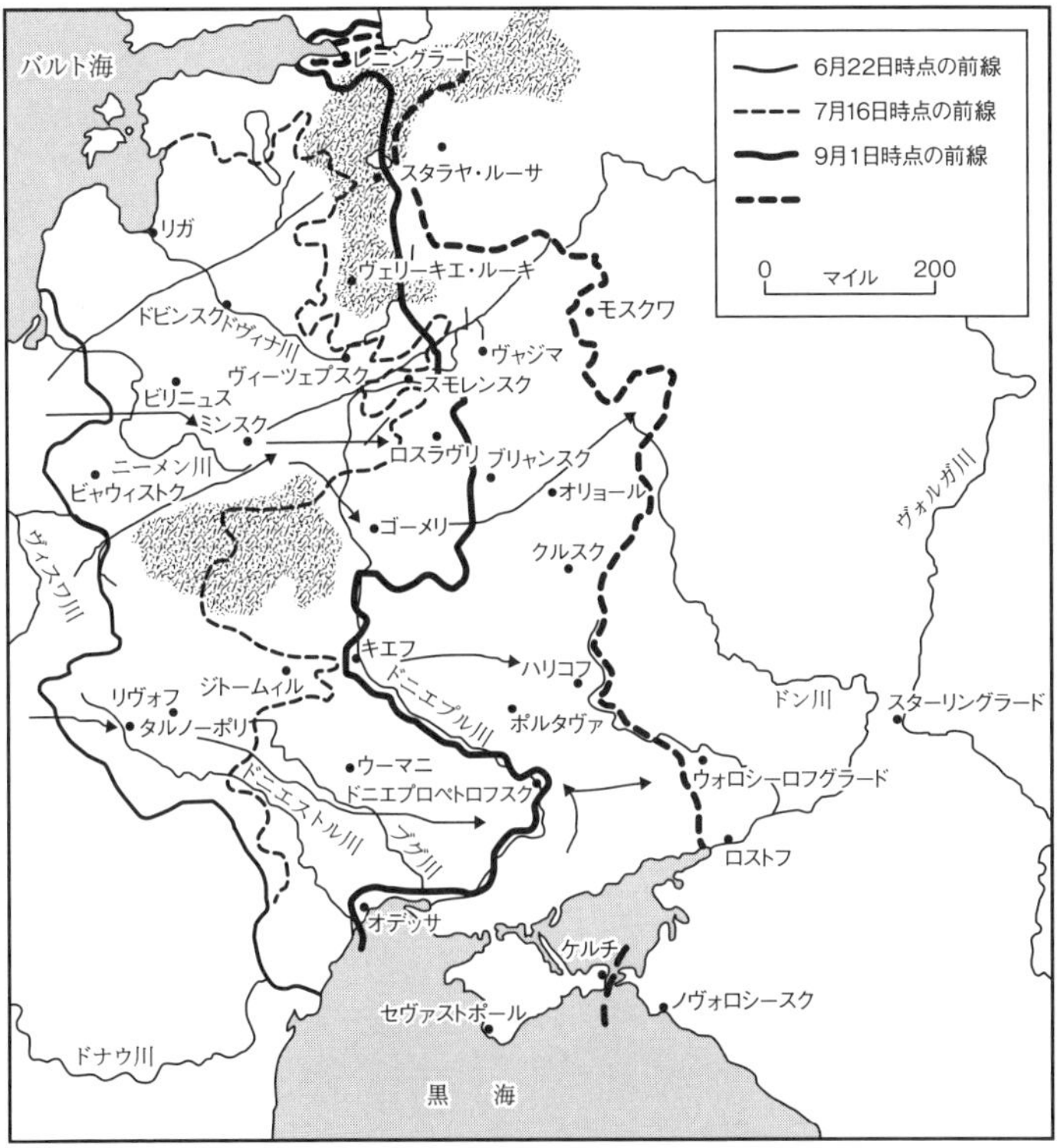

バルバロッサ作戦・独軍の攻勢（1941年6月～12月）

って当初の勢いを取り戻すことはなく、七月には陥落必至と思われたモスクワとレニングラードも、高嶺の花となってしまうのである。プリピャチ沼沢地の南方で南方軍集団が行った攻勢は、北方に比べると当初の進展の度合は遅かったが、遅々としながらも、気まぐれな動きで急速に地歩を得ることもあり、キエフ周辺での勝利は中央軍集団が収めた勝利の数々のいずれにも引けを取らないものとなり、その後ドン川の中流・下流地域を越えて進撃していくことになる。

プリピャチ沼沢地の北方地域で独軍装甲部隊が開戦初日に前進した距離は六十マイルにも及んでいる。二十六日には独第四十一装甲軍団がラセイニャイ付近でソ連の第二機甲師団を撃破してイェーカブピルスとリヴァニに向けての進撃路を確保していたが、その時までに第五十六装甲軍団もドヴィナ川を渡った対岸のダウガフピルスに複数の橋頭堡を確保していた。第四装甲軍がドヴィナ川を渡河するのは七月二日になってからで、同軍は四日にオストロフを制圧すると、翌五日から六日にかけて同市の東側でソ連第二十七軍の機甲部隊による反撃を退け、十四日にルーガ川下流地域に到達する。そこから防衛態勢が整っていないレニングラードまでは八十マイルしか離れていなかった。これら二つの軍団の中間地帯を行く第三装甲軍は六月二十三日にアリートゥスを、翌二十四日にビリニュスを攻略し、第二装甲軍は同じ日にスロニムを陥としてベレジナ川を強行渡河して、七月一日にはロガチョフとボリソフを制圧する。それに先立つ六月二十九日に、中央軍集団に属するこの二つの装甲軍はミンスクの西方で合流し、ビャウィストクとヴァウカヴィスクとナヴァフルダクとに置かれていたソ連側の三つの部隊に対する縦深包囲態勢を完成させる。七月三日に攻勢が再開されると、第三装甲軍はドヴィナ川に達して、その西岸地域を掃討して九日にはヴィーツェプスクを攻略し、十五日にはヤールツェヴォを、そして十六日にはスモレンスクを陥とす。そして、第二装甲軍がシュクロフとスタールイ・ブイホフでドニエプル川を渡って七月二十七日にエリニャを占領することにより、スモレンスク西方に位置していたソ連軍への縦深包囲網ができあがったのである。

このように成功裏に進みはしたものの、ヤールツェヴォ攻略後十二日間もスモレンスク周辺での包囲の輪を閉じることができなかったことで、独軍は作戦期間を通じて初めて大きな危機に直面することとなる。そこには、統帥や政策上の個別の問題や、独ソ戦の最初の一カ月間に露呈してきた戦術・部隊運用全般に関わる障害といったものが絡んでいたが、その原因の大半は、第二装甲軍が南方から包囲の輪を閉じることを意図的に拒んだことにあり、同軍が拒んだ理由は、次の作戦段階でモスクワへの進撃を再開できるような地歩を確保しておくことにあった。第二装甲軍のこのような姿勢は、ボックとその隷下の部隊が受け入れ難い命令を無視することに吝かでなかったことを象徴するもので、ヒトラーとＯＫＨにとっては受容し得ないものであった。

北部・中部戦線における作戦

北方軍集団がその装甲部隊をドヴィナ川を越えて進撃させることができたのは、隷下の第十六軍の作戦規模を縮小したからに他ならなかったが、その第十六軍の一部も、同軍集団の予備部隊と共に、ソ連第二十二軍の反撃に対応するためのネヴェリ付近での防衛戦への増援として中央軍集団に回されることとなる。そして、ルーガ川に到達するまでに明らかとなったのは、第十六軍の残余の部隊と第十八軍への補給を停止しなければ、川を越えて攻勢を続行することは不可能ということであった。また同時に、レニングラード攻略のためには、それらの軍か他の方面の軍から歩兵部隊を捻出して装甲部隊を支援させなければならないことも、二つの理由から明らかであった。第一に、装甲部隊では地歩を確保したり都市を攻略したりするのが不可能であったこと、第二に、沼沢地や鬱蒼とした森林地帯を避けて進撃して行かざるを得なかったために、ソ連軍がそれを予測して防衛拠点を設置することが可能となり、それらを排除できるのは歩兵による本格的な攻撃のみだったことである。実際、早くも七月五日の段階で、地勢が進撃に適していなかったために第四十一装甲軍団がオポーチカ～ノヴォルジェフ～スタラヤ・ルーサを結ぶ線に沿って進撃することを断念せざるを得なくなったため、レニングラードへ二方向から前進するという当初の企図は放棄することを余儀なくされた。片や、頼みの第十八軍と第十六軍の歩兵部隊は七月中旬になると、第四装甲軍のはるか後方で掃討作戦に専念する有様となっていた。

中央軍集団の戦域で独軍が直面していた問題は、北方軍集団が抱えていたものとは性質を異にしていたが、深刻さという点では負けず劣らぬ様相を呈していた。ビャウィストクとヴァウカヴィスクの包囲戦では、各々六個師団のソ連軍を殲滅し、ドヴィナ川上流でさらに十五個師団を壊滅させようとしてはいたものの、第九軍と第四軍が緊密な包囲網を迅速に閉じることができなかったために中央軍集団の諸部隊は一連の秩序に欠けた作戦行動を余儀なくされ、そのためにヴァウカヴィスク周辺ではソ連軍の一部が包囲の網をくぐって脱出する事態が続出したのである。それに、包囲する度にソ連軍の猛烈な抵抗に直面し、中でもブレストのソ連軍は七月二十四日まで持ち堪えていた。

ミンスク前方の三カ所で包囲したソ連軍の抵抗は六月三十日までには排除したものの、それによって独軍の歩兵部隊はこれまで経験しなかったほどの損害を被った他、第二装甲軍が作戦の二日目から空中投下による補給を受けなければならなくなるといったように、ただでさえ不十分な補給事情がさらに悪化することとなったのである。これらの事態が戦術上の問題を顕在化させたのが明らかだったため、独軍首脳部は憂慮の念を深めることとなる。

独軍は急進撃して戦果を順当に挙げていたが、正にそのために、バルバロッサ作戦が内包していた作戦方針上の矛盾点が、戦端が開かれてからものの数日の内に表面化した形となった。これと同時に、独軍首脳部に重くのしかかってきたのは、スモレンスクとエリニャを攻略する時期までに自軍の歩兵部隊に疲労の色が濃くなってきたことにくわえ、ウクライナ北部でのソ連軍の反撃が強まってきたという事態であった。独軍の歩兵部隊は四週間にわたってロシアの夏特有の暑熱と粉塵を冒して進軍し戦闘を続けた結果疲弊の極みに達しつつあり、七月中旬の段階で未だ戦線に投入されていなかったのは、プリピャチ沼沢地北方の二つの軍集団に属する二個歩兵軍団と第二軍だけとなっていた。

そして、同時期までに、装甲部隊の装備の半分余りが失われたり使用不能となっており、加えて、陸軍首脳部が修理班をポーランド以東に送ることを拒み、ヒトラーがエンジンの生産を前線で消耗された機材の交換用ではなく新型戦車用に専ら向けたために、一九四〇年の目算では補充された筈の損耗分が補填されず、それが一九四一年のこの段階になって大きな問題となってのしかかって来ていたのである。そして、装甲の薄い車輛の損耗率が作戦開始後一カ月で四割にも上ったことで、ただでさえ不十分な兵站に深刻な支障を来たし、ソ連の道路の状態が劣悪だったためにガソリンの消費量が予測したよりも三割も多かったことや、同地の鉄道網を迅速に修復できなかったことなどが、これに輪をかけていた。さらに、ソ連の鉄道の軸重量限度が西欧の標準であった二十四トンに対して十七トンであったことや、占領地域で線路の幅を西欧の標準に合わせるようにしたために鹵獲したソ連の機関車の使用が不可能になったことなどによって、独軍は作戦発起時にはほとんど予測していなかった兵站上の諸問題に直面した。それらは、スモレンスク攻略に続くバルバロッサ作戦の次の段階を以後数週間いかにして進めていくかが問題となってきた正にその時に、益々悪化していったのである。

南部戦線における作戦

次の段階で作戦をいかに進めるかという問題は、プリピャチ沼沢地以南の地域でも顕在化することとなる。作戦開始から二日の間に東部戦線全体で独空軍は二千機余りのソ連軍機を撃墜破し、その間、南方軍集団はルヴォフの手前でソ連軍の防衛線を分断していた。第六軍がソ連の第五軍と第六軍との間に三十マイルに及ぶ穴を開けると同時に、第十七軍もソ連の第六軍と第二十六軍との間に二十マイルに達する突破口を穿《うが》っていたのである。しかしながら、ソ連側の対応も素早く、一定の成果を収めたとも言える。ソ連軍の機甲部隊がそれらの破孔地域に殺到して五日間にわたって攻撃を続行したために独軍の進撃が止まり、これによってソ連軍はジトームィルの手前に、以前よりも短い防衛線を新たに布くことができた。このようにしてソ連軍首脳部は、前方展開していた部隊を七月の最初の週までに後退させてコーロステニ〜ノヴォグラード〜ヴォルィーンシキーを結ぶ線で部隊を再編したが、その過程で、独軍の猛進を阻むために投入された機甲部隊をほぼ全て失うこととなった。独空軍の活動や、地勢が反攻作戦には不向きであったこと、そしてソ連軍機甲部隊の攻撃が無統制であったことなどが重なって、戦端が開かれてから二週間の時期に展開された、機甲部隊同士のものとしては最大の規模となった戦いは、ソ連軍に多大の損失を強いることとなったのである。これによってソ連軍歩兵部隊が空間と時間を稼ぎはしたものの、機甲部隊を喪失したことの埋め合わせとはならず、独第一装甲軍は、かなり苦戦したにもかかわらず健在で、国境付近での戦いが終結するとすぐに進撃を再開する。その後、独第十一軍が七月一日にプルト川を渡ってソ連第十八軍と第十九軍との結節点に攻撃をかけたのを始めとして、南方軍集団はブク川とドニエプル川とに挟まれた地帯を東進し、ベルディチェフを七日に、ジトームィルを十日に制圧した。しかし、装甲部隊が十一日にキエフまであと十マイルの距離にあるイゥピンに到達した時点で、急襲して攻略するにはキエフの守りが堅すぎることが判明する。加えて、ソ連の第五軍と第六軍が反撃に出てきたため、ノヴォグラードとヴォルィーンシキー、そしてジトームィルの近辺で一進一退の戦いに引き込まれることとなる。ここで南東方面に進撃すれば、ウーマニ周辺に集結しているソ連軍の右翼と背後を突ける可能性が出てきた。しかし、ソ連第五軍が左翼に健在であることや、中央軍集団と南方軍集団が共にプリピャチ沼沢地の東方に出てきたために両軍集団の間に二百マイルもの間隙が生じる恐れが生じたことで、独軍首脳部の中に事態を憂慮する傾向がはっきりと出て来たことには無理からぬ面があった。

最初の三週間で独軍が撃破したのは、西部地域にあった軍管区におけるソ連軍の当初の戦闘序列を見る限り、四つの軍管区にあった兵力の半分以上に上っており、南方軍集団はソ連第五軍の必死の反撃も退けていた。このような戦果に鑑みれば、南方軍集団は、その左翼や背後に気を使うことなくウーマニへの攻勢を始動させることができたかもしれない。ところが、早くも七月一日にはミンスク周辺のソ連軍を掃討するために中央軍集団からは部隊が分派されたし、後方地域に未掃討のソ連軍部隊があることをヒトラーも相当憂慮していたことや、作戦担当幕僚に付き物の心配性が鎌首をもたげてきたこともあって、南方軍集団が攻勢を開始する前に、コーロステニ付近のソ連第五軍がもたらしかねない脅威をまず除去する必要ありとの判断が下される。結果として七月九日になってＯＫＨはヒトラーに、キエフ周辺とプリピャチ沼沢地の南方に展開しているソ連軍を排除するために第二装甲軍を南下させることを進言する。七月の第二週になって中央軍集団と南方軍集団の進撃速度が速まったことで、この構想は当分棚上げとなったが、一度案出された構想が消えることはなく、殊に、それが、モスクワ攻略に大きな価値を置いていなかったヒトラーの偏向的とも言える戦略構想に適うものであったため、なおさらであった。

ウクライナにおける独軍の攻勢

このようにして七月十九日には、北方軍集団がルーガ川に達しており、中央軍集団はドヴィナ川上流地域とスモレンスクを押さえ、南方軍集団はコジャーティンを手中にしていたが、この態勢を基にヒトラーは、第二装甲軍と第二軍とに、ゴーメリ付近のソ連軍を撃破した上で南下を続けて南方軍集団に合流し、ウクライナ北部のソ連軍に対する包囲の輪を完成するよう命じる。同時に、ルントシュテットの軍はウーマニ周辺のソ連軍を包囲殲滅してドン川の中流域に進出し、第二装甲軍と合流することとなっていた。時を同じくして第三装甲軍が北方軍集団のレニングラード攻略を支援することを命じられていたので、引き続きモスクワへ進撃するのは中央軍集団の歩兵部隊のみとなった。このような、モスクワへの進撃を事実上断念するような指令こそ、中央軍集団、特に第二装甲軍が忌避したかったもので、ＯＫＷとＯＫＨそして中央軍集団がモスクワ進撃の選択肢を残すことを欲していた中で、ヒトラーがこの決定の趣旨を司令部の将官たちに徹底させることができたのは八月二十一日になってからであった。

だが、実際はその折には、中央軍集団から兵力を転用する必要性は当面なくなっていた。レニングラード方面では、八月八日にルーガ川下流を渡河しての攻勢が始まった他、十六日にはノヴゴロドを、二十日にはチュドヴォを確保したが、いずれも中央軍集団の第三十九装甲軍団が加わることなく行われ、フィンランド湾方向への進撃の最終段階やレニングラード南方からの同市への近接包囲戦も、ボック隷下から引き抜いた部隊なしで実施されたのである。そして南方では、ヒトラーの指令が出された七月十九日頃には、ジトームィルとベルディチェフでの戦いが、独軍に極めて有利な形で決着がつき、八月三日には第一装甲軍と第十七軍とがペルヴォマイスクで合流して、ウーマニ周辺から転出してきたソ連の三個軍の二十個師団に対する包囲の輪を完成させる。この包囲網内での抵抗は八月五日には止んだが、それでもヒトラーは中央軍集団から兵力を抽出して南方に転じさせることに拘泥したのみならず、ハリコフまで進軍させて、その作戦規模を拡大することをも策した。信じ難いことではあるが、それまで数週間隷下部隊の一部を南下させることに抵抗していた独第二装甲軍の指揮官は、八月二十三日に至って、その全軍をウクライナにおける作戦に投入すべきことを進言する。この進言は直ちに受け入れられ、このやり取りの蚊帳の外に置かれたＯＫＨを憤激させることになるが、このような成り行きが示したのは、指揮官個々人相互の影響力や前線での事態が錯綜する中で、作戦の展開は益々場当たり的に決定されるようになり、権勢や指揮権を有し、自ら物事の優先順位を定めていたヒトラーでさえも、作戦を指導しきってはいなかったということである。

ソ連軍の抵抗

国境地帯でのソ連の各軍の抵抗が散発的で一貫性を欠いていたのには無理からぬものがあったが、最初の三カ月間のソ連側の戦略方針は整合性を有する明確なものであった。独北方軍集団の正面では防衛線が一気に崩壊して、レニングラード前面での防衛戦をすぐさま強いられることとなったが、その他の地域では、国境地帯での防戦に敗れると同時にソ連軍は反撃に転じ、可能な限り西方で戦線を安定化させることを企図していた。政略的配慮がこの方針の策定に影響を与えていたのは明らかで、経済・軍事上の要請から、主要な生産拠点や人口が集中している地域を敵の手に渡さない必要性に裏打ちされたものである。つまり、この段階では、空間を明け渡すことで時間を稼ぎ、兵力の保全を図るといった発想は、ソ連側の方針にはなかったのである。作戦開始当初からソ連軍総司令部（スタフカ）は、三つの独軍集団の間には相互に支援する態勢が整っておらず、各々の側面部分が脆弱であるというバルバロッサ作戦が内包する弱点を認識しており、その点を突くという方針を固めていた。このように戦線を安定化させて独軍の側面を叩くことを欲したために、七月中旬にスモレンスク近辺の軍が包囲されかかった折にソ連側が一連の攻勢をかけた際、その目的が包囲された軍を脱出させることではなく、それらの軍を増強して戦線を安定化させることとなったのは当然の成り行きであった。スモレンスクの包囲網から兵力を脱出させようと試みられたのは、同地域での抵抗が止む八月五日直前のほんの数日間だけであり、その頃までには独第二装甲軍がさらなる包囲の輪を完成させつつあり、ロスラヴリ周辺の二カ所では三日から八日にかけて、クルィチャウでは十四日にその輪が閉じられている。

このようにスモレンスクで敗北を喫して予備軍が一時的に枯渇したにもかかわらず、スタフカの方針は不変で、レニングラードの戦線を強化すると共に、ゴーメリとエリニャの付近で反撃に出て、同時にブリャンスクに兵力を集結してキエフ周辺の既存の防衛拠点を固守する構えを見せていた。この結果、九月六日に原型を留めないほどに破壊されたエリニャを奪還することには成功したものの、この戦果は、キエフ周辺の拠点を余りに長期間にわたって固守しようとしたことで払った代償に較べれば、取るに足らないものであった。独第十七軍はクレメンチュークでドニエプル川を渡って第十一軍と共に八月三十一日までにキエフから下流の川沿いに橋頭堡を築き、独第二軍はゴーメリ方面に進出してきたソ連第二十一軍を粉砕していた。八月の最後の週になって独第二装甲軍の南進攻勢は激しい反撃に遭遇するものの、その動きは九月になるとソ連側にとって不吉な前兆といった様相を急速に帯びてくるようになる。十二日にゴーメリとスタロドゥーブが陥落すると、スタフカはキエフ周辺の部隊に撤退命令を出すものの直ぐに撤回し、最終的な撤退命令を出したのはキエフ周辺での抵抗が止んだ十九日になってからであった。同市が陥落したのは二十六日で、独軍が同市及びその近辺で獲得した捕虜は合計二十一万人にも上った。ウクライナ北部での包囲戦は、一九四一年の東部戦線での戦いを通じても最大規模の包囲戦の一つとなったが、一連の戦いを通じて独軍が得た捕虜の総数は六十万余りに達している。

モスクワ攻略「台風」作戦

プリピャチ沼沢地の東方地域とドニエプル地方で九月の最初の十日間に起きたのは以上のような事態であったが、スタフカが事の重大さを認識して対応措置を講じるのが遅かったのに対し、独軍指導部の対応は迅速であった。キエフ周辺でのソ連軍の崩壊が見込まれ、レニングラード方面でも九月一日から砲兵部隊による同市への直接砲撃が開始されるというように戦況が有利に進捗していたために、ヒトラーには、再び中央軍集団に注意を移してモスクワへの進撃を再開する可能性を検討する余裕が生まれていたのである。八日にはフィンランド軍がスヴィリ川に到達し、北方軍集団がレニングラードと外部との最後の陸上交通路を断ったが、この日ヒトラーは中央軍集団に対してモスクワへの攻勢を再開するよう指令を下すと同時に、同じ指令の中で北方軍集団にはレニングラードを包囲して陥落させることを命じ、南方軍集団にはクリミア地方に進出してウクライナ東部への進撃を続行するよう指示したのである。この指令が意味するのは、達成すべき目標とそれに要する作戦規模を、それらに見合った物的・人的資源を増やすこともなく、危険なまでに拡大しようというものであった。しかし、キエフ周辺での独軍の勝利が直ちにもたらした二つの効果のため、実態の深刻度が十分に感得されることはなかった。その二つの効果とは、第一に、キエフ周辺で防戦にあたっていたソ連軍が崩壊したためにハリコフが無防備状態となり、独軍がウクライナ東部とドネツ平原に進軍する道が開けたこと。これよりもさらに重要な二つ目として明らかとなったのは、キエフにおける敗北によってソ連軍は、独ソ戦開始以来独軍に対して唯一保っていることが明らかであった兵員数上の優位をも失ってしまったという事実である。ドニエプル地方でのこの敗戦は、ソ連軍が一時的ながら予備兵力を枯渇させてしまったのと時を同じくするものだったため、ただでさえ独軍に主導権を掌握された状態での戦いを強いられていたソ連軍は、質量共に勝り航空機と戦車を保有する敵と、ほぼ同等の兵力で相対することを強いられるようになったのである。

レニングラードを強襲でではなく兵糧攻めで陥とすとの決定をヒトラーが九月八日に下したことによって、同方面から装甲部隊をモスクワ攻撃に回すことが可能になり、九月三十日から十月二日にかけて台風作戦が始動された頃には、モスクワに至るまでの四つの戦域にソ連軍が有していた兵力に対して中央軍集団は、数の上では決定的に優位な態勢を確保していたと言い得る状態にあった。それら四つの戦域にソ連軍が保有していたのは十五個軍で、師団数は八十個となっていたが、一九四一年十月頃には、それらの軍と師団の実情は七月当時と較べれば張子の虎同然となっていた。首都モスクワ防衛のために展開された八十万の兵力は、恐らく建制師団二十五個分ぐらいにしか相当しない戦力であったろう。これに対して、装甲軍三個と歩兵軍二個を指揮下に置く独中央軍集団は装甲師団十四個、自動車化師団九個、歩兵師団四十四個を台風作戦に投入することが可能であり、一個師団あたりの平均充足率が七割ぐらいであったと仮定しても、全般的な兵力数での優位は動かず、特定の進撃路上では兵力比較でも勝っていたのである。状況は南方地域でも同じで、独第二装甲軍がブリャンスクとオリョールに挟まれた地域で前進を開始して台風作戦の口火を切ったのと同じ日に、第一装甲軍はドニエプロペトロフスクからノヴォモスコフスクにかけての複数の橋頭堡から出撃して、第十一軍はドニエプル川の下流地域で渡河を敢行する。これらの攻勢の結果、独軍はソ連軍の第九軍と第十八軍、及び第十二軍の一部をオレコフ付近で撃滅し、この余勢を駆って二十四日に独第六軍はハリコフを、第十七軍はスラヴャンスクを占領する。独第六軍と第十七軍の進撃に抗す術がなくなったスタフカは、空間を明け渡して時間を稼ぐ他に選択肢がなくなったが、ドン川沿いのロストフ・ナ・ドヌ前面でのソ連軍の抵抗はそう容易《たやす》くは打ち破られず、独第一装甲軍がコーカサス地方への進撃路を開くことができたのは、ようやく十一月二十一日になってからであった。

南方では空間の代わりに時間を稼ぐという方針を執れたかもしれないが、距離が短かったために、モスクワ前面でそのような戦法を執る余裕はなく、スタフカは首都モスクワ防衛に関わる正式決定を十月十日に下す。もっとも、七月以降にスタフカが下してきた決定は、全てモスクワを断固として死守することを暗黙の前提としていた。首都防衛に際してソ連側には、ドイツ側が優勢な兵力を保持し、戦いの主導権を有していたことをある程度相殺できるような利点がいくつかあった。まず、台風作戦が開始されたのは夏が過ぎた後であり、昼間の時間が短くなると共に、冬の訪れも近く、作戦遂行のために残された時間が少なくなっていくのが明らかであったこと。次に、モスクワの前面では、森林地帯が果てしなく広がっている地勢となっていたために、作戦行動が掣肘される地域があったこと。そして、スモレンスクとモスクワを結ぶ幹線道路に沿う地帯では、レニングラード前面での戦いの時と同様に、ソ連軍は一連の会戦を通じて手痛い損害を被るものの、それらの戦いは終局的には独軍歩兵部隊の進撃を遅らせることに効果があったこと。さらに言えるのは、戦線がモスクワに近付くにつれて、時間と距離をめぐる要因はソ連側に有利に作用するようになっていったこと。ソ連側の補給が比較的容易になり、十一月中旬以降は増援を送るのも容易となっていたのとは対照的に、独中央軍集団の後方地域では十月中旬以降は混乱状態が深刻になっていったのである。台風作戦が失敗に終わった理由としてドイツ側は、秋季に道路が泥濘と化したことをはじめとする多くの要因を挙げることとなるが、兵站上の観点から見れば、独軍のモスクワ攻勢は始まる前から難航することが明らかであった。ドイツ側の鉄道・道路を通じての輸送手段はスモレンスク以遠の攻勢を支えるには不十分であったし、七十個師団の兵力が秋季に二百四十マイルを進撃するのに必要な物資・資材をスモレンスクに蓄積することは二カ月ではできなかったからである。

台風作戦に影響を与えた要因として最後に触れておくべきは、前述のように、秋雨前線の到来と共にスモレンスク～モスクワ間の道路の中で舗装されていない道路が泥の海と化したことで、ロシア語で泥濘期《ラスプティツァ》と言われているものである。夏の間、独軍は突然の豪雨に見舞われて進軍を停止せざるを得ないことが間々あり、その場合、晴天の下で道路が乾くまで待つより他に術はなかった。そして、十月から十一月にかけての時期に地面が泥濘と化した場合、地面が固まるには降霜期を待つより他になく、最初の霜が降りたのは十一月五日から六日にかけての夜になってからであった。しかしながら、この年は泥濘期が十月八日に始まったにもかかわらず、中央軍集団はカリーニン～ナロ・フォミンスク～アレクシン～トゥーラを結ぶ線を同月二十五日までに確保することができており、この日に台風作戦が一時中断されたのは、独軍の後方地域での混乱状態を収拾するためである。そして、作戦行動に悪影響をもたらしたとされる泥濘期の最中でも、中央軍集団は一九四一年の戦いを通じて単一作戦における勝利としては恐らく最大規模の勝利を収めることとなる。

独第二装甲軍がブリャンスク近辺でソ連軍の三個軍を包囲・殲滅したのは十月三日から七日にかけてで、その七日には独第三装甲軍及び同第四軍が共同でヴャジマを攻略する際に同市の西方で六個軍を捕捉する。ヴャジマで包囲されたソ連軍が降伏するまではさらに一週間を要したものの、独軍は、これら一連の戦いで得たソ連軍捕虜の数を六十七万五千名と発表している。ソ連側はこの数値を眉唾物としているが、十月三日から十一月十七日にかけての独軍の死傷者が十三万四千九百九十九人に上っていることや、モスクワの外縁地域に展開していたソ連軍兵力が十一月中旬頃には九万人ぐらいにまで減少していた模様であったことに鑑みれば、ドイツ側が発表した数値には一定の根拠があり、ヴャジマとブリャンスク周辺での戦いはソ連軍にとって一九四一年中で最も痛手の大きいものとなったのである。ちなみに、ヴャジマでの敗北が前代未聞のものであったことは、十月中旬頃にモスクワがパニック状態に陥り、一部の市民が許可も得ずに脱出し始め、十九日に首都全体に戒厳令が布告されたことからも窺える。そして、中央軍集団の左翼がカリーニンとヴォルガ川の上流地域を押さえ、その右翼がトゥーラの間近にまで達していた十月の末には、あと一押しで同軍集団がモスクワを攻略できるのは確実と思われていたのである。

そして、その一押しとして台風作戦が十一月十五日から十九日にかけて再開された折には、モスクワを守備するソ連軍は六個軍を数えるだけであった。冬の訪れ以前にモスクワを攻略しようとする最後の試みとなったこの戦いは、独第二装甲軍によるトゥーラのソ連軍拠点への攻撃で始まったが、同地を守備するソ連第五十軍は度重なる攻撃にも耐えていた。独第二装甲軍は第四装甲軍とノギンスクで合流するための進撃路を確保するためにトゥーラを制圧する必要があったが、トゥーラをほぼ包囲するも第五十軍を同市から追い払うことができず、さらに、二十七日にカシーラを攻略しようとした折には、ソ連軍の第二騎兵軍団の機甲部隊によって尋常ならざる大敗を喫することとなる。独第二装甲軍がトゥーラとカシーラで相次いで蹉跌を来たしたことの重大な意味は直ちに感得され、二十七日以降燃料補給が途絶えたこともあって、独軍の最後の希望は第四装甲軍の動きにかかってきた。その第四装甲軍は十一月二十五日にヤフロマでヴォルガ運河を確保・渡渉するとクラースナヤ・ポリャーナを占領し、クレムリンから十五マイルと離れていないヒムキに威力偵察を行う。十二月一日に同軍は戦線の中央のナロ・フォミンスク付近でソ連軍の防衛線突破をめざし最後の攻撃を敢行するが、ソ連第三十三軍は四日間戦い抜いてそれを阻止する。そしてＯＫＨと長時間にわたる議論を交わした末の五日、状況止むを得ざることを認めたヒトラーは中央軍集団に対し、冬季間により安全な防衛線を確保できる地点まで後退する準備をするよう指示を発する。だが、その時には、それより以前の十一月二十九日に既にロストフを奪回していたのを契機として、ソ連軍の反撃がレニングラードとモスクワの前面で開始されるまで二十四時間を切っていたのである。

ソ連軍の反撃

レニングラードの戦線では、一カ月近く独軍が制圧していたチフヴィンをソ連軍が十二月九日に奪回したことによって、その包囲網の一角が崩れる。十一月にチフヴィンが陥ちて以来、レニングラードへの補給は、ザボリエからノヴァヤ・ラドガまでの急造の道路を経由してラドガ湖そのものを通るルートによって試みられていたが、凍結したラドガ湖を渡ってトラックが初めてレニングラードに入ることができたのは、十一月二十六日であった。しかし、チフヴィン奪回後は、ソ連軍がヴォルホフに至るまでの鉄道を利用できるようになったため、輸送部隊はラドガ湖の湖口付近で湖を渡ることが可能になったのである。一九四一年十二月から翌年二月までにレニングラードでは二十五万人が餓死しているので、このような戦況の好転は遅きに失したとも言えるが、レニングラードは当面の危機からは救われることとなった。

同様に、モスクワ前面での反撃が挙げた戦果も局部的なものに留まってはいたが、一九四一年十二月の時点で、たとえ限定的とはいえモスクワの外縁地域で勝利を収めたという事実は、多大な影響をもたらすこととなる。ソ連軍の反撃は六日から九日にかけてカリーニンからエレツにかけての戦線の全域にわたって、カリーニン、西部、南西部戦域の部隊によって敢行されたもので、当初はモスクワ北部で独第三装甲軍と第四装甲軍とが進出してできた突出部に指向された。モスクワ前面でのこの作戦に投入されたのはソ連の十七個軍で、全般的兵力数の上で劣勢なそれらの軍が目指したのは、限定された規模での攻撃を独軍装甲部隊の側面に向かって加えた上で、その包囲・殲滅を図ることであった。しかし、北方でもトゥーラ方面でも、その目的を達成することはできなかったのである。気温が零下三十七度に達し、積雪が三フィートにも及ぶ中でも、独軍装甲部隊は歩兵主体のソ連軍に勝る巧みな用兵の冴えを見せて包囲の輪を逃れたからである。十二月六日の時点でソ連側から見て戦線の直ぐ向こうにあったクリンとルザは、ソ連側の反攻計画が順調に進んでいたならば直ちに奪取すべき地点であったが、ソ連軍がそれらを奪回できたのは十二月十五日未明になってからであったし、南方では独第二装甲軍が、九日にエレツを失ったのと同時にトゥーラ周辺の拠点を放棄せざるを得なくなったものの、オカ川の線までゆっくりと後退することができたのである。

十二月の末までにソ連軍は、モスクワの北部方面ではスターリツァとルザとを結ぶ線の東方にあった突出部の独軍を全て押し戻し、南部方面ではカルーガとベリョーフを奪回していたが、これらの作戦でソ連側が挙げた戦果が限定的なものであったことは、独中央軍集団が崩壊の危機に瀕していたこの一九四一年最後の三週間でさえも、独軍の戦死傷者の総数が五万五千八百二十五人であったこと、行方不明者の数も前回の集計と較べてさほど増えていないことからも窺える。敗走に際しても独軍の退却は秩序だったものであり、独第九軍と第四装甲軍団はその後四カ月にわたってルジェフとヴャジマを確保し続けることができたのである。それでも、たとえソ連軍が収めた勝利が一九四一年十二月の時点では独中央軍集団に壊滅的打撃を与えるには程遠いものだったにせよ、モスクワの安全が当面確保されて、ソ連自体が生き残るためには十分なものであった。

このように一九四一年十二月にモスクワ外縁地域でソ連軍が勝利を収めたことによって、ドイツは一九四二年に入ると東西二正面で同時に未完の戦いに直面することとなり、これは、この大戦の帰趨を左右する力を有するのは最早ヒトラー一人ではなくなったことを意味していた。十一月六日にスターリンは、ソ連がドイツに対する殲滅戦争に突入することを公言しており、十二月六日のソ連軍の反撃はこの意思を実行したものである。そして、ソ連が敗北の憂き目を見ないことが明らかとなったこの一九四一年十二月は、モスクワでの反撃開始から二日と経たぬ内にアジア・太平洋戦争が勃発した月でもある。これによって第二次大戦が本当の意味での世界大戦としての性質を帯びるようになり、その点でアジア・太平洋戦争の開始は、ソ連が生き残ったことに勝るとも劣らぬ重要性を有するものであった。

第3章

世界戦争への拡大

一九四二年当時、きわめて短期間ではあったが、ヨーロッパと太平洋双方の戦争に本格的な介入が求められる可能性があり、米国は陸軍の規模を約一千個連隊に拡大することを検討していた。現実にはソ連が崩壊しなかったため米国が対独陸上戦で主役を担う必要がなくなり、それに伴って米国の軍事動員の規模も、それに見合った水準に落ち着いていった。しかし、太平洋の戦いにおいては、他国の追随を許さない米国の工業力のため、戦争の様相には理解に苦しむ側面が出てくる。戦争と言うものは、勝敗の行末が明らかとなってからも様々な理由で続行されるものだが、日米戦争の場合は、戦端が開かれる前から、その結末は明白であった。それは、日米両国間の資源と物量の差が余りにも懸隔していたからであり、日本を敗北させることに米国が疑いを持ったことなど微塵もなかったのである。英国もこの点では意見を同じくしており、日本軍の統帥部にも、英米との戦いは国家レベルでの自殺行為になるとの見方が存在していた。西洋世界の合理的・唯物的思考方式に照らしてみれば、日本が対米戦争に踏み切る決断を下したのは説明不可能なもので、況《いわん》や、世界一の工業力を誇る国に挑もうとの決断に至った直接の誘因が中国との戦争を終結させることができなかったからとあっては、犯罪的な愚行に思える。

このような見方は偽りでもなければ、背理法的な史観によるものでもない。日本が一九四一年に対英米開戦に踏み切るきっかけとなった諸問題は、一九三七年から三八年にかけての戦場での数々の勝利にもかかわらず中国における「事変」を終結させることができなかったことに由来するものであったが、一九四一年当時には、この状況に他の諸種の要因も絡むようになっていた。それらの諸要因の中には歴史的背景を持つ根の深いものもあれば、ヨーロッパや米国での事態の展開に連動したものもあり、後者の直近の要因によって日本は絶好の機会を得ると同時に、袋小路に追い込まれかねない状況に陥っていった。

歴史的に見れば、このような一九四一年当時の情勢は、大国としての自らの地位を長期的に維持・保全するために必要不可欠と考えていた東南アジア地域の市場と資源を、日本が確保しようとしたことに起因する。このような利益追求の動きはある信念にも支えられていた。それは、東アジアから西洋帝国主義国家を駆逐して同地域に日本の主導下で新秩序を建設するのは日本の権利であると同時に責務であるという理念〔大東亜共栄圏〕であった。そのため、戦間期の大半の期間に日本の関心が、西洋諸国が同地域に有する権益の中で最も広範に及んでいる英国の権益に向けられたのは、自然であった。しかしながら、政治・軍事面で日本の利害が主に衝突する相手となったのは英国よりはむしろ米国であり、対米関係をめぐる二つの動きが一九四一年の事態の展開に決定的影響を及ぼすこととなる。第一に、戦間期を通じて日米関係が人種問題に根差す激烈な反感の応酬で冷え込んでいたこと。そして第二に、一九四一年以前には対英戦を支持する声が高まっていたのが、一九四一年九月に日本政府が対米開戦の決定を下した時には対米戦不可避論が決定的となっていたことである。日本海軍は三十年以上にわたって米海軍との戦いを想定して軍備・作戦計画を立ててきた。一九一六年以来、帝国海軍は、その「仮想敵国」に対する西太平洋での迎撃戦を前提にして作戦・建艦計画を練り、装備を充実させ、訓練に励んできたのである。そのため、一九四一年の後半になって、事態の展開の前に日本が米国の要求に屈するか対米戦に踏み切るかの難しい決断に迫られた時、日本全体にも帝国海軍にとっても、それまでの二十年間に国民が米国に強いられてきた艱難辛苦が無駄であったと認めるような選択は不可能であった。日本が米国の意向に唯々諾々と従うよりも戦う途を選んだのには、一九四一年の夏の時点で止められぬ運命の歯車が回り始めたためという面があったのである。

中国戦線で日本が直面する難問

日本が中国で抱えることとなった問題の元凶は、一九三七年の時点で、戦場で勝利を収めれば自らよりもはるかに広大で人口も多い隣国を効果的に支配できるような講和条件を相手に押し付けることができるという誤った見通しを立てたことにあった。現実には、一九三八年の秋に武漢三鎮を攻略はしたものの、蔣介石は中国奥地の四川省重慶に本拠地を移した。日本軍は中国の主要生産拠点や港湾を支配下に置いて蔣政権に代わるべき政府を支える財源を掌握することができはしたものの、自らが招いた中国問題に軍事的な決着を図る術がなくなっていたのである。そして、日本は蔣介石に比肩できるような中国人指導者に相応の権限を与えることも拒んだために、蔣介石政権に代わり民衆から広範な支持を得られるような政権を樹立することもできなくなっていた。蔣政権に代わる政権の樹立を日本側が試みなかったわけではなく、それまでに樹立された満洲帝国の傀儡政権とモンゴルの王族によるもの〔蒙古連盟自治政府〕に加え、一九三七年十二月以降に日本軍の肝煎りで建てられた中国政権が、中国に駐留する日本軍司令部間の相克もあって、少なくとも二つあったのは当然の成り行きとも言える。* だが、蔣政権に代わるべき政権の樹立を模索した際の日本の態度こそが、中国のみならず、いわゆる「大東亜共栄圏」の全域において一九四二年以降日本が最終的に敗北の途を辿る原因となるのである。

北京では北支那方面軍が一九三七年十二月十四日に中華民国臨時政府を樹立し、翌年三月二十八日には中支那派遣軍が中華民国維新政府の設立に力を貸している。いずれの政府でも要職を占めていたのは、日本側が実権を振るうのに支障のない程度の人物であったが、一九三九年になると、国民党内の序列で蔣介石に次ぐ地位を保持していた汪兆銘が日本側に身を投じてきた。汪兆銘を首班とする中央政府は一九四〇年四月一日に南京に成立するが、その際に日本側は同政権の支配が河北・山東・山西省と開封には及ばないようにした。それらの地域は北京に本拠を置く諮問・助言を主な任務とする政権の支配地域とされ、予想どおり、実際には、その政権には実質的な権限も諮問・助言的役割さえも与えられていないというのが実態であった。

分割して統治するという方針や、権限を他に分与せずに自らの手で掌握し続けるという日本の占領軍の姿勢が終局的に招いたのは、自らが握る権力自体が弱体化するという当然の結果であった。

また、日本が中国で樹立した政権にまつわる問題には、解決不能な面があったのも事実である。中国人の政府要員が行政を効果的に運用するのに必要な技能に欠けていたのと比較して、日本側の要員は比べ物にならないほど誠実かつ有能であった。しかし、日本が中国の資源や労働力を搾取することに貪欲で、陸軍の中国民衆への対応が傲岸の一語に尽きるものであったために、「アジア人のためのアジア」を興《おこ》すとの日本の主張は看板倒れとなったのである。占領下のヨーロッパにおけるナチスと同様に、民族的優越意識と他国民を支配する権利を振りかざす征服者には、潜在的な友好勢力に対しても真の意味での協調・友情の姿勢で接することなどできないのである。日本側のこのような態度のために、一九三七年から四一年にかけての重要な時期に、日本は支配地域において国民党政権に代わる信頼に値する政権を育むことができなかった。

中国で勝利を得られない日本は一九三八年十一月以降大陸において二つの問題を同時に背負い込むこととなった。戦争が続いているため日本軍は、当然のことながら、蔣介石の野戦軍に対する作戦を継続し、同時に征服した地域の占領を維持するという二つの任務を同時に果たさざるを得なくなったのである。一九四一年頃には、日本がこのために負う出費は一日あたり五百万ドルにも上った。中国と満洲国に駐留する兵力の総数は百三十万に及んでいたものの、征服地の支配が安定したことはなかった。一九三七年から三八年にかけての作戦行動のために在満兵力が削減され、同地で

＊　日本が中国各地に設立した現地政権については、広中一成『ニセチャイナ——中国傀儡政権　満洲・蒙疆・冀東・臨時・維新・南京』（社会評論社、二〇一三年）を参照。

は匪賊やゲリラ勢力の活動が再び活発化した。華北・華中の占領地では、一定面積あたりに配置される日本軍兵力が少ないため、治安問題は解決の目途がつかない状態であった。にもかかわらず、通常の軍事作戦も継続されて、一九三九年の第一次長沙作戦は勝敗が明白ではない形で終わった。この年に日本軍が中国で実施した作戦は、華北や華中で勝利を得られなかったためにさらに南方に戦火を広げたという点で、一九四一年に日本が自らの運命を決定付ける事態の流れの中で見せた非論理的な行動様式を先取りしたものとなった。海軍部隊は一九三九年二月に海南島を占領した上で南寧周辺に拠点を設けようとするが、陸軍部隊が一連の上陸作戦を通じて華南のより重要な沿岸地帯を制圧するのは一九四一年の春になってからである。

　中国戦線が膠着状態となったことによって、ただでさえこじれていた日ソ関係はさらに複雑な様相を呈し始め、日本がソ連との間に抱えていた問題は悪化して、一九三九年が進むにつれて深刻なものとなっていく。ソ満国境では一九三三年以来、日満両軍とソ連軍との間で紛争の発生する頻度が増してきており、一九三七年八月以降はソ連が蔣介石政権を支援し始めた*ことで緊張感が多少高まった。しかし、紛争の規模が本当に重大なものとなったのは、一九三八年七月に朝鮮とソ連の国境で起きた張鼓峰事件からである。この時は、事態を拡大させないという軍中央の方針がはっきりしていたことや、戦況が第十九師団にとって急速に不利になっていったことが重なって、事件は迅速な解決を見たが、一九三九年には陸軍のモンゴル地域をめぐる野望が原因となって、より激しい衝突事件が発生し、これが第二次世界大戦の経過にも大きな意味を持つこととなる。

　一九三九年五月に関東軍の複数の支隊が、ハルハ川近くのノモンハン周辺でいくつかの拠点を確保し、制圧した地域はモンゴルとソ連が主張するモンゴル領東部領内の十マイル余りに及んだ。当時はヨーロッパ情勢が風雲急を告げており、そのことをも念頭に入れた上でソ連は、モンゴル地域で自身が占める支配的地位に対する日本からの挑戦を躊躇なく受けて立つこととした。日本側は第六軍が最終的には一個歩兵軍団**に相当する兵力をノモンハン周辺に展開するが、ソ連側は八月下旬までに、直近の鉄道終着点から四百マイルも離れた該地域に自動車化師団一個、歩兵師団二個、騎兵師団二個に加えて複数の装甲・機械化大隊を集結させ、ノモンハンの日本軍と対峙した。八月二十日にソ連第一軍は一連の組織立った攻撃によって小松原兵団を粉砕し、歩兵第六十四連隊を八月二十八日から三十一日にかけて全滅させて、モンゴル領内から日本軍を一掃した。

＊　一九三七年八月二十一日、日中戦争の開始直後にソ連は蔣介石政権と中ソ不可侵条約を締結し、国民政府への援助を開始した。とりわけ空軍戦力の援助が際立っており、以後一九四一年六月の独ソ戦の勃発でソ連に中国援助の余裕がなくなるまでに、累計約千二百機のソ連製軍用機と延べ二千名以上のソ連人パイロットが中国に送られ、中国空軍の中核となって日本軍と交戦した。李玉真（黒木信頼訳）「抗日戦争期の蔣介石とスターリン」西村成雄ほか編『国際関係のなかの日中戦争』（慶應義塾大学出版会、二〇一一年）二〇七〜二三六頁参照。

＊＊　関東軍はノモンハン周辺に第二十三師団（小松原道太郎師団長）を中心に第七師団の一部や戦車団など戦時編制の師団約二個に相当する戦力を集中した。第一次世界大戦以来、欧米諸国の陸軍は二個師団からなる軍団を基本的な戦略単位として使用するようになっていたので、ここでは「一個歩兵軍団」という表現が使用されている。軍団制を採用していなかった日本陸軍は、一個師団を戦略単位として過大評価する傾向があり、このことがノモンハン事件における自軍戦力の過大評価とソ連軍戦力の過小評価につながった可能性がある。

日本の政策決定へのヨーロッパ情勢の影響

ノモンハンの敗北が日本に及ぼした影響は即座に目に見える形で現われ、特に三つの点で顕著であった。戦術的に見てソ連の勝利が物量面での圧倒的優位に由来したのは明らかで、この事実を重く見た日本陸軍は機甲部隊の育成に乗り出す。さらに重要なのは、これ以降、日華事変が未解決な内にソ連と事を構えるといった考えは後退し、ソ連侮るべからずという通念が陸軍の中枢部で改めて確認される。一九四一年夏にソ連の敗北が必至と見られていた時期でさえも、日本陸軍はこれを教訓として保持していた。そして、より重要な影響を及ぼしたのは、ノモンハン周辺で日本軍の側面を固める拠点がソ連軍機甲部隊の攻撃の前に崩壊した八月二十三日に、リッベントロップ独外相が独ソ不可侵条約締結のためにモスクワを訪れたことであった。これによって顔に泥を塗られた形となった日本がドイツに示した憤激の念は並たいていなものではなかった。ドイツのこの行動は、ドイツと自動参戦条項を含む同盟条約を締結したがっていた日本軍統帥部の中の勢力の足元をすくうものであり、一九三九年九月にヨーロッパで戦端が開かれた時に当時の阿部信行内閣が、事態の推移を見届けて待ちの姿勢でいるのが日本の利益に一番適うと判断した根拠ともなった。

戦争が連合国の勝利に終われば自国の利益にはならないことは日本も承知していたが、英仏から在華権益のいくつかを勝ち取る以上の行動に出ることはなく、ヨーロッパでの戦いに両国が気を取られている隙に利を得ようとし始めたのは一九四〇年六月になってからであった。この年の春にフランスが崩壊したのを受け、日本は時を移さずに蔣政権を孤立化させる動きに出る。日本がフランスに対してハノイと南寧を結ぶ鉄道を閉鎖することに同意するよう強いたのは、ルトンドでフランスがドイツと停戦協定を結ぶ以前のことであり、七月には英国も同様にラシオと重慶の間のビルマ・ロードを閉鎖することを余儀なくされる。九月には、北部仏印進駐を容認するように迫った日本の要求にヴィシー政権は屈するが、日本がそれ以降さらなる南進政策を進める発端となったのは、三国同盟で提携したドイツから同じ月に入手することとなる諜報文書であった。アジア・太平洋戦争を一年後に引き起こすまでの一連の出来事は、これがきっかけとなって起きたものである。

日本の機会と選択肢

この文書は、独海軍の仮装巡洋艦がインド洋で英国の商船オートメドンから押収したもので、英国戦時内閣の一九四〇年八月十二日の閣議決定を記録した内容であった。それは英国は日本との戦争を避ける必要があり、日本がインドシナやタイに対する動きを見せたとしても抗す術はなく、対日開戦の際に極東に艦隊を派遣することは不可能との英国統帥部の判断を追認するものであった。この文書がさらに明らかにしていたのは、極東への艦隊派遣が不可能となったことによって、マラヤに置かれる防衛の重点がシンガポールと較べて増しはしたものの、マラヤ自体も防衛できるだけの物的裏付けを欠いているという英国統帥部の判断であった。この文書が日本に回された理由は、ヨーロッパに残るドイツの最後の敵国となった英国への圧力を強めるための方策としてヒトラーが日本に極東地域の英領を攻撃させたがっていたからであったと思われる。そしてヒトラーの期待は裏切られなかった。この文書が日本の統帥部の手に渡って部内で回覧され始めてからどのように扱われ、いかなる影響を及ぼしたのかは必ずしも明らかではないが、その後に起きた三つの出来事と無関係とは思えない。第一に、一九四一年春に台湾で密林地帯における作戦行動に向けた訓練が開始されたこと、第二に、一九四一年二月以降、海軍が東南アジア地域への進出をいよいよ強く主張し始めたこと、第三に、真珠湾の米太平洋艦隊に対する先制攻撃の構想を一九四〇年十月に連合艦隊司令部が提案して来たのに対し、軍令部が初めて真剣に検討するようになったことである。

上記第二、第三の出来事は見過ごせないほどの重要性を帯びている。第二次大戦終結以来、欧米の大多数の研究者の間では、帝国海軍が比較的穏健な立場を堅持しており、戦争に踏み切る決断は粗暴な陸軍に引き摺られたために不承不承下したもので、対米戦の結末についても悲観的な見通しを持っていたとの見解が疑いのない事実として受け入れられてきた。このような帝国海軍のイメージは、山本五十六連合艦隊司令長官が堅持していたとされるが出典に疑義がもたれる見解に根拠を置くものであり、山本個人の見解を持ち出して帝国海軍を免責するという論法が誤謬に満ちていることは明らかである。海軍は言われてきたような慎重・穏健な姿勢に終始してきたわけでは決してない。それまでの二十年間対米戦の準備をしてきた中で、対米戦が敗北に終わると決め付けてはおらず、一九四一年に日本の国策の矛先が東南アジア方面に向かうようにごり押しして同年夏に日本が八方塞がりの状況に陥る基を作ったのも陸軍ではなく海軍である。海軍の上層部が一九三九年に、そして翌年にもドイツと同盟を結ぶことを躊躇し、一九四〇年末に至るまで英米を同時に相手とする戦争を引き起こしかねないいかなる動きにも反対していたことは確かである。中国における陸軍の動きに対して掣肘を加えるよう試みる穏健的ともいえる立場を見せていたのであり、このような海軍の姿勢は、日中戦争は日本が戦う必要のない戦争であるという見方に主に裏打ちされたものであった。実際は、一九三〇年代の前半に、使用する燃料を石炭から石油に変えた頃から、帝国海軍は東南アジアに関心を示していたのであり、オートメドン文書がもたらしたのは、それを実現する最初の機会が帝国海軍の前にぶら下がっているということを明らかにしたこと、そして、英国の脆弱性が暴露されたことで、それまで自らの野心を封印してきた海軍の自制心の箍《たが》を外したことのようである。一九四一年二月以降、それまで東南アジア進出に慎重な態度を持していた山本は、海軍省に南進企図を推し進めることを強く働きかけるようになり、海軍省はと言えば、英国が日本に抗する術のないのが確かであることを承知した上で、陸軍との折衝では南進政策をもっと積極的に推進するよう主張していくのである。

米国の建艦計画とその影響

このように日本の東南アジア方面に積極的に進出する方針が益々強固となって一九四一年七月の危機を招来することになり、最終的には戦争へと繋がっていくのであるが、そのような結末に至ったのは、二つの事態に由来する危機状態がそれと並行する形で進行していたからである。その二つの事態とは、一九四〇年七月に開始された米国の建艦計画と、同年九月に米国が日本の対米貿易に課し始めた漸進的な制限措置で、日米関係が一九四一年に悪化したことに対してこの二つはともにほぼ同程度の重要性を有するものである。しかし、各々がもたらした影響力のタイミングという観点から見れば、帝国海軍に「勝機は今しかない」という切羽詰まった立場に置かれたことを自覚させたという点では、米国の建艦計画の方がより重要な意味を持つ。帝国海軍にとっての一九四一年は、一九三七年に開始された建艦計画と、十三カ月間にわたる艦隊動員計画〔出師《すいし》準備〕が完結する時期にあたっており、年末の時点で日米の艦隊勢力比が七対十となることが分かっていた。だが、この比率をそれ以降も維持するためには、一九四二年を起点とする当時の建艦計画の規模を倍にする必要があり、試算では、当初の建艦計画を全うすることさえ日本の国力の及ぶところではなかった。またたとえ当初の計画通りに進められたとしても、米国の建艦計画が完了すれば、日本の艦隊戦力は米国と較べて一九四三年には五割、一九四四年には三割と、絶望的なレベルにまで低下することが見込まれていたのである。対米七割の艦隊戦力とは、西太平洋での作戦を有利に進められるための最低限度と帝国海軍が信じていたもので、帝国海軍にとっては死活問題であった。このような様々な推算が基となって構想されたのが、真珠湾への先制攻撃計画であった。それは、開戦劈頭に米国民の士気を喪失させて、日本が西太平洋地域を制覇することを妨害できる唯一の艦隊勢力を除去する手段としてのみでなく、米国の艦隊勢力を十年ぐらい前の対日比率にまで減殺できる手段として、魅力的かつ必要不可欠なものとなったのである。

東南アジアを制圧するために開戦と共に真珠湾を攻撃するという考えは、軍首脳部に問題なく受け入れられたわけではない。日本の作戦方針が決まるまでの白熱した議論の中で、山本の作戦計画に対しては、米国は誰が政権を担おうとも東南アジアの英国やオランダの植民地防衛のために参戦することはないという異論が出されていた（英米可分論）。このような反対論が正論であったことにほとんど疑いの余地はない。米国内に蔓延していた孤立主義や議会の反発のため、バタヴィアやシンガポールを守るためにローズヴェルト政権が戦争に踏み切ることなどなかったであろう。それでも日本の統帥部が対米戦を決した理由は、日米戦は不可避であり、先に延ばすよりは今やるべきであるとの信念があったからである。それに加えて七月二十三日に日仏が今後インドシナを共同統治することと、日本軍がサイゴン周辺の基地を占領することが発表されたのを受けて、七月二十五日にローズヴェルト政権が対日全面禁輸を発動するという新たな事態の展開もあげられる。

日本が仏印政府に譲歩を強いる決定は、一九四一年一月以降に推し進めていた東南アジア方面での積極政策の一環として下したものである。その一月に日本は、タイと仏領インドシナとの間で四週間続いていた領土紛争の調停に乗り出し、タイが前年六月十二日に仏印と不可侵条約を締結していたにもかかわらず、タイ側の要求を大部分叶えるような新たな条約を仏印政府に呑ませていた。四月には、さらなる南進を行う上での後顧の憂いをなくすため、ソ連と中立条約を結び、六月上旬になると仏印に今一度圧力をかけ、同地の余剰米を供出させている。そして、バルバロッサ作戦開始から三日後の六月二十五日に日本の陸海軍が合意した決定は、独ソ戦によって現出した新情勢に対応するより先に、東南アジア進出の動きを加速させるというものであった。これによって政策方針の決定権を掌握する形となった海軍は、南部仏印をめぐって米国との戦争も辞さずとの決定を七月二十一日に正式に下す。

前年九月の北部仏印進駐に対して米国が特定品目について対日輸出制限を課していたので、南部仏印に進駐してサイゴン周辺の基地群を掌握すれば米国が何等かの反応を示すことは帝国海軍も予測はしていた。だが、外交暗号を解読できていたローズヴェルト政権が日本の意図を見抜いていたことは無論のこと、米国が南部仏印進駐を以て同国が許容できる限界としていたことには思いも及ばなかったのである。米国は日本の動きに対して在米資産の凍結と対日貿易の全面停止で応え、英国とオランダもこれに歩調を合わせたので、海軍は厳しい試練にさらされることとなる。外交交渉を通じ、通商を正常化する条件として米国が提示してきたのが、日本が中国の占領地から撤退することであったため、日本の統帥部には対米戦不可避との見通しが重くのしかかっていった。

この七月二十五日までは、いくつかの選択肢が日本に残されていた。ドイツとの同盟関係をばねにして米国の要求を拒否する途もあったし、三国同盟を解消して米国との融和を図る可能性もあり、さらには、米国を蚊帳の外に置いて英国とオランダにだけ武力または威嚇によって迫るか、もしくは、それら三国を同時に相手にするか、といった選択肢である。だが、そのような余地はこの日以降なくなることとなる。それまでの十年間、日本の産業は大陸で獲得した市場に大きく依存してきたのであり、一九四一年頃には対満交易の膨大な黒字が他の地域との貿易赤字を埋める構図になっていた。このような経済上の理由だけでも、日本としては、大陸からの撤退を含む米国の諸要求は到底呑めるものではなかったのであり、七月二十五日の米国の決定は、当事者が意図しなかった形で、日本の作戦日程を固めることとなった。一九四〇年九月から翌年六月にかけて米国は、対日禁輸品目の範囲を広げていき、日本が輸入量の八割を米国に依存している石油が禁輸品目に加わることなる。一九四一年六月に日本の陸海軍は、予測される石油の消費・生産量を基にした合同研究を行った。その結論は、その時点で石油の輸入が全て止まった場合には、一九四四年六月には石油備蓄が全て枯渇するというものであった。[1]したがって、一九四一年七月以降は、石油の供給先が他に確保できなければ、優位になっていく一方の米国の軍事力に対抗できる日本の戦力は、月を経る毎に低下していくことになった。そして、この単純な事実認識が基となって、愚の骨頂とも言うべき日本の国策遂行の方向が定まっていったのである。即ち、中国との戦争に勝てないために戦域を東南アジアにまで広めようとし、その戦域の側面を突かれないようにする目的で世界最大の工業国を敵に回して戦う途を選び、その結果として中部及び西部太平洋地域での消耗戦に引きこまれていくという流れである。[2]

原註1　日本の陸海軍が石油の問題について検討したのはこれが初めてであり、ドイツがバルバロッサ作戦の計画を進めた際と酷似した展開がここでも見られ、この研究の結論を受け入れることを見送った上で海軍は新たな研究を行うよう指示する。その結果として出された結論は、一九四三年九月から翌年九月までの間に日本の石油保有量は枯渇する危機に見舞われるも、蘭印地域での増産を図ることで、この危機は乗り越えられるというものであった。安易に出されたこの報告が結局受け入れられる。現実が示したのは、六月に出された報告さえも楽観的に過ぎたということで、日本の石油保有量は一九四三年十月の時点で実質的に底をついた。

原註2　皮肉にも、当時東京で行われていた研究では、このような流れが如実に予測されていた。日本が総力戦を行った場合に直面する状況について総力戦研究所が八月二十七日に近衛内閣に提出した研究報告がそれである。同研究所の複数の報告書が導き出した結論は、日華事変が五年もしくは十年続いた場合、それを支えるだけの経済・人的資源力を日本は有しておらず、対米戦に勝てる見込みなどは全くないというものであった。対米戦についてはさらに、一九四三年以降は海運の面で著しく困（↖）

米国の対日経済制裁と誤算

一九四一年が進むにつれて、米国の対日姿勢が硬化すると共に、ドイツを敵とする国々に対する米国の支援の水準も高まっていった。このようにローズヴェルト政権が枢軸国への敵対姿勢を強めていったのは、単純な計算に基づいていた。即ち、当時の米国の人口が一億三千二百万であったのに対し、日本とドイツの人口が各々九千五百万と八千五百万であったため、米国の安全が脅かされるとすれば、それは、ドイツがヨーロッパで勝利を収め、極東地域で日本が支配的地位を確立する場合に限られるという計算である。枢軸諸国が各々の地域で勝利すれば、それによる資源配分と力関係の変化が自国にとって不利になると米国が恐れたのには無理からぬものがあったが、日本の野望に立ち向かう際に米国が立てた目算は欠陥を有していた。その欠陥とは、ローズヴェルト政権が採ったのは、将来的には米国の軍事力が圧倒的なものとなるのは確実との見通しを土台にした上での抑止政策であったが、その抑止力が破綻して日本が攻撃を仕掛けてきた場合に、当面はそれに効果的に対応できる術を欠いているという点である。加えて、日本の意図と、日本の戦争遂行能力についても、ローズヴェルト政権は読みを誤っていた。米国の禁輸措置によって日本には戦うしか選択肢がなくなっていたことが想像できず、英軍の統帥部と同様に日本の軍事力を余り高く評価していなかったのである。この日本の戦争遂行能力に関する英米の見方は、日本が長期戦を支える態勢を整えられなかったことに鑑みれば、長い目で見れば正しかったことが立証されたが、短期的には日本の陸海軍は英米が想定していたよりもはるかに強力であり、一九四一年当時に限れば彼我の長所と短所を比較考量するという点では、日本が敵としてまみえることとなる国々よりも先見性があったことを、その後の現実の展開が示している。

このような日本と東南アジアで一九四一年秋に対峙していた連合軍は、ビルマと香港それぞれに駐留していた一個師団相当の兵力と、オランダ領東インドの二個師団、及びマラヤの三個師団とフィリピンの四個師団であった。片や、朝鮮・満洲国・中国・仏印で必要な兵力を控置した上で、日本が東南アジア全域における作戦用に寺内寿一元帥の南方軍傘下に組み入れたのは十一個師団相当の兵力である。中部及び南西太平洋方面の島嶼での作戦に海軍陸戦隊の支援を受ける一個連隊規模の兵力を配したのを始めとして、寺内の傘下には四個の軍（実際の兵力規模は欧米諸国軍の軍団規模）があったが、作戦開始当初に所定の兵力が全て充足されていたのは、その内の二個軍だけであった。それら四個軍の中では、山下奉文中将の第二十五軍が真珠湾攻撃と時を同じくしてマラヤ北部とタイ南部に上陸する傍ら、第二線配備となっていた第十五軍がクラ地峡を制圧することとなっており、本間雅晴中将の第十四軍は台湾とルソン島の間の島嶼を占領した上でルソン島の北部と南

（↙）難な状況に追い込まれ、一九四四年暮には戦争を効果的に遂行できなくなると結論付けている。米国が原子爆弾を開発して実際に使用することを予測できなかったのは当然として、報告は、大戦末期にソ連が参戦してくることまで予測していたのである。このように、自国の破滅を警告するような報告書を目の当たりにする国家など滅多にあるものではなく、日本はこの時点で破滅に向かっての片道切符をつかまされたとも言える。

部及びミンダナオ島の南部に上陸する予定であった。その後、第二十五軍と第十四軍はそれぞれマラヤとフィリピンを確保する。さらに第二十五軍と第十四軍からそれぞれ分派された兵力を加えた第十五軍と第十六軍をビルマと蘭印での作戦に充当する方針であった。その際今村均中将の第十六軍は、香港攻略にあたった第三十八師団（第二十三軍所属）を指揮下に編入することとなっていた。

付属の諸部隊を含めたとしても日本の南方軍は連合軍に対して兵力上で優位に立っておらず、全ての戦域で連合軍が兵力数では絶対的優勢を誇っていた。にもかかわらず三つの理由で日本軍はいかなる戦線においても数的には決定的に有利な立場に立ち得る可能性があった。第一に、日本が攻撃地点と時間を選定できたために兵力の集中が可能であったのに対し、防禦に回った連合軍側は兵力を分散することを余儀なくされ、日本軍の企図が明らかとなった場合でも、兵力をタイミングよく効果的に集中できる保障などなかったこと。第二に、海上交通が主役となる東南アジア地域においては、防衛拠点が海上からの側面攻撃に対して脆弱となるために、日本軍が海空で保持していた兵力上の優位の前には、特定戦域で連合軍が陸上兵力で優っていたとしても、ほとんど意味を持たなかったこと。そして第三は、日本軍が相手の意表を突くことで戦略上優位な立場に立てたことで、たとえ日本軍の攻撃を予測できたにしても、その初期段階での作戦規模や作戦展開の迅速さなどは想定外のものとなったのである。連合軍が日本軍の作戦遂行能力をこのように根底から過小評価したことこそが、十二月八日以降に東南アジアでの戦況が現実の通りに展開した決定的要因であり、取るに足らぬと思われていた日本軍部隊は主導権を掌握した上で連合軍に防衛拠点を十分に固める時間と隙を与えることなく、自身が予測したよりも早く目標を攻略していったのである。この過程で日本軍によって東南アジア各地で英国・オランダ・米国が味わわされた敗北の数々は弁護の余地がないほどの完敗と言うべきもので、負けるべくして負けたという意味では、敗北の中でも最悪の部類のものであった。その敗北の根本となったのは、敵側の実態を把握していなかったという初歩的な過ちではあったが、その敗北の程度が十分に認識されなかったということも、少なくとも英米に関しては言えるのである。これは、英国について言えば、戦後に、この時の敗戦についての検証を行わなかったという形で現われており、仮に検証がされていたならば、英軍がシンガポールの中国人志願兵数万名の氏名・住所を記した文書を破却せずに日本軍が鹵獲するに任せたことや、ジャワ島で英軍が豪軍の脱走兵を裁判にかけることなく処刑したとの噂について調査を行ったことなどが明らかにされたであろう。特に前者については、入手した日本軍が、降伏前に英軍の中で大規模な兵員の脱走があったことを推測するのに十分な資料であり、実際、シンガポールの港湾や基地の設備を陥落前に破壊できなかったのは、英軍の工兵要員が一人残らずと言ってよいまでに逃亡してしまったためだと言われている。そして米国について言えば、米比軍の総司令官で、事実上フィリピンにおける壊乱状態を現出させた張本人とも言うべきマッカーサーという人物を英雄に仕立て上げたという点で、もっと性質が悪いのである。

真珠湾攻撃

このような一九四一年当時に日本軍が保持していた優位の程度、そして攻撃自体は最終的には失敗と断じるべきものではあったにせよ、日本軍の驚異的な戦果の達成度を如実に示しているのが真珠湾攻撃である。それまでヨーロッパ戦線では、作戦に複数の空母を投入したり、老朽化した複葉機であろうとも十機を超える単位でまとめて使用するような海上での攻撃作戦が行われたことはなかったが、帝国海軍は十二月七日〔日本時間では八日〕に敢行した二派にわたる攻撃に、第一線級の空母六隻と艦爆・艦攻二百六十九機を含む三百五十機以上の高性能単葉機を投入したのである。自軍の根拠地から約三千九百マイル離れ、マラヤ北方地域からは六千五百マイル余りを隔てた海域におけるこの作戦行動において日本海軍は戦略・戦術的に完璧な奇襲を成し遂げたのであり、日本海軍の暗号電文の一部を解読できていた米国も、タイ湾での日本軍の動きを、中部太平洋で差し迫っていたこの攻撃を警告するものと読み取るには至らなかったのである。真珠湾攻撃で撃沈破された米海軍の軍艦と補助艦艇は十八隻に上り、当時オアフ島にあった三百九十四機の航空機の内三百四十七機が失われた。海軍力を戦艦の隻数で計ることに慣れていた目から見れば、この時戦艦五隻を失ったことは米国の壊滅的敗北を意味するものであった。しかし、事実としては米国がこの時被った損害は軽微で、戦略・戦術上特段の重要性を帯びたり、長期にわたる影響を及ぼしたりするものではなかった。喪失した戦艦五隻の中で、その後戦列に復帰することがなかったのは二隻のみで、それらも含め全て旧式で速度も遅く、当時就役しつつあった新世代の高速戦艦と比肩できるものではなく、戦艦群が被ったような大損害を空母や重巡や潜水艦が受けなかったことも大きな意味を持っていた。要は、日本軍が攻撃対象を戦艦用の係留区域にある大型艦に絞ったために、米太平洋艦隊の大部分は無傷だった。さらにそれよりも重要なこととして指摘し得るのは、基地や石油貯蔵施設が同様に攻撃対象から外されたことである。それらの施設に対しては日本軍が攻撃を反復していれば破壊し得たという主張もあるが、艦隊に随伴していた駆逐艦の燃料補給の必要で第三次攻撃をかけることができなかったことや、そのような目標を爆撃するための大型爆弾を欠いていたこと、そして次の作戦行動の準備に入るために空母機動部隊が撤収する必要があったことなどに鑑みれば、真珠湾攻撃とは十二月七日の一日限定の単発攻撃以外にはなり得なかったというのが実情である。*唯一の代替策としては、オアフ島への日本陸軍部隊の上陸と占領が考えられたが、東南アジア方面での作戦行動を予定していた中で日本軍には中部太平洋方面で長期にわたる作戦を展開するのに十分な攻略部隊や輸送部隊を振り向ける余裕はなかった。表面上の大戦果にもかかわらず、真珠湾に対する日本の攻撃は米国の戦争遂行能力を減殺したり太平洋艦隊を無力化したりすることはできず、一握りの旧式戦艦と一九四四年には米国が二日で製造できるようになる程度の量の航空機を失ったことは、米国がこの攻撃によって挙国一致態勢を整えて目的意識を持って戦争に臨むことができた

＊　第三次攻撃の可否を含む真珠湾攻撃をめぐる論議については H. P. Willmott with Haruo Tohmatsu and Spencer Johnson, *Pearl Harbor* (London: Cassell, 2001) に詳しい。

駆逐艦の積載燃料、再給油に要する時間、損傷機の数と種類、再攻撃に使用できる機種と機数を考慮すると、第三次攻撃を行わなかった南雲長官の判断は合理的であった。しかし、「第三次攻撃が可能であったのに南雲が判断を誤って行わなかった」という俗説がゴードン・W・プランゲ『トラトラトラ』（初版は日本リーダーズダイジェスト、一九六六年、新装版は並木書房、二〇〇一年）やそれに基づく映画「トラ・トラ・トラ！」（20世紀フォックス、一九七〇年）によって広まり、今なお影響力を持っている。

ことに較べれば、ささやかな代償であった。

日本軍の東南アジア侵攻

日付が十二月八日となっていた太平洋の西部では真珠湾攻撃と同時に日本陸軍の第二十五軍がプラチュワップとコタバルの間に上陸を敢行した。作戦が難航したのは海上が荒れた上に守備隊の抵抗に直面したコタバルのみであった。海上から上陸し鉄道を利用した日本軍の一部隊がバンコクに接近するだけでタイを威圧するには十分で、バンコクから南へ伸びる鉄道を確保した日本軍は、マラヤ北部の英軍の機先を制して決定的に優位な地歩を占める。海に向けられた要塞砲の存在のためシンガポールへの海側からの直接攻撃は不可能なので、日本軍の攻撃がトレンガヌやクランタンやタイの南部から行われるであろうことを、英軍は既に一九三七年頃から察知していた。そのためタイのシンゴラとパタニを確保しておくことはシンガポールの防衛に必要不可欠であったが、戦争を回避するため日本側に戦端を開く口実を与えないよう努めていた英国は、一九四一年十二月のこの時期にタイ国南部のこれら二つの港湾を占領しようとはしなかったのである。この結果、十二月八日零時を回ると共にタイ南部に上陸を敢行した日本陸軍の第五師団は英軍の抵抗を全く受けることなく、その後小規模な機甲部隊の支援を受けつつ、シンゴラからジットラへ至る線とパタニからベートンに伸びる線の二つに分かれて進撃することができた。十一日になって、その二つの進撃路のいずれにおいても日本軍は、タイ領への進出に備えて国境線付近に控えていた英軍部隊と遭遇したが、そのような状況のため英軍部隊はどちらの区域でも縦深防御態勢をとって迎え撃つことができなかった。

日本軍よりも先にタイ南部を確保できなかったために、マラヤの英軍司令部はインド第十一師団を補強して国境地帯で日本軍の第五師団を食い止めるか、マラヤ北部地域から速やかに撤退し、防衛線も補給線も共に短くなる後方地域に引き下がるかの選択をせまられる。政治上の配慮や、北部の米作地帯を保持したいとの思惑、そして北部地域の飛行場を日本軍に使わせないようにする必要性から、撤退の選択肢は排除された。事態の進展への英軍の対応が鈍かったことと、日本軍のマラヤへの進撃のペースが速かったことが重なって、英軍は国境地帯で壊滅的打撃を受け、それから立ち直ることはなかった。

日本陸軍の第五師団は十二月十一日になって二つの進撃路のいずれにおいても英軍部隊と衝突し、翌日にかけてベートンの英軍防衛拠点の突破に成功する。敗走する英軍はバリン防衛のため西方に向かうが、勢いに乗った日本軍は南方に進路を転じてゲリクに通じる道を進んでクアラカンサーを窺う動きを見せると共に、ペラ北方の英軍拠点全てを後方から攻撃できる態勢を整えていく。同時にジットラの正面ではインド第十一師団が敗北を喫しており、これは、ベートン方面での敗退がなくともマラヤ北部地域を英軍が保持することを危うくするものであった。インド第十一師団は、十二月十四日から十五日にかけてジットラとグルンの二地点で各々一個旅団規模の兵力を失い、日本軍が本格的な攻撃を開始する以前から、部隊としてのまとまりも戦意も喪失していたのである。マラヤ北部の英軍部隊には、必要とあらばペラ川の線に撤退を許可する旨の指令が十七日に出され、その四日後にはゲリクからの日本軍の攻勢が本格化する公算が高まると共に、川を越えて撤退する許可が下りる。

この段階で英軍が企図していたのは、南方のクアラルンプールに至る幹線道路上のイポー、カンパル、タパ、ビドーといった地点で日本軍の進撃を遅らせる一連の防衛作戦を展開し、その間にマラヤの中部・南部地域での防衛拠点を固めていくことであった。ところが、ペラ川を越えて退却した後の英軍には、日本軍が進撃できる道路全てを塞ぐことなどできなくなったため、ゲリクを経由して進撃したような日本軍の作戦行動は、マラヤ北部を過ぎても踏襲され続けることとなる。これに加えて、ペナン陥落後は日本軍がシンゴラからクラ地峡を経て上陸用舟艇を運搬してきたために、マラヤの西岸一帯が日本軍の攻撃に曝されかねない状況となる。そのため日本軍がペラ川下流のテロック・アンソンに一月二日頃に進出して以降は、英軍がどこかで踏み止まろうとすれば、常に側面を突かれる危険と直面することになったのである。インド第九師団をマラヤ東部から引き揚げて、主要幹線道路沿いでの作戦に任じている同第十一師団を支援させる試みもなされない中で、絶え間ない退却と後方警戒で疲弊しきった第十一師団が壊滅状態に陥るのはもはや時間の問題であった。事実、それはマラヤ中部で一月七日に二個旅団が殲滅されるという形で現実のものとなる。

フィリピンの戦い

マラヤの英軍が再起不能となっていた頃、フィリピンの米軍も同様の状況に陥っていた。実際、戦端が開かれてから一カ月間のルソン島における米軍の抵抗が精彩を欠くものであったため、日本軍統帥部は当初の計画を変更し、フィリピンでの作戦が終結するのを待つことなく、オランダ領東インドへの攻勢を進めることとした。この決定は図らずも在比米軍の「兵糧攻め」を進めるものとなったが、米軍の抵抗が最終的に止むのが相当遅れたという点で、この待機戦法は思惑通りには進まなかった。ルソン島の米軍が四月に至るまで抵抗し続けたことは、米国内の士気を高めたという点で重要な意味を持ち、オーストラリアが侵略されずに済んだのはそのためであるという荒唐無稽な論理をも生むこととなるが、軍事的観点からフィリピン戦を見れば、同地での米比軍の防戦態勢がマラヤでの英軍と五十歩百歩の粗雑さであったことがわかる。

フィリピン戦の口火を切ったのは、日本軍によるバターン半島への無血上陸と、艦載機によるダバオの水上機基地への空爆、そして、台湾から発進した海軍の陸上攻撃機によるルソン島中部のクラーク及びニコルズ飛行場に対する大空襲であった。アジア・太平洋戦争では余り注目を集めていない出来事の一つではあるが、真珠湾攻撃から八時間後に行われたこの航空攻撃によって、米軍の在比航空戦力の大部分は地上で分散されていない状態で襲われて百三機を失い、開戦から八日目が暮れた時点では五十機余りを残すのみとなっていた。このように制空権が確保された中で、日本の第十四軍は十日にルソン島北部に一連の小規模な上陸作戦を敢行し、十二日にはレガスピーに、十九日にはダバオにも部隊を上陸させて、フィリピン作戦を遂行する上で圧倒的に優位な地歩と拠点を確保する。これは、第四十八師団が二十二日にリンガエン湾に、第十六師団が二十四日にラモン湾に上陸する以前のことである。

日本軍は、米比軍がマニラ死守を図るとの想定の下に、米比軍を分散させて首都マニラを迅速に包囲する作戦計画を立てていたが、在比米軍司令官ダグラス・マッカーサー大将は十二月二十三日にマニラを放棄する旨の命令を発し、隷下の部隊はバターン半島へ退いていく。二十三日以降、日本の航空部隊が米軍の動きを見極めたり妨害したりするのに有効な成果を挙げなかったことや、リンガエン湾から南下してきた日本の第四十八師団と相対していた米比軍部隊が撤退を効果的に援護できたこと、そして、マニラにこだわっていた第十四軍が前線での事態の展開に疎かったこともあって、米比軍は八万余りの兵力を一月二日までにバターンに後退させることができた。しかし、撤収する部隊が同半島地区に到着するのに先立って物資を集積する試みはほとんど行われなかった。

米比軍のバターンへの撤収完了と時を同じくしてマニラは陥落し、同時に日本軍は第十四軍への航空支援を打ち切って、航空部隊を第四十八師団と共に蘭印攻略作戦に投入することを決定する。日本軍は、この時点では、ルソン島の攻略を完了できることに全く危惧を抱いていなかった。しかし、この部隊転用によって第十四軍は、バターン方面では米比軍に対して兵力比で一対三の劣勢に立たされ、米比軍の防禦陣地を速やかに陥とすことができなくなる。それでも第十四軍は一月十日から二十二日にかけてナチブ山にまたがる米比軍の主防衛線を突破して、二十六日には米比軍をバガックとオリオンを結ぶ予備の防衛線に追い込んだ。しかし、その後は、サマット山の両側に大規模な攻撃をかけ、バターン半島の南端に三度にわたって上陸作戦を敢行したが、兵力が払底していた第十四軍に米第一軍団と第二軍団を降伏させる力はなかった。二月十日以降の二カ月間、第十四軍は増援部隊が来着するまで防勢に回り、包囲を固くすることで米比軍を弱体化させることに専念する。そして日本軍が四月三日に攻勢を再開すると、バガックとオリオンを結ぶ米比軍の抵抗線は急速に崩壊し、ルソン本島の米軍は八日に降伏したのである。

オランダ領東インドにおける戦い

ルソン島の戦況が進展している間に、日本軍は十二月八日から二十五日にかけて香港を攻略し、同時にサラワク方面では一隊を投入してミリを十五日に、クチンを二十五日に制圧し、同じクリスマスの日には、ボルネオとミンダナオ島との間に位置するホロ島も占領する。オランダ領東インドへの進攻の前哨戦として、日本軍はまずマカッサル海峡を通っての攻勢起点としてホロ島を攻略し、同様にセレベス島東方および南方海面を経由しての進攻を援護する目的でダバオを占領する。日本軍の企図は、物心両面で連合軍を分散させることを狙いセレベス島の両側で攻勢を展開することで、各攻勢区域で使用される陸海軍部隊は、当初の作戦に引き続いて、その後の諸作戦でも引き続き投入されることとなる。この作戦は一月十日から十一日にかけてのタラカンとメナドへの攻撃で幕を開け、連合軍は、その四日後に東南アジア方面の英米軍とオランダ軍及びオーストラリア軍の連合軍統合司令部（America-British-Dutch-Australia Command, ABDACOM）を創設する。

この新設ＡＢＤＡＣＯＭの隷下には予備部隊がなく、航空兵力は僅少で、水上部隊も寄せ集めで、四十一日という短い存在期間にせいぜいなし得たのは、自らが崩壊していく過程を見守ることくらいであった。それでも、マカッサル海峡で日本軍が二度目の作戦を行った際には、一月二十四日に

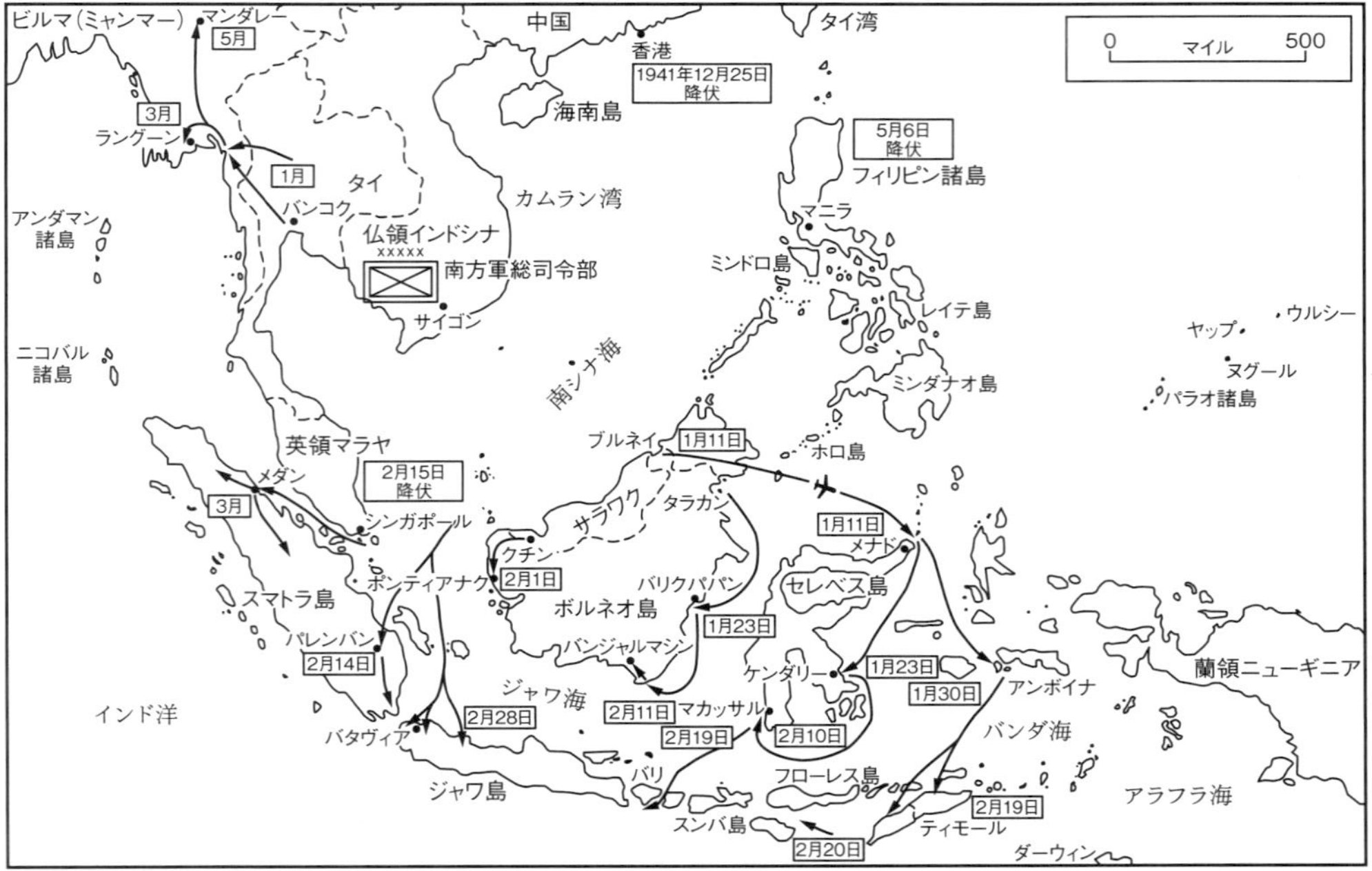

蘭印攻略作戦（一九四二年一月〜三月）〔南方軍総司令部の所在地が地図ではサイゴンになっているが、実際は同司令部は一九四二年九月にシンガポールに置かれた後、一九四四年四月からはマニラにあり、サイゴンに移ったのは同年五月からである〕

連合軍の航空・水上部隊がバリクパパンに攻撃を敢行した。連合軍のこの作戦行動は、米軍にとっては一八九八年以来初めての海上戦闘を含むものであり、結果として日本軍の輸送船や補助艦艇など六隻が失われるか損傷を受けることとなった。一方、日本軍は、このバリクパパンへの上陸作戦と共にニューギニア東部沖合いのケンダリーを強襲し、ラバウルとカヴィエンも占領する。ラバウルはソロモン諸島と東部ニューギニアに進攻するための足掛かりとなるが、日本軍が当面意を注いだのは蘭印方面であり、一月末には空母艦隊の援護の下でアンボイナとその飛行場の確保に着手する。

マラヤとスマトラの戦い

一九四一年十二月三十一日の時点では、フィリピンでは米比軍がバガックとオリオンを結ぶ線で踏み止まって戦いを続ける一方、マレー半島に残っていた最後の英軍部隊がシンガポール島に撤退して半島での敗走を締め括った。マラヤ中部での抗戦を断念するのは、スリム川で敗北を喫する以前に決していたことではあったが、この戦闘での痛手は大きかった。マラッカ海峡側の海岸線に上陸作戦が行われる可能性が具体化する中で、一月三日以降に二個師団相当の兵力がシンガポールに来着したにもかかわらず、ジョホール北部を守りきるのは難しい情勢となっていた。日本陸軍の第五師団が一月十四日にジョホールに上陸した際、豪第八師団がゲマスで局地的な勝利を収めたものの（英国とオーストラリア以外の記述に拠れば）焼け石に水で、時を同じくして近衛師団がムアル川下流で英軍の防衛拠点を突破し、十六日にはバトゥパハに一個大隊を上陸させるに及んで、日本軍は重要な分岐点であるクルアンとアイルヒタムに豪第八師団よりも、接近することとなり、豪第八師団は順次退却を余儀なくされる。日本軍のアイルヒタムへの進撃は、パリトとペランドクの周辺で（守備側に多少の損害を与えたが）一月二十日から二十三日にかけて滞り、西方から迫っていた包囲網から豪第八師団が逃れるのに十分な時間を与えることとなった。しかし、クアンタンから進出してきた日本の第十八師団がエンダウを占領したことで豪第八師団は東側から側面を脅かされる形となり、ジョホール南部地区を防衛できる見込みはなくなる。英軍が半島部で敗退し、シンガポールに手が届く距離にまで日本軍が進出するのを許したことで、シンガポールを守りきることはほぼ不可能となった。そして、半島部からの撤退と同時にジョホール・バルと島を繋ぐ交通路で島に水を供給するルートでもあった舗装道路を自ら破壊したことで、シンガポール島に集結した英軍も、死命を制せられたも同然となったのである。

日本軍にとってシンガポール攻略は、スマトラやジャワや小スンダ列島への作戦の前提要件であった。第二十五軍がジョホール水道を渡渉してシンガポール本島への作戦を開始した二月八日に、ケンダリーから進発した日本海軍の陸戦隊はマカッサルを占領した。ラウト島を制圧した部隊が陸路バンジャルマシンを占領することで、日本軍はジャワ島への進路を確保し、シンガポールの陥落が翌日に迫った二月十四日には、空挺及び上陸部隊がスマトラ南部のパレンバンを急襲し、十七日までに連合軍部隊は撤退して、パレンバンは石油精製施設と共に日本軍の手に陥ちる。パレンバン攻略作戦には海軍も軽空母一隻を含む相当規模の支援部隊を送っていたが、海軍がその主力を以て作戦行動に臨んだのはさらに東部方面においてであった。六隻の空母から発進した艦載機が、アンボイナとケンダリーから飛来した航空機と合同で、オーストラリアのダーウィンを空爆して二十四時間も経たぬ内に同市を無力化し、それと共に、バリ島と蘭領・ポルトガル領ティモールに上陸作戦が行われる。日本軍がボルネオ西岸を進撃する中、二月二十八日から三月一日にかけてのバンタム湾とエレタン・ウェタンに挟まれた地域での第二師団の上陸や、クラガンでの第四十八師団の上陸を待つことなく、ジャワ島の連合軍の命運は尽きていた。

蘭印で日本軍が上陸作戦を行った各所で連合軍の水上艦隊は反撃を試みたが、成功した事例は皆無であった。日本軍がジャワ島に向かいつつある時期、連合軍がＡＢＤＡＣＯＭの有終の美を飾ろうとばかりに海上での決戦を求めたが、クラガンに向かう第四十八師団を乗せた船団を襲撃しようとしたＡＢＤＡ艦隊は巡洋艦二隻と駆逐艦三隻を失い、二月末に残っていた戦力は当初の三分の一となっていた。このジャワ海での海戦の後に、ジャワ島北方ではまだ生き残っていた連合軍艦艇が日本海軍に狩り立てられ、南方では日本の空母部隊が同島から脱出しようとする連合軍艦船に襲いかかって十七万五千トン相当を沈め、三月五日にはついでとばかりにブルームを爆撃する。連合軍が戦果を挙げたのは、巡洋艦数隻が日本軍の輸送船団を攻撃し得たバンタム湾のみで、そこで得られた束の間の戦果も虚しく、日本陸軍の第二師団はジャワ島西部の広範な地域で橋頭堡を確保し、五日にはバタヴィアを占領する。蘭印全域のオランダ軍は三月九日に降伏し、他の連合国の諸部隊も十二日にこれに倣った。こうして日本軍のその後の攻略作戦は無血占領となり、近衛師団が三月十二日にスマトラ北部を占領し、ニューギニア北部ではブラとホーランディアに挟まれた地域が三月三十一日から四月十九日にかけて確保された。

ビルマの戦い

日本陸軍の第十五軍によるビルマ進攻作戦は、マラヤでの作戦が成功裏に終わることが確実になることが始動の前提条件ではあったが、結局、マラヤとフィリピンの作戦と並行して進められ、三月八日のラングーン占領で幕を閉じる。作戦開始当初、宇野支隊がヴィクトリア・ポイント（現コートーン）を十二月十六日に、タボイ（現ダウェイ）を一月十九日に、メルグイを同二十四日に攻略する中で、第十五軍主力は一月下旬になってモールメインに向かう街道に沿って進撃を開始する。それに対峙していたのは、同軍の正面とシャン州方面との両方に防禦用の兵力を配置した上にラングーンの守備をも任務としていた英軍部隊であった。軍事的視点から考えれば、防禦側として最善の選択肢は、シッタン川西岸に布陣して、一九四二年二月に来着した機甲部隊を同地の平坦な地勢で最大限有効に活用することであった。しかし、日本軍がシッタン峡谷を経由してビルマ中部に進出してくるのを防ぐため十分な兵力を集結できない限り、シッタン川西岸でビルマの防衛を図ろうとするのは、なし崩しにビルマを喪失するという事態を招来しかねない危険を冒すものであった。そして実際には、政治上の要請から防禦戦はサルウィン川東岸で試みられることとなったが、モールメイン及びサルウィン川、そしてビリン川の線をも確保するとの決定が下されたために、ただでさえ定員を充足していない上に能力を越える任務を負わされたインド第十七師団は、マレー作戦の再現とばかりに二方向から進撃することができる日本軍の二個師団と相対することとなる。このように、日本軍の第三十三師団と第五十五師団が部隊展開上の相対位置で優位に立って戦いの主導権を掌握していたことは、タイ・ビルマ国境を越えて以来両師団の兵員が定員を充足しないままであったことや、両師団の進撃路の中間地帯に配された兵力が一個師団相当くらいしかなかったことを補って余りあるものであった。

作戦開始時に英軍の不意を突き、兵力を集中させたので、日本軍は早くも一月三十一日にモールメインを攻略した。英軍はシッタンへの直行ルート上にあるマルタバンを守ろうと試みるものの、日本陸軍の第三十三師団がパアンでサルウィン川を渡河したために、この企図は水泡に帰することとなる。英軍がビリンに向かって退却するところを第三十三師団がその無防備な側面を突こうとする過程で、両軍が何度か交戦した。そのビリンでは退却を禁ずる命令のために二月十六日から二十日にかけての戦闘で英軍は壊滅の危機に瀕し、その後シッタンへ後退し続ける。英軍がビリンを放棄する決定を下したのは日本軍がその側面を迂回する動きを見せたためであった。このため英軍が退却を開始した時点では日本軍の方がシッタンに近い位置にあり、退却行の最中は両軍が絶え間なく衝突して、戦場は複雑な様相を呈していた。インド第十七師団は何とかビリンからは脱出できたものの、次に控えていたのはマラヤのスリム川で英軍が直面した壊乱状態に比肩し得るような事態であった。二月二十三日から二十四日にかけての夜間にシッタン川にかかる橋梁の一つが爆破されたために同師団は川を渡りきれないままに反対側の岸に取り残され、捕虜を取ることに余り積極的ではない日本軍の攻撃に曝されることとなる。

ラングーンはビルマを制圧するための要となる地点であったが、インド第十七師団が壊滅したことで英軍がラングーンを保持できる望みも事実上失われた。インドとビルマとを結ぶ鉄道・道路網が全く整備されていなかったために、ビルマの英軍への増援や補給は首都ラングーンを通してのみ可能であった。そのような状況のもと、英軍は三月七日以前に四個旅団をビルマ方面に移していた。それに対し日本軍は第三十三師団がイラワジ峡谷を、第五十五師団がシッタン川を遡上してラングーンを目指した。この両師団の動きを他の区域から転用された部隊が支援する態勢となっている状況では、インド第十七師団喪失後の英軍にはラングーンを守る力は残っていなかった。日本軍は三月二日にシッタン川を渡ってペグー（現バゴー）を占領するが、英軍にとって幸運なことに、ラングーンに直接突入するのではなく、北西方向から接近した上で包囲態勢を整えてから八日になってラングーン入りする。この緩慢な作戦行動のため、ラングーン北方の道路はがら空きとなり、日本軍の第三十三師団がラングーンとタラワディを結ぶ道路を横切っている背後を通って、二個師団相当の英軍兵力がラングーンからの脱出に成功した。

ラングーン攻略から二カ月の間に日本軍は既存の部隊の定員を充足させ、第十八師団と第五十六師団、及び二個戦車連隊の増援を加えることによって、兵力をほぼ三倍に増加させた。当時シッタン峡谷には同地の防備を固めるため一月以降中国軍の兵力が派遣されていたが、ここまで戦力を高めた日本軍は中部ビルマに攻勢をかけることが可能となる。中国軍は、各々一個師団相当の兵力を有する軍を三個ビルマ東部に派遣していたが、シッタン峡谷では各師団を逐次投入するような戦闘となり、トングーを守備していた中国第二百師団が十二日間にわたって敢闘したが、同地と同地に至る橋梁は三月三十一日に日本軍の第五十五師団が占領する。イラワジ峡谷の英軍が日本軍の攻撃に抗し得なかったために、トングー橋を確保した日本の第十五軍は連合軍の左翼全体を三方向から攻撃して崩壊させ、四月下旬には、これにタイ北西軍の三個師団が加わって四方向からの攻勢となり、タイ軍はシャン州東部のチェントン周辺で掃討作戦に従事する。[3] 日本軍の第五十六師団は山岳地帯で電撃作戦を展開して、進撃の途中で遭遇した中国軍部隊を殲滅した上で四月二十八日にラシオを制圧し、これに少し遅れて第十八師団と第五十五師団はマンダレーを占領する。雨季が目前に迫っていたこの時までに連合軍の諸部隊は追撃して来る日本軍を振り切りつつ全戦線においてビルマから撤退しつつあった。連合軍は雨季と日本軍のどちらからも辛くも逃れることができたが、その傍ら、数十万もの難民がインドに逃れる中で命を落とすこととなった。

日本の作戦計画修正

一九四二年五月四日にはビルマに進攻した日本軍がチンドウィン川下流に達し、同地の英軍はイ

原註３　この余り知られていない事実には続きがあり、この時ビルマに進出したタイ軍と対峙した中国第六軍はシャン州から完全には撤退せず、同地の占領は両軍が共同で行うこととなり、この地を占領することで両軍は無視できない利益を得ることになる。終戦と共にタイ軍は撤退するが、重慶政府の統制から事実上離れていた同地の中国軍はシャン州に居座り続け、戦時中そして戦後に樹立された同地域の体制は、アヘン生産による黄金の三角地帯として現在もそのまま存続している。

ンパールへの撤収を完了しつつあったが、同じ頃、史上初めての空母同士の交戦によって太平洋の戦いは新たな段階に入りつつあった。東南アジア全域における作戦が順調に進む中、既に一九四二年初頭以来日本軍の統帥部は、開戦当初に制圧対象としてめざしていた地域を征服してからは、いかにして戦争を継続するかについて検討しており、この時期にあって、このような形での両軍の衝突は起こるべくして起きたのであった。開戦前の日本の方針では、日本の領域と東南アジアと中部・南西太平洋地域の占領地の辺縁に防衛拠点網を構築して、米軍をそれらの拠点に誘出し続けてはその都度撃退し、その過程で自軍の損害に辟易した米国が、日本のそれまでの戦果を追認するような講和に応じるのを待つこととなっていた。だが、この構想は、六千マイルに及ぶ線上に防衛拠点群を構築・維持する物的裏付けを欠いていたことや、米軍の反撃に対応できる艦隊勢力を常時待機させられなかったこと、各防衛拠点は常に優勢な敵兵力と対峙することが見込まれていたこと、といった欠陥を内包していた。一九四二年初めの時点では、これらの諸点を日本の統帥部は明確には認識していなかったものの、その時点でも二つの事実は厳然としていた。第一に、枢軸諸国に勝利するまで総力戦を戦い抜くという趣旨の連合国の声明に、一九四二年元旦に賛意を表明した国家が二十六カ国に及んだこと。これによって米国は、当時東南アジア全域で進行していた諸作戦は双方が予測できるような形で終結するであろうことは認めるものの、戦争自体は痛み分けのようには終わらせず、勝敗をはっきりさせるとの意図を日本に突きつけたのである。第二に、戦争の最初の数週間で、空母が戦いの帰趨を決定する上でいかに大きな役割を果たすかが明らかになったこと。日本軍は、米海軍の空母機動部隊による反撃がなかったおかげでグアム島を十二月十日に占領したのを皮切りとして、ギルバート諸島を押さえ、二度目の正直でウェーク島を二十三日に制圧した。しかし、二月一日から三月四日にかけて米空母はマーシャル諸島、ラバウル、そしてウェーク島やマーカス島に攻撃をかけており、日本側が受けた損害こそ軽微であったものの、米空母がどれ程の脅威となり得るかや、真珠湾攻撃において米空母を逸した失敗のつけがどれ程のものであったかを思い知らされることとなったのである。

以上二つの事態の展開に、日本海軍の上層部は、米空母部隊を誘出して壊滅させるような攻勢作戦に出る必要があるとの確信を抱くこととなる。その終極の目的は、先に米国が自ら出した宣言を撤回せざるを得なくなるような環境を作り出して、米国が講和に応じるよう仕向けることであった。三月に山本五十六連合艦隊司令長官は、米太平洋艦隊との決戦を求めるためにミッドウェー攻略作戦を六月に行う決意を固め、同じ月に山本の幕僚は、陽動作戦としてのアリューシャン諸島攻撃に続き、ミッドウェー島の防衛拠点を空母機動部隊によって無力化した上で、艦載機の援護の下でクレ環礁とミッドウェー島に上陸作戦を敢行して占領するという、極めて複雑な作戦計画を立案する。計画では、その後、真珠湾からミッドウェーに至る海域を潜水艦が監視する中、ミッドウェー沖に集結した艦隊が米艦隊との決戦に臨み、勝利を得た上で、空母機動部隊はトラック島に進出し、七月にはニューカレドニアとフィジー及びサモア、八月にはジョンストン島を攻略し、それ以降はハワイ本島の攻略をも視野に入れることになっていた。太平洋の四分の一にもわたる海域で作戦行動を展開するために兵力を分散するというこの六月の作戦計画は、どう見ても杜撰《ずさん》なものであった。連合艦隊が多様な任務を帯びる単位に細かく分割され、相互に支援できる態勢には置かれないようになっていたこと、空母部隊が十分な索敵手段もないまま会敵地点に送り込まれること、そして致命的とも言える点として、実際の戦いが計画通りに進む確証もないままに、ミッドウェー島の無力化と米空母艦隊の撃滅という複数の目的に順次あたっていくこととし、どちらを優先すべきかを明らかにしていなかったこと、などが指摘できる。

このような欠陥を有していながらも、軍令部はミッドウェー攻略計画を呑まざるを得なくなる。そして、その後の事態の展開によって日本軍の作戦構想には新たな要素が加わる。四月十八日に米空母から発進したB－25中型爆撃機が東京、横浜、名古屋、神戸を爆撃した、いわゆるドゥーリットル空襲以降は、ミッドウェー攻略計画に反対する声は聞かれなくなり、軍令部も西太平洋における日本の覇権への明白な当面の脅威を取り除く必要性を認めるに至ったのである。だが、ドゥーリットル空襲の直後に、南西太平洋方面で生起した事態に対応して下された決定によって、ミッドウェー攻略計画は根底から狂わされることとなった。米空母艦隊の攻撃作戦は当初は針で突いたほどの打撃しかもたらさなかったが、フォン湾攻略を支援するための船団を米空母二隻が三月十日に攻撃した際、日本側は相当な損害を被り、ただでさえ戦力が小規模な第四艦隊は、ソロモン諸島のツラギとニューギニアのポートモレスビーの攻略（MO作戦）を断念せざるを得なくなる。そこで、ミッドウェー作戦に向けて艦隊が出動する五月下旬までまだ間があったので、この方面での作戦を支援するために急遽空母二隻を分派することとなり、ツラギとポートモレスビー攻略の予定時期を五月初旬としたのである。米空母二隻が南西太平洋方面に引き続き活動中との情報を得ていたことに鑑みれば、ツラギとポートモレスビーを攻略するとの方針をそのままにしておきながら、作戦に投入する空母を二隻のみにするとの決定は問題が多く、作戦自体が見直されるか延期されるべきであった。これに加えて、それら二地点への攻撃計画が練られていくにつれ、ミッドウェー攻略計画に見られたような欠陥や、このＭＯ作戦自体の問題点が多々明らかになっていく。例えば、十分な戦力を持たないラバウルの航空隊にはポートモレスビーからの連合軍の反撃を封殺して、目標地点への上陸作戦を援護する役割が与えられていたが、これは、連合軍の長距離爆撃機の航続距離圏内において味方の空母艦隊による支援行動と時を同じくして行うこととなっていたものであり、それも、米空母の所在が不明な状況下でというハンディ付きであった。

珊瑚海とミッドウェーの戦い

ツラギ・ポートモレスビー攻略のＭＯ作戦とミッドウェー攻略のＭＩ作戦は共に欠陥を有するものであり、両者に共通する最大の問題点は、その企図が米軍に筒抜けになっていたことである。開戦当初の数カ月間、米軍の暗号解読要員は遅々としたペースではあったが日本軍の暗号解読に取り組み、四月にはＭＯ作戦の全体像を確実に見抜き、五月にはＭＩ作戦の戦闘序列や時期の詳細をほぼ全て把握していたのである。結果として米軍は、五月の珊瑚海でも六月のミッドウェーでも日本軍の機先を制して艦隊を展開でき、史上初の空母同士の海戦を迎えた。五月の珊瑚海海戦では、ポートモレスビー防衛のために投入された米空母二隻が、まずツラギ攻略に向かっていた日本船団を四日に叩き、七日には軽空母「祥鳳」を沈めて、八日に日本の空母戦隊との本戦に臨む。この八日の戦いで米艦隊は日本海軍航空隊に大きな打撃を与え、大型空母「翔鶴」を大破させる。米艦隊も空母「レキシントン」を失ったことで戦術的には引き分けとなったが、日本側は当初の作戦企図を放棄することを余儀なくされた。さらに、自らに課していたミッドウェー攻略の予定表に縛られ、この戦いでは無傷であった空母一隻分の航空部隊を、間に合うように新たに編成することができないこととなり、これこそが珊瑚海海戦で日本軍が被った本当の意味での損失となった。逆転した奇妙な論理に聞こえるかも知れないが、一九四二年五月の時点では、米軍が空母一隻を喪失することよりも、日本側の空母一隻が一カ月間戦列を離れることの方が重大な意味を持っていたのである。と言うのも、この空母一隻分の航空機があったならばミッドウェー沖で六月四日に対峙した両軍の航空兵力は日本側が優勢となるはずであったが、その一隻がミッドウェー攻撃に向かった艦隊に加わらなかったために実際は劣勢となっていたからである。* もっとも、そもそも珊瑚海で戦った空母がミッドウェー作戦の戦闘序列に加わっていなかったことは、実際には問題となるようなことではなかった。アリューシャン及びミッドウェー作戦に連合艦隊が投入した空母は軽空母も含めて八隻で、搭載機数の総計は三百十九機に及んでいたからである。このように、日本軍の航空戦力は全体としては米側に対して優位に立っていたが、ミッドウェー方面のみで見れば、日本軍の空母四隻に搭載されていた二百二十九機に対し、米軍の空母三隻は二百三十四機を保有していたのであり、情報戦の勝利が米軍側に局地的に顕著な優勢をもたらしたものと言える。

日本軍が立たされていたこのような不利な状況やＭＩ作戦が内包していた諸々の欠陥は、六月四日の朝に日本の空母部隊が、周辺海域の索敵を十分に終える以前に搭載機のほぼ半数をミッドウェー島爆撃のために発艦させた時から顕わになってくる。日本軍の索敵機がミッドウェー沖に進出していた二つの米空母艦隊を発見したのは、既にその両艦隊が攻撃隊を発艦させた後であり、それらの攻撃隊が日本の空母の内三隻を撃沈破することとなった。日本の空母は、ミッドウェーから飛来した陸上機と米空母から発進した艦載機の第一波による襲撃は撃退したが、米軍の艦載機が最後に敢行した攻撃は、日本の空母群が米艦隊への攻撃隊を正に発艦させようとする瞬間を突き、戦闘不能に陥れることとなったのである。唯一被害を受けなかった日本の空母「飛龍」が戦いを続け、同日午後の二波にわたる攻撃で米軍の空母「ヨークタウン」を大破させるが、日本側にとって不幸であったのは、この二波にわたる攻撃で挙げた戦果を空母二隻と判断していたことであった。この錯誤は、米軍が作戦海域に投入していた空母が実際の三隻ではなく二隻だけと考えていたこともあって、さらに事態を悪化させることになる。日本側はこの誤断に気が付いて、残った唯一の空母「飛龍」は米艦隊との距離を広げようとしたが、時既に遅く、米軍の航空部隊はこの残りの一隻を日没直前に捕捉し、他の三隻と同じ運命を辿らせることとなる。日本の空母は全てその夜の内に沈没するか、自軍の手で撃沈処分された。

日本海軍の水上艦隊は、空母を失った後も敗北の埋め合わせを少しでもしようとの思いから夜戦を試み、二日間にわたって米艦隊を西方に誘い出そうとしたが、自らが重巡洋艦一隻〔三隈《みくま》〕を喪

＊　「翔鶴」は大破して大修理を要したが、姉妹艦の「瑞鶴」は無傷であった。しかし「瑞鶴」の搭載機と搭乗員にも相当な損害が生じたため、航空部隊の再建には時間を要し、ミッドウェー海戦への参加ができなかった。

失し、他にも三隻の艦艇が損害を受けるという結果に終わる。日本の潜水艦が四日の戦いで傷ついた米空母「ヨークタウン」に止めを刺すが、この遅蒔きながらの戦果もミッドウェー海戦の意義とバランスシートを変えるものではなかった。[4] ミッドウェー海戦は、これによって米国が戦争の主導権を掌握したものではないにしても、一戦域での戦局の転換点となった枢軸側の敗北という意味では初めてのものとなり、これによって太平洋における日米海軍の戦力は均衡状態となり、次の作戦段階では、主導権を掌握するための戦いが展開されることとなる。

そして、その次の段階では日本側は、開戦から最初の半年間に戦果を挙げ得る大きな要因となっていた利点の数々をもはや有していなかったのである。まず、平時に張りめぐらしていた海外の諜報網は失われ、一九四一年十二月以降の諜報活動は全く低水準なものとなっていた。そして、これ以降日本側は、開戦当初東南アジア全域で相手にしたような、訓練も行き届いておらず装備も貧弱で定員も充足されていない連合軍部隊と対戦することはなくなる。連合軍の意表を突くような余地は一九四二年中頃までにはなくなっており、同年六月以降は、開戦以前とは異なり、作戦計画を綿密に立てる時間的余裕もなくなってくる。このような要因よりもさらに深刻だったのは、それまで挙げてきた戦果にもかかわらず、日本が、自らが始めた戦いを支えるのに必要な規模にまで戦時生産を拡大できるだけの金融・産業基盤を有していなかったこと、さらには、戦前の艦隊編制や作戦計画の立案・実行形態が制約となって、ミッドウェー海戦後の戦況に対応して海軍が機構・制度改革を推進できない状態となっていたことである。航空機や補助艦艇をめぐって特に顕著であった兵器調達の面での諸々の不備は是正されず、潜水艦部隊の的を失した取り扱い方も矯正されず、海軍航空隊は戦前の規模が小さかったために一九四二年以降実効性のある形で急速に拡張することも叶わなかった。戦略的方針の観点から見れば、日本海軍は海上電撃戦の創始者となったにもかかわらず、占領地を守備するためにマジノ線まがいの戦法に頼らざるを得なくなるという、皮肉な立場に置かれることとなった。このように、国力、組織・機構、そして作戦計画といった視点に立つと、一九四二年六月以降日本は戦いの主導権を回復するのが困難な状況にあったが、それでもこの現実は同年十一月頃までは顕在化しなかった。

ドイツの対米宣戦

連合軍が一九四二年初頭に東南アジア全域で総崩れとなっていった原因の根本は、開戦と同時に連合軍が戦いを強いられる範囲が拡大し、それに対応するために必要な時間も資源もなかったことにあった。新たな責務を負うという点で最も顕著で広範にわたる影響を与えたのは、米国が一九四二年二月十四日以降はオーストラリア防衛を担ったことで、これにより南太平洋及び南西方面で他

原註４　イ－一六八潜水艦が米空母ヨークタウンを雷撃したのは六日であったが、ヨークタウンが沈んだのは翌七日である。ミッドウェー海戦の全期間を通じて米海軍の艦艇の中で日本海軍の攻撃を受けたのがヨークタウンだけであったことは、日本側の戦術上の稚拙さを物語っている。なお、六日に米駆逐艦ハマンが沈没したが、これはヨークタウンに向けて放たれた魚雷の内の一本が命中したためであった。

の連合国が過剰な責務を負っていた状態は解消される。そして、これまで英国が長年支配的地位を占めていた地域に米国が介入してくる範囲は、太平洋やオーストラリアに限定されず、独伊が一九四一年十二月十一日に米国に宣戦布告したことで北大西洋にも拡大するのである。

この独伊の宣戦布告は、一九四一年九月以来の北大西洋方面の現状を公式化したに過ぎない。一九四一年が進むにつれ、米国は英国の船団を護衛したり、自国の防衛海域を大西洋東部に拡大したりして、英国を支援する姿勢を強めていた。ヒトラーはこれに対してきわめて自制的な態度を示していたものの、日本の対米戦争に加わる条約上の義務がドイツには全くないにもかかわらず、十二月十一日になって対米宣戦布告に踏み切る。これ以降、米国の対連合国支援は公式のものとなって常態化し、そして、このヒトラーの決断は、真珠湾攻撃直後に米国統帥部が直面していた最も大きな問題を解決させることとなる。それまでの一年間で策定された戦争遂行計画では、太平洋と大西洋の両方で同時に戦うこととなった場合には、対独戦を優先するとの決定がされていた。この優先順位を決める際の根拠は、日本がどれほど戦場で勝利を得ようとも、それに対する巻き返しは可能であり、日本を敗北させてもドイツを破ったことにはならないが、ドイツが勝利した場合は取り返しのつかない結果を招来する可能性があると同時に、ドイツを破れば日本の命運も尽きるという目算であった。真珠湾攻撃によって米国は日本との戦争に突入したが、ローズヴェルト政権には対独伊宣戦布告に議会の支持が得られる見込みはなかった。ヒトラーが十二月十一日に対米宣戦布告をしたことによって、ローズヴェルトが直面していたこの難題は解決されることとなり、同時にヒトラーはこれまで収めてきた勝利の基となっていた前提条件を失うこととなる。この時までドイツが連勝してきたのは、ヒトラーが各々の戦いをそれ一つで完結する形で戦うことによってドイツが各戦場で優位を保ち得たことによるものであった。対照的に対米宣戦布告によってドイツが直面することとなる戦争は、ドイツが戦い抜けない規模にまで拡大した。独軍がモスクワ前面で苦戦している最中の一九四一年十二月の時点で世界最大の工業国を新たに敵に回すというのは、ヒトラーにとって時宜に適っていたとは言い難いが、日本が開戦に踏み切った決断に倣ったものとして見れば、一理はある。米国の対独姿勢が敵対的であることを冷徹に見通していたヒトラーは、一九四一年を通じてさまざまな会議の折にくり返し自身の考えを表明していたが、それは、米国が動員態勢を完了するのが一九四三年以降となるので、米国の力が戦場に影響力を及ぼしてくるまでにヨーロッパを制覇しようとすれば、ドイツに残された時間はあと二年という趣旨のものであった。要するに、三カ月前の日本と同様に、一九四一年十二月にドイツが下した決断は、米国がその国力を十全に発揮できる以前に対米戦に挑もうというものだったのである。

北大西洋の戦い：一九四一年〜四二年

独伊の対米宣戦布告によって大西洋の西部海域では米国の船舶も枢軸軍の攻撃対象となったので、北大西洋における米国の責務は増すこととなった。参戦前は所与のものであった海運上の航行権を、自らの手で確保しなければならなくなったのである。そして、海の戦いの及ぶ範囲が拡大し、米国が大西洋中部と西部での活動を活発化させたことも原因となって、英国が一九四一年下半期に大西洋東方海域で誇っていた優位にも終止符が打たれる。

米独開戦直前の時期、米国が大西洋の戦いで連合国側への支援を深める中で、ドイツのUボートは作戦の重点を英海軍の護衛艦艇が最も多く護衛活動も有効に進められている大西洋東方海域に置くか、米国船舶と英海軍の護衛艦との接触を避けられるもっと遠方の海域に作戦行動範囲を広げるかの選択を強いられていたが、ドイツは結局両案を並行して進めることとなる。「船腹量をめぐる戦い」では、どの海域で敵船を沈めようとも関係はなく、主戦場となっている海域以外に手を伸ばしたとしても、以前と同じ割合で撃沈し続ければ問題はないという論理に従ったのである。

だが現実には、一九四一年にドイツが北大西洋で沈めた連合国船舶は、上半期が三百四十五隻で総トン数百八十万百九十トンであったのが、同年下半期には百五十一隻、六十二万千五百十トンに減少したのみならず、このとりわけ重要な海域以外でそれを埋め合わせるだけの戦果を挙げることはできなかったのである。実際、英軍が制海権を握っていた地中海・大西洋南方海域・インド洋での同時期の船腹喪失量は、百八万二千八百三十トンから三十六万四千八百九十七トンへと三分の一に減少し、連合国船舶の損失が減っていった一九四一年六月以降は喪失したUボートの隻数が上昇し、その結果として、海の戦いの優劣を示すものとして最も正確な二つの指標のいずれもが、一九四一年が経過するにつれて大西洋の戦いを英国が有利に進めていることを示していた。その二つの指標の一つは、殉職した連合国船員の人数を喪失したUボートの隻数で割って出した数値で、同年上半期ではUボート一隻の喪失と引き換えに二十一・九人の船員が殉職していたのが、下半期では七・三人となり、十一月と十二月は各々二・六人にまで下がっていた。指標の二つ目は、作戦行動中のUボート一隻あたりが挙げた戦果で、一月にはUボート一隻あたり〇・九五隻の撃沈数となっていたのが、同年十二月には〇・二九隻に落ちていた。喪失したUボートの隻数自体は少なく、一九四一年を通して三十五隻に過ぎず、一九三九年九月三日から一九四一年十二月三十一日までの全期間でも六十六隻であった。しかし、一九四一年の最後の二カ月間で十五隻を失ったことは、独海軍にとって長期的展望が明るいものでないことを改めて示すものであった。船団に組まれていない単独航行の船舶の数が少なくなる中でUボートは以前のような撃沈数のペースを維持していくことも、北大西洋以外の海域でその分を埋め合わせる戦果を挙げることもできなくなった。かと言って北大西洋で潜水艦作戦を再開したり強化したりすれば、それがいかなる形によるものであろうとも、自らの損害を大きくすることは確実な状況だったのである。このような趨勢が長期的に有する意味について独海軍軍令部が理解するまでにさほど時間はかからず、連合国の海運に対する攻撃が終局的には失敗に終わるとの予測に、一九四二年三月には達していた。

このような情勢はドイツの対米宣戦布告によって一挙に変容する。米国沿岸海域では護衛艦艇があまり活動していなかったため、Uボートには己の危険をほとんど顧みることなく獲物を仕留める機会が与えられたからである。ところが、独海軍にはこの機会を捉える態勢が整っていなかった。一九四一年暮の時点で作戦行動中のUボートは九十一隻に上っていたが、その内の二十六隻は地中海で作戦行動中もしくは同海域に向かっている途中で、六隻はジブラルタル沖にあり、四隻がノルウェー沿岸で防衛任務に就き、大西洋海域に出動していたのは二十二隻に過ぎなかった。そして、一九四二年一月の段階で米国沿岸海域で作戦を開始したUボートは五隻だけであったが、この五隻が一月十二日から三十一日までに沈めた商船は四十六隻にも及び、大西洋西方海域に投入されるUボートの数が増えるにつれて戦果も増え、六月には百二十一隻に達する。五月と六月には、大西洋方面に出動していたUボートのほぼ全てと言ってもよい二十隻余りがメキシコ湾とカリブ海を狩場とし、その二カ月間の戦果は百四十八隻、七十五万二千百九トンとなる。実際、一九四二年六月には第二次大戦におけるドイツの海の戦いが最盛期を迎えることとなり、枢軸軍が沈めた連合国商船は百七十三隻で総トン数は八十三万四千百九十六トンにも上り、その内の百四十四隻、七十万二百三十五トンがUボートの戦果であった。

連合国の苦境：一九四二年

一九四二年六月というのは、連合国が「船腹量をめぐる戦い」で危機的状況にあった時期の中でも最悪の月であった。一九三九年九月から一九四一年十一月の期間、月間の船舶喪失量が四十万トンを超えたことが八回あったが、一九四一年十二月から翌年六月までは毎月この水準を上回り、五カ月連続して六十五万トンを超えたこともあった。この時期の損害は大きかったものの、米国沿岸海域を除けば海運活動が見事なまでに攻撃に曝されずに済み、壊滅的損害を受けていなかったことに英国はいくぶん胸を撫で下ろしていた。これは概ね、大西洋西方海域でUボートが狙い撃ちしたのが、船団を組まずに単独で航海する船舶であったためであり、一九四二年一月に米国周辺海域以外の大西洋で失われた商船は二隻に過ぎず、六月に至っても三隻だけであった。七月になると米国はセント・ローレンス運河からカリブ海に至るまで連動形式で護送船団を組む方式を採用し、通説では、これによって連合国船舶の損失数が直ちに減少していったことになっている。一九四二年六月にピークに達して以降の五カ月間に損失数が減少したのは確かであるが、それでも月平均の喪失船腹量は六十五万八千二百トン以上に高止まりしており、同年上半期の月平均を三万三千トン余りしか下回っておらず、一九四二年二月以前にこの数値を上回った月は一回を数えるのみである。

大西洋西方海域でも護送船団方式が採用されたことで、商船の喪失数が減り、海の戦いの主戦場は大西洋中部海域に移っていく。護送船団が北大西洋全般で航行していくのを目の当たりにしたUボートが、米国近海のルートに拘泥することなく、沿岸に配備された航空機の哨戒圏外の外洋の真っ只中で作戦行動を再開したからである。だが、一九四二年を通じて米軍とカナダ軍の護衛艦艇が編制・装備・訓練の面で不十分で、その戦術も船団を安全に好機を見計らって目的地に着かせることよりは潜水艦を撃沈することに重点を置くという、欠陥を有するものだったことに鑑みれば、Uボート戦隊としては大西洋西方海域での作戦を続行した方が望ましかったかもしれない。現実の推移は、大西洋中部での戦いが再開された後も、Uボートはそれまでと同程度の戦果を挙げ続けたものの、自軍の損失も一九四一年十二月の水準に達していくのである。一九四二年上半期に失われたUボートが二十一隻であったのに対し、下半期の喪失隻数は六十六隻にも及び、その内十四隻は地中海海域での損失であった。このように、この時期にUボート戦隊は戦争期間中大きな損害を初めて立て続けに記録することとなったが、にもかかわらず、その戦力は増加の一途を辿り、一九四二年一月に九十一隻であった就役済Uボートの隻数は、翌一九四三年一月には二百十二隻となる。一九四二年の時点で既に当初の三倍に戦力が増強されていたことこそが、同年六月以降もUボートがそれまで通りの規模の戦果を挙げ続けられた理由であり、一九四二年六月から十二月の期間を見ても、その戦力は倍増されていたのである。

連合軍の戦力増強

ドイツが一九四二年を通じてUボート戦隊を拡充したのに対抗する形で連合軍も戦力を充実させていったが、十一月に行われたトーチ作戦での北アフリカ上陸に呼応する必要があったために、一九四二年下半期に北大西洋に活動していた英海軍の護衛艦艇の隻数は実際には減少していた。一九四二年一月一日の時点での総数四百六十五隻中、作戦行動に従事していたのが三百八十四隻であったのが、年末には各々四百二十五隻と三百三十二隻に減っていたというのが実情であった。この減少傾向は一時的なものであったにせよ、同年十一月に七十二万九千百六十トンという戦争中最大の船腹損失量を記録することになったのは、概ねこれに起因した。だが、これよりももっと重要な事実として指摘すべきは、英海軍全体で見れば保有する護衛艦艇の数が一九四二年を通じて増え続けていたこと、そして、春には、コルヴェット艦の戦闘能力と耐久性を具有すると同時に浮上時のUボートに匹敵する速度を誇る護衛艦が戦場に投入されていったことである。この新型の護衛艦が北大西洋に十分な隻数で登場するには、それからさらに一年程度を要したが、既に一九四二年までに護衛艦艇は前年に導入されたレーダーや無線誘導装置を効果的に使用できるようになっており、同時に、沈降速度が速く爆発力を増した爆雷も導入されて、その戦闘能力は益々向上していったのである。

哨戒機も、レーダーと浅海用爆雷の導入によって同様な恩恵を受けていた。一九四二年を通じて技術開発面で最も重要な出来事となったのは、十月から一四四型潜水艦探知機が使用され始めたことである。二機の航空機によって運用されるこの型の探知機は、潜行中の潜水艦の進行方向と深度を極めて正確に読み取れるもので、それ以前の型と較べて格段に進歩しており、さらに決定的に重要だったのは、目標との距離を詰めていく段階で目標を捕捉し続けることができたという点である。これに技術上対抗できる装置がUボート用には開発されず、英海軍の護衛艦隊は一九四二年が進むにつれてUボートに対する戦法面での優位を得ることとなる。

この趨勢に輪をかけたのが、戦技・訓練の面で同程度に際立ってきた英海軍側の優位である。一九四二年中頃までに英海軍は種々の訓練学校を開設して様々な履修課程を設け、膨大な数の戦訓を蓄積し始めていた。北大西洋と英本土近海で一九四二年を通じて失った護衛艦艇の総数が駆逐艦十一隻とコルヴェット艦六隻に留まっていたことに象徴されるように、護衛艦艇の損害が軽微であったため、戦場で得られた教訓を共有することが英海軍にはできたのに対し、沈没と共に全乗員を失うUボートの場合は、このような機会が得られることは少なかったのである。実際、訓練と教育という視点で見れば、一九四二年暮頃にUボート戦隊が置かれていた状況は崩壊の一歩手前というのが真相であった。同年を通じてUボート戦隊を飛躍的に拡充することは質より量といった手法でのみ可能だったのであり、功績表の上で実戦航海を二回しか経験していない艦長の指揮下でUボートが出撃していくといったことは当時珍しくなくなっていた。一九四二年を通じて連合国が失った船舶は千六百六十四隻で船腹量では七百七十九万六百九十七トンに達したものの、同年暮には米国の造船能力がUボートによる損失を上回るペースとなりつつあり、大西洋の戦いは連合国が断然優位に立つ情勢となってきたのである。

それでも、この時点では連合国側はこの優位を感得するに至っていなかった。英海軍に組織・機構上の諸種の不備があったことや、船団毎に付けられる護衛艦の数が五隻を超えるのが稀であったこと、そして、船団一つあたりに襲撃できるUボートの隻数が増したこと、といった要因が重なって、英海軍では装備・訓練・機構の面で大いなる改善・改良が見られたにもかかわらず、一九四二年の下半期には護衛付きの船団が被る損失量が増えていったのである。実際、Uボートの隻数に起因するドイツ側の優位や、個々の船団への襲撃ではUボート側が戦いの主導権を握っていたことが理由で、一九四二年終盤にかけて連合国が被った損害は甚大で、その結果翌一九四三年初頭に英国は、北大西洋での護送船団による輸送体制が崩壊必至と思われるような大戦中最大の危機に直面することとなる。しかし同じ頃、地中海方面では英米両軍が圧倒的な勝利を収めようとしていた。

地中海戦線

地中海戦域の状況に前回触れたのは、一九四一年春に独軍がバルカン半島を占領し、独伊軍がリビア・エジプト国境に進出したことを論じた箇所においてであったが、バルカン半島ではゲリラ勢力の動向を除けば独軍の優位がその後三年間揺るがなかった。それに対し、海上と北アフリカでは連合国・枢軸諸国のいずれもが優位に立つことができないでいたが、一九四二年の第四・四半期になって連合国側が戦いの主導権を掌握して、その後半年も経たぬ内に北アフリカを制圧し、イタリア南部に戦いを進めていく構えを見せるのである。

大戦終結以来、地中海の戦いは歴史学上の二つの問題によって歪められて伝えられてきた嫌いがある。第一に、一九四一年から四二年にかけて英国が独伊に対して本格的な作戦行動を展開することができたのが地中海方面だけであったため、この方面での動向が当時実際には具有していなかったような戦略的重要性を歴史学上の論議では帯びるようになっていったこと。北アフリカ戦線が東部戦線と比肩し得るような扱いを受け、ヨーロッパ戦の転回点としてエル・アラメインとスターリングラードが並べて論じられるといったお馴染みの考え方である。第二に、英米流の歴史が、出来事を「偉大な指揮官」を中心に据えて解釈したり、戦争を剣闘士の闘いを髣髴させるような国家の英雄同士の戦いとして記述したりするのを常としてきたこと。その実例の最たるものはマッカーサーであるが、中東戦域の叙述・解釈では、この手法によって同地での出来事をモントゴメリーとロンメルとの一騎討ちとして捉えるようになった。個々の指揮官が作戦の実施に重要な影響を与えることはあり、時にはそれが決定的なものとなり得ることは否定しないものの、二十世紀の総力戦を担ってきたのは国家・社会・組織機構である。それら個々の指揮官は、英雄を必要とする社会のためにメディアが作り上げた評判によって英雄に仕立て上げられた要素が大きいだけの者であって、総力戦の真の担い手ではなかった。さらに言えば、地中海方面の戦いを一騎討ちまがいの物語で論述してきたために、一九四一年から四二年当時の北アフリカにおける英軍の作戦指導をめぐって、公表が憚られるような事実が隠蔽されるという好ましからぬ副産物も出てきている。ロンメルを戦術的天才と称揚することで、兵力と装備の面で劣る敵に恒常的に打ち破られる元凶となった英陸軍の機構や用兵教義《ドクトリン》上の根本的弱点には目が向けられなくなり、伊軍の諜報組織が、機密保持が十分ではなかった米国から英軍の展開状況・兵力・企図などについての情報を得て、それをロンメルにほぼ毎日のように伝えていたのに、それを放置していたという事実を言い繕《つくろ》うのにも一役買っていた。ロンメルが戦場で一連の勝利を得ていた期間が敵の手の内を十分に読むことができていた期間で、読めなくなった時期が勝利の女神がロンメルを見放した時期と一致することに鑑みれば、このことは今なお残るロンメル神話に疑問を投げかけるものである。それと同時に肝要なのは、このようにして戦いの物語の中から個々人の性格・資質に関わる要素を捨象すれば、出来事の経緯や結末などを、同盟関係や国策が果たしていた役割といった比較的重要度の高い要因に照らして検討できるということである。

一九四〇年六月から一九四二年十月までの期間、そして特に英米の視点から見れば一九四四年五月までの期間とも言えるが、連合国側と枢軸国側の地上部隊が唯一直接鍔迫り合いをしていたという意味で、地中海戦域は重要性を有するものであった。この時期の当初の段階で英国は、ヨーロッパ大陸での戦いに敗れて本国に追いやられ、ドイツ本土に駒を進めることができないままに、自らが戦いたい場所ではなく戦える場所で戦うことを余儀なくされていた。その結果としてヨーロッパの枢軸諸国との戦いに充てるべき力の大半を北アフリカに投入することとなり、その中でもくみし易いイタリアにあたることとなる。そのイタリアは北アフリカでは独軍一個軍団の支援を受けていたが、ドイツの肩入れの度合がこのように限定的規模であったことは、地中海での作戦がドイツにとっては戦略的意義の極めて低い副次的なものであったことを示している。一九四一年六月から七月にかけて東部戦線で戦っていた独軍が三十四個軍にも上っていたのに比べ、当時北アフリカ戦線に展開していた兵力が恐らく十個師団であって、この両者間の大きな差が一九四二年十月以降は縮まったにしてもわずかであり、重要度という点では二つの戦線の相関関係に変化はなかった。そして、たとえ一九四二年十一月以前に英国が北アフリカで勝利を重ねていたとしても、それによってヨーロッパ本土の情勢が影響を受けることなどあり得なかったのである。その理由は、戦略的に見ればヨーロッパの延長と見なし得たという意味で北アフリカには重要性が認められてはいたものの、英国がヨーロッパとアフリカ周辺にめぐらす交通路よりも、ドイツのヨーロッパ大陸にまたがる交通路の方が、地中海方面での劣勢を挽回できるだけの兵力を投入する経路としては優っていたという点にある。そして、連合軍が北アフリカの兵力を倍増して戦線を同地域の海岸線全体に広げるような作戦を展開して地中海戦域での膠着状態を破るのには、独軍が東部戦線に過度の兵力を投入することとなった一九四二年十一月を待たねばならなかった。

それでも地中海の戦いは、その重要度とは不釣合いなほどの複雑な様相を呈しており、それは、作戦が陸海空の戦力が相互に依存した形で進展したという点では、南西太平洋方面を含め、他の戦線の追随を許さなかったからである。この複雑な様相の根元は、彼我共に砂漠の戦いを進める際の補給を海上交通に全面的に依存していたことにあり、この面では、補給起点から一万二千マイルを要する一大輸送作戦を展開していた英国と、国力と保有資源の面で劣位に立ちつつも南部の港湾から六百マイルだけを輸送することに懸命となっていたイタリアは見事に対照的である。だが、枢軸側を決定的に有利にしかねなかったこのような位置関係上の優位は、英軍がマルタ島を根拠地にして空・海・水中からイタリアの海上補給線を攻撃できたことで相殺された。同時に、イタリアが地勢上の優位を保持し、艦艇の数で優っていても、それは、ほとんどの作戦を通じて伊軍の航空支援が不十分であったことや、伊海軍が対潜水艦作戦を遂行する能力に限界があり、夜戦用の装備・訓練を欠いていたことによって相殺されていた。もっとも、英国がマルタ島を守備できていたことによる利点も、同島に集結できる攻撃用の戦力が限られていたことで同様に減殺されてはいた。一九四一年から四二年にかけて地中海に展開されていた英潜水艦の多くが外洋作戦用で内海での作戦には不向きであったことや、枢軸側がマルタに大規模かつ効果的な空爆を敢行していたことなどがその理由である。このことを逆に英国側から見れば、マルタ島の防衛を全うするためには、サルディニアやシチリア、イタリア南部そしてクレタ島に根拠地を置く枢軸空軍部隊の制空権下にある海域を突破しての補給が必要になることは言うまでもない。それでも、英軍がマルタ島に兵力を置いていたというだけで、枢軸側は地政上の優位から得られる利益を充分に享受できなくなっていた。その理由は、一九四一年以降地中海戦域に展開していた独伊の航空部隊が、マルタ島を無力化し、自軍の補給船団を護衛し、在リビアの地上部隊を援護しつつ、エジプトの戦略・戦術拠点を爆撃するといったことを同時に遂行できるだけの戦力を欠いていたことにある。

このような相対的優位が減殺される現象は、同戦域の地上戦でも見られた。英軍が有していた兵力数での優位と、独軍の戦術上の優位が相殺しあい、双方共に攻勢作戦で交互に成功を収めるものの、「強弩の末勢」とも言うべき攻撃の勢いの先細り傾向のため、その戦果を拡大することができないでいた。一九四〇年十二月以降何度か戦場の中心がエル・アゲイラを行きつ戻りつしていたのは、一方が前進するにつれて補給が追い付かなくなる反面、他方は退却するにつれて防御を固められるといった当然の成り行きが足枷となったためである。したがって北アフリカの戦いの帰趨はいずれにとっても、キレナイカに拠点を得られるか否かにかかっていた。枢軸軍はベンガジとトブルクを掌握したことで前線への補給物資の移送を容易にすることができ、英軍はジュベルアフダル山地地域の飛行場を押さえることで東方からマルタ島への補給に向かう航路の大半を空から護衛できたのである。このように相手側がキレナイカの一部に拠点を構えていることによって自軍が不利になるという状況のため、双方共に地上作戦の主目的はキレナイカの確保に向けられることとなる。

地中海における戦いを決定付ける影響力をもたらしたという点で、キレナイカをめぐる戦いに歴史家がこれまで注目してきたのには首肯できるものがあるが、ヴィシー・フランス政権が一九四〇年六月から一九四二年十一月までマグレブ地域を保持していたことが連合国側が勝利を収める上で優るとも劣らぬ要因となったことについてはほとんど触れられていない。枢軸軍が一九四〇年の夏に仏領北アフリカを占領するか、一九四〇年七月に英軍がメルス・エル・ケビールを攻撃した際にヴィシー・フランスが英国に敵対的な姿勢を以て臨んでいたかしたならば、英軍がマルタ島を守りきれたかは甚だ疑わしいと言わざるを得ないからである。現実には、英軍は地中海西部で作戦行動を展開でき、キレナイカを常時ではないにせよ保持していたために、イタリアの参戦後も三年間に

エジプト・リビア戦（一九四〇年〜四三年）

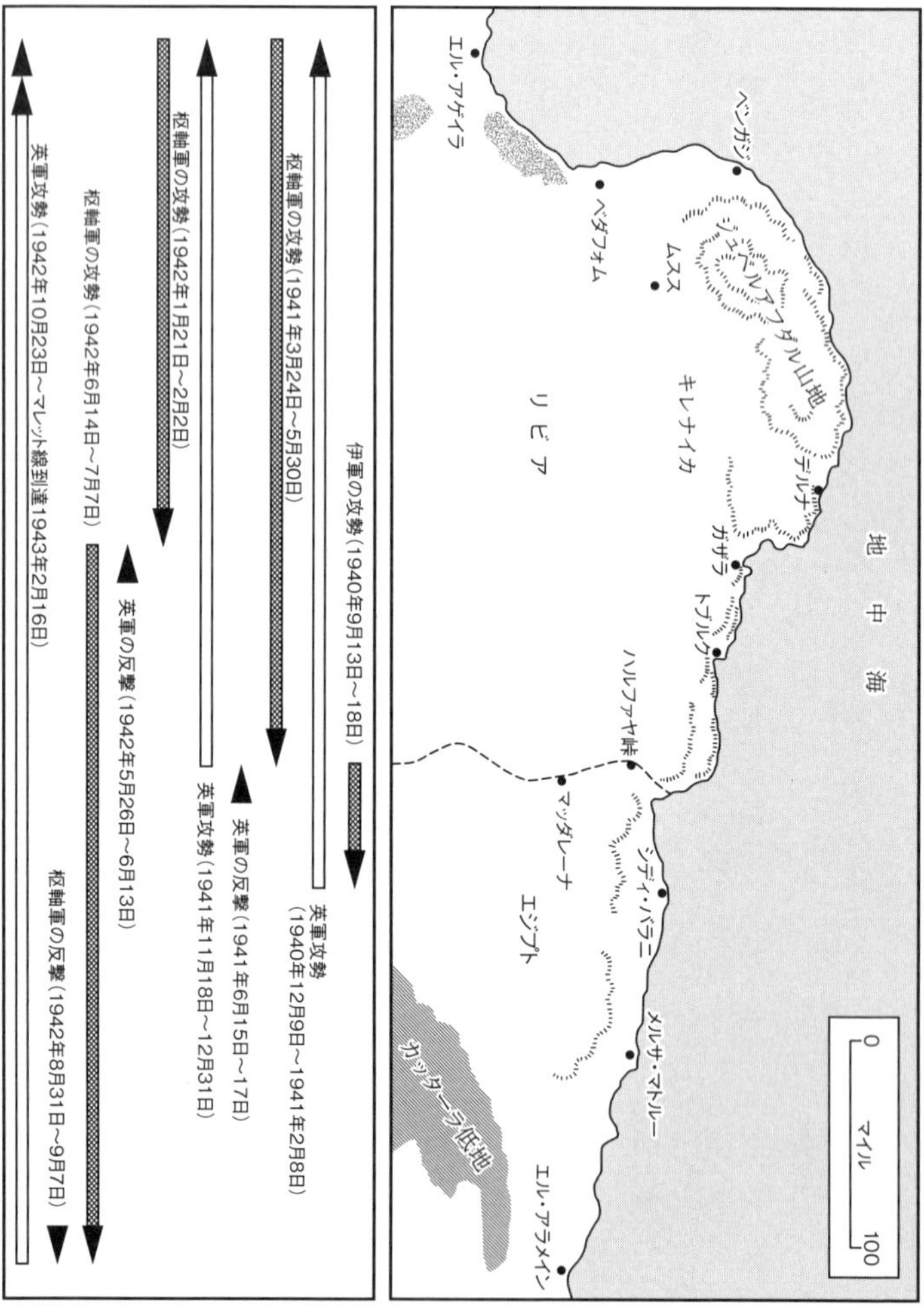

わたってマルタ島への補給を継続できたわけであるが、これは実際の二つの事態の推移に鑑みれば、皮肉な成り行きであったと言える。第一に、マルタ島は地中海戦域の要となり、英軍が同島を保持できたことが決定的となったが、戦前の計画では伊空軍の力の前には抗し得ないとして放棄することになっていたこと。第二に、英伊軍の戦力の差は地中海の戦いの帰趨には最終的に余り影響は与えなかったものの、伊海軍が「現存艦隊主義」(fleet-in-being) にこだわり、地中海中部海域に艦隊を投入することに消極的であったために、終局的には戦わずして負けることになったという点である。

地中海戦線：一九四〇年～四二年

一九四〇年十二月から四二年十月までの地中海戦域における戦いは、連合軍と枢軸軍が交互に勝利を収めていく五つの時期に区分できる。一九四〇年十二月から翌年六月までの第一期は、伊第十軍がエジプトとキレナイカで大敗を喫した後で英軍がエル・アゲイラまで進出し、その後枢軸軍が反撃に転じて英軍をエジプト国境付近にまで追い込み、トブルクを包囲するまでの時期である。海では独空軍が地中海中部と東部の制空権を握る中で、最大の戦果を四月にギリシャ沖で、五月にクレタ島沖で収める。この時期は枢軸軍の航空兵力がマルタ島の英軍をほぼ封じ込めており、マタパン沖海戦での英海軍の局地的勝利を除けば枢軸軍が勝ち続けていた時期であった。

第二期は一九四一年六月から四二年二月までで、攻守所を変えることとなったが、リビア・エジプト国境地帯で五月十五日から十七日にかけて行われたブレビティ作戦や六月十五日から十七日にかけてのバトルアクス作戦といった当初の英軍の攻勢は、枢軸軍が容易に食い止めたため、その後の戦況の勢いを決定付けるには至らなかった。それでも一九四一年の下半期には、バルバロッサ作戦の開始と共に地中海方面での独空軍の活動が鈍ったために、マルタ島の英軍が息を吹き返し、十月には軽飛行機を主体とする英軍航空部隊が同島に戻ってくる。この結果、十月には二十一％であった枢軸側輸送船団の損失率は十一月には六十三％に上り、このために九月に予定していたトブルクへの攻撃を延期した北アフリカの枢軸地上軍は、十月に再度の延期を余儀なくされ、その挙句十一月には、英第八軍がトブルクの包囲を解くために開始した一大攻勢に直面することとなる。

一九四一年十一月十八日に始まったこのクルセーダー作戦は、英軍の二つの軍団が別々のルートを進撃し、南方の独軍装甲部隊を釘付けにした上でサルームとバルディアを迂回してトブルクの包囲を解こうとするものであった。しかし、その最初の段階で枢軸軍は、相互の連携が取れていない英軍の機甲部隊五つを手玉に取り、英第八軍を敗北寸前にまで追い込む。だが、十一月二十一日と二十七日の二度にわたって一角が綻《ほころ》びたトブルク包囲網の建て直しを独軍が余儀なくされたことや、英軍の包囲という大胆に過ぎる作戦を、それを実行できる兵力・資材もないままに試みるといった失策を犯したことによって、英軍は作戦開始当初の劣勢を跳ね返すことができた。それ以降戦場では英軍側が有していた兵力上の優位が物を言うようになったので、クルセーダー作戦は崩壊の危機から救われる。十二月四日になると、バルディアとサルームで包囲されていた伊軍の救出に失敗した独アフリカ装甲軍は、トブルク前面の陣地を放棄してトブルク港西側の線まで後退した。同軍は七日にはガザラに向けて退却を開始し、翌日トブルクに対する二百四十二日間にわたる攻囲が解かれた。新たに布陣したガザラの線で側面攻撃を受ける脅威に曝された枢軸軍は十五日に同防衛線を自らの決断で放棄し、大晦日には、九カ月前にロンメルとその配下の独軍の攻勢発起点となったエル・アゲイラまで後退した。

クルセーダー作戦では英軍が局地的勝利を収める結果となったが、時をほぼ同じくしてヒトラーは十二月二日に地中海での戦況のさらなる悪化を食い止めるため、東部戦線から第二航空軍団をシチリアに転用するとの決定を下し、同じ頃地中海戦域では英海軍の勢いにも翳りが見え始めていた。これに先立つ一九四一年九月に、イタリアの抗戦力を補強し、北大西洋海域での米国との摩擦を避けることを理由の一端として、一九三九年十一月以来初めてUボート戦隊の一部に地中海への出動が命じられ、新着のUボートは早速一九四一年十一月にジブラルタル沖で空母を、トブルク沖で戦艦を一隻ずつ仕留めている。アジア・太平洋で英陸海軍がマラヤの陸と海で壊滅的打撃を受けていた十二月には、アレクサンドリア軍港で伊海軍の人間魚雷（フロッグマンが操作する、生還を前提にした艦艇破壊用魚雷による作戦）によって戦艦二隻が沈められ、同時にマルタ島を根拠地としていた水上部隊のK部隊はトリポリ沖で機雷源に踏み込んでしまい、英海軍の戦闘序列から事実上抹消される形となった。一九四一年十二月に英軍が沈めたイタリア船舶の隻数は、その直前の三カ月のいずれの月をも上回る数値となったが、英軍側が既述のような損失を被ったことや、独空軍がシチリア島に戻って再び活動を活性化させたことなどによって、一九四二年の新年が明ける頃には戦運が枢軸側に有利に傾いていたことは明らかであった。補給線の発起点であるトリポリから前線への補給が容易になったこともあって、バルディアとサルームを失ったにもかかわらず、早くもその四日後の一月二十一日には枢軸軍が攻勢に転じたのである。但し、連合軍側のクルセーダー作戦と同様、この攻勢も決定的な戦果を挙げられる性質のものではなく、一月二十九日にベンガジを陥としはしたものの、二月の初週にはガザラ周辺で停止を余儀なくされた。

一九四二年二月から五月までの第三期は、北アフリカでは双方共に攻勢を再開する準備を進めていたため膠着状態が続いたが、地中海中部海域での戦いは英軍にとって決定的に不利になっていく。独空軍の部隊がシチリア島に再び進出してきたためにマルタ島への攻撃が強化され、それは枢軸側の補給船団がリビアに向かう折に頂点に達する。このように枢軸軍が遅蒔きながらも海空陸相互の作戦間の調整を図ったことの効果は直ちに顕われ、マルタの英空軍は無力化され、四月には同地の潜水艦部隊がアレクサンドリア軍港に引き揚げ始めることとなる。こうして一九四二年四月はイタリアの北アフリカ向けの輸送が最も円滑に進んだ月となった一方、その前の月には枢軸軍が英国のマルタ島向けの輸送船団に対してそれまでで最大の戦果を挙げていた。その一九四二年三月当時は、ハルバード作戦の船団が到着してから半年が経過したマルタ島では補給物資が底を尽き始めた時期だったので、英国は東方から輸送船四隻を同島に送り込もうとしていたが、伊軍艦艇が第二次シルテ湾海戦でこの船団の動きを遅らせたために、日の出前に目的地に到着できなかったこの四隻は全て空爆で撃沈された。それでも、港で沈んだ二隻から五千トン余りの物資が回収され、戦局の流れが変わって連合軍が決定的優位に立つまでの三カ月間マルタ島が持ちこたえるには、十分だったのである。

枢軸諸国が直面する諸問題

第三期における枢軸軍の戦果は目覚しいものであり、英軍には北アフリカで喫することとなる最悪の敗北の数々がまだ前途に待ち構えてはいたものの、地中海戦域の内外で双方が犯した種々の錯誤が基となって、実は連合軍がこの地域で勝利を収める条件は一九四二年五月頃には確固として築かれていたのである。それらの錯誤の中で最も重要なものは一九四二年四月に日本軍が行ったセイロン島への作戦であったが、それに絡む錯誤については全く知られていないも同然である。即ち、作戦自体は表面上成功に終わったものの、英国のインド植民地とインド洋西部、そしてインドからソ連南部やエジプトに至る海上輸送ルートが無防備な状態であった時期に行われたにもかかわらず、戦略上価値のある戦果を全く収めなかったという点である。この時期にエジプト向けの軍用輸送ルートがいかなる形であれ遮断されたならば、同年下半期に地中海東部で英軍が巻き返しを図ることは不可能となったであろう。そうなれば中東全域の英軍拠点を覆滅し、ひいては英国自体を戦争から脱落させられる可能性もあったのだが、この類稀な機会は枢軸側の無策によって見送られることとなったのである。地中海戦域の情勢に、より直接的な影響を与えた枢軸側の失策としては、一九四二年上半期に同戦域で達すべき目標の優先順位を決められなかったことが挙げられる。ヒトラーは一九四一年十二月に航空軍団一個を送る決定を下したが、これは重要度で劣る二義的な戦域から聞こえてくる雑音に場当たり的な対応をした間に合わせの措置でしかなく、この航空軍団が、この戦域での明確な戦略方針の代わりに送られたすべてであった。すなわち、ロンメルの司令部は攻勢を再開する準備を進めており、実行可能な計画として六月にエジプト国境まで進出し、七月に空挺部隊によるマルタ島攻略が行われるまでの間は次の攻勢への地固めの時期とし、その後状況が許せばエジプトに進攻することとしていたが、伊軍統帥部が見抜いていたように、この計画には目的の優先順位が示されておらず、エジプトでの攻勢期間中に英軍側に立ち直る余裕を少しでも与えてしまえば、一九四〇年十二月から翌年十一月までに生起した事態を繰り返しかねなかったのである。だが、伊軍統帥部に決定権はなく、伊軍自体も一九四二年春頃には関係諸国のいずれもが眼中に置かないほど戦力を弱めていた。地中海戦域でイタリアは、一九四一年一月から翌年五月の期間に、同海域で使用できる輸送船の内二百五十四隻を失っていた。これは船腹量では全体の四十三・六％に相当する九十六万千六百八十九トンに達しており、優秀な船舶の損失が特に際立っていたために、新造船や拿捕した船舶によって穴を埋めることができなくなっていた。船舶の修理・維持のための施設が限られていた上に燃料不足も加わり、連合軍の通商破壊活動がなくとも一九四二年四月当時の輸送ペースを同年夏以降も継続していくことができない状態となっていたイタリアの海運能力は、さらに低下していったのである。

第三期の連合国側の動きとしては、英軍が地中海戦域での最弱点を克服し、五月十日に同地域で最も意義のある戦果の一つを記録したことが挙げられる。一九四二年一月以降独軍が地中海を制圧できたのは、マルタ島上空での戦いで独空軍が質量両面で優位を保っていたからであった。この当時英空軍は英国南部にスピットファイヤー戦闘機の戦隊を百二十個余り展開させていたものの、航続距離が短かったことや英本土上空では会敵の機会が余りなかったために無聊《ぶりょう》を囲っていた。一方マルタでは同年二月まで「二線」機であるハリケーン戦闘機で独空軍に立ち向かうことを余儀なくされていたが、同戦闘機は独第二航空軍団の主力戦闘機であるメッサーシュミットＭｅ109と較べて完全に時代遅れの機種となっていた。地中海西部海域から複数の空母によって三度に分けてスピットファイヤー三十一機がマルタ島に空輸されたのは一九四二年三月になってからで、四月二十日にも英本国艦隊と行動を共にしていた米空母ワスプから発艦した四十一機が同島へ飛んだ。一九四二年当時の英海軍としては同島に送り込んだ総機数は相当な数に上ったが、同年四月後半にはマルタ島に一日平均七回の空襲を行い、延べ出動機数が百七十機に達していた独空軍に対抗するには到底足りない数であった。マルタ島上空の制空権への脅威になりかねないとして、ドイツ側は意図して新着の英軍機の除去をめざして攻撃をかけ、そのために、後発の四十一機が到着してから三日の内に新着のスピットファイヤーは六機を残して失われる。これに対して連合軍側は五月九日に空母二隻からスピットファイヤーをさらに六十機マルタ島に送り込んだ。その一部が到着後一時間も経たぬ内に戦闘に巻き込まれる中、十日に同島の英空軍は来襲してきた独空軍と質量両面で初めて対等に戦闘することができ、双方の損害もこれを反映したものとなったのである。独空軍が十分に増援を得られず、そしてさらに致命的な点として、独軍統帥部が（伊軍統帥部とは異なり）マルタ島の英軍を封じ込めておくためには同島への集中攻撃を持続して行うことが必要であることを認識していなかったこともあって、この五月十日の空中戦は枢軸側が地中海中部の制空権を失う契機となった。この時期は、一九四二年五月から六月にかけての北アフリカの戦いの第四期にあたり、独アフリカ戦車軍団が北アフリカで最大の勝利を収めようとしていた時期でもあった。

米軍の中東戦線への介入

一九四二年中頃にあたる第四期は、英国にとって第二次世界大戦中最悪の時期であった。北アフリカで二年間にわたって戦い続け、東南アジア全域で敗退に継ぐ敗退に見舞われているのと同じ時期に、英第八軍はガザラで屈辱的敗北を喫する。勢いに乗った枢軸軍はトブルクを奪取するとエジプトの奥深くにまで進撃し、六月下旬には地中海東部における英国の存立自体を脅かす状態にまで追いつめたので、英艦隊は地中海の根拠地としていたアレクサンドリアから撤収し始めることとなる。軍事的視点から見れば、五月二十六日から六月十八日にかけてのガザラでの敗北は、英軍が大戦中に舐めた苦杯の中でも最悪の部類に属するものであった。英第八軍は自らが有利に活動できる戦場で五月下旬までに独装甲部隊と伊第二十軍団を破る寸前までいきながら、配下の二個軍団の内の一個を戦場に全力投入しないままに、数の上では劣る敵に潰走させられたのである。このガザラでの敗戦が直接のきっかけとなって、トブルクは六月二十一日に陥落したが、これと同時に独軍統帥部が下した決断によって英軍は救われることとなる。

トブルクを攻略したことで六千四百トン余りの軍用物資と使用可能な車輛約二千輛を鹵獲し、これによって補給上の問題に突如終止符を打つこととなった枢軸軍は、英軍が混乱状態にあることが明らかであることに乗じて、エジプトへ進撃し続ける。これはロンメルの進言をヒトラーが容認した結果である。ガザラとトブルクで収めた戦術上の勝利に幻惑された独軍は、それまで提唱されてきたマルタ島攻略を断念し、その余力を以てエジプトで決定的勝利を得られるとの想念にとり憑かれていたが、伊軍統帥部はそう考えなかった。独第二航空軍団の主力が未だにイタリアにあるために、北アフリカの枢軸軍は、この作戦を遂行する上での空からの支援が十分に得られない状態にあったからである。独アフリカ装甲軍が微弱な抵抗に直面しつつも六月二十七日にメルサ・マトルーを突破したので、この問題は当初特に深刻なものとは考えられなかった。しかし、三十日になると独軍は、アレクサンドリアから六十マイルの距離にあるエル・アラメインに英第八軍が急遽構築することに成功した防衛線に到達する。側面での迂回が左右いずれでも不可能なこのエル・アラメインの防衛線の周囲で七月一日から二十七日まで英軍と枢軸軍が互いにかけた攻勢は主なものだけで六回に及び、月末までに両軍とも崩壊寸前にまで追い込まれるが、この膠着状態をもたらした諸要因は明らかであり、それらを独アフリカ装甲軍は直ちに悟ることとなる。マルタ島攻略を六月二十一日に断念したことで同島を制圧する見込みはなくなり、それと共に枢軸側が直面する補給上の問題は深刻度を増し、英空軍の攻撃はエル・アラメインへの補給路とその周辺の枢軸軍部隊にも及んで、その効果は七月を通じて上がっていった。反面、在エジプト英軍兵力は増強されていき、このような事態の流れが重なりあって、戦いの主導権が英軍に移って行くのはとどめられない趨勢となっていったのである。

そして、エル・アラメインの戦場では枢軸軍が全般的に優勢で、英第八軍が危機的状況に直面していた七月の段階でさえも、戦略面では、枢軸側の戦場での戦果を帳消しにして余りあるくらい英国を利することとなる二つの事態が進行していた。第一は、英軍が中東戦線の後背地域とも言うべきイラクを一九四一年五月に、シリアを同年六月から七月にかけて、イラン南部を同年八月に占領したため、海とカッタラ低地に挟まれた三十八マイルに及ぶ戦線での戦いで地中海戦域での雌雄が決せられようとしていたこの段階で、中東全域の兵力をこの戦線に集中できたこと。第二に、この方面で連合軍側の頽勢が目立っていた時期に、米国が二つの支援措置に踏み切ったこと。具体的には、トブルク陥落を受けて米国が自軍用の戦車・自走砲四百輌を英第八軍に供与し、六月に米軍の航空部隊が初めて地中海戦線に進出してきたことである。六月十二日には、当初中国に派遣される予定であった米軍の重爆撃機がルーマニアのプロイェシュティの油田地帯を爆撃し、十五日にはマルタ沖で米英軍の爆撃機が合同で伊軍水上艦隊を攻撃した。六月十九日に米陸軍はカイロに中東派遣軍司令部を設置し、その二日後には米軍爆撃機によるベンガジへの初空襲が行われる。米軍が実施した航空作戦は必然的にささやかな規模ではあったものの、米国がこの戦域に参戦してきたという事実そのものがいかなる意味を持っていたかは明らかであった。そして、米国の参戦という点でもっと重要な意味を有していたのは、トブルク陥落と時を同じくして、秋季に英米両軍が仏領北アフリカへの上陸作戦を行うとの決定が下されたことである。

　このトーチ作戦の実施は、米国が大戦中に下した重要な決定の中で二つ目のもので、一九四二年の段階ではヨーロッパ本土に対していかなる形でも上陸作戦を行うつもりがないとの英国の意向に直面した米国が、対独戦優先の原則を追認する形で決めたものである。いかなる敵を相手にしてでも対抗できる実力を自国が兼ね備えていると自負する米軍指導部にとっては、英国がヨーロッパ北西部への上陸作戦を嫌い、一九四二年の段階で対独戦優先の原則を具現化する方策としては対イタリア戦に力を注ぐとする論理は単なる不可解の域を超えるものであった。しかし、問題の根源は、英米両国が戦争哲学とも言うべきものについて根本的に異なった思想を持っていたことにあった。戦争というものを大軍と火力を集中する衝撃力を重視するものと捉えていた米国にとって、戦場で独軍と対決して破るためにはヨーロッパ本土に上陸することは不可欠であったが、一方海洋国家の伝統を持ち、陸戦に使用し得る物量が限られていた英国にとっては、上陸作戦とは、敵を破れることが決定的になってから行うべきものであった。それでも、一九四二年六月の時点で問題となったのは、もっと直近で現実的な課題であり、制空権も制海権もなく上陸作戦用の船舶にも事欠く中で、ローズヴェルトは、同年にヨーロッパ本土への上陸を試みることはできないとの判断を下すこととなる。このようにして仏領北アフリカへの進攻作戦は、航空作戦を除けば一九四二年の時点で米国がヨーロッパ方面で行える唯一の攻勢作戦として浮上してきたものであった。これがヨーロッパ戦域での戦いに影響を及ぼすことは明らかではあったものの、七月二十八日から十月二十二日にかけて続いた同地域の戦いの最後の段階である第五期の戦況の成り行きには何等の影響も与えるものではなかった。それでも、トーチ作戦が行われれば秋に地中海戦域で連合軍が勝利を収めることが確実となったために、英国としては、厄年とも言える同年に起きた一連の出来事で甚だしく傷つけられた国威を回復するためには、そのような連合国陣営としての勝利とは別に英国としての勝利を得

原註５　これと同時にソ連軍はイラン北部を占領し、英国の占領地域との間には中立地帯を設けることとなった。

ることが不可欠だったのである。

エル・アラメインの戦いへ向けて

このようにして、地中海戦域の第五期は、それ以前とそれ以後では異なった様相を呈する戦いの過渡期として位置付けられるが、この時期に起きた二つの出来事は、それを象徴するものである。第一に、連合軍が八月にペデスタル輸送船団をマルタ島に到着させることに成功し、これによって同月に英軍の水上・潜水艦隊が同島に復帰したこと、第二に、攻勢をかければ必ず勝てる規模の十分な戦力を英第八軍が蓄える前にエル・アラメインの防衛線を突破すべく、独アフリカ装甲軍が八月三十日に最後の攻勢をかけたことである。だが、この攻勢をかけることによって独軍が英第八軍に強いることとなったのは第八軍が勝てるような戦いであり、恐らく当時第八軍が唯一勝てる類の性質で戦われたものであった。具体的には、アラムハルファの稜線をめぐる防禦戦であり、砲兵と対戦車砲部隊の火力が空からの緊密な援護の下に集中されて最大限の効果を発揮し、機動力に優る独軍の優位を減殺したのである。空軍の援護が皆無に等しく、長引く作戦に必要な燃料が不足する中、九月二日に独アフリカ装甲軍は攻勢を中止するが、その機会を活かして英軍が本気で戦果を拡大しようと試みることはなかった。こうして前線での作戦行動が六日に終結して枢軸軍の攻勢が失敗に終わり、英第八軍が直前の敗北によって失った自信をある程度取り戻したことで、戦いの主導権が英軍の手に移ることが確実となった。こうしてエジプトから枢軸軍を駆逐する英軍の作戦計画が軌道に乗ることとなったのである。

ペデスタル輸送船団とアラムハルファでの作戦行動が重要な意義を持っていたことは言うまでもないが、両者に共通した特色であると同時に、地中海の戦いの最後にあたる第五期を通じて見られる趨勢として指摘すべきは、この三カ月という短い間に地中海地域の覇権をめぐる戦いの規模が飛躍的に拡大したことである。ペデスタル作戦の直前には東西両側から同時にマルタ島に補給船団を強行突入させようとする大胆な試みがなされたが、成功度の点では疑わしいものだった。そこでその直後に実施されたこの作戦では十四隻の輸送船を送り込むために空母四隻が投入され、一九四五年一月以前に英海軍が行った空母艦隊による作戦では最大のものとなった。この作戦で英海軍は、空母二隻、巡洋艦四隻、駆逐艦一隻と商船九隻が沈没するか損傷を受けるという高い代償を払った。このような作戦を繰り返すことは容易ではなかったものの、この作戦は同時に、地中海での海戦の規模が枢軸軍が効果的に対応できない程にまで大きくなっていたことを示すものであった。これ以降、枢軸側が北アフリカ向けに出航させた輸送船団への空・海からの英軍の攻撃が効を奏したために、同様に独アフリカ装甲軍も七月以降は在エジプト英軍がその戦力を飛躍的に増強させていくことに対応できなくなっていくのである。ガザラの会戦ではロンメル指揮下の将兵が十一万三千名を数えていたのに対し、英第八軍の兵力は約十二万五千であったが、第一次のエル・アラメイン会戦から第二次会戦が行われるまでの間には、独アフリカ装甲軍の兵力が減少していったのに較べて第八軍はその兵力を倍に増やしていたのである。

十月二十三日の段階でエル・アラメイン付近に展開していた英第八軍の兵力は十個師団で兵員数

は約二十二万に上り、戦車は千三百輛を数えていた。これに対する独アフリカ装甲軍は独軍師団四個と伊軍師団八個を有していたものの、兵員数は十万八千で、戦車に至っては独軍が二百輛で伊軍が三百輛となっていた。この兵力比較に優るとも劣らぬほど重要な点は、従来の英軍の作戦行動で顕著であった最弱点の二つを克服するため、第二次エル・アラメイン会戦の直前に第八軍が再編されたことである。ガザラでの敗戦の原因は概ね、英軍が全兵科を包含した戦闘集団を基礎とする整合性の取れた用兵教義《ドクトリン》を編み出すことができないでいたこと、そして戦闘の際の指揮・統制が拙劣であったことに帰せられた。そのために、機甲部隊と歩兵部隊が相互に支援することなく別個に戦うことを余儀なくされて各個に撃破されるという結末に至った。ところが、エル・アラメインの防衛線では側面での迂回が不可能で、広範囲にわたる地雷原に守られていたために、結果として第八軍は歩兵と砲兵が機甲部隊の進撃路を拓き、その動きを援護するという正攻法を意識して採ることとなったのである。新たに司令官となったバーナード・モントゴメリー中将が隷下諸部隊の動きを可能な限り自ら統制しようとしたこともあって、エル・アラメインでの攻勢のために英軍が立案した計画は、英軍が兵力量では優位を保ちつつも戦術面での選択の余地が限られていた当時の状況においては、理に適ったものであった。独アフリカ装甲軍全体の結束力を破砕する手段としてモントゴメリーは枢軸軍の歩兵部隊に攻撃の的を絞ることとなるが、これは、枢軸軍の勢力が頂点に達した時点で機動力に優る敵の死命を制する弱点を突いたという意味で、意識してはいなかったにせよ、ソ連軍の手法に倣うものであった。

この年の十月から十一月にかけての二カ月間という短い期間には、第二次大戦での枢軸諸国の退潮を画する戦いが四つ起きており、エル・アラメインにおけるこの十月攻勢と、翌十一月にソ連軍がスターリングラード郊外で行った反撃作戦は、時系列順では二番目と四番目のものである。三番目が英米両軍が十一月に敢行した仏領北アフリカへの上陸作戦であり、一番目は南西太平洋方面で二つの段階を踏んで生起した事態である。太平洋戦域では九月中旬から十一月中旬にかけて、連合軍がソロモン諸島の日本軍の拠点に進攻し、その過程で一九四五年の沖縄をめぐる戦いを除いてはアジア・太平洋戦争で最も激烈な海戦が行われ、結果として米軍が日本軍を敗退させることとなる。

パプア・ニューギニアの戦い

南西太平洋方面では一九四二年七月二十二日以降二つの戦いが別々に進行していたが、これは珊瑚海とミッドウェーでの海戦直後に日米両軍が追求していた戦略上の目的が全く正反対なものだったことに因る。ミッドウェー海戦後、キング海軍作戦部長を初めとする米軍指導部は、日本海軍に敗戦の痛手から回復する機会を与えず守勢に追い込むため、南西太平洋方面での攻勢計画を検討していた。当初キングが攻略しようと目論んでいたのはサンタ・クルーズ諸島とツラギで、長期的にはラバウルへの進攻を視野に入れており、七月二日に発した最初の指令ではガダルカナル島には全く触れていなかった。ところが、日本側の動きによって、この島が米国側の目に止まることとなる。ミッドウェー海戦後、日本軍はニューギニア南岸のポートモレスビーの攻略を企図し、諜報部門がオーウェン・スタンレー山脈を越える自動車道があるものと想定していたために、それを利用することを考えていた。同時に、ソロモン諸島の中部と南部を防衛するための根拠地として、ガダルカナル島のルンガ・ポイントのココナツ林に囲まれた平地に日本海軍は飛行場を建設していたのである。日本の大本営では、一九四三年の第二・四半期以前に米軍がこの方面で攻勢に出てくることはないとの判断を下していたが、これは米軍の作戦担当者たちの考えとも一致するものであった。しかしキングは、攻勢作戦の準備が十分整っていないのが明らかであったにもかかわらず、完成間近なガダルカナル島の飛行場を直ちに奪取するために攻撃をかけることを主張する。このキングの積極姿勢が決定的な要因となって、米軍は八月七日から八日にかけてルンガ・ポイントとツラギを占領した。これによって米軍はガダルカナル島をめぐる戦いの劈頭で時間と空間の面で主導権を掌握することとなり、その戦いの最終的帰趨も決定付けられたのである。ソロモン方面で米軍がこのように優位に立ったことは、ニューギニア東部での戦いにも決定的影響力を及ぼすこととなる。米軍がガダルカナルの飛行場を占領したことで、日本軍は直面している問題と脅威がどれほど深刻かに九月になってようやく気付き始め、ソロモン方面に戦力を集中させるためにポートモレスビーの攻略を断念することとなった。このようにして、九月十七日には日本陸軍の南海支隊はポートモレスビーまで三十マイルまで迫る地点に達していたにもかかわらず、ガダルカナル島の戦いに起因する要請のため、攻勢を続けることができなくなる。それ以降、ニューギニアの日本軍は敗北必至の状況に追い込まれていき、十一月下旬には連合軍が圧倒的兵力を以てゴナの日本軍橋頭堡に押し寄せることとなるが、その時までには、ガダルカナルの戦いも先が見えていた。日本軍の抵抗が止むのは、ガダルカナルと同様に東部ニューギニアでも一九四三年初頭になってからであったが、日本軍は、ゴナの拠点を最終的に失う以前すでに連合軍の動きに対応してサラマウアの橋頭堡からワウへと転進することを余儀なくされており、一九四二年七月から翌年二月までの日本軍のこのような動向は、広大過ぎる作戦正面に余りにも過小な戦力を以て遠大に過ぎる目標を追求するという日本の戦争遂行の欠陥の縮図と言える。

このような経過を辿った東部ニューギニアでの日本軍の作戦行動は当初三段階で進められた。まず、通常よりも兵力を増強された歩兵大隊一個が七月二十一日にゴナに上陸すると、直ちに内陸部に進出して二十七日から二十八日にかけてココダを占領した。次いで、この部隊への増援にあたり、同方面の主力を担う南海支隊の本隊が八月二十一日にゴナに到着する。そして、海軍陸戦隊がミルン湾のグイグイに建設されつつあった飛行場を攻略するためにタウポタ及びミルン湾そのものへの上陸作戦を八月末に同時に敢行するといった経過である。一方、ココダ山道を進む南海支隊の本隊は当初、豪軍の民兵部隊と遭遇するが、これは一月以来ニューギニアに駐留していたものの、生半可な訓練しか受けていない士気も低い部隊で、鎧袖一触であった。だが、八月末になると中東地域から転用されてきた実戦経験のある豪陸軍の現役部隊と遭遇するようになり、これ以降日本側の作戦はミルン湾でもココダ山道でも蹉跌を来たすことになる。まずタウポタへの上陸作戦は、グッディナフ島沖合いでタウポタに向かう上陸用舟艇が連合軍の空爆によって破壊されたために実施されず、ミルン湾では六百名の死傷者を出し、強襲用の舟艇を失った末に、千三百名余りの残存兵力が九月六日に撤退を余儀なくされる。このミルン湾攻略作戦は、日本軍が海岸地帯の狭隘な岩礁に位置する湿地帯に橋頭堡を確保した上で、八月二十六日から二十八日にかけて二度にわたって夜襲をかけ、同地を守備する八千八百人余りの連合軍部隊を混乱に陥れるが、当初の目的を達成することができずに後退するという経過を辿ったもので、アジア・太平洋戦争で日本海軍陸戦隊が経験した初めての敗北となった。

そして、第二の敗北はココダ山道でその直後に記録される。ココダ山道では、現地の豪軍司令部が、自軍の戦力をすり減らしたとしても日本軍の戦力をポートモレスビーに到達できないまでに減殺させればよいとの目論見から、一連の防勢作戦を展開していた。この当時、日本軍がココダ山道に投入していた兵力が第一線部隊約八千五百名と設営部隊三千名余りであったのに対し、豪軍がポートモレスビーとイスラバの稜線との間に展開していた兵力は一個連隊に過ぎなかった。豪軍の見通しは現実に即したもので、日本軍は、この規模の兵力への補給を継続することができず、九月十二日から十四日にかけてガダルカナルで行われた飛行場奪還作戦が失敗に終わったこともあり、十七日には現地軍が海とイオリバイワを望見できる地点にまで達したにもかかわらず、上級司令部はゴナ~ブナ地域の橋頭堡まで後退することを命ずるに至る。その頃には日本軍は飢えに苛まれて人肉食の風評が立つほどまで追い詰められていたため、イミタ・リッジ上の豪軍に対する攻勢は行われず、連合軍の追撃を受けつつ北岸への退却を開始する。その連合軍の追撃は、豪軍の二個連隊がココダ山道を、米軍部隊がジャウレ街道を進む形で行われ、加えて十月五日から十一月十五日にかけて八個大隊がポンガニ地区に空輸される。その結果、十一月二十二日ごろには、ゴナ、サナナンダ及びブナ地域の日本軍の橋頭堡は縦深四百ヤード程になるまで圧迫される。補給も増援も得られない中、ゴナは十二月九日に、ブナは翌年一月一日に陥落するが、サナナンダでの抗戦は一月二十

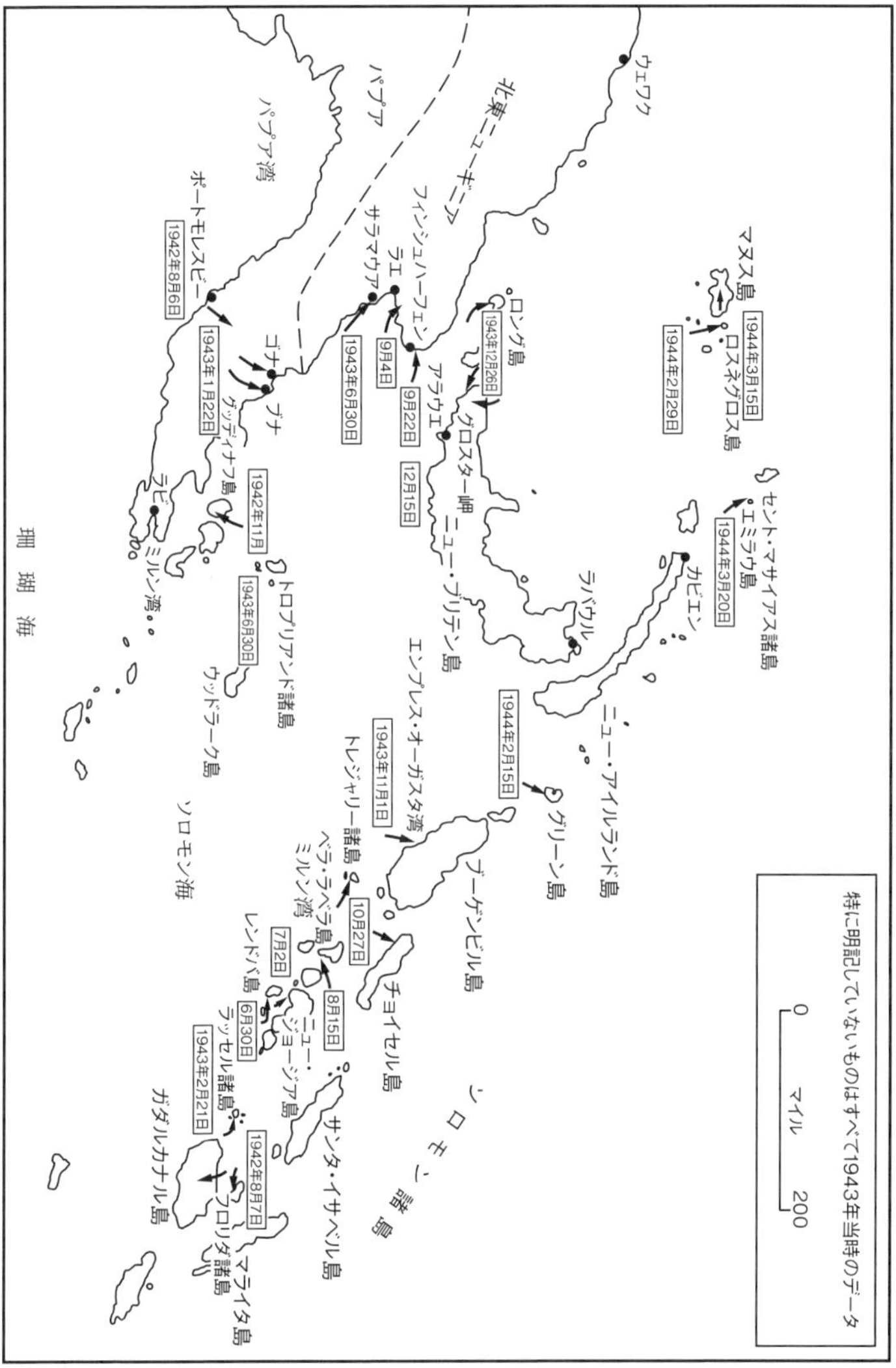

南西太平洋方面の作戦概況
（一九四二年八月以降）
〔▭は米軍による占領日〕

二日まで止むことがなかった。ただし、この時までには連合軍側の各大隊も、病兵や戦死傷者が続出して中隊規模にまで戦力が低下し、第一線部隊は雨季に腰まで浸かる湿地帯で戦い続けていたのである。作戦期間全体を通しての連合軍側の兵員の死傷・罹病者は、作戦に投入された総員三万三千人中の二万七千人余りに及んだが、豪軍がマラリア罹患者の後送を拒んで、この数に含めなかったといったことがなければ、集計がさらに増大していた可能性もある。

ガダルカナルをめぐる攻防

ゴナ・ブナ地区では豪第七師団や米歩兵第三十二師団がこのような窮状に陥っていたが、この東部ニューギニアの戦いが終わる頃にガダルカナル島では日本陸軍の第二師団と第三十八師団が似たような苦境に陥っていた。だが、サナナンダの連合軍部隊とは異なり、ガダルカナルの日本軍は兵力・火力の面で劣勢のまま同島の飛行場奪還を試みて一敗地に塗れていたということは付記しておくべきであろう。このようなガダルカナルの現実をもたらした原因は、米海兵第一師団が八月七日から八日にかけてルンガ・ポイントとツラギを占領して以降、日本の陸海両軍がガダルカナル奪回という共通の目標を異なった手段で追求する中で、いずれも直面している問題の深刻さを過小評価し続けていたという点に求められよう。このような錯誤が続いたため、一九四二年八月から十一月にかけて日本軍は兵力を断続的に投入し続けるものの、その度に同島で勝利を得ることが困難になっていく。事の成り行き上、ガダルカナルの争奪戦は、占領した地域の外縁に一連の根拠地を置いて艦隊の支援を得た上で守備するという日本軍の戦略方針の最初の事例となったわけであるが、日本軍は、この方針の実効性を自らが想定した彼我の立場が入れ替わった形で確認するという、極めて皮肉な巡り合わせに直面することとなった。具体的には、米軍がルンガ・ポイントと同地の飛行場を制圧した上で、そこを根拠地とする航空機と空母艦載機を活用して日本軍の優勢な海上兵力を封じ込めることにより、ガダルカナルで戦術的守勢作戦を展開して日本の陸海軍部隊と輸送船団に大きな損害を与えることができ、その結果、日本の大本営は同島の争奪戦に見切りをつけるに至ったのである。

　ガダルカナル争奪戦で日本軍が直面した問題は恐るべき程に複雑なものではあったものの、その基本原因は単純なものと言える。日本軍はガ島への海上輸送路の確保を試みたが、八月二十日以降は米軍が同島で唯一使用可能なヘンダーソン飛行場を掌握していたために、ソロモン諸島南部で制海権を握ることができなくなる。ブカ島以南の北部・中部ソロモンにも十一月以前には飛行場がなかったために、ラバウルを根拠地とする日本の航空部隊は航続距離の限界に位置するヘンダーソン飛行場上空で制空権をかけた戦いをせざるを得なくなるが、それを可能にするだけの機数も手段もなかった。だが、同飛行場を奪取するか、ガ島の米軍航空兵力を排除しない限り、日本の水上艦艇が同島に接近するのは大きな危険を冒すこととなる。あえてその危険を冒そうとすれば、陸上の航空基地の航空兵力と、いつ戦闘海域に出現するとも限らない米空母艦隊の両方を相手にする必要に迫られるという、ミッドウェーの敗北に繋がった問題と直面する。かと言って、艦隊を投入してガ島所在の米航空兵力を制圧しない限り、米軍を海に追い落とすのに十分な規模の陸上兵力をガダルカナルに集結させることが危険極まりないことは明らかである。そして、ガ島の日本陸軍部隊は、当初同島の米軍を質量両面で過小評価していたことに加えて、米軍が確保したルンガ・ポイントへの進攻がいかに困難なものであるかを認識していなかったため、その作戦行動は難渋を極めた。ガ島で唯一戦略的価値を有するヘンダーソン飛行場周辺のルンガ・ポイントを米軍が押さえていたために、日本軍はそこから離れた地点に上陸した上で攻勢発起点までの長く歩行困難なジャングル内の道のりを踏破して、補給もままならないまま攻撃に移ることを余儀なくされた。結果として、そのような攻勢は各部隊の連携が取れず、規模も極めて小さく、失敗に終わる。ガダルカナルの日本陸軍第十七軍が米軍に対して兵力の上だけでも辛うじて優位に立ったのは十一月中旬になってからであったが、その頃には日本海軍は、空母航空部隊が無力化された上に、水上艦隊が夜戦で米側に対して有していた優位も鉄底海峡*の狭い海域では失われたため、制海権をめぐる戦いで敗北を喫していた。

米軍の行動への対応が迅速さを欠き兵力を逐次投入するという当を失する行動に終始し、日本軍にとっては惨憺たる敗北に終わったソロモン諸島南部での戦いの幕開けとなったのは、アジア・太平洋戦争を通じて連合軍が海上で喫した最悪とも言うべき敗北の一つであった。米軍のガダルカナルとツラギへの上陸に対応するため、ラバウルに司令部を置く日本海軍の第八艦隊が米軍の橋頭堡に向けて巡洋艦を主力とする戦隊を直ちに出動させ、八月八日から九日にかけてサボ島沖で連合軍の艦隊と砲火を交えた結果、巡洋艦四隻を撃沈して、駆逐艦一隻に損傷を与えるという戦果を挙げ、その駆逐艦は翌朝航空部隊の攻撃によって止めを刺される。ところが、第八艦隊は橋頭堡の沖合いに停泊していた米輸送船団を討ち漏らす。そして、それ以降は、ガダルカナル上空で米軍航空兵力の威力が増すにつれて日本側が益々困難な状況に追い込まれていったため、米軍の輸送船団に目に見えるような損害を与える機会は二度と訪れなかったのである。

連合艦隊が作戦に投入されたのは、現地にある兵力・物量だけでは任務を遂行するのに不十分であることを認めた上でのことであり、米軍上陸後の三カ月間に空母艦隊が交戦することは三度に及んだが、その一回目の戦いは精彩を欠いていた。八月二十四日から二十五日にかけての東部ソロモン海戦〔日本側名称は第二次ソロモン海戦〕で日本側は多くの航空機と軽空母龍驤を失ったが、それに見合った戦果を挙げることはなかった。日本軍の潜水艦が九月十五日に米空母ワスプを沈めたことで帳尻を合わせることとはなったが、十月二十四日から二十六日にかけて行われた日米空母艦隊の二度目の戦いであるサンタ・クルーズ沖海戦〔日本側名称は南太平洋海戦〕はまたしても勝敗が明らかでない形で終わる。連合艦隊は、米空母ホーネットを沈め、空母エンタープライズに戦列から離れざるを得ない程の損害を与えるという一応の戦果を挙げたものの、航空機を多数失うと同時に空母二隻〔瑞鶴と翔鶴〕が損傷を受けたために、その戦果を拡大することができなかった。

サンタ・クルーズ沖海戦に至る日本海軍の作戦行動は、ガ島上空の制空権を獲得するためにラバウルに根拠地を置く航空部隊が展開した熾烈な航空戦と、ヘンダーソン飛行場を攻略しようとする

＊　Ironbotton Sound の直訳。ガダルカナル攻防戦の期間に日米合わせて約五十隻の艦艇が沈んだため、海底が鉄で覆われているとの意味でサボ島とガダルカナル島の間の海峡に付けられた名称。

第二師団の総攻撃と連動したものであり、その意味では、三本の矢の一つに過ぎない。この三本の矢が目指したのは、飛行場を確保した上で艦載機を送り込み、南部ソロモン方面での戦況を挽回することにあったが、海上作戦と同様に、他の二つの矢も的を射ることはなかったのである。ヘンダーソン飛行場に対する日本軍の空爆は十月二十五日にピークを迎えたが、ガ島の米航空戦力を無力化するには至らず、ラバウル所在の航空部隊はその後五日間は何等の攻勢作戦も実施することができなかった。

日本陸軍はそれまで二度にわたる攻撃を飛行場にかけていた。一度目は、一個大隊規模の一木支隊が、米軍の兵力は二千名程度の弱兵であろうと安易に想定して、テナル川を越えて八月十九日から二十日にかけて砲兵火力の支援も無いままに攻撃をかけ、既に七日から九日にかけて上陸し終えていた一万名余りの海兵隊と衝突し壊滅したのである。二度目は、旅団規模の約六千名の川口支隊によるもので、米軍の橋頭堡に対して三方向から攻勢をかけた。一度目に較べれば作戦計画は綿密に練られたものであったが、前回と同様に攻撃を事前に察知した米軍は、兵力・火力と地の利の面での圧倒的優位を活かすことができ、一部の日本兵が海兵師団の司令部に突入することに成功はしたものの、それらの日本兵も全て射殺され、川口支隊は壊滅的敗北を喫したのである。その後、ガ島の日米両軍の兵力は十月中旬までに双方共に約二万二千と拮抗するようになったため、十月二十二日から二十六日にかけての第二師団による攻勢は、それまでの二度の戦いと較べれば、対等な兵力同士の会戦となり、日本軍はヘンダーソン飛行場周辺の最後の防衛拠点にまで到達することに成功するが、そこで攻勢は頓挫する。九月の二回目の攻勢の時にも明らかとなった問題であったが、日本軍は部隊相互間で攻撃のタイミングを合わせることができなかった。これは米軍の防衛線以遠の鬱蒼とした密林地帯では起きるべくして起きたことであり、このことが米軍が火力の優位と地の利を得ていたことと同程度に重要な要因となって、この第三次総攻撃でも日本軍は米軍の橋頭堡を潰すことができなかった。

一九四二年十月の第四週に、このように陸海空いずれでも一敗地に塗れた日本側は、南部ソロモン方面での米軍の抗戦能力を挫くため、戦艦をガ島沖に送り込み、十一月に新たな攻勢をかけるために第三十八師団を投入することを決定する。同方面での米軍の航空兵力が益々有利に戦いを進めていることに鑑みれば、どちらも大きな危険性を孕《はら》むものではあったが、それまで日本軍は米軍の制空権下にあっても、余り損害を受けずにガダルカナル島へ増援部隊・補給物資を送り込むことができ、サボ島沖海戦〔日本側名称は第一次ソロモン海戦〕以降の小規模な海戦でも米軍の水上艦隊の挑戦を退けていた。ところが、十月十一日から十二日にかけてのエスペランス岬沖海戦〔日本側名称はサボ島沖海戦〕では、米海軍の巡洋艦戦隊が日本の艦艇三隻を撃沈破して引き分けといった形の戦いを見せ、これまで明らかに日本側が米側に対して優位に立っていた夜戦においても、その優位が崩れつつあることを証明した。戦いが長期に及んで実戦での経験をつむにつれて米航空部隊が効果的に戦闘を進められるようになったのと同様に、米水上艦隊も八月から十月にかけての一連の蹉跌から夜戦の教訓・技能を学んでいたのである。このようにして、十一月に日本軍がルンガ・ポイントの沖合いに戦艦と巡洋艦を基幹とする艦隊を送り込もうとした頃までには、戦技と酸素魚雷に由来する日本側の優位と、優秀なレーダーと個々の艦艇の質の面で米側が有する利点とがほぼ打ち消し合う形となり、決定的とも言える同月十四日から十五日にかけての海戦では、この個々の艦艇の質が特にものを言ったのである。

ソロモン海域における海戦：一九四二年十一月

このような種々の決定や判断が重なり合って、ガ島の沖合いで十一月十二日から十五日にかけて一連の海戦が生起した。十二日から十三日にかけての夜間、日本艦隊は戦艦による艦砲射撃でヘンダーソン飛行場を無力化しようと試みたものの、米巡洋艦・駆逐艦との激しい戦闘に巻き込まれ、魚雷も使用できず戦艦の主砲が射角を下げて撃っても命中弾を与えられないような近接戦闘の挙句に、米軍が巡洋艦二隻と駆逐艦四隻を喪失したが、日本軍は戦艦一隻と駆逐艦二隻を失った上に、当初の目的を達成できないで終わる。この損害に怯《ひる》むことなく、日本側は翌日夜に米側から何の妨害も受けることなく飛行場を砲撃するが、払暁と共にこの砲撃に投入された日本の巡洋艦を基幹とする戦隊は、同飛行場とガダルカナル島南方を遊弋する米空母から発進した航空機によって手酷い打撃を受ける。同じ十一月十四日に、それらの陸上機や艦載機は、ショートランドから第三十八師団を乗せて南下中の輸送船十一隻にも襲いかかり、六隻を沈めて一隻を大破させる。同時に、日本軍が再び飛行場を砲撃しようとすることを予測した米軍は、自軍の橋頭堡を守るために戦艦二隻を投入することに決め、この結果、第二次大戦では数少ない戦艦同士の海戦が生起することとなった。この海戦で日本側は戦艦一隻と駆逐艦一隻を失い、米側は駆逐艦三隻が沈んだ。その間、ガダルカナルには日本の輸送船団の中で南下を続けていた残りの四隻が到着し、船体が破壊されても兵員と物資を陸揚げしようとの儚《はかな》い望みに自らを託して岸に乗り上げたが、払暁と共に米軍機が襲来して、その四隻に止めを刺した。結局、ショートランドを発った兵員一万の内ガダルカナルに到着できたのは二千名余りに過ぎず、弾薬・物資に至ってはほとんど届けられなかったので、十一月にヘンダーソン飛行場を攻略できる望みも潰えることとなった。

この十一月十二日から十五日にかけての海戦は、ガ島をめぐる戦いの帰趨を直接的な意味で決定付けたものである。もっとも、同島をめぐる戦いは、その後も二カ月半続き、その過程で起きた十一月三十日から十二月一日にかけてのタサファロング沖海戦（日本側名称はルンガ沖海戦）では、日本の水雷戦隊がサボ島沖海戦時に匹敵する大損害を米艦隊に与えることとなる。ただし、大破した米海軍の巡洋艦三隻が沈没を免れた分だけ敗北の度合は小さくなっていた。この折に日本側はガ島に兵力と補給物資を届けることはできたものの、十一月十二日から十五日にかけての海戦で被った損害は日本の統帥部にとっては受忍限度を超えるものであり、特に一日で七万五千トン相当の船舶を喪失したことは、南西太平洋方面に投入できる船腹量が七十五万トン規模であったことに照らしてみればなおさらであった。これらの船舶は、当面の作戦に使用するために一九四一年に徴用されたもので、日本国内での生産活動（そして国民生活）を維持する直近の要請上、徴用を解除していく必要があったからである。十一月中旬の敗北以降、日本海軍は、このような損害を被る作戦行動には耐えられないとの判断に至った。ヘンダーソン飛行場を制圧できる可能性が現実的には全くない中で、ソロモン方面での爾後の作戦行動に備えるべく、ガ島をめぐる出血を抑える必要に迫られたのである。そして、十二月十日に海軍は大本営に正式にガ島を放棄すべきことを申し入れ、第十七軍が現地の弱体化した師団を二月に増強することを欲していたにもかかわらず、この提案は十二月三十一日に正式に裁可される。そして、現実にも、第十七軍が巻き返せる見込みはなくなっていた。その理由の一端は、日本軍自らの失策に求められるが、米軍が十二月上旬に二個師団の増援を得て、ガ島の総兵力を四万の大台に乗せたことも大きな理由である。

そのような状況の中で、日本軍のガ島撤退作戦は見事なまでの手際のよさで行われる。一月十四日から二月八日まで行われた「ケ号作戦」では、駆逐艦一隻を失っただけで一万六百五十二名の将兵を撤収させ、米軍が同島に生存する日本兵がもはやいないことに気付いたのは、二月九日の午後になってからであった。ガ島及びその周辺の空と海で米軍が優位に立っていたのが明らかであったことに鑑みれば、ケ号作戦が成功裏に完了したことは、米軍にとってはガ島作戦の有終の美を飾れなかったという点で、失望に値することであったろう。それでも、全体としてみれば南部ソロモン方面での戦いで米軍が決定的勝利を収めたという事実に変わりはなかった。ガ島を完全に制圧するまでに米軍が払った代償が千六百名の人命と艦艇二十四隻であったのに対し、日本軍が被った損失は、将兵二万一千七百名余りに加え、海上で失われた実数不詳の将兵、および艦艇十八隻であった。艦艇の損失数では、日本軍の方が連合軍に較べて少なかったものの、日本側にとっては、航空戦力の損失が大きな痛手となった。海軍航空隊の搭乗員の総勢が四千名を下回っていた当時、ガダルカナルをめぐる戦いを通しての日本側の損失は、基地航空部隊と空母部隊の航空機に水上機を合わせた総数が八百九十三機に及び、二千三百六十二名の搭乗員が失われていた。だが、それ以上に深刻だったのは、戦いが進むにつれて日本海軍が米海軍に対して有していた優越感を失っていったことである。米海軍は、珊瑚海海戦以来、自信回復の道を歩んでおり、十一月十二日から十五日にかけての一連の海戦は、それを完結させるものであった。タサファロング沖での蹉跌はあったものの、十一月十五日以降の米海軍は、日本海軍を手玉に取ることができると意識するようになり、この傾向は空母艦隊で特に顕著に見られた。日米双方がこのことを実感するまでには、それからさらに九カ月を要したが、その頃には米空母機動部隊は、ソロモンの海で決定的ながらも際どい勝利を収めていた艦隊から変貌を遂げていた。要するに、ガダルカナルにおいて米国は、同島をめぐる戦いでの勝利だけではなく、爾後の太平洋での作戦、ひいては同方面全域での勝利を確実にするだけの優位を得たのである。

東部戦線：一九四二年

一九四二年に米国が日本に対して収めた勝利は太平洋における戦いの帰趨を決する上で決定的要因とはなったが、米国自身の言葉を借りるならば、太平洋戦域は重要性という点では第二次大戦では副次的戦域に過ぎず、ドイツが同じ年に勝利を収めていたとしたら、太平洋での勝利もその意義の大半が失われることとなる。そしてヒトラー自身は、敵に回してしまった勢力がその力を合わせてドイツを敗北に追い込むような事態を避けるためには、この年に勝つ必要があることを認識していた。ドイツとしては、確実に敗れると分かっている消耗戦に引き込まれないためには、一九四二年の内にソ連を文字通り破滅に追い込むか、同国が生き延びたとしても取るに足らない勢力となるまでに、その領土と人的資源を奪ってスターリン政権を軍事的に追い詰めることが必要であった。それ故に、ヨーロッパ戦域に限らず戦争全体の帰趨は一九四二年の東部戦線の戦況にかかっていたのである。この年の東部戦線で独軍は、当初は頽勢に追い込まれたものの、春から夏にかけて一連の勝利を収め、決定的とも言えるような戦果を挙げる寸前にまで至るが、その次に待っていたのは大敗北であった。

独ソ双方が前年の最後の二カ月間に下した決定が一九四二年の東部戦線の事態の推移に影響を与えることとなったが、今一つの大きな要因は、ソ連が一九四一年から四二年にかけての冬季に戦略的勝利を収めることができず、その期間に自らが得た戦いの主導権を春から夏にかけて保持し続けることができなかったことである。この失策の原因は、一九四一年にソ連が下したさらなる一つの決定にあった。それは、東部戦線のほぼ全域にわたって総攻撃をかけるというもので、スターリンが一九四一年十二月に下して、スタフカが翌年一月五日に形式的に追認したものである。ソ連軍がレニングラードの包囲を解くことや、モスクワの前面から独軍を後退させることに益々困難を覚えていた時期に、スターリンの出したこの命令は、東部戦線の独軍の三つの軍集団全ての壊滅をめざして攻勢をかけようというものであった。一九四一年十二月の時点では中央軍集団を目に見える形で敗退させることが追求すべき現実的な目標であり、十分な兵力もないまま各方面で一連の攻勢を実施することにこだわったスターリンの構想は、ソ連軍の力を分散させることとなり、戦線全体で戦略的蹉跌を来たすことを確実にした。

この時のソ連軍の攻勢は二種類に分類できる。一九四二年二月までに概ね潰えることとなる一連の攻勢作戦が一つ目。二つ目は、同年四月と五月に行われたもので、北方ではフィンランド軍と独軍相手に、南方ではハリコフ近辺で実施され、南方での作戦は壊滅的な敗北に終わる。東部戦線の南北両端で仕掛けられた二つ目の攻勢は、時期的には一つ目から四カ月程後に行われたものだが、一つ目の一連の攻勢作戦とは異なり、局地的勝利を得ることのみをめざして行われた点が際立つので、まず、これらについて考察する。

南北どちらにおいても、ソ連軍が攻勢を開始した時の気象条件は苛酷なものであった。北方では北極圏の厳冬の時期であったし、南方のソ連軍によるケルチ半島への最初の上陸作戦は、氷点下二十度の気温の下、猛吹雪を冒して敢行された。そして、どちらも当初限定的な戦果を挙げたものの、即座に反撃に遭い、大損害を被って頓挫する。相違点として挙げられるのは、ケルチ半島では、最初の攻勢が蹉跌したのを受けてソ連軍が作戦規模を拡大して最終的に被ることとなる敗北の規模を倍加したのに対し、北方では、最初の攻勢で当初の目的を達成できなかった後は攻勢を継続することに拘泥せず、四月の攻勢発起時とほぼ同じ位置で守勢に転じた点である。

クリミア地域を解放してセヴァストポール要塞の包囲を解こうとするソ連軍は、ケルチとフェオドシヤ近辺所在の第四十四軍と第五十五軍から四万余りの兵力を抽出して、十二月二十六日から二十七日にかけて上陸作戦を敢行する。ソ連軍の当面の目的は、ペレコープを攻略して独第十一軍の背後を遮断し、クリミア半島への入口を扼《やく》することにあった。しかし、最初の上陸作戦では独第十一軍の第四十六、第七十三、第百七十歩兵師団に対する包囲の輪を完成させることに失敗し、その結果、それらの師団は独第八騎兵旅団と共に一月二日までにケルチ半島の頸部を押さえることに成功する。それでも、ソ連軍が上陸作戦を敢行したことで、独第十一軍はセヴァストポール要塞を強襲して攻略することを断念し、その代わりに十五日にソ連軍の橋頭堡に攻撃をかける。ソ連軍は、その橋頭堡を持ち堪えたものの、これによってソ連軍統帥部は、ケルチの自軍の拠点を強化するために当初の攻勢計画を見直すことを余儀なくされた。ソ連軍は、自軍の橋頭堡に睨みを利かせる独軍の拠点に対して二月二十七日、三月二十六日、四月九日と連続して攻撃を敢行するが、防諜体制の不備と悪天候が祟り、さらに、戦術上防禦側の強みが発揮される縦深陣地に対する攻撃を、思い描くような進撃路に沿って行う地理上の余裕がなかったために部隊間で攻撃を適切に連動させることができず、攻勢は頓挫した。その度にソ連軍の攻勢の勢いは弱まっていったが、同地のソ連軍兵力自体は増強され続け、五月上旬までに三つの軍から抽出されてケルチ半島に集結された兵力の総計は、二十一個師団余りに達していた。

だが、この頃までにクリミア戦線でのソ連軍の敗勢は止めようもないものとなっており、セヴァストポール要塞の攻囲を解くこともままならなくなっていた。五月八日に独第十一軍はケルチ半島のソ連軍橋頭堡に対して十個師団を投入してフェオドシヤを制圧すると、十五日にはケルチ半島全体を掌握し、同半島でのソ連軍の抵抗は二十一日に終息する。このようにして半島方面の戦いから解放された独第十一軍は六月二日にセヴァストポールへの準備砲撃を開始して、六日に攻勢を開始する。十三日にはセヴァストポールの市街に突入して、ソ連軍は同要塞からの撤退を開始した。そして、撤退が七月三日に完了すると共に抵抗も止み、セヴァストポールへの二百五十日間にわたる攻囲戦は終わりを告げた。

一方、北方での戦いは一カ月も経たぬ内に決着がつき、その後断続的に戦闘が続いたものの、それもクリミアの戦いが終結する六週間前には終息した。四月二十四日にソ連第二十六軍の三個師団がケステニガ付近のフィンランド第三軍団に攻撃をかけ、三日後にはソ連第十四軍がリッツァ川の下流地域で二個師団を渡河させる。だが、第十四軍の戦線ではこの冬一番のブリザードに見舞われて四月末には攻勢が頓挫した。第二十六軍は二個師団を追加投入してケステニガまで二マイルの地点にまで迫り、フィンランド第三軍団を包囲するに至ったが、五月上旬には決定的な敗北を喫する。その理由は、ケステニガ北方の沼沢地でのソ連軍の兵力投入が逐次的に行われたために、枢軸軍がその攻勢を五月六日には食い止め、十五日には独軍とフィンランド軍が攻勢に転じたことに求められる。それでも、独軍がソ連軍第二百六十三狙撃師団をロウヒに至る幹線道路沿いでの正面攻撃によって撃破したのは五月二十一日になってからであり、フィンランド軍が独軍の前進を支援するのに消極的だったために、この方面での戦闘は二十三日には終息する。リッツァ川方面では、独軍が反撃を開始する以前にソ連軍が五月十四日になって自ら撤退し始めたため、独ノルウェー山岳軍団が以前占拠していた地区を戦うことなく回復していたが、その後は雪解けのために作戦行動が掣肘されることとなった。

ケステニガとリッツァ川周辺での戦闘全体を通じてソ連軍が被った損害は戦死者三万余りに上った可能性があるが、リッツァ方面に五個師団が、ロウヒ周辺に三個師団が踏み止まったことに加え、この北部戦線での戦いは、ソ連軍統帥部（そして連合国全般）に、クリミア作戦では顕著なまでに得られなかった見返りをもたらした。ソ連軍は五月だけでもケルチ半島で十七万六千名の兵員を失い、セヴァストポールでの損失も十一万に達していたが、その犠牲の果てに得たのは、独軍統帥部が第十一軍の全兵力をクリミア地方以外に展開するのを八月まで阻止したことに過ぎなかった。これに対して北部戦線では、四月と五月におけるフィンランド軍と独軍との戦死者数こそ五千七百名余りであったものの、本当の意味での損失は、戦闘終結後にヒトラーがノルウェー北部に、同地域の戦略的重要性とは不釣合いなほどの増援兵力を送り込んだことで発生することとなる。ソ連がこの方面で攻勢に出たことに加え、英軍がこの地域の攻略を目論んでいるとヒトラーが信じ込んだために、戦局の帰趨を決定付ける戦域には何の影響も与えないノルウェー北部に独軍が一九四二年の暮までに拘束されることになった兵力は十七万二千にも及んだのである。

ソ連軍の成功の限界

一九四二年冬に北はバルト海から南はアゾフ海に至るまでの地域で開始するようスターリンが命じた総攻撃は、三つの目的を有するものであった。第一に、レニングラードの攻囲を解き、ヴォルホフとラヴァートの独軍の拠点を突破して北方軍集団の包囲・殲滅を図ること、第二に、十二月に開始した中央軍集団に対する攻勢を拡大・強化すること、第三に、オリョールとクルスク及びハリコフ周辺で攻勢をかけて南方軍集団の左翼に穴をあけることであった。ちなみに、同年五月に開始されて失敗に終わることとなるハリコフでのソ連軍の攻勢は、この一月の攻勢の過程で生じた同市南方の突出部からかけられることとなる。これらの攻勢作戦は三カ月にわたって続けられ、その経緯・結果は、スタラヤ・ルーサ、デミャンスク、ホルム、ルジェフ、ヴャジマなどの戦いを始めとして詳述する必要がないほどよく知られているので、ソ連軍の猛攻撃に直面しても独軍がそれら諸点を保持し続けて一月の第三週には早くも十分な兵力で反撃に転じたこと、そして、その事実に鑑みれば、それらの攻勢作戦を命じる際の前提としてスターリンが有していた判断に欠陥があったのは明らかであることを指摘するに留める。

スターリンの一九四二年の冬季攻勢計画は、戦線全面で攻勢をかければ、モスクワ攻略に失敗して士気が阻喪し、冬の気候とソ連軍の反撃に直面して退却しつつある独軍を完全に壊走させることができるという判断に基づいて練られたものであった。この想定には十分な根拠が認められる一方、ソ連軍がモスクワ前面で戦勢を挽回したように、独軍も同じことをソ連軍に対してできる可能性を念頭に置いていなかった。この点は一九四二年の第一・四半期での東部戦線の動向を検討する出発点となるものである。これに留意した上で、同時期のソ連軍の攻勢については、三つの事実を記録しておく必要がある。第一に、明々白々なことではあったが、東部戦線の独軍を粉砕することが不可能であった一方、中央軍集団はモスクワから五十マイルから二百マイル離れた地点にまで退くことを余儀なくされ、独軍が再びモスクワへの直接攻撃を試みることなどなかったこと。第二に、一九四一年の十二月の反攻作戦と翌一九四二年の全面攻勢を行ったソ連軍は、東部戦線の全域で兵力・戦車数において劣勢で、作戦の主要地域でようやく兵力が拮抗しているに過ぎないような状態にあったこと。実際、ソ連の歴史で重要な意味を持つ戦いの大半は、ソ連軍が敵に対して物量面で明白な優位に立っていない中で行われたものである。第三に、これは驚くべきことであるかもしれないが、一九四二年の冬に独軍が被った損害は、東部戦線の最初の半年間で被った損害と比較して格段に少なかったこと。独軍自身の集計に拠れば、バルバロッサ作戦で一九四一年中に記録した戦死・戦傷・行方不明者の合計が八十三万四百三名であったのに対し、一九四二年の一月一日から四月二十日までの期間では二十七万七千四百二十七名となっている。これを一日平均で見てみると、一九四一年が四千三百四名であったのと比較して、一九四二年の最初の十六週間では二千八百九十三名であった。東部戦線に展開していた独軍師団の兵力が一九四二年に入った時点で定員を四十％下回っていたと仮定するならば、冬季の作戦で独軍が被った損害は、一九四一年の攻勢期に受けた損害と比較しても甚大なものではなかったのである。

ソ連軍がモスクワ前面で収めた戦果は、主に三つの要因に拠るものであった。第一に、中央軍集団に対する反撃が同軍集団の進撃の勢いが尽きた正にその時に絶妙の時機で行われたこと、第二に、ソ連軍将兵が独軍将兵と較べて、零下三十度という気温への適応能力という点で優れていたこと、第三に、ソ連軍統帥部がドイツ側の諜報網に感知されることなく、完全に装備・準備の整った三個軍を反攻作戦のためにモスクワの前面に配置させることができたことである。ソ連軍が一九四一年十二月に成功を収めるのに決定的だったのは、この奇襲的要素であったが、一九四二年が明けると共に奇襲的効果は失われた。このような因子は、長期にわたる攻勢作戦を支えるのに必要となる適正な兵力・装備・火力や兵站・輸送能力を補うに足る有効な代替手段ではなかったのである。そして、実態は、一九四二年一月の最初の攻勢においてさえも、各所の戦線では燃料にこと欠いていたり一日分の食糧しかなかったりした中で攻勢を開始した部隊があり、野砲・対戦車砲の砲弾が全くないのに攻勢を始めたという事例もあった。一月攻勢がこのように付け焼刃的に実施されたために、多くの戦線では敵の防衛線を突破するための第二波の部隊を編成することができず、たとえそのような部隊があって独軍の前線を突破できたとしても、独軍の大部隊を包囲するには十分なまでに後方地域への縦深的進攻を行えるような戦闘・機動・走破力を欠いていたのである。一九四二年一月当時のソ連軍機甲部隊の基本単位は旅団で、一個旅団は二個連隊によって、一個連隊は二個大隊によって構成され、一個大隊の戦車保有充足数は二十輛となっていた。これらの部隊構成は、ソ連軍の指揮官が戦場で効果的な部隊運用をする上で最大限のものではあったものの、一九四二年初頭の段階でソ連軍機甲部隊が攻勢に出たり戦果を効果的に拡大したりする上では、余りに規模が小さく、旅団数も十分ではなかった。

機甲兵力も輸送手段も十分でない中で行われたソ連軍の攻勢は、長大な戦線において十全な突破口を穿ったり、縦深突破を敢行したりすることができず、ここに冬季作戦の基本的パターンが浮き彫りになる。即ち、独軍がルジェフ、そしてルジェフとシチェフカとヴャジマを結ぶ鉄道線をはじめとする要点を確保する中で、両軍の突出部が交互に現出し、双方が包囲を試みたり相手方の包囲を免れようとしたりするのである。二月にルジェフの独第九軍を北方と西方から包囲しようとしたソ連第二十九軍と第三十九軍自身が部分的に包囲されたり、ソ連第三十三軍が東方からヴャジマに進出しようとした際に同様な憂き目に遭ったりといった事例がそれに相当し、スタラヤ・ルーサ、デミャンスク、ホルム近辺でも、双方が相手側の反撃に直面して自軍の交通路を確保しようとして同様なパターンが繰り返されている。独軍が上記三つの拠点を確保できたのは空軍による空輸に負うところが大きかったが、その代償も大きく、デミャンスクの歩兵第二軍団が持ちこたえるために失われたJu52輸送機の機数は半年間かけなければ補塡できない程にまで上った。

このように冬季作戦のソ連軍の攻勢能力に限界があったため、当初ソ連側が有していた奇襲的要素がなくなっていき、それにつれて独軍は戦術上有利な立場に立つようになった。この傾向は三月、四月と日照時間が長くなるにつれて顕著になっていく。レニングラード戦域では三月から四月にかけて、ヴォルホフ西方のリュバニ近辺での地歩を維持しようと三カ月間奮闘していたソ連第二打撃軍が崩壊し、ソ連第七軍がフィンランド軍をスヴィリ川から撃退しようとした試みも四月には完全な失敗に終わった。デミャンスク近辺では、包囲戦を試みて疲弊しきったソ連軍部隊を独北方軍集団が捕捉・撃滅して戦線を整理することができ、モスクワ前面では冬の終わりと共に両軍がヴャジマ周辺での拠点を確立していたが、それまでに独中央軍集団も、冬季間に前線の背後でパルチザンやソ連軍の空挺部隊や本隊から切り離された部隊が作り出していた解放地域を根絶させていた。ただし、ハリコフ地域では三月になってソ連軍が春季攻勢をかけることを決定していた。ソ連軍は春の間は防勢に回るべきと、この時期にあっては珍しくも現実的な判断をスターリンが下していたことに鑑みれば、この決定は異様なものであったが、独軍の主攻勢が中央軍集団によって行われると予測した上で防勢に立つ一方、南方軍集団の正面では大攻勢に出るといった相矛盾する決定は、スターリンが冬季作戦を立案・実行する上で珍しいことではなかった。モスクワ前面のカリーニンや西部戦域では、他の戦域に兵力が転用されたにもかかわらず、それらの兵力が存在したとしても攻略できないような目標の攻略を求められたことがしばしばであった。ソ連軍の作戦実施の方法に指揮・戦術上の明らかな過誤があったことを割り引いたとしても、このように部隊展開・作戦計画上の変更が行われ、加えて諸方面で戦果を上げたり複数の目標を攻略することにスターリンがこだわっていたことによって、ソ連軍の冬季攻勢は整合性・継続性・実効性を欠くものとなり、その効果も限定的だったのである。

ハリコフ攻勢

一九四二年五月に行われたハリコフにおけるソ連軍の攻勢は、当時のスターリンの災厄的とも言うべき作戦指導とは別の諸側面を顕わにしたものであった。特に際立っていたのが、失敗することを示す要因に事欠かなかったにもかかわらず攻勢をかけることにこだわったことである。ハリコフ攻勢に至っては、失敗どころか敗退することが火を見るよりも明らかであったが行われた。ハリコフ攻勢では、それ以前に行われた攻勢で犯された明白な失策のいくつかは、計画・準備の段階で芽を摘むことができたものの、それに代わる新たな失策が犯された。その最たるものが、冬季作戦の折とは対照的に攻勢が狭隘に過ぎる戦線に集中され、地上でも上空でも側面支援をする兵力を欠いていたことである。この攻勢は、五個軍六十四万の兵力が戦車千二百輛と火砲一万三千門を以てソ連第四の都市の奪回を目論むというもので、過大な目的を達しようとしたものではなかったが、五月十二日の作戦発起当初から蹉跌を来たすこととなる。ソ連側の記録によれば、攻勢開始時に砲兵部隊の三分の二は敵軍を射程に収める位置に着いておらず、第一線部隊の半分が攻勢発起地点の少なくとも十マイル後方にあったのである。

イジューム突出部周辺の独軍陣地を破砕する作戦は損害が多い上に遅々として進まず、戦線に穿った突破口に第二波の部隊が投入されたのは五月十七日になってからで時既に遅く、南西部の戦線が崩壊するのを防ぐことにも役立たなかった。同じ日に独軍では、第一装甲軍と第十七軍を指揮下に置くクライスト軍集団がクラマトルスクとクラスノアルメイスコエ周辺でイジューム突出部の左翼を突く一方、ハリコフ方面を守備する独第六軍が、ソ連第二十八軍の北方からの動きとイジューム突出部からのソ連第六軍の動きを食い止めたからである。ソ連第九軍が崩壊した後もスターリンは攻勢の継続を主張し、それらの軍が独軍の包囲の輪から脱出することを許可したのは五月十九日になってからであった。五月二十三日にはクライストの装甲部隊がバラクレヤ近辺で第六軍と合流してイジューム突出部は消失し、ベルゴロド南方のオスコル川西岸地域の大部分の掃討が二十六日までに完了した。ハリコフ地域でのソ連軍の抵抗は五月二十九日には止むこととなる。独国防軍の発表では、同地域で得た捕虜は二十四万人に上り、撃破した部隊は狙撃師団二十個と機甲旅団十四個に及び、これによって独軍はウクライナ東部での戦いの主導権を掌握し、ソ連軍に対して数的優位を確保した。[6]

ハリコフ攻勢以前のソ連軍の敗北は、概ね作戦の立案と実行の不手際に帰せられるものだが、一九四二年五月のウクライナでの失策をもたらした単一かつ最重要の要因は、ソ連軍の攻勢を予期していた南西方面の独軍に対してソ連軍が数的優位を保持しておらず、部隊を適正に展開する時間的余裕も有していなかったことにある。ドネツ川下流地域の独軍陣地全体を俯瞰する位置にあるイジューム突出部を独軍が春季に消滅させせようとするのは明らかであり、それだけで独軍の大部隊がハリコフ周辺に集結される十分な理由となるものであった。しかしながら現実には、同地域に独軍兵力が集中されたのは戦術上の配慮に因るものではなく、一九四一年十一月に下された決定に基づくもので、ソ連側でスターリンが同年十二月とその後の冬季作戦で下した決定と共に、一九四二年の東部戦線での戦いの成り行きを定めるものであった。このヒトラーの決定は、台風作戦を断念する一カ月前に出され、一九四二年の東部戦線での攻勢はソ連南部に指向されるというものであった。

このヒトラーの決定は経済上の考察に由来する。バルバロッサ作戦開始以前からヒトラーが明らかにし、ＯＫＨが異議も唱えずに受け入れた原則は、戦争が三、四年目に入った時点で独軍の食糧を賄うのはウクライナで、そのためにソ連の一般市民が何百万人餓死しようとも独軍統帥部にとっては重大事ではなかった。そして、一九四一年から翌年にかけての冬季にヒトラーは、ウクライナとロシア南部の資源なくしてはドイツが長期化する戦争を遂行することができないと見込み、来たるべき年の主要な目標をドネツ平原の鉱物資源とコーカサスの石油に定めたのである。一九四二年春に固まったこの決定こそが、五月にハリコフ周辺で独軍に勝利をもたらし、次いでスターリングラード～ウッタ～モズドク～アラギル～ノヴォロシースクを結ぶ線での戦いを引き起こして、同年十

原註６　ケルチとハリコフの戦いにおけるソ連軍捕虜は四十一万余りに及び、戦線全てでソ連軍が失った兵力は五月だけで六十万に達しているので、五月攻勢の敗北は前年のキエフ及びヴャジマでの敗退に匹敵するものであったと言える。

一月から翌年三月にかけてのソ連南方地域一帯での独軍の全面的敗北へと繋がっていくものである。

この時期の出来事の記述は、当然のことながら、独軍の夏季攻勢の成り行きに焦点をあてており、よく知られている四月五日と七月二十三日にヒトラーが発した指令第四十一号と第四十五号との間の一貫性のなさに照らして出来事を解釈するのが全般的傾向となっている。この二つの指令は独軍がこの年の作戦行動を進める上での指針となったもので、作戦目的の優先順位や指揮統制に宿命的とも言える混乱をもたらしたという点で、この年に独軍がソ連南部で蒙った敗北の理由を相当程度説明するものである。だが、この時期に独軍の作戦指導が混乱を来たしたのは、これよりもはるかに重要な複数の因子が作用していたためであり、それらは一九四二年の東部戦線で独軍が敗北を喫する全般的状況をもたらしたのみならず、当時起きていた戦力上の均衡状態の変容をもたらし、これが大戦自体にドイツが敗退していく理由ともなっていく。正に、このような諸要因故に、表面上五月から八月にかけて戦果を上げていたにもかかわらず、独軍はこの年の夏季攻勢では、ヒトラーが望み、求め、必要としていた勝利を手中に収められないような立場に追い込まれていたのである。

ドイツの戦略判断：一九四二年

一九四一年十二月以降に独軍が犯した失策の文脈・理由を考える上で考慮すべき事項が四つある。議論の余地はあろうが、その中で最も重要なのは、ヒトラー自身の人格、そして、この月にヒトラーが陸軍を直接統帥するようになってから翌年の冬季作戦を通じて自身が得た経験を基に統帥系統と機構に及ぼした変化である。冬季作戦を通じて、作戦指導にあたる将官連に対するヒトラーの不信と侮蔑の念は強まる一方であり、このために「政治的反動性向を持つ」陸軍の影響力を矯《た》めて軍事事項での自身の決定権限を確保すべくヒトラーが作り上げた軍指導組織の機構上の脆弱性が増幅されることとなる。具体的には、一九四一年十二月にヒトラーが国家元首及び行政・司法・党・軍・陸軍の長としての権能を併せ持つこととなり、その際、ヒトラーが、その任に堪え得るような部下に権限を委譲するまでには部下を信頼することができず、政策の立案・実行・監視にあたり国家機構の諸側面を調整するための内閣機構のようなものも設けなかったために、ヒトラーによるドイツの戦争指導は時が経つと共に恣意的で一貫性を欠く色彩を強めていったことである。このような上層指導部内で機構運営上の混乱を来たした事例の最たるものは、ＯＫＷとＯＫＨとの間の権限の分割と重複の問題である。もっとも、一九四二年春季以降、ＯＫＨは実際問題として戦争の戦略指導からは除外されており、著名な歴史家の言を借りれば「最早存在しない」も同然であった。つまり、この年の春以降、ＯＫＨは東部戦線での作戦行動に関わるヒトラーの指令を実行する任を負う執行機関に過ぎなくなり、ヒトラーが野戦指揮官と直接連絡を取るようになると迂回されることが多くなっていく。部隊の編成やその戦闘能力の維持といった事項は陸軍幕僚の管轄事項として残されたが、戦線の大半でそれらの部隊はＯＫＷの指揮下に置かれ、さらに、至る所で私兵とも形容すべき部隊が編成されて、軍の統一性が失われていった。例を挙げれば、一九四三年六月までに空軍が展開した地上兵力は二十四個師団にも上り、同年末までに武装親衛隊の師団も十七個を数えていた。この十七個師団という数字は、一九四四年当時に国防軍内に存在した独立師団の数十八個に匹敵するものである。また、空軍と海軍の部隊は、ＯＫＷの作戦担当地域であったとしても、各々の最高司令官の指揮を受け、陸海空三軍間の連絡はヒトラー自身の許においてのみなされたのである。

これらに劣らず深刻な問題となっていたのは、投資・調達・人的資源・研究開発などの分野で産業上の生産能力を軍の要求を満たすための長期計画が皆無であったことで、経済相や原材料及び外国為替担当国家弁務官を務めたゲーリングの経済統制は破滅的なまでにお粗末であった。ドイツの戦時経済では、個人的忠誠心や好戦度を基にした縁故主義と個人プレーが蔓延しており、占領下のヨーロッパからの容赦なき収奪によってのみ独軍はこの時期に戦い続けることができたのである。だが、収奪にも限度があり、一九四二年以前にも、そのような限度の皺寄せが独軍でも顕在化するようになってくる。例えば、一九四一年六月にソ連に侵攻していった独軍師団の四十％余りは仏軍からの鹵獲品で装備しており、この年に東部戦線で独軍が使用した車輛の車種は合計二千種という驚くべき数に及んでいる。装備の補充や標準化は一九四二年を迎えるまでに喫緊の課題となっていたが、ドイツの経済事情を鑑みれば不可能な相談であった。一九四三年に至るまで英国が、人口がドイツの半分で生産能力がドイツの半分未満であったにもかかわらず、航空機・戦車・火砲・船舶の生産量でドイツを凌駕していたという事実こそが、ヒトラーの経済指導――もしくは無指導――を最も雄弁に物語っている。

独空軍の実態

このような拙劣な経済運営が理由の一端となって、東部戦線の独地上軍と航空兵力は、一年前と比較して戦力が向上しないまま一九四二年の夏季攻勢を開始することとなったが、この戦力不足というドイツの敗北を決定付けた二つ目の要因は、ヒトラーの戦略上の誤判断に帰すことが妥当である。一九四一年に計画通りの完全な勝利をソ連に対して収めることができなかったために独空軍と陸軍は、東部戦線と他の戦線での作戦任務が拡大する中で、それに対応するための戦力増強を図る手段と時間を欠くこととなったからである。これが及ぼした影響は空軍と陸軍とでは異なったが、ドイツが戦争を遂行する上で空軍が有していた死活的重要性を考えると、陸軍の弱点より重要なものであったと考えられる。一九四一年を通じて独空軍が撃墜したソ連軍機は恐らく七千機余りに上るが、それでも、その年の終わりまでに東部戦線の多くの空域で優位を確保することができずに終わる。これは、この年の十二月の時点で戦闘機の生産量でソ連は三対一の割合でドイツを凌駕していたこと、そして、当然の帰結として、東部戦線以外でも作戦を展開していた独空軍には、相手方の戦力・技術力と壊滅的打撃から回復できる能力を救いようがないほどに過小評価していたこともあって、ソ連空軍に対して優位に立てる望みなど全く無かったことによる。実際問題として、独空軍が戦闘に投入できた航空機は、一九四〇年三月には三千六百九十二機であったのが、一九四一年六月には三千四百五十一機となり、一九四二年春季には二千八百七十二機となっており、同時期に空軍はより深刻な問題に直面していた。第一に、制空権を確保するための戦いには地上部隊への支援活動とは異なった長期間にわたる重点的作戦行動が必要であることを空軍指導部が理解しなかったこと、第二に、東部戦線の個々の空域で局地的かつ一時的な優位を確保する以上の成果を挙げるのに十分なペースで航空機が生産されなかったことである。換言すれば、一九四二年当時の独空軍は、東部戦線のような広範な戦域で作戦を継続できるような戦力を有しておらず、当時ドイツが必要としていたような空軍になっていなかったということである。電撃戦を支援する形で空軍を組織するという戦前の決定のために、独空軍は英国や米国、そして規模としては甚だ小さいながらもソ連が育成したような総合的空軍として再編成することができなくなっていた。一九四二年の時点で独空軍は、搭乗員の質や組織・整備といった面でソ連空軍に対して優位を保ってはいたものの、その優位の程は小さなもので徐々に失われていき、同時に、ヨーロッパ北西部や地中海方面での作戦上の要請から、その戦力は深刻なまでに減殺されていくのである。

独陸軍の実態

独陸軍は一九四二年の夏季作戦を開始するに際し、空軍が直面していたのと同様な理由で類似の問題に直面していた。空軍と同じように陸軍には春季になるとフランスと低地諸国での任務が加わり、同地域のD軍集団が東部戦線の部隊と人的資源の奪い合いをすることとなったが、やはり空軍の場合と同様に陸軍が抱えていた問題の淵源は、現実には逃してしまった東部戦線での勝利を前提としてヒトラーが下した決断にあった。具体的には、一九四一年五月に予備軍の訓練可能人員枠と補充可能人員枠をポーランド侵攻以前に設定した水準から引き上げることを裁可しなかったこと、同年七月十四日に戦車を除く全ての軍需品の生産量を削減するよう命じたことである。これらの決定を夏季攻勢に間に合わせるように覆すことはできず、ＯＫＨがその年の中頃に弾き出した推算では、弾薬不足によって夏の間に攻勢作戦が頓挫しかねなくなっていた。

物資以外の面で不足を満たすのはより一層困難であった。独軍は一九四一年に保有していた五十万頭の馬匹の半数を喪失した。一九四二年の夏季攻勢が開始された時点で保有していた師団数は、一年前のソ連侵攻時とほぼ同数の百七十九個であったものの、兵員数では充足定員を総計で六十二万五千名下回っていた。人員充足の優先順位において海軍・空軍と武装親衛隊の下位に置かれていた陸軍がその兵員の不足分を補える見込みはなく、資源・資材が優先的に武器・装備の充実に回される中で、陸軍の兵員不足の皺寄せは益々歩兵にかかってくることとなり、その結果、独陸軍の歩兵はバルバロッサ作戦の開始時と較べて質量共に弱体化していたのである。加えて、一九四二年当時の独陸軍は以前と比較して積極性を欠いており、その指導部はヒトラーが冬季間に実施した改編措置によって機能不全状態に陥っていた。一九四一年十二月に陸軍の統帥権を掌握してから三週間の間にヒトラーは三十五人の高級将官を罷免したが、対象となったのは全て軍団長以上の者であった。この大規模な首切りによって東部戦線の軍集団長三人が全て交代させられ、その結果、一九四二年の冬以降、東部戦線の指揮官の中で総統の影響力とその命令の威力を肝に銘じない者はいなくなった。このことと同程度に悪影響を及ぼしたのは、一九四二年にＯＫＨが骨抜きにされる過程で陸軍の人事機構がＯＫＷに移管されたことである。これによって任官・昇進はヒトラーの意のままとなり、この権限を利用することによってヒトラーは自分の盲従者を作り出したり、自分の崇拝者やおべっか使いを好んで登用し、一九四二年九月には陸軍の参謀総長に大将ではなく少将を任命して独陸軍の階層秩序全体を揺るがしたのである。これは、未だに威光を放っていたこの地位に自分の言いなりになり易く自分にべったりの人物を任命して、自分の意に沿わないＯＫＨ内の分子を排除しようとしたものだが、現実には、この新任のクルト・ツァイツラー参謀総長は前任者のハルダーと変わらない一徹者であることがすぐに明らかとなってヒトラーの思惑通りにはならず、この参謀総長は前任者と同様に、精励したにもかかわらず蚊帳の外に置かれるようになる。

ドイツの同盟諸国の実態

ドイツが敗退した文脈と理由にかかわる三つ目と四つ目の要因は、実際は同一の事象が異なった別々の形を取って顕在化したものであるが、別個の重要性を有するものであるため各々単一要因として扱うに相応《ふさわ》しい。その二つの内の第一は、ドイツの同盟国が短期的にも長期的にもドイツが戦争を遂行するに際して効果的な軍事上の支援を行えるだけの国力を欠いており、実際にはドイツの支援を必要とする負担になっていたことである。もっとも、東部戦線に兵力を送っていた六カ国の内五カ国までが一九四二年にはこの方面への派出兵力規模を維持または増強して、独軍の兵力不足が最も甚だしい状況を救っていたのも事実である。例外的に足手まといにならなかったのがフィンランドで、対ソ戦が短期間に終わると見込んで一九四一年に全人口の六分の一を召集して十八個師団を編成する。だが、八月にソ連からの和平の申入れを蹴り、迅速な勝利が得られる見込みがなくなると共に、経済上の理由から徴集した兵員動員を解除していき、一九四二年六月の時点で数字の上では四個師団を削減していたが、兵員数で見れば、実際の削減幅はそれよりもさらに二、三個師団分を上乗せした規模となっていたと推定される。

一九四二年にレニングラードとムルマンスク鉄道への攻勢を企図していたドイツとしては、その作戦の実施に際してフィンランドの協力が欠かせなかったので、フィンランドが戦争への関与の度合を縮減したことは極めて重大な問題となっていた。さらに、フィンランドと同盟しての戦いでヒトラーは、同盟国と協同して戦争する際の利点をほとんど享受しないままに戦いに臨まざるを得なくなっていた。フィンランドがドイツと正式な同盟条約を結ぶのを拒んだこと、カレリア地域に展開する部隊についてはフィンランド軍が独自の指揮統制権限を保持したこと、フィンランドの国土に独軍が駐留し続ける義務を負ったこと、そして決定的に重要な要因として、フィンランドがドイツと地続きでなかったことなどが挙げられる。それらの要因のため、フィンランドがドイツから武器と穀物を供給されていたにもかかわらず、ヒトラーはフィンランドを自身の意のままに動かせる手段をほとんど有していなかった。結果として、多大な損害を予期したフィンランド軍が大規模な作戦を実施するのに消極的であったために独軍の北部地域での攻勢計画は潰えることとなる。フィンランドの消極的態度をヒトラーが覆すこととなるのは、敗北が間近となった一九四四年中頃になってからで、その時、フィンランドは已む無くドイツと正式な同盟条約を結んだ。それでも、フィンランドとドイツとの関係が曖昧な様相を呈していたという基本線は最後まで維持されたのであり、その理由は、フィンランドにとってドイツとの同盟関係は不可抗力によって受け入れたものであったことで、最終的にフィンランドは、ドイツとの取り決めに忠実であり続けるよりは、戦争から離脱する途を選ぶこととなるのである。

ブルガリア、クロアチア、ハンガリー、イタリア、ルーマニア、スロヴァキア、スペインといった他の主要同盟国に対するドイツの立場も同様に曖昧な様相を呈していた。この中で、ハンガリーとルーマニアとイタリアは、東部戦線に送っていた兵力を夏季攻勢を前にして増強させていた。ハンガリー軍が十二個師団に、伊軍が十個師団に、ルーマニア軍が二十二個師団にといった具合にである。これに対してスロヴァキアとスペインは、形式的な意味で一個師団ずつの派兵規模を維持している。東部戦線から離れた所では、ブルガリア軍と伊軍がギリシャとユーゴスラヴィアの占領任務に従事して、独軍のバルカン地域での負担を軽減していた。しかしながら、同盟国によるこのような多種多様な貢献が軍事面でいかなる価値を有していたかは疑わしく、同様に、そのような貢献が枢軸同盟全体ではなくドイツに対するものであることが益々明らかとなっていくにつれ、その政治的根拠にも疑問が投げかけられることとなる。また、同盟国の部隊の装備は貧弱で、特に機甲部隊用装備・対戦車砲・通信機材・輸送用機材で甚しく、そのために支援する対象であるはずの独軍部隊によってかえって補強される必要があった。さらに、ハンガリー軍とルーマニア軍とは、過去数世紀にわたる対立の歴史があるため共通の敵に対してではなくお互いに戦う惧れがあり、可能なかぎり引き離して配置しなければならなかった。

東部戦線で戦うにあたって、それら衛星諸国の軍の中で、自らを支配民族であるとする荒唐無稽な誇大妄想に取り憑かれていた軍は皆無であったし、戦場では独軍部隊と様々なレベルで良好な関係を有していたことが多かったとはいえ、ドイツが主導する体制の中で自民族や自国が見下されていることを意識していない部隊はなかったのである。一九四二年の時点で、これらの同盟国は自分たちがドイツと一蓮托生であることは了解していたが、ドイツが敗れることに劣らずドイツが勝利することにも危惧すべき理由があることを悟っていた。ナチズムは同盟諸国の資源を収奪することをゲルマン民族の当然の権利としており、この収奪行為はドイツが敗北に向かうにつれて益々強化されていったが、ドイツは、このような行いが相手側の憎悪を掻き立てるということを全く理解することができなかった。さらに、イタリアやルーマニアといった国々が敵側に容易に、そして進んで寝返っていくことに対しては、劣等民族固有の裏切り性向といった視点から以外では全く理解不能な状態であった。ドイツの同盟国の利害がドイツの利害とは必ずしも一致しないことや、それら同盟国がドイツとの関係を最優先する義理などないということを、ドイツは認めることができず、ナチズムはそのようなことを事実として受け入れることができなかったのである。

枢軸軍占領地域の状況

同盟国に対するドイツの所業が最悪の様相を呈するのが一九四二年の時点ではまだ先のことであったとしても、ソ連においてはバルバロッサ作戦の当初から独軍の残虐・貪欲性が縦横無尽に発揮されており、この点にドイツの敗北を決定付けた第四の、そして最後の要因が内在している。即ち、このような残虐・貪欲性のため、一九四二年及びそれ以降の時期に、ソ連をはじめとする占領地域で、ドイツは自国の人的資源や経済上の種々の不足を補うに足る規模の資源を活用することができなかったということである。そして、これによってヒトラーは後世に残る「業績」を残すこととなり、それが戦後に至るまで残るヒトラーの唯一の「業績」となったということが、第二次大戦の皮肉の最たるものであったことは疑いない。既述した通り、戦争の初期の段階で独軍が絶大な力を振るった理由の一つは、敵となった諸国に対する優越感の基となった人種理論に求められるが、その人種理論のためにドイツはヨーロッパの占領地において隷属と死以外を与える術を持たないこととなり、戦争で得た地域を永続的に支配できなくなっていた。一九四一年夏の段階では、ソ連社会の相当部分が、スターリンの暴虐な支配からの解放者として独軍を歓迎したが、独軍が捕虜と民間人を野蛮に扱うのを目の当たりにすると、ソ連国民は即座に現実を悟ることとなる。その現実とは、スターリンとその政治委員による支配は外部からの支援を仰ぐことによっては覆せず、それのみならず、外部からの侵入者はソ連市民が手許に有していた僅かなもの、特に希望までをも奪い去ってしまうというものである。そして、想像を絶するような人道上の惨禍によってもたらされたものではあったが、ここに皮肉な状況が現出した。スターリンが自身では自らの支配の正統性を確立することができなかった中で、ヒトラーはソ連の民衆を、彼らが命をかけて戦わざるを得なくなるような状態に追いこむことによって、スターリンの支配を正当化することになり、最終的にはソ連における共産党の支配が持続することを確かなものとしたのである。

ソ連で独軍が犯した残虐行為の性質と規模について既存の研究は、そのような行為がもたらした政治・軍事上の影響に触れているのみで、一九四二年の東部戦線での事態の経過を論述する上での直接の記述対象とせず、残虐行為が犯された理由についても、立案者がそれらの犯罪行為について決して問われることがないと考えていたということ以外に説明をしていない。スターリン自身の犯罪的行為や、ソ連側によるドイツの捕虜・抑留者の取り扱い、東部戦線での戦争の苛酷な実態そのものを根拠にしてドイツ側の行為を免責したり、その犯罪性の程度を薄めようとする動きがあるが、考慮に値するものではない。ドイツによるソ連侵攻は、ソ連社会の特定階層や人口全体を意図的に絶滅しようとする方針の下で行われたものだったからである。それでも参考までに指摘できるのは、ドイツはヨーロッパ・ロシアを植民地化して支配するために三千万人を絶滅させることを目標に掲げていたものの、それを達成するためのドイツの（失敗した）支配形態は効率性を欠くもので、目的を達成できずに終わったということである。

ソ連内部の反ロシア・反共意識をスターリンに対して向けることが出来なかったことは、ドイツが犯した失策として明白なものであり、大戦中、そしてそれ以降も、この点に注意が向けられてきた。外部からの侵入者が利用できたであろう民衆のこのような意識を活用しなかったことが、ドイツが東方地域に勢力を伸ばす上で破滅的な結果をもたらしたというのが一般に受け入れられている見方である。否定的な意味合いにおいてであるにせよ、この見方が正鵠を射ていることにほとんど疑いはない。ベラルーシやウクライナでユダヤ人や共産主義者に対して行った迫害行為が当初大きな支持を現地で受けていたという事実は確かにその通りであるが、独軍の残虐行為によって最終的には、一九四二年以降独軍が東部戦線で勝利を収めることが不可能になったことは確かである。それでも、ドイツが短期的な戦術上の理由のみにせよソ連の民衆に対して宥和的態度で接していたとしたらドイツが東部戦線で勝利を収めていたと言い切ることはできない。一九四二年以降に後方地帯が静穏であったならば、独軍にとっては計り知れない程の意味を持っていたであろうが、一九四一年の時点ではパルチザンの活動は大きな注目を集めるものではなく、翌年になってより活発化したようなこともほとんどなかった。そして、独軍の機材・装備の問題と輸送能力の不足といった事情に鑑みれば、一九四一年から翌年にかけて兵力を補充できたこともほとんど有利に作用しなかった。それでも、現実的に見て、一九四一年、四二年の両年こそが独軍がソ連を打倒する可能性があった唯一の時期だったのである。このような、判断を下すのが困難な事情に照らしてみれば、独軍が夏季攻勢を開始した一九四二年六月二十八日当時の独軍の状況について断言できるのは、軍事上明らかとなっていた事柄に留まる。即ち、ケルチとハリコフでの戦いの後、独軍が南方地域においてソ連軍に対し一定の優位を保っていたのは明らかであったこと、独軍が長期的には諸種の構造上の問題に苛まれており、それ故に最終的な敗北を免れるためには、一九四二年に勝利を収めるのが不可欠であったこと、独軍が一九四二年の夏季攻勢を開始した際の作戦計画は整合性に欠ける混沌としたもので、バルバロッサ作戦の計画に見られた多くの過誤を繰り返していたことである。

独軍の作戦計画の弱点：一九四二年

一九四二年にソ連南部で攻勢をかけるためにヒトラーが立てた青《ブラウ》計画で一番目立たない弱点は、経済上の目的を追求したために、この時期にドイツが獲得する必要があった軍事・政治上の目的を達成する機会を逃すことになったという点にある。そして、当時の独軍統帥部は十分に理解してはいなかったものの、より明白な弱点は、ソ連に打撃を与えてドイツが長期的に不敗の態勢を確立するにはバクー、ドネツ及びドンバス平原、ヴォロネジ、サラトフ、スターリングラード、アストラハンを占領することが不可欠であったにもかかわらず、ドイツが有していた物量に照らしてみれば、それを成し遂げるのは到底適わなかったということであった。さらに、ヒトラーの「総統指令第四十一号」は、この年にソ連南部で経済目的での作戦を展開すると同時に、北部ではレニングラードを攻略してカレリア地峡とスヴィリ川でフィンランド軍と合流するという目的を同時に追求して一貫性のなさを露呈しており、これも明らかな弱点となっていた。レニングラード攻略は、近代ロシアと共産主義発祥の地を奪取することによる精神的効果を狙うという政治上の動機に由来していたために疑問の多い作戦であった。北部での攻勢は南部でのものと較べて副次的地位に置かれてはいたものの、独軍としては相当な戦力の投入を要するので、延びきった戦線の両端双方で攻勢を担うことを余儀なくされたからである。

以上のような根本的な錯誤に拍車をかけたのが、さらなる四つの決定である。まず、南方地域で攻勢をかけることになったために北方軍集団と中央軍集団は、この年の春に装甲部隊を欠くことになり、歩兵部隊が増強されることもなく、両軍集団の指導部は、これが何を意味するのかを否が応でも認識していた。ところが、その一方で、レニングラード攻略をめざすノルドリヒト作戦実行のために独第十一軍の大部分が北部方面に移されることとなり、そのために、南方での青計画で戦略予備として使用可能であった唯一の部隊が同地域には存在しなくなる。さらに、青計画に投入される部隊の中には、質の面で劣る同盟諸国の軍が四つあり、中でもハンガリー第二軍と伊第八軍は新編の部隊であった。加えて、コーカサス地方で攻勢を展開しようとするならば、地勢に適した特科兵種として山岳部隊が必要であったが、そのような部隊は当時北極圏地域でカンダラクシャへの進軍を策するためのラハスファング作戦に集中的に使用するために振り向けられていた。そして、ソ連軍の地上・航空兵力のかなりの部分が一九四二年五月以降モスクワ周辺に配置され、とりわけ航空部隊の三分の一が予備として控えている状況では、独軍がこの年に実施しようとしていた夏季攻勢計画は筋道が通っているとは言えなかった。そして、クリミアとハリコフ近辺での作戦行動によって予定に遅れを来たしたことが、目に見えない今一つの弱味として独軍を掣肘し、夏季攻勢は日が短くなり始めてから開始されることになったのであった。

独軍の夏季攻勢

南方軍集団による二方向での夏季攻勢が初期段階で目的としたのは、ドン川とドネツ川の屈曲部からソ連軍を駆逐し、ヴォロネジとスターリングラード及び両市の間でソ連軍の側面を脅かす態勢を確保して、マイコープをはじめとするコーカサス北部の油田地帯を占領することであった。独第二軍及び第四軍とハンガリー第二軍はクルスク方面から最初の攻勢をかけ、ソ連第四十軍の抵抗を排除して七月五日にヴォロネジの両側でドン川の東岸に到達したが、ヴォロネジを攻略する際に南方軍集団は初めて本格的かつ持続的な抵抗に遭遇することとなる。独軍がヴォロネジを確保すればイェレツとトゥーラに向けて進軍する道が開けてくる可能性があるので、もたらされた情報が否定していたにもかかわらず、ソ連軍統帥部はこの段階では独軍の攻勢の目標がモスクワであるとの疑念を払拭できなかった。このような判断から、ソ連軍統帥部はブリャンスク方面の二個軍とタンボフにあった一個軍を投入してヴォロネジの第六十軍と第四十軍を補強することとし、このために独第二軍とハンガリー第二軍は、ドイツ側の無線通信が「ソ連軍の熾烈な抵抗」と形容する状況に遭遇して、ヴォロネジが陥落したのは七月二十三日になってからであった。だが、この時までに南部方面での事態の展開は同時に進行していた二つの出来事によって異なった様相を呈していた。一つは、ヒトラーによる軍指揮系統の改編と計画の変更によるもので、もう一つは、独軍の攻勢が本格化して、南部方面でソ連軍が直面していた時間と空間の上で不利な態勢が顕在化していく中で戦闘が生起していったためのものである。

ヒトラーの手による部隊改編措置の中で最も重要なものは、南方軍集団を七月九日付けでA軍集団とB軍集団の二つの独立した軍集団に分割するとの決定であったが、この決定の真意が明らかとなったのは、七月二十三日に総統指令第四十五号が発出されてからである。ヒトラーの意図は、A軍集団にドン川を渡河させてコーカサスの油田地帯の北部を制圧させると同時に、B軍集団をドン川流域とスターリングラードを確保するのに使用することにあった。そして、ヒトラーは同月十三日に、ヴォロネジで不要な戦いをして兵力と時間を失い、総統の命令をないがしろにする厚顔無恥

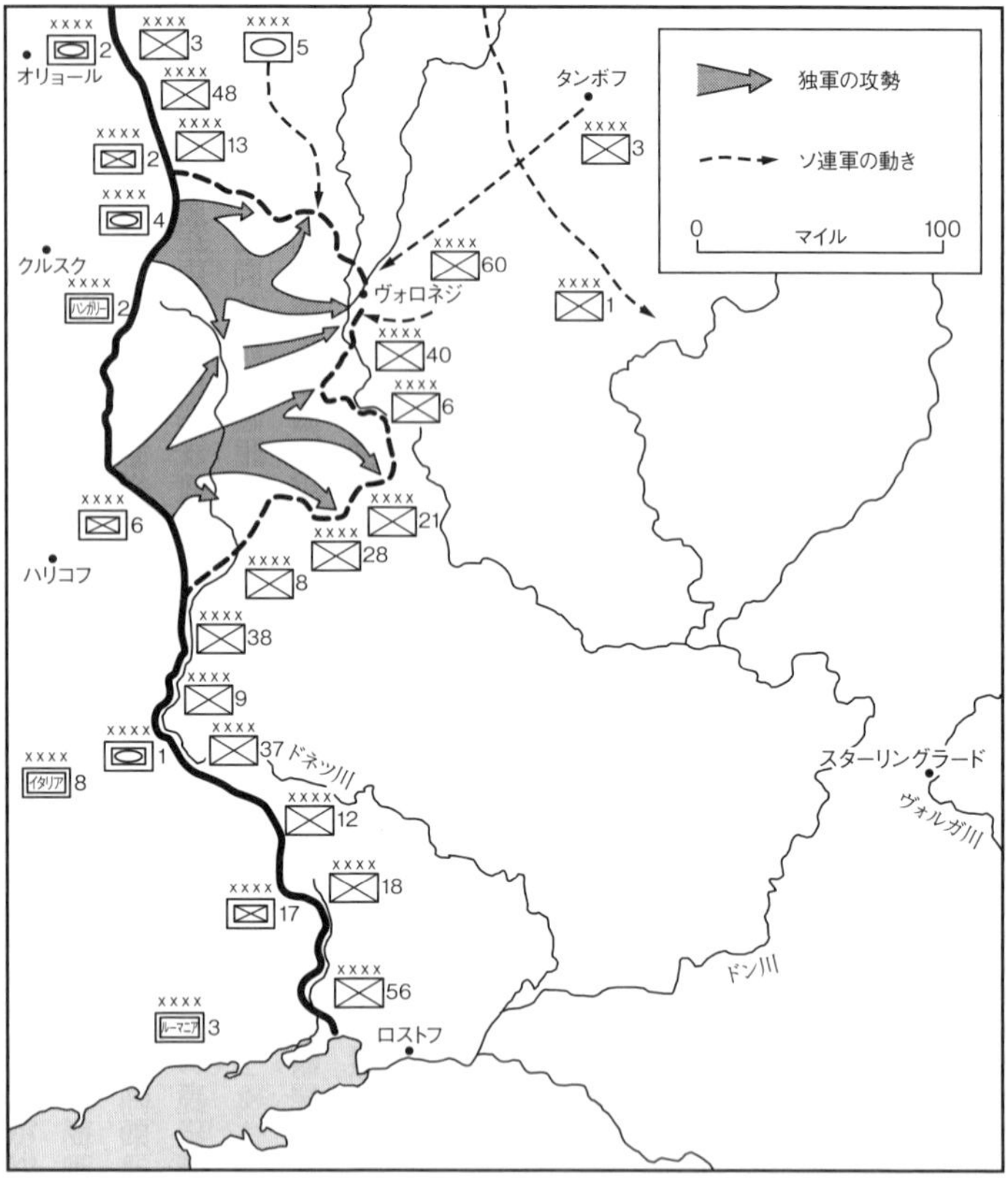

独軍の夏季攻勢（1942年6月27日～7月6日）

な態度を示したという理由で南方軍集団司令官からB軍集団司令官に転じた指揮官を解任する。このような一連の措置は、作戦の単純明快さと継続性を損いかねないものであり、十六日には、ドン川の屈曲部でドイツ側にとって圧倒的に有利に展開していた戦いが直接の契機となってヒトラーは自身が下した中でも最も重要な決定の一つを下し、これが事態をさらに悪化させることとなる。

ヴォロネジでの戦いをめぐる非難が正鵠を射ていたか否かはさて措いて、この戦いによって独第四装甲軍が意図していたドン川に沿っての進撃が阻まれることはなかったのであり、同軍の後を追って第六軍も南方へ歩を進めていった。南方に進軍した第四装甲軍はロソシを攻略してカンテミロフカとボグチャルとの間隙地帯を進むが、抵抗らしい抵抗にはほとんど遭遇しなかった。その間隙地帯は、ソ連第二十八軍と第五十七軍が守備していた筈であったが、両軍ともハリコフで壊滅的打撃を受けており、実質のある抵抗ができず、その左翼方面に配置されていた第九軍と第三十八軍もやはりハリコフで戦力を消耗した後に、七月六日以降クピャンスクからデバリツェボに至る区域で独A軍集団がかけた攻勢の前に後退を余儀なくされていた。このA軍集団による攻勢では、まず独第一装甲軍がリシチャンスクの前面でソ連第三十七軍を撃破してから、ドネツ川東岸でカメンスク＝シャフチンスキーの方向に概ね進路を定めて進撃することで始まったものであった。このように戦況が有利に展開していることに触発されたヒトラーは、十六日になって第四装甲軍に対し、第一装甲軍と合流すべく南方に進路を変えてドン川下流域を制圧するよう命じたのである。

軍事専門家と歴史家の全般的な見方は、この決定によってヒトラーは夏季攻勢で勝利を得られなくなり、戦争そのものの勝利をも逃すこととなったと論じられることもある。むろん、この決定が重要であったにせよ、作戦上でのこの単一の決定によって東部戦線での夏季攻勢、ましてや戦争全体の帰趨が定められたわけではない。それでも、この決定がその後の戦局の展開に決定的な影響を与えたことは疑いない。ソ連軍が独軍の攻撃に対応するためにスターリングラードの備えを固めて予備軍を移動させる時間の余裕を与えずに、七月中旬にスターリングラードを急襲して奪取できる機会が独軍にはあったにもかかわらず、この決定によってその機会を放擲することとなったからである。七月三十日になってヒトラーがラズドルスカヤとロマノフスカヤとの間に位置していた第四装甲軍にスターリングラードへの進軍を再開するよう命じたのは、この十六日の決定が誤りであったことを暗黙裡に認めたものである。もっとも、現実的に見て七月の段階で装甲部隊がスターリングラードを急襲して攻略できていたかは定かではない。現実の展開では、独軍の進撃を阻むためヴォルガ川の屈曲部に展開していたソ連の第四戦車軍と第六十二軍及び第六十四軍を独第六軍が撃破して、同軍はヴォルガ川沿いに拠点を確保することができた。七月十六日の決定がB軍集団の攻勢の勢いを挫いたことで重要な意味を持っていたことは確かであるが、独軍によるスターリングラード攻略戦での本当の意味での錯誤は、九月及びそれ以降に犯された。

それでも、ヒトラーのこの決定が誤りであったことに変わりはなく、A軍集団は第四装甲軍団の支援なしでドン川下流域を制圧することができたものの、同軍が転用されたことで二つの装甲軍が狭隘な単一区域で合流することによって、同地域での混乱状態は増幅されることとなった。第四装甲軍が南方に転用されたのは、それなしでも第六軍がドン川及びそれ以遠の地域に進軍できると想定した上での決断であったが、それによって、当初は第四装甲軍のヴォルガ川への進出を支援して

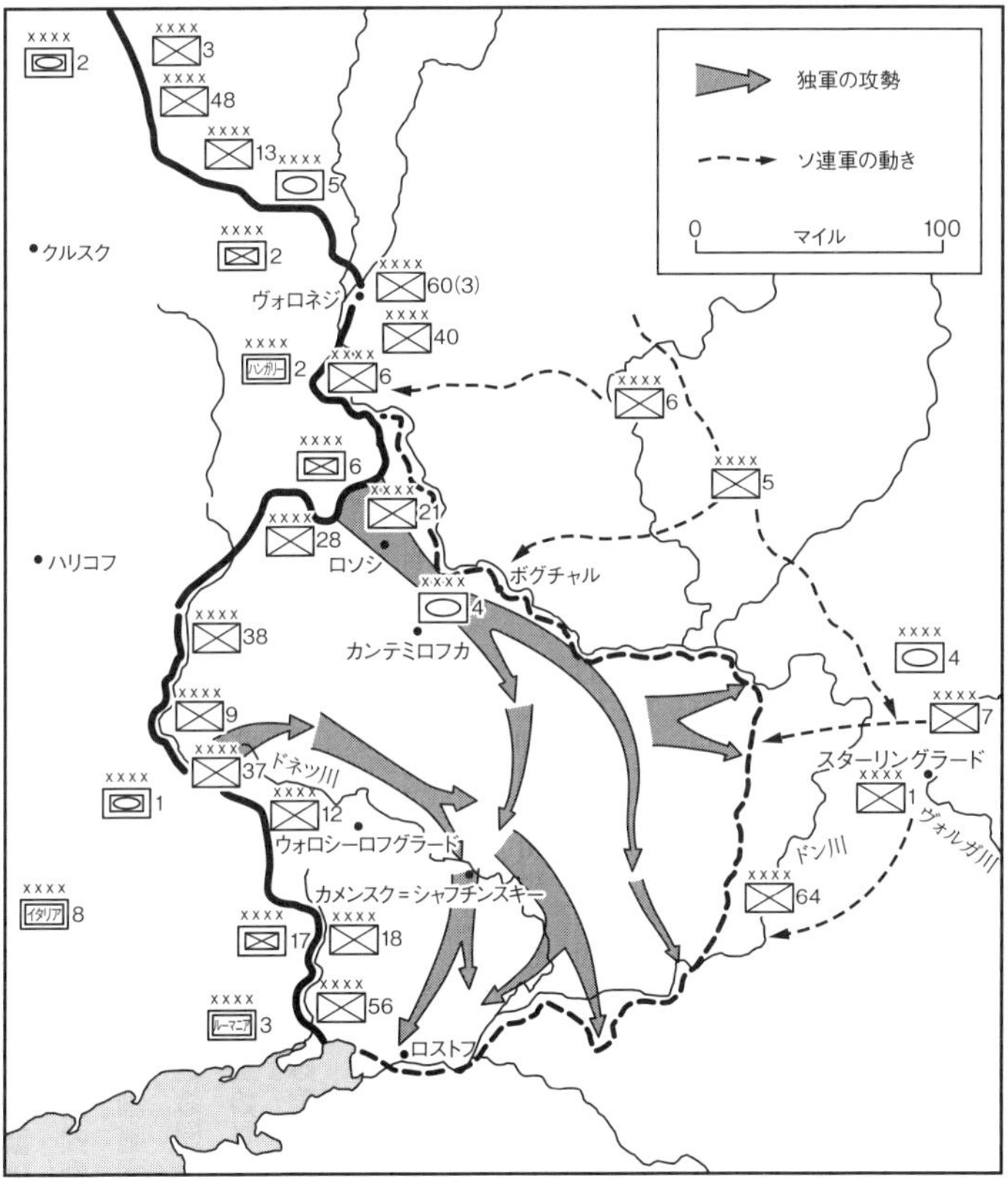

独軍の夏季攻勢（1942年7月6日〜24日）

から制圧した地域を確保するという任務を与えられていた第六軍は、極めて異なった任務を担わされることとなった。装甲装備がほとんどなく、交通路の確保もやっとといった状況の中で、ロソシやボグチャルといった地点に近付くにつれて第六軍の進撃速度は鈍り、任務を遂行することができなくなっていたのである。そして、決定的に重要だったのは、ソ連軍の防衛線を七月に突破する中で独軍統帥部や南方に行動する各軍集団内で楽観論が広まる中、極めて重大な事実が見落とされていたことである。それは、独軍がソ連軍に対して大規模な包囲殲滅作戦を展開することができず、この攻勢の初期段階で捕虜となったソ連軍兵力が比較的少なかったことである。

独軍はこの年の七月に南部地域でソ連軍を壊走させたという印象を抱いたのだが、それは誤りで、一九四二年のこの時期のソ連軍には、独軍がその攻勢作戦を実施する際に考案した計画と比肩できる分別に富んで整合性のある防勢作戦の方針が周知徹底されていた。即ち、機動的防禦を行える術を持たなかったソ連軍は、一九四一年とこの年のハリコフでの戦いでは、損害を顧みずに拠点を確保しようとしたために壊滅的打撃を蒙ることとなったが、そのような戦闘形態を改め、地歩を譲って時間を稼ぐというロシアの伝統的な戦法に立ち戻ったのである。もっともソ連軍部隊全てが包囲の輪を逃れられたわけではなく、ドネツ平原の工業地帯をはじめ何カ所かでは、最終的に壊滅の憂き目に遭うような防衛戦を戦わなければならない部隊も不可避的に生じた。しかし、退却することを全般的な方針としたことによって、ソ連軍は包囲の輪を逃れることができた部隊の立て直しを図ったり、予備戦力をスターリングラードの戦域に投入するための時間的余裕を得たのである。

一九四二年の夏に行われた戦いの帰趨は、ソ連軍がその後退戦術によって目論んだ諸々の目的を、

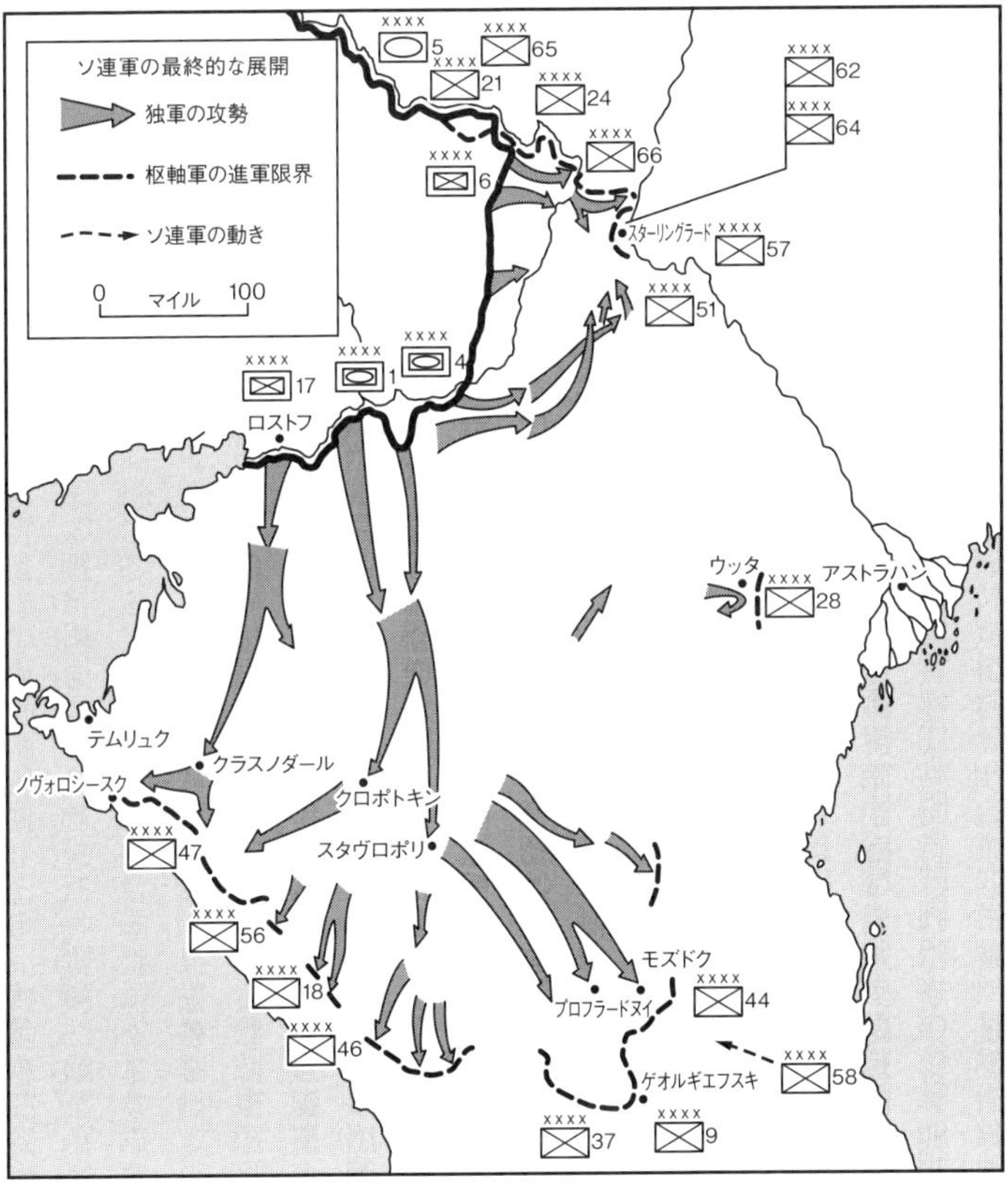

独軍の夏季攻勢（1942年7月24日～10月31日）

際どいところで達成できたことによって決せられる。即ち、六月の時点でドン川とドネツ川の西岸に展開していたソ連の八つの軍の相当部分は、その士気を維持するために短期集中的な思想教育を要したものの、包囲の輪から逃れることができ、独第六軍がスターリングラードを急襲して攻略しようと試みた正にその時にあたる七月の最後の十日間に、ソ連の二個軍がドン川の屈曲部に進出してきたのである。ドイツ側では軍の指揮系統が分裂し、分割された軍相互やそれらを支援する装甲軍との間での作戦行動の調整が拙劣であった。一方、戦場の制空権をドイツ側が確保する中で、独第六軍は八月の最初の三週間はソ連軍を圧倒したが、収めた戦果は限定的で、時間や損害と戦果の収支決算は、B軍集団にとって高くつくものとなった。そして、これらの戦闘が進行している最中、第四装甲軍が燃料不足のためにスターリングラードの南西四十マイル余りの地点で立ち往生していたので、第六軍が第十四装甲軍団と共にドン川を強行渡河することができたのは七月二十日になってからであった。第十四装甲軍団は二十三日にはスターリングラードのすぐ北方のヴォルガ河畔に橋頭堡を確保し、歩兵部隊も三十一日までにはヴォルガ川に達するが、この廻廊地帯の左翼方面にソ連の三個軍が集結し、第六軍の隊列が進撃線上で危険なまでに伸びきっていたために、B軍集団はソ連第六十二軍と第六十四軍に対する包囲網を完成させることも、即座にスターリングラードそのものに進軍することもできないでいた。そして、南方での作戦が独軍統帥部が決定的段階と認識していた時期に入ったところで、独軍の作戦計画が内包していた根本的な弱点が露呈し始め、独軍に壊滅的な結末をもたらすのである。

独軍の作戦の欠陥

そのような弱点の第一番目が顕在化したのは八月の上旬で、具体的には、独第六軍がクレツカヤとスロヴィキノを結ぶ地域でソ連第六十二軍と第六十四軍と交戦中に、第六軍の側面を固める任務をルーマニア第三軍と伊第八軍に担わせることにＯＫＨが初めて重大な危惧を抱いたことである。ヒトラーはソ連軍の反撃に対するささやかな備えとして装甲師団一個を伊軍の後方に置くようにとの進言を容れたが、対応措置としては不十分極まりないものであった。ヴォロネジより下流のドン川流域のほぼ全域を守備していたのが同盟国の部隊で、しかもそれらの部隊は独軍と同様に川の背後での縦深防御態勢を整えようとしていなかったからである。この段階では枢軸側の作戦が攻勢に重点を置いたものだったため、ドン川沿いで適正な防衛態勢を整えようとするにはある程度の戦略上の洞察力を要したが、そのような先見の明が発揮されることはなかった。このために、秋になって独軍が機動力と主導権を喪失してＢ軍集団が防勢に回ってソ連軍の反撃を待ち受けることになった際に、当然のごとく災厄が降りかかってくることとなる。もっとも、夏の間にそのような態勢が内包する危険性について枢軸側が気付く機会がなかったわけではない。スターリングラードへの進軍の過程で、第六軍はヴォルガ川西岸各所でソ連軍の小規模な拠点を制圧しないで放置せざるを得ずまた、八月二十日から二十八日にかけてはソ連第一親衛軍がドン川沿いのウストコペルスク周辺に大規模な拠点を築いていたのである。だが、後者の事例においても、第六軍の左翼と後方を脅かすことが明白であったにもかかわらず、枢軸側がこの拠点を取り除こうと試みることはなかった。当時ヒトラーの司令部が高揚した空気に包まれていた中で、スターリングラードを攻略できれば、そのような橋頭堡も除去することができるとの判断から、既述のような事態の推移も取るに足らないものと見なされていたのである。

だが、第二の弱点は、ヒトラーもたやすく見過ごすことができないものであった。七月の最初の二週間はヴォロネジ周辺でソ連の第五戦車軍が壊滅的打撃を受けていた時期であったが、正にその時期にモスクワ前面のソ連軍部隊は独第二装甲軍を始めとする独軍部隊に一連の攻勢をかけていた。これは、余り動きのない戦線で新着の部隊に出血を強いるというソ連側の戦法の嚆矢となったものであったが、この折の攻勢は、独軍装甲部隊をその場に釘付けにして南方に転用されるのを防ぐという異なった目的を果たすために行われ、この目論見が効を奏したのである。実際、独軍の装甲部隊の転用は、南方から引き抜かれるといった方向で行われており、七月には大規模なパルチザン討伐作戦を実施していた中央軍集団が、事もあろうにB軍集団から二個装甲師団の転用を受けているし、そのB軍集団は同じ時期にさらに二つの部隊をフランスに送り出している。そして、八月二十七日にソ連軍がレニングラードの包囲を解くために大攻勢を開始して、その方面が危うくなったために、中央軍集団はそれ以降南方方面に兵力を転出させることができなくなる。このソ連軍の攻勢は、北方軍集団がラドガ湖に突進した際にできた狭い廻廊地帯の両翼にかけられたものだが、一カ月間のムガ周辺での戦いでソ連軍は六万名余りの戦死者を出し、攻勢開始当初獲得できた地歩は失われて、失敗に終わる。このようにして本来の目的は達せられなかったものの、このソ連軍の攻勢は一つの重大な影響をもたらすこととなる。ムガを奪回するために独軍は九月に予定していたノルドリヒト作戦用に集結していた部隊を投入せざるを得なくなり、これによって同作戦を開始できる見込みが全くなくなったのである。

当時顕在化してきた独軍の弱点の最後は、独軍統帥部内部で度重なる作戦計画の変更が直接の原因となって九月上旬に噴出した危機的状況である。そのような計画変更によって南方地域での諸部隊は多岐にわたる任務を遂行するように求められたが、それらの一つだけでも達成し得る兵站上の裏付けはなかった。当初の独軍の計画は、ヴォルガ川を封鎖して同川を利用してのソ連の通商活動を停止させ、コーカサス北部を占領するというものであった。しかし、ヒトラーが総統指令第四十五号で示した「敵は（スターリングラードを）頑強に守り抜こうとするであろう」との見通しが一人歩きした結果、そのスターリングラードという名前だけに惹かれてヒトラーはその地で決戦を挑むという構想に取り憑かれていくことになる。このような理由からヴォルガ川方面での出来事が突出して注目を集めることにはなったものの、独軍司令部を襲った九月危機を引き起こしたのは、A軍集団に関わる問題であった。

総統指令第四十五号は、作戦目標を拡大してバクー地区に加えて黒海東岸全体の占領をも指示するものであった。このためにA軍集団はドン川を渡ると、劣悪な道路しかないヨーロッパ・ロシアから道路が存在しないアジア地域のロシアを進軍することとなった。これによって、A軍集団は装甲部隊への燃料補給を空輸に頼る度合が大きくなり、ドン川を越えて三百キロの距離を進んでいた八月末頃には、進撃を続けるのが困難となっていた。A軍集団はスタヴロポリを八月五日に、マイコープとクラスノダールを同月九日に、ピャチゴルスクを十日に攻略していたが、マイコープとピャチゴルスク周辺で八月の第三週まで続く戦闘に巻き込まれていたのである。それでも、三十一日にはモズドク周辺にまで進出したが、四百三十五輌の戦車でドン川を渡河してから南方の山岳地帯で二十個師団余りのソ連軍と直面してきた同軍にとって、現実的に見てモズドクに到達するのが限界であった。このA軍集団に対しヒトラーは九月初旬に、第十一軍がケルチ方面からノヴォロシースクに対してかけている攻勢を支援するために兵力を転用するよう命じるが、自軍の状況に鑑みてA軍集団長のフォン・リスト元帥は、これに反対する。この折には、普段ヒトラーに隷従的態度を取っていたOKWさえも、ヒトラーの命令が実行可能なものではないとして、リストの抗弁に同調する。この結果、リストは九月九日に解任されて後任は置かれず、OKWでは高級幕僚二人がヒトラーの不興を買って、以後公式の会議以外でヒトラーとの面会が許されなくなり、会議の場でも報告する時以外は発言が許可されなくなる。ヒトラーとOKHとの間でも対立関係がくすぶり続けていたが、それは九月二十四日にヒトラーが陸軍のフランツ・ハルダー参謀総長を解任することで終止符が打たれた。その際のヒトラーの捨て台詞は、「陸軍にとって必要なのは専門知識を駆使する能力ではなく、ナチスの教義を信奉すること」というものであった。A軍集団の指揮は、ヒトラーがヴィニツィアの司令部から直接執ることとなったが、このような信じ難いような戦争指導とは言わないまでも作戦指導の形態が現出したのは、B軍集団のスターリングラードに向けての進撃と同市そのものでの戦いが思い通りに進まなくなってきた正にその時であった。

スターリングラードの戦い

レニングラードの攻防戦を除けば、スターリングラードの戦いはヨーロッパ戦域で戦われた単一の陸上戦としては最も長く続いたもので、一九四四年のワルシャワをめぐる戦いを別とすれば、第二次大戦中最も熾烈な流血戦となった。この戦いが街路や個々の建物、果ては一つの部屋を争奪するための一連の整合性のない戦闘の様相を呈するまでにさしたる時間はかからなかったが、当初から数値で測れる側面があったことは明らかである。独第六軍がスターリングラードの郊外に達する頃には、その地域一帯は八月二十三日から二十四日にかけての独空軍による爆撃で破壊されていたが、ソ連軍はヴォルガ川東岸を確保しており、舟艇による渡河輸送で第六軍を市内での消耗戦に引き込むに足るだけの最小限必要な増援を送ることが可能となっていた。冬の到来以前にスターリングラードを確保しようと益々躍起になっていた独第六軍が市街戦の罠に嵌《はま》っていく中で、ソ連軍は投入可能な全兵力を送りこみたいとの誘惑を抑えつつ、自然障壁の防衛線であるヴォルガ川から三十八マイル離れた地域に取り残されるように配置されていた第六軍の側面を守る部隊の付近に予備部隊を集結させ、十月の末までには戦いの主導権をB軍集団からもぎ取っていた。独軍は、自軍が得意とする機動作戦の利点を発揮できない戦いに引きずりこまれ、スターリングラード市内でも拙劣な戦いぶりを見せるという明らかな失策を犯していた。それらの点を措いたとしても、八月二十三日から十一月十八日に及ぶスターリングラード攻防戦は、独ソ戦の過程でソ連軍が独軍を武力、そして決定的であったのは戦略の面で、初めて凌駕した戦いであり、それも兵力上の優位なしに成し遂げたのである。

一九四二年秋季のスターリングラード市内とその周辺における独軍とソ連軍の作戦遂行様式が相互にどれほど異なっていたかは、九月初旬に独軍がスターリングラードに突入し、守備するソ連軍が同市の一部たりとも確保できる見通しが立っていなかった正にその時期に、早くもソ連軍統帥部がB軍集団に対する冬季反撃作戦の準備をしていたことからも推測できる。B軍集団が有していた合計八十五個師団の半数近くがドン川東岸に位置していた中、ドン川に沿って長距離にわたる同軍集団の左翼は防御態勢が緩く、ソ連軍が反撃を行うのに適していたのは明らかであった。しかし、反攻のための天王星作戦を立案する際にスタフカは、自軍の用兵教義《ドクトリン》に偽計と奇襲の要素を含めて、攻勢作戦に新たな要素を加えたのである。反撃作戦の発起点としてまず目が付けられたのが伊第八軍が守備していた区域であったのは明らかであった。ドン川の中流地域であれば、どこで突破口を穿いても、A軍集団全てとB軍集団の大部分を包囲する意図の下でアゾフ海まで進撃できる好機が得られるからである。だが、実際のスタフカの計画は、ソ連軍のまだ強大とは言えない実力を考慮しつつ段階的に目的を達することを目論んだものであった。すなわち、天王星作戦が目指したのは、スターリングラード周辺の独軍に対して市の両側から九十マイルを超えない距離を踏破して包囲の輪を閉じること以上のものではなかったのである。

スタフカは作戦の準備段階で、ソ連軍の軍事用語ではマスキロフカ（*maskirovka*）という言葉で集約的に呼び習わされている一連の欺瞞工作を行い、作戦企図についてドイツ側を混乱させせようとしていた。実際に行ったのは、無線通信の厳重統制、攻勢発起点への部隊の夜間移動、攻勢予定地域での広範にわたる偽装工作、そして、陽動のために部隊を他の場所へ移動・集結させるといった様々な工夫であった。これらは、ソ連軍の反攻作戦がルーマニア第三軍及び第四軍に向けられていることを独軍の諜報部門に悟られないように仕組まれたものである。降雪期に入った広大な平原地帯で、しかも上空で独空軍が優勢を誇る中では、ドン川流域ではいかなる形にせよソ連軍部隊が集結すれば、秘匿するのは困難であったが、ソ連軍の企図に関して独軍統帥部内で恒常的に意見が分かれていたことが、スタフカによる反撃作戦の場所・規模・時機をめぐる偽装工作に有利に働いた。冬が近付くにつれ、B軍集団が、ソ連軍の反撃が加えられるのは伊第八軍が固めている区域であるとの確信を強める一方、第六軍はヴォルガ川とドン川の間の平原地帯での同軍両翼の直近地域の状況に不安の念をいよいよ強めていき、ＯＫＨは、ソ連軍の主攻勢がモスクワ前面で行われると確信していた。そして、このような先の見通せない状況をさらに混乱させたのが、ソ連軍の実力の程度を計り損ねるという根本的な誤謬を独軍が犯したことである。具体的には、スターリングラード市内での戦いに独軍が兵力の投入を益々余儀なくされるにつれて、まもなく到来する冬に大規模な攻勢をかける余力がないほどまでにソ連軍も装備・兵力が枯渇しつつあるとの思い込みをヒトラーは強めていった。

これに対してＯＫＨとＢ軍集団はより現実的な判断をしており、各々冬季間にソ連軍の大規模な攻勢が行われることを認識してはいたものの、強力な機甲部隊が予備に控えていない中で、双方ともに、そのような反撃があっても前線にさほど多くの突破口を穿つことはできないであろうとの希望的観測をするのみであった。[7] 要するに、ＯＫＨもＢ軍集団司令部も、前年の冬季と同様に独軍がソ連軍に対する戦術上の優越性を発揮できて、所々ではソ連軍に地歩を譲っても、戦線を維持できることを確信していたのである。そのような確信を抱いていた両軍司令部ではあったが、ヒトラーと同様に、一九四二年の過程でソ連軍がその作戦遂行方法をどの程度洗練させてきたか、またスタフカが冬季作戦をどのように計画していたかを理解することはできなかった。

　一九四二年が始まった当初のソ連軍の機甲部隊の基本単位は旅団であったが、この年の秋までには軍団単位に改められた。一個軍団は時には二個旅団、通常は三個旅団で構成されていたので、その攻撃力は格段に高められた。この機構上の改編に劣らず重要だったのは、攻勢作戦を行う際の用兵教義《ドクトリン》が進化したことであり、これは独軍が有していた戦術レベルでの優位を無にすることを目指したものであった。スタフカは、前線で広範にわたって圧力をかけることによって、どこか一点で決定的となり得るような戦果を挙げれば他で蒙った戦術上の失策の埋め合わせができるとの計算の下に、軍や軍集団次元の司令部間での指揮統帥によって作戦上の成功を収めて、個々の部隊が戦術的次元で圧倒されるのを埋め合わせることを目論んだのである。天王星作戦の基本的な発想はこのようなものであったが、スタフカは、ソ連軍の主攻勢が指向される戦線上の地点としてルーマニア第三軍及び第四軍が展開している区域を選定した。

　既述のマスキロフカに、このような一要素を添えることでスタフカは、この年の冬季戦の帰趨が決せられた後も独軍を混乱させることとなる種を蒔いたのである。具体的には、この時の敗戦から教訓を引き出そうと検討した際、独軍が一九四二年から翌年にかけてのスターリングラード及び南部地域一帯での敗北を、第六軍の側面を戦力で劣るルーマニア軍に守らせたという「例外的事情」に帰したことである。ソ連軍の決定は、この「例外的事情」があればこそ下されたものであり、かつ、ドイツ側の混乱も、これに由来するものである。だが、一九四二年の段階におけるソ連軍の攻勢理論には、独軍の装甲部隊を攻撃対象にする要素はなく、この折のマスキロフカでソ連軍が策したのは、抵抗が最も弱い地点に攻勢をかけている最中に攻撃部隊が独軍装甲部隊の主力との接触を避けられるようにすることで、具体的に意図したのは、独軍の機動力に富む部隊が救援に駆けつける前に歩兵部隊を包囲・殲滅して、それによって装甲部隊の戦闘能力を削《そ》ぐことであった。そして、一九四二年十一月の折にスタフカが攻撃対象として選んだ歩兵部隊が、まずルーマニア軍の部隊で、それに引き続く攻勢で独軍の歩兵部隊を対象にしたわけであった。最初に粉砕される対象として選ばれたのが独軍歩兵部隊ではなくルーマニア軍部隊であったために、独軍統帥部はソ連軍の攻勢教義《ドクトリン》がいかなる性質を有していたかについて惑わされることとなったのである。

　このように一九四二年にソ連軍内部で機構・用兵教義《ドクトリン》上でのさまざまな進歩が見られたために、十一月十九日に天王星作戦が開始された時に独B軍集団が直面したのは、半年前にハリコフで鎧袖一触で退けた敵よりも段違いに強大な敵であり、それがもたらす脅威も大きくなっていた。

　だが、ソ連軍の反撃が開始される二週間前に既に独軍統帥部は同程度に危機的な状況に直面して注意を削がれ、他方面への兵力・資材の投入が必要となっていた。独アフリカ装甲軍のエル・アラ

原註7　付論B参照。

メインの拠点が崩壊し、連合軍が仏領北アフリカに上陸したことによって、地中海戦域全体での枢軸側の優位が綻《ほころ》びつつあったのである。

エル・アラメインの戦いと「トーチ」上陸作戦

軍事上で直近の影響を及ぼしたという点で見れば、エジプトにおける枢軸軍の敗退も、モロッコとアルジェリアへの連合軍の上陸も、特に重要なものではなかった。エル・アラメインで十個師団余りの枢軸軍部隊が壊滅したり安全な場所へ向かって壊走する最中に、枢軸側の部隊が配置されていなかった地中海西部に連合軍が上陸作戦を敢行することによって、その敗北が決定的となったというだけである。それでも、重要性という点ではこの二つの出来事は特筆大書すべきものであった。米国にとって、トーチ作戦は、ヨーロッパ自体ではなくともヨーロッパ戦域に自国の部隊が初めて投入されたものであった。一方、災難続きで終わることとなりかねなかった一九四二年を締め括る英国にとっては、ドイツと戦う連合国陣営の中では米ソと較べて物量の面で後塵を拝するため副次的地位に落とされないようにするためには、エル・アラメインの勝利はなくてはならないものであった。そして、長期的視点で見て、諸刃《もろは》の剣《つるぎ》といった側面もあったものの、エル・アラメインとトーチ作戦は重大な意味を持っていた。トーチ作戦が行われた翌日の十一月九日にチュニスに独軍の増援が来着したものの、地中海の両端で成功裏に作戦を進めたことは、この戦域での英海軍の優位が確かなものとなっていったことと重なり、北アフリカの海岸地帯全域で連合軍が勝利を収めることを確実にしたからである。この連合軍側の勝利によって、戦況は決定的にドイツに不利となった。連合軍が北アフリカと地中海を掌握したことで、ヨーロッパ南部全体が連合軍による侵攻を受けかねなくなり、この侵攻の可能性は実際の侵攻と同等もしくはそれ以上の効果をもたらした。そして、その矢面に立たされたのが弱体化して厭戦気分にとり憑かれていたイタリアであったことがドイツの戦争遂行に影を落としてくるのは明らかであった。詰まるところ、一九四二年十一月以降のドイツは、初めて二正面戦争を戦っているも同然の状態に陥り、さらに重要度ではこれに勝るとも劣らぬもう一つの事態が付け加わることになる。即ち、ドイツ本土への米軍による初めての空襲が行われる三週間ほど前の十月二十七日に、ローズヴェルト政権が一九四三年の航空機生産量を十万七千機とする優先目標を掲げたのである。

第二次大戦中に英軍が見せた最後の輝きとも言うべきエル・アラメインの戦いが行われたのは、十月二十三日から十一月五日にかけてである。主導権を手中に収め、兵力で二対一、機甲装備で五対二、航空機で四対一の優勢を誇る英軍は、独軍との消耗戦において勝利を収めることができた。独軍は、戦端が開かれた当初から、装甲装備に対する燃料補給が会戦一回分を超えた範囲ではできないような状態にあった。このように英軍が戦力面で圧倒的優位に立っていたにもかかわらず地上戦で攻勢に踏み切る決断を下すのに時間がかかったのは、英軍ができるだけ出血を伴わない形で勝利を得たいと考えていたこと、五マイルにわたって敷設されていた枢軸軍の地雷原を撤去するのが困難であったこと、英第八軍が進撃路で枢軸側の抵抗を排除するために必要とされた歩兵戦力上の優位を五対一に引き上げることが最終段階までできなかったこと、などに由来する。このように、自軍にとって好ましい結果を招来するために多大な時間を費やし、十一月四日に独アフリカ装甲軍が拠点を放棄した後は、追撃戦に移るのに時間がかかったとの激しい批判を浴びることになりはしたが、エル・アラメインでの英軍の勝利は完璧であった。英軍はエジプトを掌中に収めただけではなく、枢軸軍がキレナイカを守ることさえできなくしたのである。

エル・アラメインで英軍は四千五百名余りの戦死者を出し、戦車が約百五十輌破壊されたが、一方の独アフリカ装甲軍は、その兵員の約半数が戦死するか捕虜となって失われ、戦いが終わった時点では戦闘可能な人員が約二万名で可動戦車が二十一輌になるまでに戦力が低下していた。また、英軍は十一月三日から六日にかけてエジプトで枢軸軍を殲滅する機会を逸したかもしれないが、英第八軍は十五日間で七百マイルを走破してベンガジに到達していたのである。この追撃戦に関してより的を射た批判は、二十四日に独アフリカ装甲軍が到着したエル・アゲイラの拠点に対して、進撃路から方向を転じて攻撃することをモントゴメリーが許可しなかったことに対してのものであろう。モントゴメリーはエル・アラメインでの戦法を踏襲した腰を据えた攻勢をかけることが上策と判断して、その開始日を一九四二年十二月十六日と決定したが、ロンメルがその挑戦に応えなかったことでこの企図は潰えることとなった。その理由の一端は、枢軸軍にとってエル・アゲイラを保持することは攻勢に転じるためにのみ重要であったが、既にそのような攻勢をかけるような状況ではなかったこと、そして、この段階で枢軸軍はその目をチュニジアとトリポリタニア西部に専ら向けていたことにある。

十二月中旬には独アフリカ装甲軍の残存部隊は、エル・アゲイラとトリポリの中間点であるブエラートまで後退し、枢軸軍は同所に一カ月間留まっていたものの、英第八軍が一九四三年一月十五日に攻勢をかけてきた際に死守しようと試みることはせず、一月二十三日にはトリポリも陥落する。このようにして、英第八軍はちょうど三カ月で一つの会戦に勝利して千二百五十マイル前進し、枢軸軍の一個軍を粉砕すると共にエジプトを確保し、さらにはイタリアが保持していた最後の植民地を征服したのである。第八軍が兵力において敵に対して優位に立っていたことを割り引いたとしても、この作戦で得られた戦果は目を見はるもので、当時英国が政治的な意味で喉から手が出るほど必要としていた勝利をもたらしたのであった。

　枢軸軍がエジプトやキレナイカから大童《おおわらわ》で退却することとなった原因として、エル・アラメインでの敗北が大きなものであったことは要因の一つに過ぎず、十一月八日に連合軍がモロッコ及びオランとアルジェ付近に上陸してきたことが同程度に重要であった。これによって、英第八軍が東方から進撃している最中に、リビアにある枢軸側の拠点が西方から席巻される脅威に曝されたためだが、実際には、この脅威が現実のものとなることはなかった。連合軍側がアルジェ以東には部隊を上陸させないとの決定を下したために英軍はチュニスから四百マイル離れた地点に位置することとなり、チュニジアの仏軍が極めて混乱した状況下で物量面でも精神面でも直ちに支援を受けられなかったからである。そして枢軸側は、十一月十一日にヒトラーがアフリカでの爾後の作戦活動の拠点としてチュニジアを確保するとの決定を下したのを受けて、同月中に五個師団を送り込むことができたため、同じ頃にチュニジアに入った英軍には、枢軸軍の防衛態勢が固まる前にその抗戦力を排除しておく機会が見出せなかった。実際、この英軍部隊は十一月末にはチュニスから十マイルを切る地点まで迫ったが撃退され、独第五装甲軍が戦況を安定させたのである。

これら両軍の動きが瞠目に値するものであったのは間違いないが、以後の趨勢をある程度暗示する動向もあった。まず、伊海軍による枢軸師団のチュニジアへの海上輸送は損失も出さずに成功裏に行われたが、その代償としてキレナイカにあったロンメルの軍を支援するような試みが現実に何もなされなかったこと。次に、枢軸軍がチュニスを制圧・保持できたのには、独軍が局地的に制空権を掌握していたのに負うところが大きかったが、その制空権とは連合軍側が当時航空戦を挑んでこなかったために得られたもので、長期的に見れば、チュニジア上空に連合軍が確実に集中させてくるであろう航空機の数に枢軸軍は対抗できなかったこと。さらには、チュニスへの兵力輸送は当初空輸によって実施され、そのために独軍の輸送機が東部戦線から転用されたのであるが、チュニジアの枢軸軍部隊への補給は海上輸送を通じてのみ可能な中で、地中海における伊商船団の船腹総量が百八万トンを下回る程度であったこと。そして、その中には就航していない船舶や沿海での通商に必要なものもあり、さらに、イタリアがバルカン方面とエーゲ海でも作戦上船腹を必要としていたことを考えれば、北アフリカの部隊への補給に充てられるのはせいぜい三十五万トン程度であり、イタリアがこの補給任務を継続できる余裕がその内になくなってしまうことを暗示するものであった。

要するに、長期的に枢軸軍がチュニジアを保持し続けられる見込みは当初から薄かった。それはドイツとイタリア自身のその後の運命と似ていなくもなかったが、同方面での戦いが枢軸側の敗退で幕を閉じた際にヒトラーは、イタリア南部方面の防備を固めるために半年間の時間を稼いだとして、チュニジアでの戦いを正当化していた。払った代償が稼いだ時間に見合うものであったかは数値に表すことができないが、それでも、次の事は疑いなく言える。即ち、軍事上の観点から言えば、エル・アラメインの敗戦後にロンメルの助言を受け入れて、その時点で北アフリカを放棄していた方がよかったであろうが、一方でヒトラーは北アフリカ一帯での事態に迅速に対処して、新たな情勢を自分の手で統御しようとする決意を目に見える形で示したことで、他の枢軸諸国が動揺するのを防いだということである。つまり、一九四二年十一月の事態の展開は、ヒトラーの指導力を二つの意味で試したもので、二重の意味でヒトラーの先見の明のなさを示したものであった。それでも、北アフリカ失陥後にヒトラーが見せた姿勢は、当時の事態の進展がいかなる意味を持っていたのかをドイツの同盟国に悟らせないようにすることはできなかったとしても、少なくとも当面は、戦争が枢軸側の敗北に終わるという観測が同盟諸国の中枢部で出始めるのを押さえる効果があり、それは特にブカレストとローマにおいて顕著であった。

この時期についての研究上の論議としては、従来同様、二つの筋道で展開することが可能である。第一は、一九四二年十一月以降に独軍がこの方面で投入した戦力の規模の半分でも、同年夏の段階で投入するようヒトラーが裁可していたならば、英国がエジプトから駆逐されていた可能性があり、地中海全域とは言わないまでも少なくとも同地域の中部と東部は枢軸側の内海のようになっていたかもしれないというもの。そして第二は、チュニジアに派遣した兵力の規模が規模であったために、ヒトラーは、米英軍が労せずして大きな戦果を挙げる手助けをしたというものである。実際問題としては、英国側の史料が触れていないことであるが、この第二の論法によって二つの事実がこれまで覆い隠されてきた。まず、一九四一年二月から翌年十月までの時期に前線で戦っていた唯一の英陸軍部隊は北アフリカにあったが、この部隊は独軍の装甲師団二個（及び伊軍師団）を圧倒することができなかったこと、そして、一九四一年二月から一九四三年五月までの北アフリカにおける独軍の戦死者数は一万二千八百十人で、これは一個師団分にも満たない人数だったことである。言い換えれば、北アフリカの英軍が独軍に強いた戦死者は一日平均十四人であり、仮に、この水準で独軍に出血を強いたとしたならば、第二次大戦中全期間の独軍の戦死者総計に達するには五百八十七年かかったことになる。つまり、北アフリカにおける英軍の戦績は、国家レベルでの自画自賛とは裏腹に、取るに足らないものだったということである。

チュニジアの戦い

チュニスの確保をめぐる競争を枢軸側が制した後の戦いは、二つの時期に分けられる。前半は一九四三年三月中旬までで、枢軸軍が主導権を掌握して一連の局地的攻勢をかけるが決定的戦果を挙げることができなかった時期であり、それに続く後半は、諸種の部隊が第十八軍集団として纏められた英第一軍と第八軍とがチュニジアから枢軸軍を一掃し、伊第一軍がボン岬半島で降伏する五月十三日までである。この期間中の出来事として一番良く知られているのが二月十四日から二十二日にかけてのカサリン峠の戦いで、戦端が開かれて間もなく米第一機甲師団が四分五裂の状態に追い込まれ、米第二軍団が大損害を蒙ったことで知られている。しかしながら実際には、カサリン峠背後の防衛拠点に新たな連合軍の増援部隊が来着したために、独軍は二月二十二日に攻勢を打ち切ることを余儀なくされている。当初は戦果を挙げたものの、独アフリカ軍集団はカサリン峠で攻勢に出た結果、それ以前よりも弱体化することとなった。だが、枢軸側にとってさらに深刻な問題は、二月以降多くの連合軍部隊が戦闘区域に進出する一方、連合軍側の海上・航空兵力が地中海における枢軸側の海上輸送に甚大な被害を与えたために、チュニジアの枢軸地上軍が長期的に見て弱体化の一途を辿っていったことである。一九四三年一月に失われたイタリアの船腹は十万百三十一トンで、翌月の喪失量も八万三千三百三十五トンに達する。そして、四月から五月にかけては、チュニジア向けの積荷の内、目的地に届けられたのは五十八・六％だけで、これはアフリカ軍集団が必要とする量の四分の一を賄えるに過ぎなかった。連合軍がチュニスに対する締め付けを強めていった一九四二年十一月から翌年五月までの全期間で見るならば、イタリアは五十八万四千八十一トン相当の商船を失っており、これはチュニスをめぐる作戦行動が開始された当初あった船腹量の五十四％にも相当する。これに加えて、同じ時期にドイツも地中海で十五万五千四百九十七トンの船腹を喪失しており、これこそがトーチ作戦に関連して生じた最も重大な結果であると言えなくもない。戦争のこの段階でドイツがこれだけの量の船腹を地中海で得られた主な理由は、十一月十一日にヒトラーがヴィシー・フランスの占領を命じたことであり、これによって先細りしていった伊商船団の輸送能力を補うことができたが、この措置によって、連合軍の北アフリカ上陸を前にして連合・枢軸いずれの陣営に与するかの決断を迫られていた同地の仏軍部隊は、この問題に終止符を打つこととなる。

第二次世界大戦でドイツが犯した決定的な誤りはポーランドに対しては苛酷な、そしてフランスに対しては穏当な対応をしたことであり、これを逆にしていればドイツにより有利に作用していたであろうということが、ある程度の根拠がある仮説として論じられてきた。これがその通りであったとしても、ドイツ占領下のヨーロッパで唯一傀儡政権が樹立されなかったのがポーランドであった一方、合法的に組織された政府がドイツと協力して極度に反ユダヤ的な立法をしてそれを施行するまでに至ったのがフランスだけだったのも事実である。そのヴィシー政府が存在したこと、そしてペタンがフランス社会全体、なかんずく仏軍の間で、広範な支持を受けていたことが、ド・ゴールが一九四〇年夏にロンドンで立ち上げた自由フランスの活動が大きな支援を受けられなかった要因となっていた。ニューヘブリディーズ諸島とチャドが同年八月に自由フランスの旗の下に馳せ参じたものの、それだけであり、その後英国が仏軍やフランスの植民地に対して執った一連の措置は、ド・ゴールの株をフランス国民の間で上げるのにほとんど役に立たなかったのである。

ところが、一九四二年十一月になって北アフリカに連合軍が、フランスの未占領地域に独軍が各々侵攻すると、北アフリカに駐留することを許されていた仏軍部隊は新たな選択を迫られることとなる。この時期に至るまでは、反英・反共感情、義務・服従の観念、国家・ペタン・ドイツの実力に対する敬意といったものが混ざり合って、仏軍の大部分が自由フランスと距離を置くのが明らかな情勢となっており、北アフリカの仏軍は上陸してきた英米軍と不承不承に干戈を交えたのである。しかし、独軍がヴィシー・フランスを占領下に置いたことでペタン政権はドイツの虜同然となり、それによって北アフリカの仏軍をヴィシー政権に結び付けていた紐帯《ちゅうたい》は断たれたも同然となった。とはいえ、これが直ちに仏軍の相当部分を連合軍側になびかせて目に見える軍事上の成果を挙げるには至らなかった。一九四二年十一月の政治情勢の進展が極めて混乱していた中で、チュニジアの仏軍はチュニス近辺に枢軸軍部隊が上陸するのを阻止しようと試みることはなく、南仏ツーロンの仏艦隊はと言えば、北アフリカに脱出しようとはせず、十一月二十七日に独軍が接収しようとした時にようやく自沈したのである。だが、チュニジアで独軍による武装解除と抑留を免れた仏軍部隊はアルジェリア東部に退却して、前進してきた英軍と合流し、仏軍の連合軍陣営への復帰が一九四二年十二月から始まる。もっとも、予想されたことではあるが、翌年五月七日にチュニスとビゼルトを攻略することで完了する作戦行動の最終段階では、自由フランスの部隊と強烈な反ド・ゴール姿勢を見せる仏軍部隊が呉越同舟の形で連合軍陣営にあった。政治的には一九四二年の最後の二カ月間は非常に混沌とした時期で、亡命フランス陣営内の諸々の党派・個人が、我こそはとばかりに自身の立場が正統なもので敬意を払われるに値するものであることを主張するのに躍起となっていた。半年間の産みの苦しみを経た後、翌一九四三年六月三日にはド・ゴールの下で実質上の暫定政権となる国家解放委員会が成立してフランスの権利・威厳・偉大さを再び掲げる主体となり、チャーチルとローズヴェルトにとっては絶え間のない頭痛の種となるのである。

ソ連軍の冬季攻勢

枢軸軍の北アフリカでのあがきが一九四三年五月に終了した時点で降伏した兵力は、独軍九万三千人と伊軍十八万二千人に及び、この合計値は、一九四二年から翌年にかけてのソ連軍の冬季攻勢の際にスターリングラードで戦死もしくは捕虜となった枢軸軍の総数と概ね同じである。この冬季の戦いの様相はスターリングラード戦を中心として、ドイツ側の史料に依拠して語られることが多かったために、英米における研究論議は、事態の推移をスターリングラード攻囲戦を視座の中心に据えて、独第四十八装甲軍団のチル川での動き、独第六軍救出のための冬の嵐作戦、そして一九四三年三月のマンシュタインによるハリコフでの反撃作戦、その結果としての戦線の安定化という流れで捉えられてきた。しかしながら、ドイツ側の史料とそれらの事象を根拠とするのは、控えめに言っても妥当性を欠き、あらぬ方向に論議を進めるものである。例えば、ドイツ側で自画自賛されること甚だしいチル川での独軍の戦果は、独軍の戦術次元での弾発性を示すもので極めて危機的な状況を安定化させたものとして取りあげられることが多い。しかし、これに関連しては今一つの事実があったにもかかわらず、欧米で刊行されている論考では、それに余り触れられておらず、たとえ触れられていたとしても、その重要性がほとんど認められていない。それは、十二月二日から二十二日にかけて独第四十八装甲軍団がソ連戦車第五軍に対して有利に戦いを進めている最中に、英国から供給された戦車を有して戦線の側面守備の任務を担当していたソ連軍部隊が、ドン川中流地域で正に開始されようとしていた攻勢作戦に対して最も重大な脅威となり得た独軍の動きを掣肘し、これによって独B軍集団の戦線が二百マイルにわたって崩壊していったことである。全体として見れば、この時のソ連軍の冬季攻勢によって、南方方面の独軍の戦線はヴォロネジとロストフとの間の全域で崩壊し、枢軸側の六個軍が全面的もしくは部分的に粉砕された。他の方面でも、レニングラードへの攻囲が部分的ながらも一九四三年一月に解かれ、ルジェフの突出部への独軍の撤退という動きもあった。一九四二年から翌年にかけての冬季に起きた出来事をスターリングラード戦と、それに続くコーカサスからのA軍集団の脱出、チル川下流域での戦闘、ハリコフでの反撃といった独軍が収めた戦術上の戦果を視座の中心に置いて論じようとするのは、いかなるものであろうとも、それらの出来事の本当の意味での重要性や、作戦遂行の過程でソ連軍が挙げた戦果が圧倒的なものであったという現実に目を向けていない。実際には、ソ連軍の成果は、各所での戦術上の蹉跌や一九四三年三月のハリコフにおける独軍の反撃による敗北を埋め合わせて余りあるものだったのである。

一九四二年にスタフカが新たに編成した予備軍の数は十個余りで、各軍の兵力は約十一万となっていたが、この事実よりもはるかに重要なのは、それらの大部分を夏と秋の間の戦いには投入しようとしなかったことである。それらの軍は十一月までに、ドン川を遡ってロソシにまで達するスターリングラード、ドン、及び南西方面の三つの戦域に集結させられ、ワシレフスキーの指揮の下で天王星作戦に投入される。その中でスターリングラードへの包囲の輪を閉じる役割を担わされたのは、南西正面軍の戦車軍団三個と第五戦車軍及び第二十一軍、そしてスターリングラード戦域の機械化軍団一個と第五十七及び第五十一軍であった。

天王星作戦は南西正面軍及びドン正面軍配下の五個軍による攻勢で十一月十九日に幕を明け、その際、ドン川とヴォルガ川との間に位置していた第六十六軍が独軍の注意をひきつけている間に、第五戦車軍と第二十一軍及び第六十五軍が西方への突破を試みる。これらの軍は、ルーマニア第三軍とそれに随伴していた独軍の諸部隊に襲いかかった際に激しい抵抗に直面し、中でも貧乏籤《くじ》を引いたのは第六十五軍で、独第十四装甲師団と衝突して進撃を止められることとなった。攻勢第一日目の枢軸軍の抵抗がこのように激しかったために、南西正面軍は、戦果を拡大する段階で投入する予定だった機甲部隊をこの主攻勢の段階で投入せざるを得なくなった。しかし、この第一日目が終わる頃にはソ連軍は枢軸軍の防衛拠点を圧倒していき、翌二十日にはルーマニア第三軍の防衛線を全戦線で崩壊させる。

同じ十一月二十日に、天王星作戦の第二段階がスターリングラード戦域にあるルーマニア第四軍への攻撃で始まり、この方面でも同様な戦闘パターンがおおよそ同じくらいの時間の経過で繰り返され、翌二十一日には、ソ連軍の機甲部隊が枢軸軍の防衛拠点を突破して、ドン戦域の橋頭堡からなだれ込んでいった部隊との合流点に向かっていく。そして二十二日には、三日間で六十一マイルを走破したソ連第二十六戦車軍団の一部は、鹵獲した独軍の戦車を使用しつつ、ドン川にかかるカラチの枢要な橋梁を西側から攻撃して確保した。さらにその翌二十三日には、第四装甲軍団と第四機械化軍団双方の一部がソヴェツキー近辺で合流してスターリングラードへの包囲の輪を閉じ、第六軍及びルーマニア第三軍、第四軍、第四装甲軍の一部を袋の鼠とした。つまり、敵の戦線に大穴を穿って大部隊を包囲するという前年に試みてなし得なかったことを、ソ連軍は五日間で成し遂げたのであり、それも、敵に対して全般的な兵力上の優位を確保しないままで完遂したのであった。独B軍集団もワシレフスキーの軍も共に兵力は百十万ほどで、戦車と航空機の数も大体拮抗していたのであり、ソ連軍の成果は、ソ連側が相手側の意表を突いて主導権を掌握したこと、集中すべき所に戦力を集中したこと、そして、単純ではあるものの現実的な目標を頑固なまでに追求したことに帰せられる。

ソ連軍が天王星作戦開始から五日も経ずしてスターリングラードの包囲に成功したことで独ソ双方が新たな問題に直面するのは明らかで、当然のごとく、まずドイツ側が対応措置を執る必要に迫られる。だが、十一月十九日にヒトラーはベルヒテスガルテンに、ＯＫＷはザルツブルクに、ＯＫＨは東プロイセンのラシュテンブルクにあり、ヒトラーがＯＫＨの許に戻ったのは二十二日になってからであった。その時までにヒトラーは、独軍が執るべき対応策について腹を決めていたが、それは、前年十二月のソ連軍の冬季攻勢の時と同様に前線部隊を後退させないというもので、ヴォルガ川地域からの撤退を許可しないこととしたのである。それでもヒトラーは同時に南方方面の部隊を再編成することに乗り出す。Ａ軍集団が三カ月間空席になっていた司令官を新たに迎える一方、Ｂ軍集団は独第二軍及びハンガリー第二軍と伊第八軍を除いたすべての部隊をもぎ取られ、Ｂ軍集団の傘下から外された諸軍はドン軍集団の指揮下に置かれた。そのドン軍集団はドン川屈曲部とスターリングラード周辺での戦況を立て直す任務を付与されるが、このドン軍集団の作戦は当初から不得要領な作戦指導に悩まされることになる。ドン軍集団は、隷下の二つの装甲部隊である第四十八装甲軍団と第五十七装甲軍団が各々テルモシンとコテリニコヴォという、スターリングラードを窺える場所に位置していたので、第六軍救援の任を果たすことが期待されていた。しかし、ドン川周辺の独軍の拠点が崩壊しつつあり、第六軍には現在位置を放棄すべからずとの厳命が発せられていたために、スターリングラードで包囲されている同軍を脱出させるなど問題外であった。たとえ救援作戦が成功したとしても、ごく一時的な解決としかなり得なかったのである。加えて、そのような救援作戦を試みれば、それに投入される部隊をも大きな危険に曝すこととなるのは明らかであった。スターリングラードを固守しようとするヒトラーの決断が政治的・個人的な妥当とはいえない理由によるものだったとしても、第六軍にソ連軍部隊を釘付けにさせて、同軍を除いたドン軍集団が戦線を立て直す時間を稼ぐことを目論んだ上での決定であったのならば、軍事的に見て正しいものであったろう。だが、ヒトラーが試みたのは、ドン軍集団を第六軍救援に振り向けることによって戦線を立て直そうとしたもので、これはソ連軍の実力を過小評価したものであると同時に、第六軍が包囲されたことで独軍が得ることができた唯一の優位をも帳消しにするものだったのである。

土星および小土星作戦

ドイツ側が有し得たこの優位は、当時独軍首脳部が意識していたよりも大きなものであった。天王星作戦を策定した際にソ連軍統帥部は、スターリングラードの戦いが成功裏に進展すれば、南方地域で全面攻勢に打って出る途を開くことができると強く意識しており、現に、十一月二十三日にワシレフスキーが次の段階の作戦案を提出するよう命じられた際、提案したのは、ドン川中流域で伊第八軍に攻撃をかけてロストフを目指すという土星作戦であった。独軍のドン軍集団とA軍集団を共に包囲することを目論んだ土星作戦計画案は、第一派の第一及び第三親衛軍、そして第二派の第二親衛軍の合計三個の親衛軍を投入し、その両翼の守備をロソシ周辺のソ連第六軍とチル川沿い

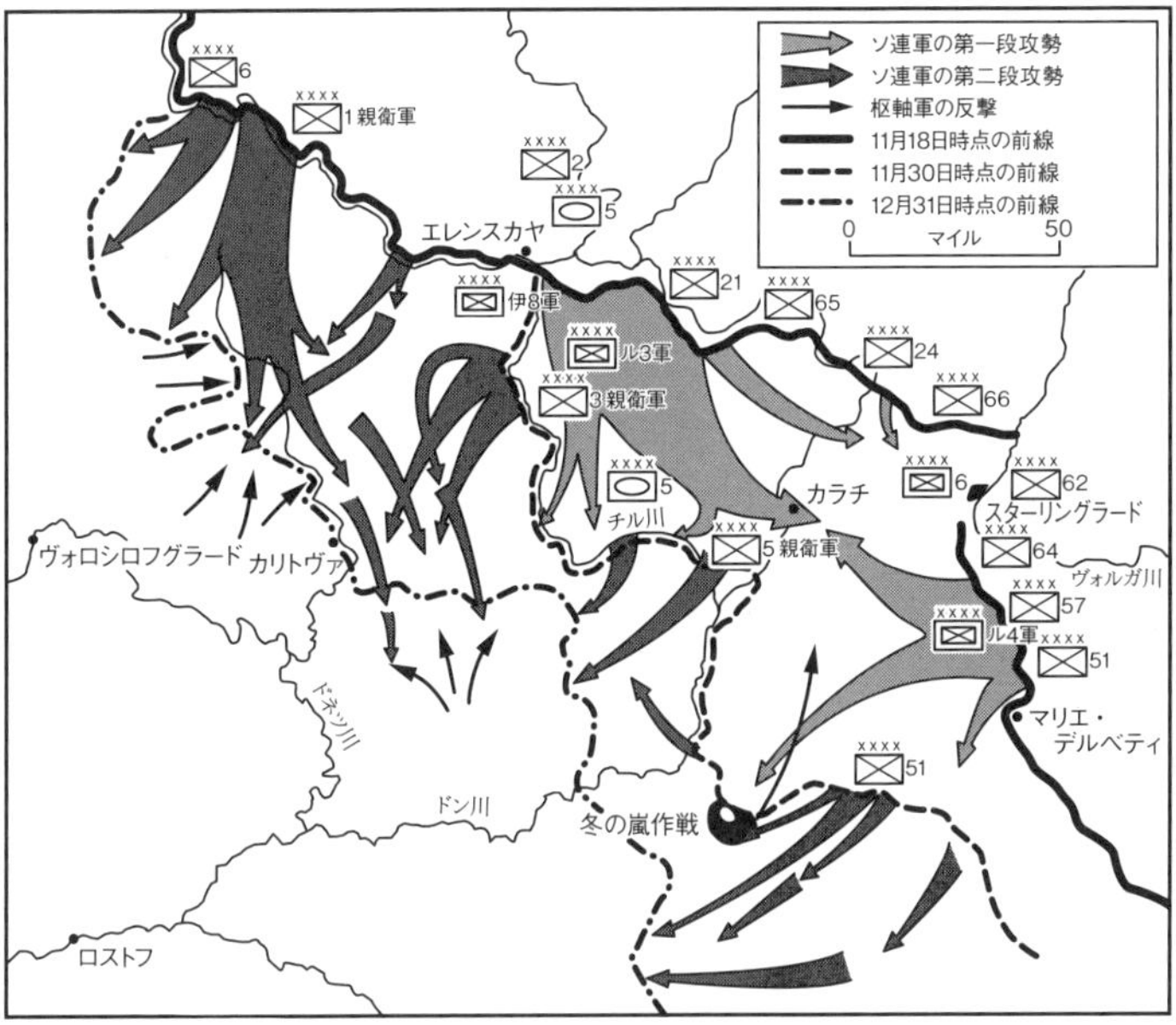

ソ連軍のスターリングラード反攻（1942年11月18日～12月31日）

の戦車第五軍に委ねるというものであった。だが、スターリングラードの戦況が原因で、ワシレフスキーは十一月が終わる以前に、この計画の規模を縮小せざるを得なくなる。天王星作戦の開始を前にしてスタフカは、スターリングラード戦以降の第二段攻勢は、それがいかなるものであろうとも、スターリングラード戦での成果に左右されるものであることを受け入れており、ワシレフスキーは土星作戦を提案する際に、スターリングラードこそが南部方面におけるソ連軍の優先目標であることを再確認している。ところが、十一月の段階でソ連軍がスターリングラードで包囲した枢軸軍兵力は二十二個師団で、兵員数では恐らく二十九万人に上り、これはスタフカの作戦立案段階での見積もりのおよそ三倍に達し、この事実が明らかになるや、土星作戦は反故《ほご》となってしまう。スターリンは当初から土星作戦に前向きで、実施することを主張していたが、ワシレフスキーは十二月の最初の週に、第二親衛軍をスターリングラード戦に振り向けるため、自身の作戦計画の規模を戦略次元から戦術次元のものに縮小したのである。そして、この第二親衛軍こそが、独軍による第六軍救援作戦を十二月中旬に阻止することになる。

代替案としてワシレフスキーが提案してスタフカが認可したのが小土星作戦であった。これは、伊第八軍を粉砕して、東部方面に展開している枢軸軍の主要な補給ルートであるロソシに至る鉄道線を遮断するための攻勢を目論んだものであり、このようにしたのは、一九四二年十二月を通じて独第六軍包囲のために七個軍をスターリングラード周辺に釘付けにされていたソ連軍が、その月には南部方面で戦略次元の目標を追求する作戦を展開することが出来なかったためである。戦術次元での目標追求に切り替えたこの作戦は十二月十六日に開始され、これによってチル川沿いで独第四十八装甲軍団とソ連第五戦車軍との間で鍔迫り合いが展開されることになった。第五戦車軍が目指したのは、スターリングラードの包囲網にもっと縦深性を持たせることと、第三親衛軍が企図していた作戦の側面を援護することで、この小土星作戦によってドイツ側の冬の嵐作戦は足元をすくわれることになる。十二月十二日に始まった独軍による第六軍救援作戦は枢軸軍師団十三個を以て実施され、二十三日にはスターリングラードの外郭地帯から二十五マイルの地点にまで迫ったが、小土星作戦によって枢軸軍の戦線がドン川中流域で百二十マイルにわたって破られたために、そこからさらに二百マイル東方で行われていた枢軸軍の攻勢が根本から挫かれることとなった。

伊第八軍の壊滅

マスキロフカを実施する上での戦技をソ連軍が磨き上げたことを明示したのが天王星作戦であったとするならば、ソ連軍が攻勢作戦を展開する能力が向上したことを証明したのが小土星作戦であった。それでも、伊第八軍に対してソ連軍が攻撃を加えた際には、戦術・戦技上の失策が続けて起きている。まず、当初二波にわたる攻勢を企図していたソ連軍は、それを断念し、戦線に配置する兵力を全般的に薄めて極めて狭隘な幾つかの攻勢正面に過度に優勢な兵力を展開したこと。例えば、第一親衛軍は配下の師団の内五個師団を十一マイルの戦線に集中配備する傍ら、残りの二個師団には六十二マイルにわたる戦線を守備させ、第三親衛軍も四個師団を九マイルの戦線に配置する一方、残りの師団には各々十九マイルを担当させた。現実にもソ連軍はこのように一定地域に兵力を過度に集中することによって生じた問題に苛まれることになり、攻撃正面を秘匿して敵の注意を攻撃正面から逸らすため、砲兵部隊を全戦線にわたって分散させるという過ちも犯している。そして、それよりもはるかに重大な影響をもたらしたのは、ソ連軍が偵察行動を十二月十一日の段階で開始したことであった。これはドイツ側にソ連軍の攻勢がどこに指向されるかを知らせたのも同然で、加えて、これに対応してドイツ側が十五日に諸種の部隊を伊軍を援護するために配置していたことをソ連軍は探知していなかった。それでも、戦車の保有数では、伊第八軍の五十輌、ルーマニア第三軍と独第四十八装甲軍団の一部の七十輌に対して、ソ連軍は千二百輌近くと、ヴォロネジと南西方面戦域では物量面で圧倒的な優位を誇り、ソ連軍はこれを有効に活用して枢軸軍の必死の抵抗を粉砕していくのである。

伊軍の防衛線は縦深三マイルしかなく、第二線の防衛陣地を欠いていて、守備していたのは軽装備の歩兵といってもよい兵力であったが、ソ連側の諸軍はこれを突破するのに三日を要している。それでも、ソ連軍は十二月二十日までに枢軸軍の戦線を全域で分断し、伊軍の両翼が互いの距離を開けるにつれて、枢軸軍の諸部隊を包囲しようと試みる。これに続く一連の混沌とした戦闘の中で、ソ連軍は各所で孤立した枢軸軍の抵抗拠点を殲滅しようとした。独軍は新たな防衛線を構築すべく新着の部隊が拠点を構築していき、その中でソ連軍は伊第八軍を戦闘単位としては使い物にならないほどにまで壊滅させるが、自軍が蒙った損害も甚大であった。戦いの第二段階では、ドイツ側が抵抗を強化し、さらに、独空軍が戦場にその存在感を再び示すようになったことが決定的となって、ドン川中流域における戦いは十二月三十日に事実上終了する。それまでにソ連軍の機甲部隊は、戦力の九割を喪失していた。

スタフカの南方攻勢計画

ドン川中流域での勝利が高くついたものであったにせよ、小土星作戦が成功したことが確かになると共に、スタフカは南方地域でさらなる作戦を実施することを決定する。その結果、ソ連軍は一九四三年一月に、まずハンガリー第二軍に対して、次に独第二軍に対してというように、ドン川流域でさらに二つの攻勢をかけることとなる。ソ連軍はハンガリー第二軍を一月十二日から二十七日にかけて壊滅させ、一月二十四日から翌月三日にかけては独第二軍に大打撃を与えることに成功する。しかし、これらの成果は、この年の最初の五週間に起きた二つの出来事によって霞んでしまうことになり、その二つの出来事が、これ以降の冬季作戦の流れを決定付けた。二つの出来事の第一は、スタフカがこれらの攻勢計画を練る過程で、独軍を不安定な状態に置き続けようとして攻撃をかける地点を変える中で、南方地域一帯での作戦規模を拡大して戦略的レベルでの勝利を目指すという構想に至ったことである。第二は、そのような機会を前年十二月初旬の段階では自らの決断で得られなかったスタフカが、そのような機会を手中にできると判断した正にその時に、ドイツ側が単なる受身の態勢から脱したことである。冬の嵐作戦が失敗したことによって、第六軍を救援する試みは事実上放棄され、第六軍自体も見捨てられることとなったが、この結果、ドン軍集団は、自軍の支配地域以遠において作戦行動範囲を広げる必要がなくなり、これまで有さなかった作戦行動

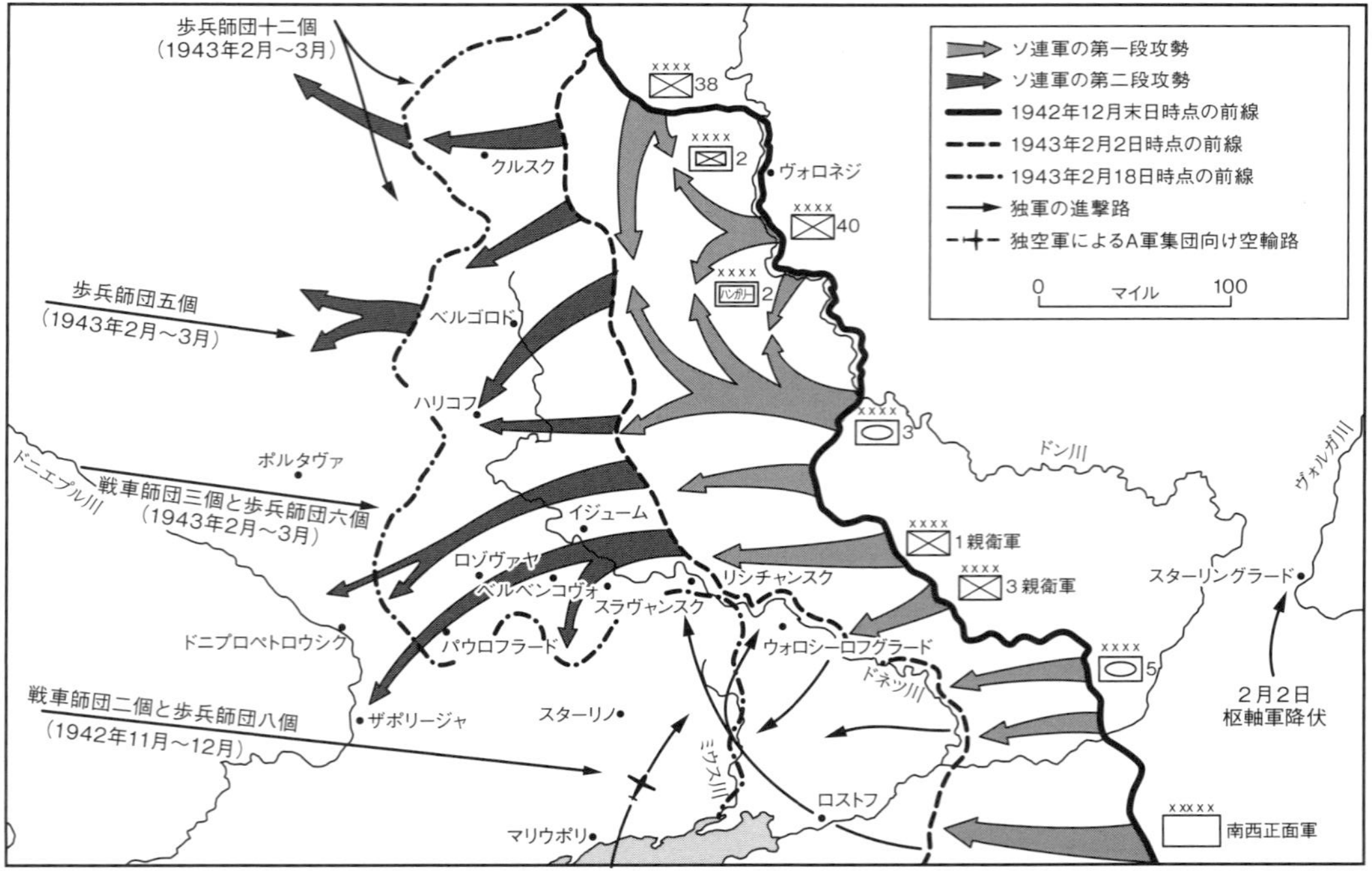

ソ連軍の冬季攻勢（一九四二年～四三年）

上の裁量を得ることとなった。つまり、ソ連軍が作戦目標を拡大したのと時を同じくして、独軍では作戦行動を理性的に律することが再びできるようになり、ソ連軍がそれ以上戦果を拡大するのを防ぐ術を見出すこともできるようになったのである。

天王星作戦と小土星作戦で挙げた戦果を拡大しようとするならば、その攻勢作戦は、疲弊して戦力も落ちている部隊が、これまで前進してきて危険なまでに伸び切った交通線に沿って実施しなければならなかったが、南方地域一帯で戦略的勝利を得ようというスタフカの決断は、このような危険性を計算した上でのものであった。が、この危険性よりさらに深刻な問題は、スターリングラードでの反攻作戦開始前の状況とは極めて対照的に、そのような作戦を担うこととなる部隊・戦域では第二派となる戦力や予備兵力を欠いており、戦略上の奇襲といった要素は、時の経過と共に一九四三年一月には望むべくもなかったことである。一方ドイツ側では、一九四二年の最後の六週間に統帥部が装甲師団二個と歩兵師団八個をドン軍集団の戦列に加え、フランス駐留のＤ軍集団が同年から翌年にかけての冬季に東部戦線に送った兵力は、充足率十割の師団が十八個にも上った。一九四三年一月中旬には、このような独軍の各種の部隊移動が完了しているか進行中かのどちらかであり、スタフカが同地域での総攻撃を計画した際の前提条件としていた、南方方面全域で独軍の戦線崩壊の趨勢は止めようがなく、その建て直しが不可能な程度にまでなっているという目算は、現実を見誤ったものだったのである。だが、スタフカが一月に練り上げて同月二十日から二十三日の間に裁可された作戦計画における決定的な弱点は、敵の後方地域の奥深くに向けて二つの主要な攻勢が、互いに交わることのない方向にかけられることとなっていた点である。即ち、スタフカの計画では、一月にドネツ川に向かって進軍していた南西正面軍が南方正面軍の部隊と共に当初の土星作戦で企図されていた目標の達成に努める一方、ヴォロネジ及びブリャンスク戦域の部隊はハリコフを攻略することとなっていた。その上で、ドンバス川流域での枢軸軍包囲を目論むギャロップ作戦では、軍をスラヴャンスクとウォロシーロフグラードを結ぶ区域からマリウポリに進めることとし、ハリコフへの進軍を策する星作戦は、ポルタヴァとドニエプル川中流地域への進撃の余勢を駆って行うこととしていた。そして、スタフカの計画で最終的な攻勢終末線とされた線を確保するためにソ連軍の諸部隊が攻略すべき地点は、クルスク、ベルゴロド、ポルタヴァ、クラスノグラード、パウロフラード、及び、ドニプロペトロウシクとザポリージャ付近のドニエプル川下流地域の橋頭堡一カ所であった。

ギャロップおよび星作戦

ギャロップ作戦と星作戦の開始日を各々一九四三年一月二十九日と二月二日とすることで、スタフカは、それらの目標を達成するまでの期間を三週間足らずとしたが、配下の諸軍にそのような任務を課したこのスタフカの作戦計画は、前年一九四二年一月の出来事をなぞるような様相を呈していた。具体的には、独軍が急速に崩壊すると見込んだスターリンが、裏付けのない自信に突き動かされるままに、ソ連軍の攻勢を独軍が凌ぎきった正にその時点で総攻撃を命じたという前年の事態の推移を指すが、一九四三年一月の時点で独ソ戦線の南部で独軍が直面していた状況は、前年一月の場合と比較して格段に深刻なものであった。それでも、独軍は一九四三年の最初の六週間の内にいくつかの対応措置を組み合わせることによって南方地域での戦線が瓦解するのを防いだ。これはマンシュタインが後に一連の戦術的勝利を収める基ともなったが、三月の雪解けの前に独軍に痛撃を与えることを欲していたスタフカは、このことを考慮に入れずに性急に計画を策定したのである。

独軍の戦線の建て直しが最初に行われたのは、戦線の最先端であるドネツ川の屈曲部の内側においてであったが、この動きは小刻みに進んで二月十九日になってようやく完了し、その時点では既に衆目は西方地域に注がれていたのである。この戦線の建て直しの過程で決定的な影響力を及ぼしたのは、A軍集団をドン川以遠にあった拠点から引き揚げさせるというヒトラーの決定で、ヒトラーは、爾後の戦争遂行に必要と判断していたロシア南部の油田地帯を確保できなくなるとの理由で当初これに異論を唱え、次いで不承不承同意したという経緯があった。まず、ソ連軍がドネツ川中流地域に進攻し、ドネツ川の屈曲部にあったホリット支隊軍とロストフが脅かされるのが明らかとなったのを受けて、ヒトラーはA軍集団の撤退を一月二十一日に裁可した。この決定が下されたのが遅かったことと、ヒトラーがタマンとノヴォロシースク周辺で橋頭堡を一カ所保持することにこだわったことによって、ロストフが二月十四日にソ連軍の手中に再度、そして最終的に陥ちた。その際に同市経由で脱出できたのは、第一戦車軍の自動車化師団一個と装甲師団四個だけであった。そして、二月六日になってやっと退却することを許されたホリット支隊軍はドネツ川からミウス川に向けて同月八日から十八日にかけて段階的に撤退していき、ロストフはその最中に陥落した。それでも、この方面での以後の作戦に独第一装甲軍の部隊を即座に転用できたことは決定的な影響を及ぼす。ソ連軍の南西正面軍がマリウポリへの進撃を策していた正にその時に、独第一装甲軍は第四装甲軍の部隊の指揮権をも掌握して、他の部隊のミウス川流域への撤退を援護し、スラヴャンスク〜リシチャンスク〜ウォロシーロフグラードを結ぶ地帯に部隊を展開することができたからである。

ウォロシーロフグラードは二月十五日に、スラヴャンスクは十七日に陥落したものの、同月の最初の二日間に独第三装甲及び第七装甲師団がスラヴャンスク周辺に進出できたことが、その後の事態の推移に決定的な意味を持つこととなった。この二つの師団は、ソ連第一親衛軍が三日から九日にかけてきた一連の攻勢に耐え抜き、その結果、ソ連軍はスラヴャンスク攻略を当面断念し、同市を迂回して北方に向かうこととなった。スラヴャンスクとウォロシーロフグラードを繋ぐ地域をソ連軍が突破するのをドイツ側は二月の上半期を通じて阻止していたが、独第一装甲軍はこの作戦を側面から援護することによって、ソ連南西正面軍が、その意図していた進撃ルートから方向転換することを余儀なくさせた。仮に、当初の計画通りの進撃ルートが採られたならば、ドイツ側にとっては極めて危うい事態となるところであったが、結果として同正面軍はロゾヴァヤ、パウロフラード、ドニエプル川屈曲部といった西方に向かうこととなったのである。独軍は、二月十八日にはミウス川を渡河しての撤退を完了させると共に、第十七軍が兵力の内十万余りをアゾフ海北岸に空輸する十七日間にわたる作戦を開始したが、この時までにミウス川及びドネツ川流域の枢軸軍は包囲される危機から当面は逃れることができ、ソ連南西正面軍の左翼を突ける態勢を整えていたのである。

独軍の戦線建て直し

このようにドネツ川屈曲部の内側では二月の上半期に独軍の防戦態勢が徐々に固められていったが、今一つの攻勢作戦である星作戦では、ソ連軍がヴォロネジ周辺の地域から撤退していく独第二軍の後を追って打撃を与え、戦果を拡大しつつあった。クルスクを二月八日に攻略した後に、第三戦車軍と第六十九軍は合流してドネツ川上流を強行渡河し、ハリコフを十六日に解放していたのである。これに対してドイツ側では、第二軍が崩壊し、マンシュタインの司令部がハリコフ以遠に戦線を拡大することができないという危機的状況に対処するために指揮系統が改編され、これによってクルスク周辺での戦況が徐々に安定していく。具体的には、二月十三日にB軍集団が解体されて、第二軍が中央軍集団の指揮下に入れられる一方、マンシュタインの司令部は南方軍集団として改編される。そして、三月末までに中央軍集団は、突出部から兵力を撤退させてルジェフ方面の戦線を元の三分の一に縮小することによって歩兵師団十二個を捻出し、第二軍を補強すべく南方に転用していた。この措置によって第二軍は、第二戦車軍と共同でオリョールを確保して、ソ連軍のブリャンスク及びヴォロネジ正面軍の攻勢を跳ね返すことができたのである。このような再編措置が実施された二月中旬の時点では、ドネツ地域では独軍の戦線の間隙部分がベルゴロドからイジュームの間にまで及び、これによってヴォロネジ正面軍によるハリコフ奪回が可能となったのである。しかし、独軍が二月の第一週にズミーエフを守り通したことでソ連第六軍は南西方向に撃退され、その

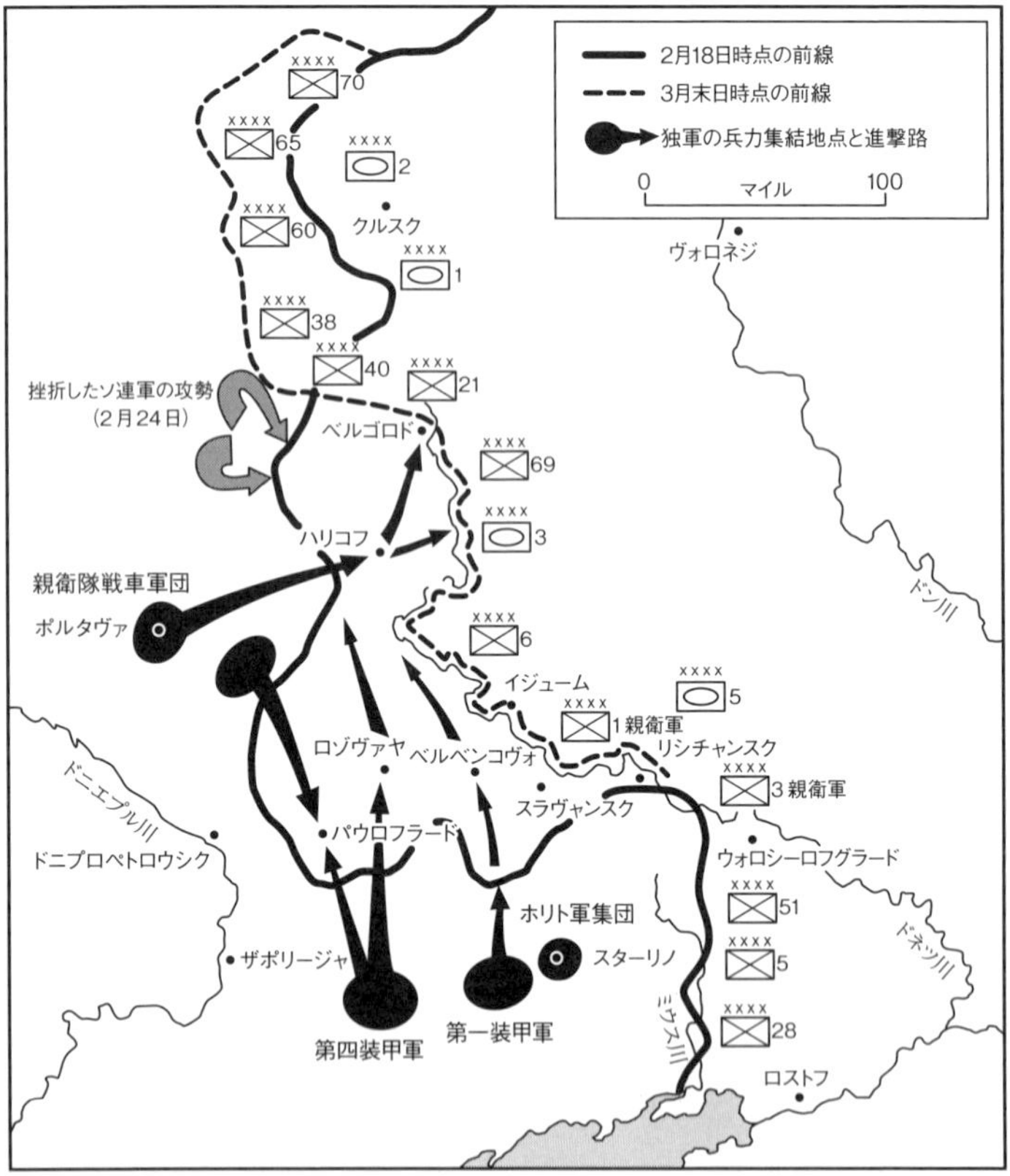

独軍のハリコフ奪還作戦（1943年）

結果、第三戦車軍から得られるはずであった支援も得られなくなる。

　ソ連軍はズミーエフをその後攻略したものの、ヴォロネジ正面軍と南西正面軍の間の二月の第二週に生じた空白地帯を埋めることができない中で、スタフカはこのような事態や独軍の抵抗が各所で強まっていることの意味を理解できないでいた。そしてスタフカは、独軍の抵抗は最後の足掻きの段階に達しているとの信念を持ち続け、軍団の中には保有する戦車が五十輌にまで減っているものがあることを承知しつつも、雪解け前に決定的な勝利をもぎ取ろうとして、指揮下の軍に前進を促し続けたのである。二月十七日には南西正面軍の一部がパウロフラードを攻略してザポリージャ対岸のドニエプル河岸に達したが、この頃にはソ連軍の進撃の勢いは鈍りきっており、これこそ独軍が待っていたものであった。

　二月の第三週には独第四装甲軍が西方から転用されてきた諸種の部隊の増援を得て再編を終え、軍団規模の兵力をドニエプル川に接近してきたソ連の南西正面軍の両翼に向けられるようになっていた。その結果、スラヴャンスクからリシチャンスクにわたる区域を明け渡したことで解放された独第一戦車軍が、主隊から切り離されて南西のクラスノアルメイスコエ方面に進出していたソ連軍のポポフ機動集団の左翼方面に向かう一方、独第四装甲軍は第四十八装甲軍団をヴァシリコフカ周辺に、親衛隊戦車軍団をポルタヴァ周辺に集結させる。親衛隊戦車軍団を投入するにあたり、ヒトラーは同軍団をハリコフを保持するために使用することを特に命じたが、マンシュタインは、ソ連軍の進撃の勢いが止まったところで戦いを挑み、それまで攻勢をかけてきたソ連軍部隊を粉砕すれば奪回できるとして、同市を一旦明け渡す。

よく知られているように、ザポリージャで二月十七日にヒトラーと会談したマンシュタインは、この見方になおも懐疑的であったヒトラーを説き伏せて計画を実行に移し、自身の考えが正しかったことを実証するのである。まず十八日に第四十装甲軍団がポポフ機動集団の側面を突き、次いで二十日に親衛隊戦車軍団がポルタヴァから南方に向かって攻勢に出てノヴォモスコーウシクを攻略すると、ソ連第六軍の右翼を二十マイルにわたって崩壊させる。第四十八装甲軍団がパウロフラードで親衛隊戦車軍団と合流し、二月二十七日にロゾヴァヤを制圧する傍ら、第一装甲軍がバルヴェンコヴォを二十八日に攻略して、その日の内にイジューム対岸のドネツ河岸に到達したことで、ソ連南西正面軍の主力部隊三つを壊滅させることとなった。そして、泣きっ面に蜂とばかりに、もはや存在しない友軍の支援に赴こうと南方に向かって来たソ連の第三戦車軍を、独軍装甲部隊が痛打したのである。

ハリコフ攻勢再考

独南方軍集団は三月四日には装甲師団十二個を有する装甲軍団四個を再集結させ、ハリコフ、ベルゴロドとクルスクを再び攻略するための次の作戦段階に進む準備を整えていた。ハリコフは三日間にわたる市街戦の末に三月十五日に独軍が再び手中に収め、ベルゴロドも十八日に独軍の手に落ちるが、雪解けの時期であったことと、南方軍集団によるクルスクへの攻撃を中央軍集団が北方から支援することに消極的だったことが重なって、この攻勢は途中で止まり、ソ連のヴォロネジ正面軍とブリャンスク正面軍は、そのままでは確実に受けることとなっていたさらなる打撃から免れることができたのである。

独軍がハリコフ戦で挙げた戦果は特筆すべきものであった。スターリングラードで包囲された末に矢折れ弾尽きて生き残った九万四千名余りの独軍将兵が捕虜収容所に向かっていた二月二日からものの三週間と経たぬ間に、ハリコフでの独軍の反撃のためにスタフカが失った兵力は恐らく五個軍相当に上り[8]、独軍は戦線の全域にわたって態勢を建て直し、戦いの主導権をソ連側から奪回したのである。しかしながら、この戦いにおける独軍の戦いぶりを欧米の歴史家が手放しで賞賛することが多いことを百も承知の上で言えば、ハリコフでの独軍の成果は、そのままでは壊滅的な敗北となりかねなかった戦況を少し建て直したに過ぎなかったとしておくのが妥当であろう。ハリコフで南方軍集団が収めたのは局地的勝利以上のものではあったが、冬季作戦全体を通じてソ連軍の諸部隊が展開した作戦行動の数々によってもたらされた戦果は戦略的次元のもので、ハリコフでの蹉跌

原註８　ソ連軍がハリコフでどの程度の損害を蒙ったかは明らかにされていないが、人的損失よりも物的損失の方が大きかったのは明らかであり、殊に、独軍が獲得したソ連軍捕虜が比較的少なかったことは、この戦いに関して注目すべき特色の一つである。例えば、ギャロップ作戦開始当初のポポフ集団は兵員五万五千名と戦車二百十二輌を有していたが、同部隊が戦ったバルヴェンコヴォ～スラヴャンスク～クラスノアルメイスコエにわたる戦場で独軍が計上した戦果は遺棄死体三千余りと戦車二百五十一輌であったのに対し、獲得した捕虜は五百六十九名に過ぎなかった。敵地にもっと奥深く進撃して、この部隊よりも本格的に包囲された他の部隊はより大きな損害を蒙っていたものの、独南方軍集団がパウロフラードとハリコフ周辺の戦闘で獲得した捕虜は九千名だけであった。

によっても、その事実が変わることはなかったからである。

この折の冬季作戦でソ連軍が収めた成果の程は、諸々の攻勢作戦を通じて七百五十マイルにわたる戦線で枢軸軍を四百三十五マイルも押し戻したという事実によって計ることができる。そして、ハリコフでの出来事をめぐって特記すべきは、二月から三月にかけての独軍の反撃でソ連軍が失ったのは、ギャロップ作戦と星作戦の過程で解放した領土の三分の一であったということである。客観的な視点からハリコフ戦を見れば、独南方軍集団が一カ月の間に取り戻した土地の広さは、それに先立つ三週間に失った土地の三分の一に過ぎなかったことになり、奪還し得なかった土地及び一九四二年十一月十九日から翌一九四三年一月二十八日にかけて失われた土地のすべては、ドイツ側の手中に再び帰することがなかったのである。「再び」がなかったということは、ハリコフにおける勝利を以て枢軸側が冬季に蒙った損失を埋め合わせることができなかったということであり、こちらの方が恐らくもっと重要な意味を持っていたであろう。ドイツ側の資料による算定では、独軍が一九四一年六月二十二日から翌年十一月十九日にかけて喪失した戦力が五十個師団分であったのに対し、一九四二年から翌年にかけての冬季作戦ではさらに四十五個師団分を失った他、戦闘不能に陥った第十七軍の兵員三十万人余りをドン川以遠に置き去りにし、ドイツの同盟国は約四十個師団相当の兵力を失うこととなったのである。

損失の程度がここまで大きくなると、埋め合わせは不可能で、せいぜいできたことと言えば、兵員が充足定員に達していない師団が十分な砲兵も持たずに質量共に劣る装甲装備で守備している戦線全体を、ズミーエフとパウロフラードで戦いハリコフにおける独軍の勝利の立役者となった武装親衛隊戦車師団三個が支えてやることくらいであった。また、一月下旬の段階でハリコフに位置していた親衛隊戦車軍団の二個師団が当時東部戦線全体で独軍が保有していた戦闘可能な戦車の半数を保持していたということ、そして、それらの部隊が前線に出動させることができたのがティーガーⅠ型戦車のみであったということが、東部戦線ひいてはヨーロッパ戦全体の枠組みでハリコフ戦の意義を正当に解釈するための一助となろう。即ち、一時的な戦闘の次元では勝利を収めるも、永続的な重要性を持つ作戦の次元では敗れたのであり、独軍が力を増しつつある敵と益々多くの戦域で戦わざるを得なくなる中で、装備・機材の質の面での優秀性が発揮されたのが余りにも限定された範囲であったために、独軍全体が弱体化するのをくい止められなかったのである。独軍がハリコフで挙げた戦果は、瞠目すべき戦技の冴えを示したものであったかもしれないが、戦争のこの段階で独軍が収めることができた唯一の型の勝利であり、ドイツが長期的に安定した立場を維持するために必要であった戦略的勝利を一九四二年の段階で得られなかったことの埋め合わせにはならなかった。ハリコフでの戦果は、この現実をある程度覆い隠すこととなったが、一九四二年十一月以降ドイツが戦っていたのは、よく言っても防禦戦であり、歯に衣を着せずに言えば、敗北が決定した戦争であったというのが現実である。いかなる言葉を選ぼうが、ハリコフ戦以降のドイツが直面したのは、敵が主導する形での消耗戦を戦わなければならないという冷厳な現実であった。

Ｈ・Ｐ・ウィルモット（H. P. Willmott）

一九四五年英国ブリストル生まれ。ロンドン大学キングズ・カレッジ戦争研究学部で軍事史の博士号を取得。米国国防大学の幕僚課程を修了し、英国国防大学で安全保障戦略の修士号を取得。英国陸軍特殊作戦部隊（ＳＡＳ）での軍務経験を経てサンドハースト陸軍士官学校戦史上級講師、国防省戦史上席研究官、デ・モントフォート大学軍事・社会学研究所客員教授、グリニッジ大学客員教授を歴任。英国外では王立ノルウェー国防大学客員教授、米国テンプル大学、メンフィス両大学客員教授を歴任。また、一九九二年から一九九四年にかけてワシントンＤＣの米国国防大学軍事戦略・作戦コースで海軍史の講座を担当した。軍事一般、とりわけ二十世紀の戦争と戦略に関する二十冊以上の著作がある。浩瀚な *The Last Century of Sea Power*（Indiana University Press, 2009~ 全三巻予定。1・2巻既刊）は海軍史研究のライフワークである。また、*When Man Lost Faith in Reason*（Praeger, 2002）は二十世紀の戦争と社会の省察である。

等松春夫（とうまつ　はるお）

防衛大学校人文社会科学群国際関係学科教授。

一九六二年米国ロサンゼルス生まれ。筑波大学人文学類（ヨーロッパ史）卒。早稲田大学大学院政治学研究科（政治思想）修士課程修了。オックスフォード大学大学院社会科学研究科（政治学・国際関係論）博士課程修了。D.Phil（International Relations）.

主要業績：『日本帝国と委任統治─南洋群島をめぐる国際政治1914－1947』（名古屋大学出版会、二〇一一年）、細谷千博＋イアン・ニッシュ監修『日英交流史1600－2000』全五巻（東京大学出版会、二〇〇一年、共著）、軍事史学会編『日露戦争』全二巻（錦正社、二〇〇四～〇五年、編著）、波多野澄雄・戸部良一編『日中戦争の軍事的展開』（慶應義塾大学出版会、二〇〇六年、共著）、緒方貞子・半澤朝彦編著『グローバル・ガヴァナンスの歴史的変容─国連と国際政治史』（ミネルヴァ書房、二〇〇七年、共著）、軍事史学会編『PKOの史的検証』（錦正社、二〇〇七年、編著）、軍事史学会編『日中戦争再論』（錦正社、二〇〇八年、編著）、筒井清忠編『昭和史講義』1・2（筑摩書房、二〇一五～一六年、共著）、H・P・ウィルモット『第一次世界大戦の歴史 大図鑑』（創元社、二〇一四年、翻訳監修）、R・G・グラント『海戦の歴史 大図鑑』（創元社、二〇一五年、翻訳監修）、ジョン・G・ストウシンガー『なぜ国々は戦争をするのか』上・下（国書刊行会、二〇一五年、監訳）。

大《おお》いなる聖《せい》戦《せん》 上

第二次世界大戦全史

二〇一八年九月二十日初版第一刷印刷
二〇一八年九月三十日初版第一刷発行

著者 H・P・ウィルモット
監訳者 等松春夫
発行者 佐藤今朝夫
発行所 株式会社国書刊行会
東京都板橋区志村一―十三―十五 〒一七四―〇〇五六
電話〇三―五九七〇―七四二一
ファクシミリ〇三―五九七〇―七四二七
URL : http://www.kokusho.co.jp
E-mail : info@kokusho.co.jp
装訂者 鈴木正道(Suzuki Design)
印刷所 株式会社エーヴィスシステムズ
製本所 株式会社ブックアート
ISBN978-4-336-06292-5 C0020